2014~2019
經濟大懸崖

如何面對有生之年最嚴重的衰退、最深的低谷

The Demographic Cliff
How to Survive and Prosper During the Great Deflation of 2014-2019

哈利・鄧特二世 *Harry S. Dent, Jr.* 著
陳儀/吳孟儒/劉道捷 **合譯**

作者簡介

哈利・鄧特二世（Harry S. Dent, Jr.）

鄧特公司（HS Dent）創辦人及總裁。鄧特公司出版《鄧特預測》（*HS Dent Forecast*）與《鄧特觀點》（*HS Dent Perspective*），並監督鄧特財經顧問網（HS Dent Financial Advisors Network）。

為《紐約時報》暢銷書作者，著有《二〇一二大蕭條》《二〇一〇大崩壞》《榮景可期》（*The Great Boom Ahead*）等書。當多數經濟預測家大發一九九〇年景氣衰退警語的同時，他藉《榮景可期》一書獨排眾議，準確預測即將出現意想不到的經濟榮景，也因此讓他成為最受矚目的預測家，在同行中備受尊崇，獲譽為「最準確的長期趨勢預測家」。

鄧特為哈佛企管碩士，兼具《財星》（*Fortune*）百大企業的顧問、新事業投資人、知名演說家等身分。

譯者簡介

陳儀（台灣版序、第四至六章、第八章）

目前為投顧公司的投資部主管，投入金融理財領域長達十年以上，曾任投信基金經理人及專業投顧研究主管，實務經驗豐富。譯有《比努力更關鍵的運氣創造法則》《二〇一二大蕭條》（合譯）《管理會計與決策績效》《透析財務數字》《財務管理立即上手》《聰明理財的第一本書》《識破財務騙局的第一本書》《標準普爾教你做好選股策略》《交易未來的決策技術》《美元的榮光》等。

吳孟儒（前言、第一至三章）

成功大學外文系畢，曾留學美國、荷蘭，現於師大翻譯所攻讀中英口譯碩士。曾任補教界英文講師、班主任、美國大學華語助教等職。譯作包括《創業叢林裡的生存遊戲》《股神的祕密》《別讓直覺騙了你》《魅惑力七大因子》等十餘本。個人部落格「Avery的異想世界」：averytaiwan.pixnet.net。

劉道捷（第七、九章、結語）

台大外文系畢業，曾任國內財經專業報紙國際新聞中心主任，現專事翻譯。曾獲中國時報、聯合報年度十大好書獎及其他獎項。翻譯作品包括：《全面革新》《資本家的冒險》《下一個社會》《打敗大盤的獲利公式》《梅迪奇效應》《投機：貪婪的智慧》《大逃稅》等。

推薦序

最嚴重的衰退即將到來？
——千金難買「早知道」

吳惠林（中華經濟研究院研究員）

自二〇〇八年全球金融海嘯大爆發，全球經濟受到重創以來，各國無不時刻念茲在茲「救經濟」。迄二〇一三年，年年預測「下一年就要復甦」卻屢次損龜，開高走低的離譜預測讓人對預測的信心盪到谷底。到了二〇一三年底，在美、日、歐等主要經濟體一再出現春燕來到的有關數據後，各機構對二〇一四年的全球經濟情勢有共識地一片樂觀，經濟成長率預測值也上調，「今年會不一樣」的信念普遍瀰漫，即便美國聯準會（Fed）的量化寬鬆（quantitative easing, QE）措施逐漸退場，也沒擊垮人們的信心。

樂觀中存在偌大隱憂

就在一片樂觀氣氛中，哈利・鄧特二世卻來殺風景，在這本《二〇一四—二〇一九經濟大懸崖》新書中，一再警告我們：「當其他經濟學家、分析師告訴你，我們終於出現長久復甦——千萬不要相信他們！」而且他還透露「二〇一四至二〇一九年的大通貨緊縮是有生之年最嚴重的衰退、最深的低谷」。這究竟是恐嚇還是預警呢？

鄧特二世一開始就說他不常看壞市場走勢，那為什麼會對二〇一四至二〇一九年看得如此衰頹呢？他絕非江湖術士，也不是靠水晶球、卜卦來預測，而是用嚴謹的「科學方式」來推估。他的「鄧特公司」係獨立的經濟研究及投資管理公司，他是哈佛企管碩士，也是《財星》（*Fortune*）百大企業的顧問、新事業投資人、知名演說家，備受投資顧問領域的尊崇，有「最準確的長期經濟趨勢預測家」之稱。在多數經濟預測家大發一九九〇年景氣衰退警語的同時，他出版《榮景可期》（*The Great Boom Ahead*）這本書獨排眾議，準確預測即將出現意想不到的經濟榮景，讓他成為最受矚目的預測家。

不過，在預測榮景之後，鄧特二世在二〇〇九年卻出版《二〇一〇大崩壞》（*The Great Depression Ahead*，英語書名直譯為「大蕭條就在眼前」），兩年後的二〇一一年又出版《二〇一二大蕭條》（*The Great Crash Ahead*，英語書名直譯為「大崩壞就在眼前」），一反先前的報喜，開始報憂，由「大蕭條」（great depression）進到「大崩壞」（great crash）。在二〇一一年預測大崩壞的日期是二〇一二到二〇一四年，且持續至少十年。如今二〇一四年已啟幕，全球經濟雖在不景氣的泥淖中，但沒有大蕭條，也當然不見大崩壞，鄧特的預測似乎失準，其實不然。

以長痛換短痛的吸毒式干預

之所以還未出現大蕭條、大崩壞，是因為各國政府自二〇〇八年的全球經濟危機以來，想盡辦法阻止情況惡化，端出各種以前根本無法想像的刺激方案。各國政府與央行利用量化寬鬆政策作為新的債務止痛藥，量化寬鬆包括藉由購買金融資產來增加貨幣，而全球為了量化寬鬆投入的數字已超過十兆美元，目前還在增加中，如此做的目的在藉由去槓桿化（deleverage）來應對史上最大的債務與金融資產泡沫，以避免全球經濟持續趨緩。

鄧特二世告訴我們：這樣做會打亂自由市場再平衡與鼓勵創新的自然機制，如此干擾亞當・斯密（Adam Smith）所謂的「看不見的手」（亦即市場價格機能），意味著我們必須準備面對這輩子遇過最可怕的衰退與不景氣。他預計這個局面會在二〇一四年初或中期出現，而各國政府會繼續釋出量化寬鬆，直到再也沒有效果，經濟會在二〇一四到二〇一九年間自我修正，這一段期間所有的關鍵循環都同時走下坡，我們周遭的金融資產泡沫會紛紛破滅，就像二〇〇八年末的噩夢重現，這一次會更嚴重，因為泡沫更大、範圍更廣、衝擊力道更猛。

這本書承繼《二〇一二大蕭條》的說法，將引爆點置於中國，由於中國政府強力創造GDP，舉債從事公共建設且強制都市化、興建高樓大廈，加上錯誤的匯率政策和廉價品出口等等，其世界第一的三・八兆美元的龐大外匯存底，形成氾濫游資炒作股市、房地產，導致資產泡沫舉世無雙。自二〇一二年起，地方債、企業債的嚴重性已暴露出來，近年鬼城、錢荒事件也讓其政府無力調控。鄧特二世認為：所有的事證都顯示，中國未來幾年將難逃經濟硬著陸的命運。

中國經濟將硬著陸

在整個西方世界和東亞地區的經濟皆遲滯之際，中國一直被視為全球經濟恢復成長的希望。很多新興國家出口大量的原物料商品來滿足中國製造業的胃口，讓中國成為支持全球泡沫的最後一根支柱。而一旦中國的泡沫破滅，價格超漲程度達世界之最的中國房地產市場也將崩盤，屆時中國最富裕的一〇％人口也將隨之跌落谷底，因為多數昂貴的房地產都是掌握在這些人手中，而他們更支配著中國六〇％的消費支出。而且，由於中國的住宅自有率高達八三％（美國只有六四％，且還在下降），故一旦房地產崩盤，連日常消費品產業都會受創。

本書第六、七章描述了中國可能發生的災難情境，結論是：中國泡沫可能是現代史上最大的政府驅動型泡沫，而它的崩潰也勢將創下新紀錄。要消化這個過度投資的惡果，可能得花十年以上的時間，但到時候，中國又將掉落人口統計趨勢斷崖，所以，它可能永遠都無緣成為世界最大的經濟體。

總之，中國的氣數即將告終，鑑於大多數國家目前的負債水準甚至高於上次危機前，下次全球金融危機可能有很多引爆點。只需要集中於美國四個州的次貸危機，就足以引爆這種危機。鄧特二世認為下次危機會從二〇一四年初到年中開始，如果確實如此，中國就是大家最不想當公民、投資人或企業家的地方。

本書的前言已將全書內容做完整的摘要，只想概括了解危機將至的讀者讀它就夠了。想詳細探究的讀者和做研究、寫計畫報告的讀者，必須再深入詳讀各章。前七章循序分由全球人口統計斷崖、日本「昏經濟」的教訓、房地產泡沫、金融泡沫史、新興市場的致命弱點，以及中國是最大、最後的泡沫，以理論、數據、圖形推導出二〇一四至二〇一九年是最嚴重衰退、最深低谷的結果，可信度頗高。不論是相信或不相信者，都可將本書所言當作警訊而未雨綢繆，畢竟「千金難買早知道」啊！

鄧特二世不但提出預警，還在八、九兩章為一般大眾和企業家提供危機下的投資策略和企業策略，幫助人們安度危機，甚至在困境中獲利。這些策略不只在面臨危機時值得參考，就是平時也有參考價值呢！

雖然說「盡信書不如無書」，但具啟發力的書就是值得讀的書，本書就是這樣的一本書。

台灣版序

勞動力與人口將減少，台灣的經濟要如何成長？

本書的重點之一非常容易理解。驅動台灣、日本、美國或德國等富裕已開發國家經濟的最主要根本力量，是新世代消費者的「消費潮」（Spending Wave）——隨著消費者年齡的增長，他們的消費便會逐漸增加——而這個消費週期非常容易預測。目前美國一般家庭的消費高峰落在四十六歲，而台灣和日本則大約是四十七歲。

我在一九八八年開發出我的消費潮指標，這項指標讓我得以預測到世界各地這幾十年來的大型繁榮及衰退期。誠如我在第一章解釋的，把出生指數向後推移，便能推算出一般家庭的消費高峰。利用這個方法，我早在一九八九年就預測日本經濟將崩潰，當時根本沒有人注意到這個趨勢。那個指標也讓我在幾十年前就預測美國將在二〇〇七年年底前後達到高峰。

為什麼沒有人察覺到這些重大的經濟變化？因為不管是哪一個經濟體，當經濟處於長繁榮期的巔峰時刻，所有的一切看起來必定都很順利，大家當然也就容易掉以輕心，但通常反轉的日子卻總在這時不知不覺來

圖P-1　台灣的消費潮（落後出生潮47年），1953至2060年

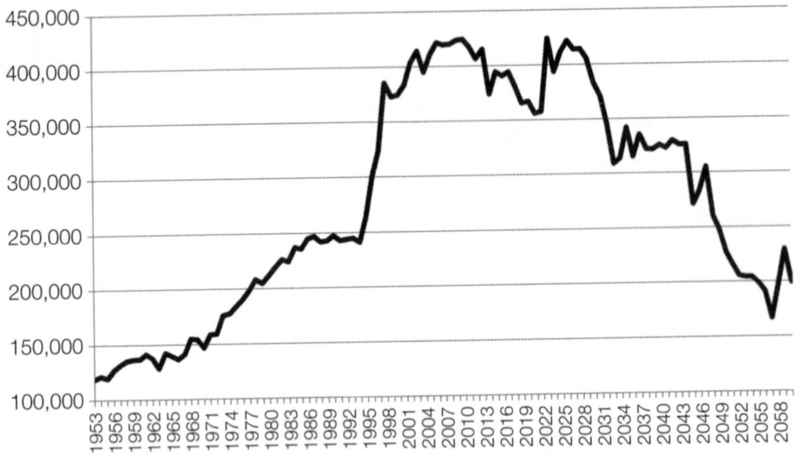

資料來源：中華民國統計資訊網，2014年

臨。如果你沒有基本的領先指標可參考，就不可能預知最嚴重的衰退將何時來臨——這種衰退大約每隔四十年會發生一次，像是一九二九、一九六八和二〇〇七年。而如果是諸如「咆哮的二〇年代」（Roaring 20s）才首度出現的那種泡沫式繁榮，經濟不僅會反轉，更會猛烈衰退，一如美國二〇〇〇至二〇〇二年間的科技崩壞，以及二〇〇八至二〇〇九年間的全球金融危機，還有著名的一九三〇至一九三二年崩盤。南韓和東南亞也在一九九八至二〇〇二年間爆發類似的危機。

幾乎所有富裕已開發國家的嬰兒潮（Baby Boom）世代都已達到高峰。我在第一章提出的最重要見解是，從一九九六至二〇一八年間，這樣的情況接二連三在不同國家和地區上演。日本是最早達到嬰兒潮高峰且經濟長期走下坡的大型國家。南韓將是最後一個，而台灣有兩個高峰，第一個是落在二〇〇九至二〇一〇年，下一個則介於二〇二三至二〇二六年間，圖P-1就是台灣的消費潮，台灣的消費高峰落後出生潮約四十七年。

這意味著，自二〇一一至二〇二一年間，台灣的消費將趨向遲滯。而接下來至二〇二六年間，消費將會出現短暫的回聲潮（Echo Boom）世代反彈，再來就呈現和日本、南韓和新加坡相似的趨勢，長期走下坡，直到二〇五七年甚至更久以後。

如果你能預知未來的情況，並從其他國家過去的經驗中——如日本的衰敗——記取教訓，那你一定會受益良多。美國繼日本之後，在二〇〇七年達到高峰，而德國和英國也在二〇一三年達到高峰，其餘歐洲國家達到高峰的時間點則落在二〇一四至二〇一八年間。新加坡和台灣類似，在二〇一〇年達到高峰，而南韓則是最晚，將在二〇一八年達到高峰。我會在第一章檢視世界各地的人口統計斷崖（demographic cliff）。

日本的出生率在一九四九年達到高峰，而台灣則是在一九六三年。那代表台灣的嬰兒潮世代比日本晚大約十四年達到高峰，所以，台灣的經濟繁榮與衰退、房地產和工業週期將傾向於循日本模式，但落後大約十四年。

我在第二章討論日本的「昏經濟」（coma economy），並說明南韓如何從一個貧窮的新興經濟體，崛起為富裕的已開發國家，它的都市化S型進步曲線及人均GDP增長模式，幾乎和日本如出一轍，但落後二十五年。我採用二十五年的原因是，最精確的國際數據來自聯合國，而它每隔五年才提供一次數據。但如果精確推算，南韓大約是落後日本近二十二年。聯合國並沒有提供台灣的數據，所以我無法用相同的方式來說明台灣的進展，但很明顯地，台灣的情況也很類似。

台灣二〇一二年調整過購買力且以國際美元（international dollar）計算——以緩和匯率波動的影響——的人均GDP為三萬九千四百七十九美元，日本是三萬七千四百四十九美元。以東亞國家來說，只有新加坡比台灣富裕，其人均GDP為六萬美元，因為它只是個大城市，又是一個類似香港、紐約及倫敦的大型金融中心。所以，我要恭喜你們，至少就東亞國家來說，台灣在工業化的大進展上已超越了日本和南韓。

我在第六章說明為何只有極少數國家能創造這種從新興經濟體蛻變為已開發國家——從相對貧窮變得富裕

——的大躍進。多數歐洲國家都在一八〇〇年代轉型成功，美國則是在上個世紀實現這個成就。日本、台灣、新加坡和南韓等東亞島國也都順利轉型。但我認為此時此刻看來，世界上沒有其他新興國家有機會實現相同的成就。我在第六章說明，中國、印度、巴西和幾乎其他所有新興國家，都不可能創造這種S型曲線的都市化轉型。因為它們的人均GDP只能線性成長，所以，這些國家永遠也不可能變得像台灣、日本或美國那麼富裕。

台灣的人口統計趨勢已開始轉向疲弱，而且將會進一步轉弱至二〇二一年左右。南韓將會步上你們的後塵，在二〇一八年年底摔落人口統計斷崖，而且，日本將從二〇二二年起陷落第二個更可怕的人口統計深淵。台灣則將在二〇二六年後摔落第二個深淵。總之，未來東亞的人口統計趨勢將糟到無以復加。

最終來說，那意味著勞動力將最先開始走下坡，接著，人口也會開始減少。面對這些惡劣的趨勢，台灣的經濟要怎麼成長？另一個問題是，台灣政府是否預見到這個後果，並積極藉由吸引更多移民，或是強迫延後退休年齡來因應？這是唯一的短期解決方案。鼓勵生育的成果要二十年左右以後才會浮現，因為屆時這些寶寶才會開始陸續加入勞動力。但要吸引移民也不是簡單的事，因為台灣的英語人口並不多，而且大學也鮮少採用英語教學。

台灣的政府不可能預見到這樣的後果。貨幣和財政政策能延緩台灣走下坡的速度嗎？日本早從一九九七年起就開始採用量化寬鬆政策，政府也大幅增加財政赤字規模，但過了十七年之久，他們的經濟依舊處於「昏迷」狀態。在未來十到二十年間，將退休年齡延後到七十五歲，是最有效的解決方案，而提高生育率則是長期的最佳解決方案。但政府和為人夫者必須更主動支持有小孩的職業婦女，鼓勵生育的解決方案才可能收到良好的成效。可是，對所有東亞國家來說，那又是非常大的文化變革。

因此，台灣必須做好面對二〇一四至二〇一九年大通縮（deflation）的準備，基於幾個最基本的週期——

這些週期是我花了三十幾年的研究才發展出來的——同步走下坡，所以我很肯定地在本書預測，未來幾年，世界經濟將陷入一個大通縮期。上一個大通縮期是一九三〇至一九三四年的大蕭條。我在第八章提出了因應這個局面的投資策略，也在第九章提供了相關的商業策略。

等到本書在二〇一四年出版時，就是出售你不特別重視的個人、投資性及商業房地產的好時機，因為台灣將步上日本一九九一年後長期走下坡的後塵。儘管經過了二十三年，目前日本房地產還沒有出現反轉向上的跡象。為何會如此？因為這個世代的人口比上個世代少，擁有房子的老人將超過有需要購屋的年輕人，在這種情況下，房地產和基礎建設的需求都會降低，勞動力和人口也會縮減。

這本書就好像一場能幫你趨吉避凶的及時雨。書中的主要論述是，這整個世界即將再度重演二〇〇八至二〇〇九年的崩潰戲碼，而且慘烈程度將有過之而無不及。歐洲繼日本及美國之後，已開始摔落人口統計斷崖，尤其是德國和英國。眼前歐洲已經是世界上最疲弱的地區，而德國又是維繫歐元區的主要力量，因此歐洲的前景堪憂。德國是世界上人口老化第二嚴重的國家，僅次於日本。過去五年間，各國政府雖卯足全力振興經濟，但我的指標顯示，這個泡沫已經膨脹得太大，即將再次爆破。

下一場全球金融風暴將會更嚴重，而這場風暴的最大導火線是中國，這會對台灣及整個東亞地區造成最大的衝擊。我在第六章說明，打從二〇〇八年起，原物料商品價格（我用來預測這場風暴的另一個長週期）就一路走下坡。那已傷及新興國家和它們的出口及股市，也傷害到中國，因為中國目前對新興國家的出口已經高於對已開發國家的出口，而且，出口占中國這個吃了類固醇的經濟體的比重高達三五%。這也將傷害到台灣，因為出口占台灣經濟的比重非常高。我在第六章討論的三十年原物料商品週期，要到二〇二三年左右才會觸底。

原物料商品價格下跌將在新興國家和中國形成一個惡性循環，而這就是下一場全球金融危機的領先指標。

現代史上最大的泡沫在中國，一旦這個泡沫破滅，台灣所受的衝擊將比世界上多數國家更大，其中只有南韓受衝擊程度會超過台灣。

對台灣人來說，最重要的必讀章節除了第二章以外，還有第七章。我在這一章深入解釋為何我認為中國即將破滅的泡沫，將是二〇〇〇年年初起世界各地接二連三形成後又破滅的泡沫中，最後一個且最極端的泡沫。我研究過歷史上每個大型泡沫，也在第五章詳細解釋其中很多個泡沫。人民、政府和企業總是拒絕承認有泡沫存在，因為沒有人希望它被終結。但這卻是最嚴重的理財錯誤。

請切記我接下來的話。我認為中國是現代史上最大的泡沫。問題不在於它是否會破滅，而在於何時會破滅。我認為在二〇一四年，隨著最富裕的人快速潰逃，房地產泡沫又已達到空前高點，中國的影子銀行（shadow banking）體系將開始演變成類似美國的次貸危機，而且大規模違約事件將開始爆發。

當中國的重量級泡沫破滅，情況將會一發不可收拾。不管二〇一四年上半年全球將爆發哪一種危機，中國泡沫的破滅只會讓情況變得更糟，而這對台灣經濟造成的衝擊將大於因人口統計趨勢走下坡而帶來的衝擊。

不管是個人、為人父母者、投資人或企業，都必須在下一場崩潰發生前做出一些非常艱難的決策。請注意，每一個全球泡沫都會讓股票價格水漲船高，但每一次的崩潰也會促使股價下跌。我認為美國的道瓊指數最高將達到一萬七千點，接著一路跌到二〇一六年的五千點。台灣股票交易所加權指數有可能從二〇〇七年的高點九千九百點至少跌到二〇一五至二〇一六年的四千點谷底，甚至有可能跌到三千四百點，那等於是六〇%至六六%的跌幅！以股票來說，最危險的時段是二〇一四至二〇一六年和二〇一八至二〇一九年。不要坐等我的預測是否成真，因為泡沫破滅的速度遠比它們形成的速度快！

目錄

第九章——經濟寒冬的企業策略／297
因應經濟循環不同的季節，需要不同的經營策略。
其實，經濟寒冬對等待、專注、通過適者生存挑戰的企業來說，
是最有利的季節，有機會提高市占率、規模和成本優勢，
奠定未來數十年豐收的基礎。

結　語——每二百五十年醞釀一次的重大革命／349
未來二百五十年的政治、社會與企業創新循環，將從這個十年開始。
我們已經利用電腦、網際網路和社交網路的進步，開啟了通訊革命。
這次革命可能比我們所想像的更具威力。

謝辭／367

前言

準備面對這輩子最可怕的衰退

我不常看壞市場走勢。一九八〇年代開始，我就常告訴大家，牛市當前。那時的我看著龐大嬰兒潮世代興起，相當看好前景，但當時大部分經濟學家預測美國會在八〇年代初的金融高峰之後走下坡。當其他經濟學家認為日本將超越美國經濟時，我預測到日本會在九〇年代走下坡。現在大家對中國未來十年的展望也一樣看好，但想一想，二十年後的今天，日本經濟仍未甦醒。

我們在「鄧特研究中心」有個其實沒那麼祕密的祕密武器：**人口統計**。這項關鍵指標讓你洞燭機先、預測最重要的經濟趨勢，預測不只未來幾年，而是幾十年的趨勢。人口統計資料可以幫助我們找出宏觀與微觀趨勢。從小地方來看，我可以告訴你人花最多錢買洋芋片的時候是——四十二歲。從大一點的地方來看，我可以告訴你，我們經濟的榮枯與出生指數連動，只是間隔了四十六年，這是從一九八三年以來的平均家戶消費高峰的資料去算出來的。

簡言之，我相信如果你好好了解人口統計的資料，要加以利用絕對不難。

隨著年輕一代進入職場，通貨膨脹也跟著上升；然後在這些人邁入四十幾歲、生產力最高的時候，通貨膨脹又逐漸下降。退休人數多於進入職場人數的時候，便可能發生通貨緊縮（如日本）。年輕人會帶動創新循環，老人則不會（在今天的日本，成人紙尿褲的銷售量超過嬰兒紙尿褲！）。人口統計就是掌握未來的關鍵：如果你不了解這些大大小小的趨勢，你就無從察覺許多即將發生的事。

許多經濟學家不看下次選舉之後的事，他們認為政治因素才是核心，但我不同意。掌握未來的關鍵是人類的可預測行為——而且說起來，政治人物不過是慢半拍地被動反應。了解人口統計，我們就能找出關鍵的經濟趨勢，知道這些趨勢如何衝擊我們一輩子的生活、生意與投資。

債務止痛藥等問題

因應二〇〇八年的全球經濟危機，各國政府想盡辦法阻止情況惡化，端出各種以前根本無法想像的刺激方案。各國的政府與央行利用量化寬鬆政策作為新的債務止痛藥；量化寬鬆包括藉由購買金融資產來增加貨幣基數（monetary base）——全球為了量化寬鬆投入的數字已超過十兆美元，目前還在增加當中。這樣做的目標是藉由去槓桿化（deleverage）來應對史上最大的債務與金融資產泡沫，以避免全球經濟持續趨緩。

但這樣做會打亂自由市場再平衡與鼓勵創新的自然機制。如此干擾亞當・斯密（Adam Smith）所謂「看不見的手」，意味著你必須準備面對這輩子遇過最可怕的衰退與不景氣，我預計這個局面會出現在二〇一四年初或中期。各國政府會繼續釋出量化寬鬆，直到再也沒有效果，經濟也在二〇一四至二〇一九年間自我修正，這段時間我提出的所有關鍵循環都同時走下坡——我從來沒看過這樣的循環組合出現。一九八三年以來，美國光是民間部門就累計了四十二兆美元的民間債務（二十五年來以國內生產毛額〔Gross Domestic Product，以下稱GDP〕二．七倍的速度成長），但我們不能以支撐已呈趨緩的民間部門經濟的名義，讓政府債務永無止盡地增加。當經濟自我修正——而且一定會修正——就會突然出現價格下跌。我們周遭的金融資產泡沫會紛紛破滅，就像二〇〇八年末的噩夢重現，直到政府的刺激方案阻止情況惡化。

我們再從另一個人口統計的角度來看。全球各地的房地產價格屢創新高對經濟並不是好事，因為房地產價格高漲使得生活與經營企業的成本提高。仔細看看這些數字就會發現，很明顯地，年紀較大的家庭是二〇〇〇至二〇〇五年時受益最大的。但如果我們要年輕一代投資未來，就需要房地產與股市的價格跌回正常水準。我們需要降低債務，才能讓家庭跟企業釋出更多現金流，並得以繼續擴張成長。

至於老化中的人口，我們也需面對事實，認知到我們的平均壽命過去幾十年來已經大幅延長。我們還有太多人想在六十幾歲退休，可是我們應該等到七十幾歲再退休。如果我們肯誠實面對這個真相，就相當程度地解決勞動人口愈來愈少、退休人口愈來愈多導致龐大的應得津貼（entitlement）危機。甚至可以說，退休本來就是過去幾十年間才出現的迷思。除非你的健康出現問題，不然為何要退休，什麼都不做呢？繼續為他人貢獻、服務，就是我們生而為人的目的，而不是在池畔啜飲馬丁尼！

過去四分之三個世紀裡，我們看到了前所未見的榮景。特殊利益也導致各種稅制漏洞與醫療照護效率低落，需要大刀闊斧的改革，而不是漸進式的改變。還有教育，也就是我們經濟裡通貨膨脹最高的部分。如果只是漸進式地改變政治制度，根本不可能解決我們複雜得叫人難以置信的稅制、醫療照護或教育制度。要達成大刀闊斧的改革，唯一的方法就是讓過去數十年，甚至數世紀以來順利運作的體系崩解。情況會怎麼走到這一步呢？

四季循環

人口統計與科技創新速度可以用來預測未來會發生什麼事。在接下來幾頁，我會重點描繪出一個簡單的四季循環，長度大約是人八十年左右的一生。

新科技與世代漲跌的循環造成始於春季的持續榮景，在夏季出現高通膨（可以想成是高溫）而跌跌撞撞，世代消費減少，然後進入秋季的榮景泡沫，這時出現的是整個世代的消費提高、生產力增加，通膨與利率則下降。最後的榮景產生許多金融資產、新科技與商業模式的泡沫，就像冬天休耕之後一樣，在往後數十年帶來收穫，但在收穫之前必須先提高效率，方法就是藉由去槓桿化來處理史上最大的債務與金融資產泡沫（這件事一九三〇年代發生過，未來十年也將歷史重演）。

這是榮景與衰退、通貨膨脹與通貨緊縮、創新與創造性破壞的自然循環，也就是自由市場裡那隻看不見的手，引領我們走進前所未見的財富與收入，特別是上個世紀。可是，我們也看到各國政府愈來愈依賴前面提到的債務止痛藥，使得經濟在過了輝煌的秋季泡沫榮景後無法再平衡。也就是說，除非我們讓再平衡與去槓桿化發生，否則不可能再度循環到春季，讓長期成長再現。

接下來的章節會檢視我們面對的挑戰與機會。第一章裡，你會看到人口統計如何一如預測地驅動我們的經濟，你又如何事先看到未來數十年的經濟趨勢。我二十四年前就預測，美國經濟可能會在二〇〇七年達到高峰。可是在一九九〇年代早期至中期，日本就在美國之前達到高峰，歐洲也會在二〇一四年開始看到人口趨勢走下坡。就連中國未來的人口趨勢也會持平，接著在二〇二五年之後走下坡。在未來數年，有更多國家會掉下人口統計的斷崖，使得政府的刺激方案成效愈來愈差。

在第二章，我告訴你日本如何陷入昏迷不醒的「昏經濟」，背後的原因就是永無止盡的量化寬鬆，還有無能面對、重整自己的龐大債務。量化寬鬆是幫助經濟度過短期危機的應急之道，不應當成長期政策濫用——但後者已經成為眼前的事實。歐洲直到二〇一二年初不斷祭出大量量化寬鬆與紓困方案，最後終告失敗，以該年年中的經濟衰退收場，到現在似乎依然無法擺脫衰退的局面。如果到時歐洲的人口趨勢走下坡，加上原本就已經因為龐大債務與失衡問題而頭大不已（債務與失衡問題源於一九九九年開始發行的歐元），歐洲該如何是好？

第三章，你會了解全球的房地產泡沫始於中產世代在第二次世界大戰後開始買房，一九八〇年代以後隨著龐大嬰兒潮世代來到，房地產泡沫又進一步脹大。可是在今天大多數的富裕國家，年輕買家的人數會愈來愈比已逝或將逝的老人少。這告訴我們一個痛苦的真相：這種情況下，未來會出現計入通膨後實質報酬率為零的情形，因為現代已開發國家將會首見下一代人口少於上一代人的情況。未來價格將會下跌，或至少（計入通膨後）持平很長一段時間（想一想，日本房地產在一九九〇年代跌了六〇％，到現在過了四分之一個世紀都還沒漲回來）。要記得大富翁遊戲教我們的事：買房地產是為了收租，不是為了增值。

二〇一三年之間，經濟看起來又朝持續成長邁進。但股市、房市與整體經濟之所以復甦，完全只是因為政府無止盡的振興方案。這也是諸多泡沫的其中一個，我會在第四章談一談這個前所未見的債務泡沫，然後在第五章回顧債務與金融泡沫的歷史。我研究過數百年來的各大泡沫，這些泡沫都一樣。先是景氣趨勢一片大好，於是人人想要抓準趨勢，投機致富然後退休。中國是我見過最大的泡沫，因為中國政府過去數十年來只靠龐大的過度興建來帶動經濟發展。中國的房地產泡沫規模已經超乎已開發國家的任何現象。中國會是最後也最大的破滅泡沫——到時候可要當心了——可是所有的泡沫都有一樣的特性，泡沫都會破滅，然後跌回最初的起點，或甚至更低。現在還沒跌到谷底！

第六章，我會談談原物料商品價格。許多經濟學家說，中國與新興國家會拯救我們，讓我們不至於落入全球經濟趨緩。可是這與現實的徵兆不符，新興國家的股價從二〇一一年四月以來就持續走跌，中國更是從二〇一〇年二月以來就一直下跌。這也是另一個警訊，告訴你有問題了。我會讓你看看，原物料商品價格怎麼每三十年達到高峰——上次高峰出現是在二〇〇八年中期。原物料商品價格下降，出口這些原物料的新興國家就會受挫，而現在中國出口到新興國家的原物料多於出口到已開發國家。你就會明白，為什麼我說原物料商品價格是新興經濟體的罩門。第七章，我會詳述中國這個極端現象。

危機中的轉機

危機中的轉機是什麼？到時候全世界幾乎所有金融資產都會跳樓大拍賣。就實務面來看，這種困境反而為你帶來很多正面的機會。

在第八至九章，我會從另一個角度切入，不談壞消息，而是探討在這個避無可避、充滿挑戰卻也滿是生機的冬季，投資人與企業如何欣欣向榮。你用常理想，我們不可能靠舉更多債來處理債務危機，而全球龐大的嬰兒潮世代年紀愈大錢花得愈少，而不是愈花愈多錢。如果你懂這些道理，你就會聽我的話，為自己的投資、公司還有家人小孩做好準備，面對這個必然也必要的危機來到——特別是二〇一四至二〇一九年之間要特別當心。我會在第八章解釋我們的許多循環週期，並提到最壞的情況可能出現在二〇一四至二〇一五年還有二〇一八至二〇一九年。

你必須實行以下步驟，認知到眼前千載難逢的獲利良機，就像當初經濟大蕭條（Great Depression）期間投資界的約瑟夫・甘迺迪（Joseph Kennedy，譯注：美國甘迺迪總統〔John F. Kennedy〕之父，在股市大崩盤之前賣掉所有持股，維持了甘迺迪家族的鉅額財富）與企業界的通用汽車公司（General Motors）如何在困境中發掘機會。

第一：要了解到，守護自己資金的投資人在度過最近這次人為泡沫後，能夠以他們這輩子遇到的最低價格買進所有東西，從股票、黃金到海邊房產，不一而足。

第二：你的孩子將能以合理價格買房，並且貸到這輩子看過最低利率的貸款，你也能以這樣的超低利貸款買間度假別墅。

第三：企業將能擴大市占率，這些市場會為未來數十年持續帶來正面收益；企業也能用超低價格買到對手吞敗後最有價值的資產。

第四：各國政府將能重整債務與應得津貼，這場危機會強迫各國人民認知到必須面對現實，並且讓現代史上最分裂的政治圈攜手合作。

這些現象的背後都有一個規律，就是歷史上所有的成長——不管是不是人類的成長——都呈指數成長，而且有其週期規律。我所知的科技與經濟學指數變化專家裡，最頂尖的其中兩位是喬治・吉爾德（George Gilder）還有雷伊・庫茲威爾（Ray Kurtzweil），我的專長則在比較這種變化的週期規律。我研究的是人口統計資料，而這些資料從人類出現以來一直呈指數成長，我們的科技也是。我也研究科技的週期循環：科技如何指數成長，並走過四個可預測的階段——商業與投資策略在不同階段中必須適時調整，才能獲得持續的成功。

但人口統計資料與科技發展還有更長期的循環規律。我們知道，從冰河時期以來，每十萬年左右就會出現大幅下降的循環，一直到西元四五〇至九五〇年的「黑暗時代」，然後一八〇〇年代早期至一九三〇年代的經濟大蕭條期間也時有衰退。

人口統計、科技趨勢與歷史其實有很多可供參考——而且從三萬英尺的高度看下來，其實真的沒那麼複雜。所以我建議，如果我說了什麼跟你想的、聽過的不一樣，先別急著判斷。我想你終究會了解，我是用更簡單、更符合人性的經濟分析方法，藉由了解跟你一樣的人如何走過生命週期，得以看見更長期的趨勢。在我們的高科技、中產時代，「人」很重要。我們可以預測人隨著年齡增長會出現什麼行為變化，預測出乎眾人意料之外的經濟趨勢——而且是長期的趨勢，不是短期的。

你難道不想知道，自己的下半輩子，還有孩子這輩子會發生什麼事，並藉此為未來做好打算？我們來仔細看看人口統計吧。畢竟，在亞當・斯密提出「看不見的手」的自由市場理論之後數十年，十九世紀學者奧古斯特・孔德（Auguste Comte）據說就提出了「人口即命運」的說法。

第一章
全球人口統計斷崖

有個簡單指標其實早已預警日本從一九八九年末開始與美國在二〇〇八年會受到重創。這個指標就是「消費潮」。消費潮不是什麼股價方程式，而是消費者隨著生命週期而變化的支出模式。重點是人隨著年齡增長的可預測行為變化。

人口統計告訴我們，一般家庭在一家之主四十六歲時花最多錢——平均來說，這也是父母看到孩子離家的時候。檢視這些數字有如壽險精算師估算人的平均死亡年齡，並藉此預測未來數十年會發生的事。

要了解大的經濟趨勢，就一定得認知到新一代消費者約二十歲進入職場，隨著他們成家、買房、買車、貸款等等，花的錢也愈來愈多。消費高峰也可能出現在不同的歲數：如果你比較富有、受過更久的教育（你的孩子可能是或未來也是），可能到五十出頭歲才達到消費高峰。人口統計高點的平均消費高峰導致一九八三至二〇〇七年的榮景，之後二〇〇八年的衰退會持續到二〇二〇年，直到景氣觸底，二〇二三年趨勢開始好轉。這些數字無法預測這期間的股市崩盤與市場震盪，但大方向絕不會錯。

一九八九年，日本股價來到高峰，日經指數（Nikkei）達到三萬八千九百五十七點。接著，一九九一年房地產也達到高峰。雖然自一九九七年以來，日本一直推行前所未有的貨幣刺激方案（沒錯，又是量化寬鬆），但二十多年後的二〇一二年，日本股價依然比當初低了八成。同樣地，過了二十二年，日本的房地產價格依然是當年高峰的六成，商用房地產甚至更低。儘管一九九九年以來，新的世代（但人數少了許多）開始達到買房年齡，房地產至今仍未大幅回升。

你知不知道，大部分的買房錢都是花在二十七至四十一歲之間？在一九八九年的《我們的預測能力》（*Our Power to Predict*）一書中，我預言日本會出現十二至十四年的下坡，而美國與歐洲則會出現史上最強盛的十年。只有人口統計指標能夠預測到全球經濟這樣的劇烈轉變。

日本進入「昏經濟」過了失落的二十年，二〇一三年初日本政府宣布實施史上最激進的刺激方案來扭轉局面。股市隨之大幅上漲，到二〇一三年中仍熱度不減。可是我們不知道這樣的好景會持續多久，畢竟這些漲幅的根基來自於政府背水一戰的貨幣政策，意圖解決情勢嚴峻的債務比率與人口統計趨勢。日本第一個人口趨勢循環的下坡結束於二〇〇三年，但為何過去十年日本沒變得更繁榮？

因為全球經濟學家就是不肯接受事實，他們不願去想人類史上人口最多的世代已經達到消費高峰，更不願去想接下來的世代人口減少會造成什麼影響。我們必須考量種種艱鉅的問題，如日本、多數歐洲國家、北美國家，甚至還有中國面臨勞動力減少與人口成長衰退的問題。當退休的人愈來愈多，超過進入職場的勞動人口，又會如何？這會如何影響經濟成長與商用房地產？當愈來愈多人過世，愈來愈多房子釋出回到市場上，要買房的年輕人卻愈來愈少，又會如何？這種情況在現代人類史上還沒發生過，到時發生了會對經濟造成很大的衝擊。我們已經在日本看到這樣的情形，我會在第二章加以說明。

最佳領先指標

最好的指標是什麼？**人隨著年齡增長，行為變化是可預測的。**一言以蔽之，就是這樣。既然如此，我們就來看看人口統計如何帶動經濟的大小趨勢，檢視當今的中產經濟。

一九八〇年以來，我們開始有清楚詳細的美國政府年度調查報告，調查消費者在不同生命階段的購買、借貸與投資情形，非常詳細（還記得我舉洋芋片為例嗎？以一般家庭來說，洋芋片的銷售量在四十二歲達到高峰）。現在有了這麼多這些資料，就可以預測最重要的經濟趨勢。

美國勞工統計局（U.S. Bureau of Labor Statistics）的〈消費者支出調查〉（Consumer Expenditure Survey），依不同年齡調查六百多種消費支出──調查發現，根據年齡不同，消費的領域真的不一樣。一般家庭裡的父母在四十一歲時借貸最多，這通常是他們花最多錢換大房子的時候。這些人在四十六歲消費最多；如果是比較富有的家庭，消費高峰可能比較晚，大概出現在五十一歲（前一〇％）與五十三至五十四歲（前一％）。人在五十四歲時存最多錢，在六十四歲時達到淨資產（net worth，或稱財產淨值）的最高峰（如果是較富有的家庭則更晚）。可以預測的是，因為我們活得愈來愈久，這些高峰出現的年齡也慢慢往上升。「鮑伯．霍伯世代」（the Bob Hope generation，譯注：指嬰兒潮世代的上一代）出生於約一八九七至一九二四年，期間出生率不斷增加，在一九六八年也就是四十四歲時達到消費高峰，所以他們帶來的榮景與出生指數間隔四十四年，也就是一九四二至一九六八年。

圖1-1　消費者生命週期

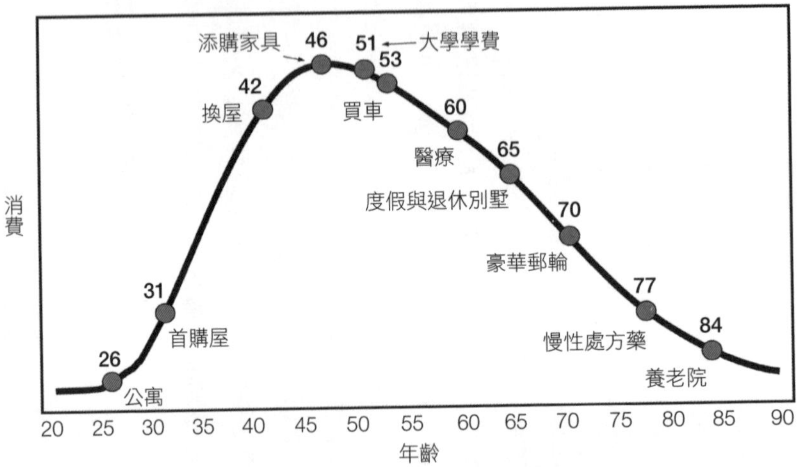

資料來源：美國人口普查局（U.S. Census Bureau）；鄧特研究中心

這個範例列出普查裡消費者支出的重點部分。看起來像不像你自己的生命週期？如果不像，可能是因為你比較有錢，在這些類別更晚達到高峰。

一般人在二十歲進入職場：平均來說，高中學歷的人約十八歲進入職場，大學學歷的人則是在二十二歲開始就職。一般嬰兒潮世代的夫妻在二十六歲結婚（不過這個數字也在提升，目前已來到二十七歲多），這時，出租公寓也達到高峰（見圖1-1）。平均而言，夫妻在二十八至二十九歲開始有小孩，這也刺激三十一歲時首次購屋的需求——三十一歲也正是終於買得起房子的年紀！孩子進入青春期，父母買了最大的房子時是三十七至四十一歲之間。（為什麼？因為在孩子青春期時，父母與孩子雙方都需要更多空間。你希望孩子遠遠待在另一邊，跟你不同邊——而且孩子也會同意！）我們繼續為自己的房子添購家具，於是家具消費大約在四十六歲達到高峰。當然，這邊指的也是一般家庭的消費數字。

在消費走下坡時，有些類別繼續成長並達到高峰。大學學費在約五十一歲達到高峰。汽車是最後一個會達到高峰（約五十三歲）的主要耐久財，因為孩子離家後父母不再需要無聊的九人座，會買最奢侈的名貴汽車。有些人買很炫的跑車，有些買大貨車。其實，這些產業也是在二〇一三年景氣最好的，並在二〇一四年達到高峰。不過，這些車也耐久得多，因為孩子離家後他們沒什麼地方要去，汽車的相關消費就一下子跌下來。

儲蓄大多從四十六歲增加到五十四歲，之後雖然繼續成長但速度減緩，最後淨資產在六十四歲達到高峰，也就是一般平均退休年齡六十三歲的隔年。醫療消費在五十八至六十歲間達到高峰。度假與退休購屋消費在六十五歲達到高峰。在四十五歲到六十歲之間，孩子已經離家，人們會更常旅行，但他們開始覺得旅行的壓力太大。到最後，他們選擇參加豪華郵輪行程，大吃大喝，不用擔心時差或是海關查驗。這項消費在七十歲左右達到高峰。還有慢性處方藥花費的高峰（是七十七歲），以及養老院的高峰（八十四歲）。

我已經點出幾個關鍵部分：這些資料可以告訴你更多資訊，如消費者何時花最多錢於露營器材、保母或壽險。

（我這裡有份特別研究報告，叫做《消費潮》〔*Spending Waves*〕，詳細檢視不同年齡層於各類別的消費行為。想進一步了解，可以上www.harrydent.com/spendingwaves。）

圖1-2中，整體消費在四十六歲達到高峰，主要是孩子已經畢業，父母支出減少，因而更能享受生活，也為退休儲蓄。家具消費也在此時達到高峰。可是請注意，三十九至五十三歲之間是高原期：三十九歲是購屋消費開始邁向高峰，五十三歲是購車消費開始邁向高峰。然後消費就像石頭滾下山，一路降到人死為止！這是多麼重要的事，各國政府、企業與投資人卻都沒想到。同時間，各國龐大的嬰兒潮世代紛紛老化。

畢竟，十九歲、四十六歲跟七十五歲的消費習慣差異很大。你十八、十九歲的時候，賺多少錢，又花多少錢？你買最大的房子又在接下來幾年添置家具的時候，又賺多少，花多少？七十五歲的人花多少錢……又借

圖1-2　總體消費者支出（以年齡劃分）

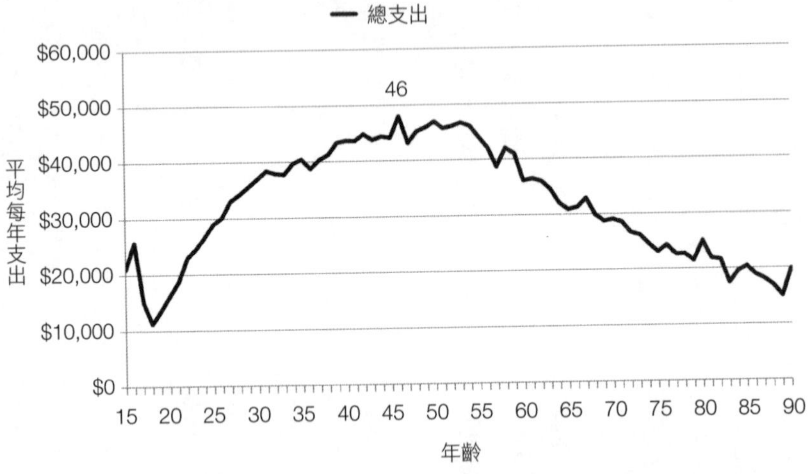

資料來源：美國人口普查局

如果要將中產經濟總結為一個關鍵因素，這個因素會是：以年齡劃分的消費者支出。大部分經濟學家的假設是，消費者比較像常數，而帶動我們經濟的是企業與政府的變化。其實，消費者占了GDP的70%，消費者支出成長了，企業才會擴大投資，政府則對企業與消費者的課稅以獲得收入，因此也間接跟著消費者支出走。

不借錢？消費者絕非不變的常數，世代交替會大幅改變人口的年齡分布——特別是像嬰兒潮這樣人口格外多的世代。值得注意的是，有些特定的消費領域變動可能很大，例如買摩托車主要是進入中年危機（四十五至四十九歲）的男性會買，或休旅車主要是在五十三至六十歲之間買的。

就大方向來看，消費者支出的循環之所以影響重大，是因為人的出生（與移民）有明顯的世代波動。於本地出生或移民到這裡就是在像美國這樣的國家變成勞動者與消費者的兩種方式——勞工代表財貨的「供給」，而消費者（同樣這批人）代表「需求」。因此，隨著年齡增長，新世代的人口逐步邁入消費高峰——正是這樣造就了我們一九四二至一九六八年還有一九八三至二○○七年的經濟大榮景。

一個世紀以前，移民是美國經濟最大

圖1-3 美國移民人數，1820至2012年

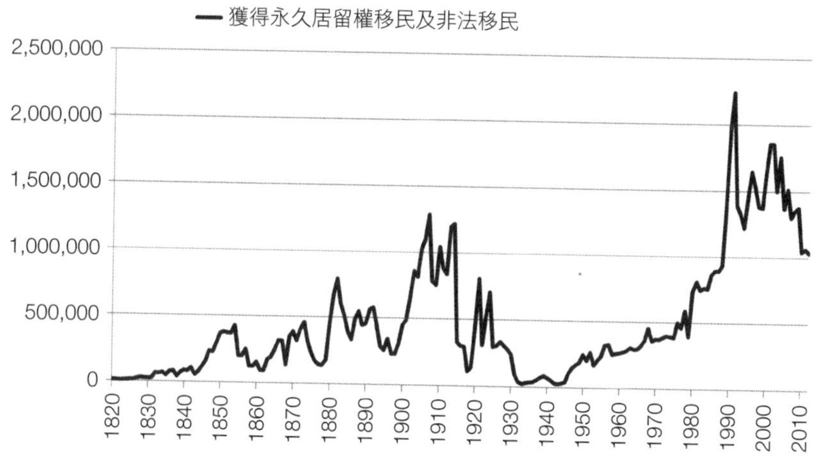

資料來源：美國國土安全部（Department of Homeland Security），2013年

回顧1800年代晚期，你可以看到移民人數的變化很大，絕不是常數。主要有兩波移民高峰：第一波高峰出現於1907年，於1914年後大幅下降；第二波高峰出現於約1991年，從2008年後開始大幅下降至今。請注意，美國移民人數出現史上最大遽增後，在1930年代突然降到幾乎是0。

的驅動力（見圖1-3）。新的人口移入是我所謂「亨利．福特世代」（the Henry Ford generation）最大的影響因素，使得經濟大好，出現「咆哮的二〇年代」（Roaring Twenties）的榮景。近來，我們預測移民人數從二〇〇八年開始會再度急遽下降，同時嬰兒潮世代日漸縮減的消費也會將我們推向二〇〇八與二〇二三年之間出現的下一波經濟大蕭條。我們已經看到這件事在發生，特別是墨西哥的移民數量明顯減少。美國的出生人數從二〇〇七年以來一路下滑，未來的人口根本不可能像經濟學家根據過去資料預測的那樣快速成長。

最近一次的移民人口遽增發生在一九七〇年代到二〇〇〇年代，於一九九一年達到高峰，移民為嬰兒潮世代（一九三四至一九六一年間出生）帶來更多人口，嬰兒潮世代的移民人口也多於接下來的回聲潮（出生於

圖1-4 美國出生指數，1909至2011年

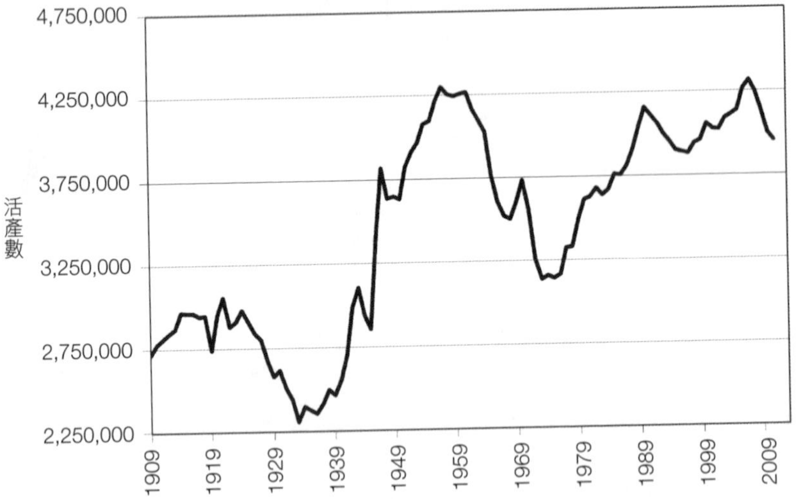

資料來源：美國人口普查局

一九七六至二〇〇七年）的移民人口。移民之中二十三歲左右的人最多（統計學稱為**眾數**），平均年齡則是三十歲。初來乍到的移民通常就進入勞動人口，開始生產與消費。因此，移民會對經濟帶來立即的影響，不像新生兒（至少需十八至二十二年才進入職場，開始發揮生產力）。

一九八〇年代晚期，我預測道瓊指數二〇〇〇年前會站上一萬點。當時看來匪夷所思，後來發現這個預測可能還太保守。我才發現，是因為我沒計入移民人口（見圖1-4），後來我在一九九六年也納入移民的影響，重新考量。我利用電腦模型分析過去數十年的資料，檢視移民年齡的鐘形曲線（bell curve），算出平均出生年齡，將移民當作本地出生一樣加進本地的出生指數（見圖1-5）。在鄧特研究中心，我們預測移民情形時會考量景氣循環，而不是像一般經濟學家做直線型的預測。

我們發現，計入移民後，回聲潮世代的人口成長其實低於嬰兒潮世代。所以，到了回聲潮世代，美國

圖1-5 美國計入移民後的出生指數，1909至2009年

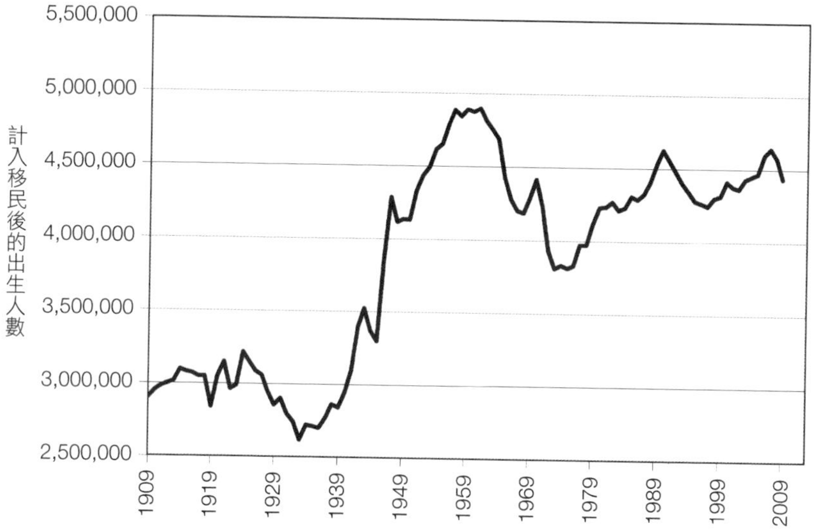

資料來源：美國人口普查局

注意嬰兒潮世代的人口高出它之前的鮑伯．霍伯世代多少，回聲潮世代的出生人數於2007年也達到類似高峰。但是最後這一個世代的浪頭小得多，從2008年到2020年代早期，出生人數會因為經濟不好漲少跌多，就跟1930年代、1970年代一樣。請注意，我們也必須計入移民後的出生指數，才能拼湊齊全每個世代的總人口數。計入了嬰兒潮世代的合法、非法移民，嬰兒潮世代的人就更多了。

首度出現人口高峰低於前一世代的情形。已開發國家幾乎都是如此，澳洲與北歐國家則例外。許多歐洲與東亞國家則根本沒出現回聲潮世代。

不是所有人都意識到這其中的重大意義。平面媒體與廣播報導——如《霸榮》週刊（*Barron's*）二〇一三年五月的一篇文章，還有財經新聞台CNBC也報導過——告訴我們，所謂「千禧世代」（the Millennial generation）或回聲潮世代人口多於嬰兒潮世代。我只要聽到有人提到人口統計，我就會特別注意（常常說者根本沒事先好好做過功課，也做出錯誤結論）。於是，這種論述往往只說對了一部分。

比較簡單的部分——可以說是經濟學家通常說對的人口統計——就是

大多數已開發國家的人口都在老化，不斷攀升的應得津貼重擔將會落在未來的年輕世代身上。未來的世代人口較少，消費與收入也比較低，這對經濟會有什麼影響？看看日本的例子，一九八九至一九九六年之間，日本摔下人口統計斷崖後就進入「昏經濟」：整整二十年來，日本的通貨膨脹為零，GDP成長也是零（見第二章）。

仔細看資料會發現，回聲潮世代的人數的確大幅超越嬰兒潮世代。在美國，回聲潮世代一開始的出生率比較高，而且出生時間增為三十二年（一九七六至二〇〇七年），比嬰兒潮世代還長：嬰兒潮世代的出生時間是二十八年（一九三四至一九六五年），見圖1-6。計入移民後，嬰兒潮世代總人數達一億零八百四十萬，回聲潮世代則達一億三千四百五十萬人。不過，我的研究得出另一個更重要的關鍵：計入移民後，嬰兒潮世代的出生高峰依然高出許多，整體波動也比較大。

下一波榮景約從二〇二三年開始，屆時若要讓經濟持續活絡，會需要多少家庭來消費、借貸、買房、投資與進行其他經濟活動，這個數字成長的速度不可能一樣快。是的，未來十年許多（但非全部）已開發國家會經歷人口統計帶來的榮景，可是消費與借貸的力道將不如嬰兒潮世代那樣強勁。

成長較可能來自科技進步，特別是延長人類壽命與工作年限的研究突破，補足勞動人口的缺口。這些領域如生物科技、機器人、奈米科技以及更乾淨的新能源都會帶來動力，但要好長一段時間才會影響整體經濟，因為新的創新要數十年才能累積足夠的動能。例如，汽車發明於一八八六年，但一九一四至一九二八年之間才躋身美國經濟的主流。

圖1-6　美國的世代人口

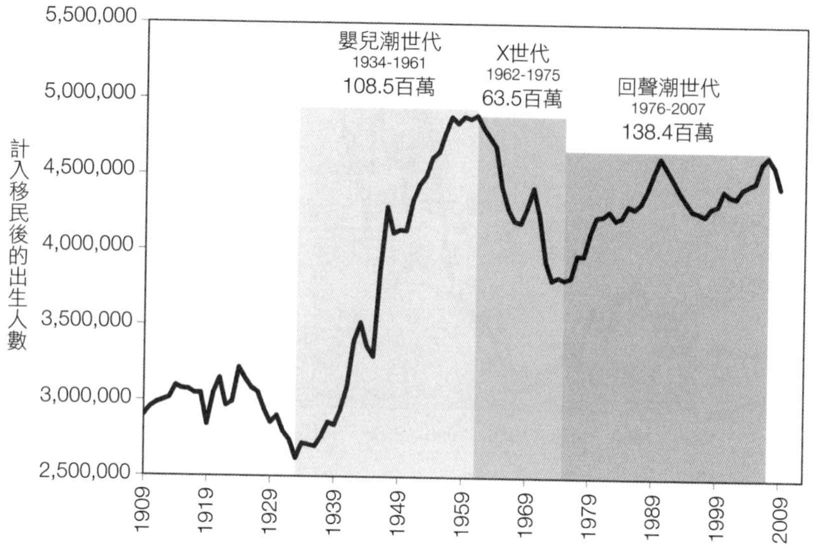

資料來源：美國人口普查局；鄧特研究中心

人口統計趨勢與預測走向的關鍵是要解讀這一波波的浪勢——也就是出生與成長的上升浪潮——並且分辨每個世代的相對加速度。嬰兒潮像是個3公尺高的浪頭打到海灘上，而回聲潮的浪高只有1.5公尺。玩衝浪的馬上就能告訴你差在哪裡！雖然回聲潮的浪更廣，但嬰兒潮的浪規模更強大，迎來的高峰數字也更高。

消費潮

現在來看看我們最強大的一項經濟指標如何預測未來數十年的重大經濟與消費趨勢，這項指標就是：消費潮。我們這裡只要拿出「計入移民後的出生指數」，往後平移四十六年，就能預測美國一般家庭的消費高峰（見圖1-7）。很簡單吧？回顧一下，就會發現這些數字與計入通膨後的標準普爾五百指數（S&P 500）普遍呈現正相關。短期震盪當然會有很多波動，不管是榮景還是衰退都是如此。人口統計可以正確預測我們經濟裡漲跌的長期趨勢，但無法預知短期震盪，因為短期的震盪還會受到各種地緣政治與人為因素的影響。

回顧一下：嬰兒潮世代的出生趨

圖1-7　消費潮

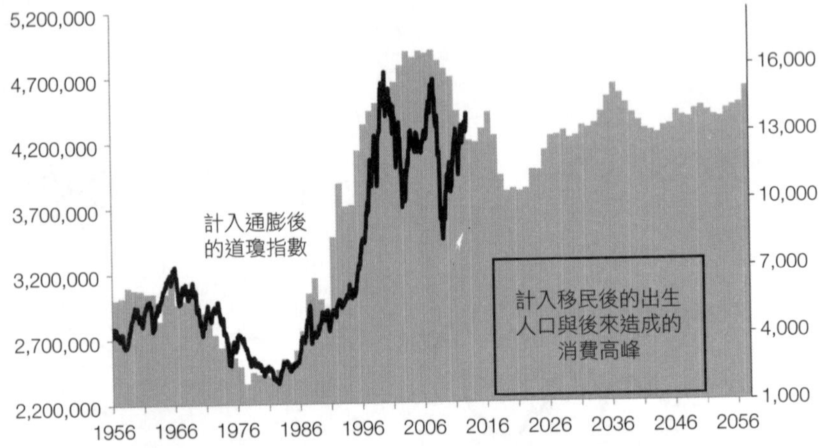

資料來源：鄧特研究中心；美國人口普查局；彭博資訊（Bloomberg），2013年

這個簡易指標25年前就告訴我，美國經濟會在2007年之前持續成長，接著在2008到2020至2023年之間趨緩。

勢始於一九三四年，於一九三七年開始加速攀升，於一九六一年達到高峰。如果間隔四十六年後會出現消費高峰，一九八三至二〇〇七年期間就會出現大好榮景。雖然一路走來偶爾出現股市與房市泡沫破滅導致市場震盪，但這段期間不就出現一片榮景？嬰兒潮世代之前的鮑伯．霍伯世代的榮景則是間隔出生四十四年。鮑伯．霍伯世代的出生率增加發生在一八九七（估計值）至一九二四年，換言之，這個世代的榮景出現於一九四二至一九六八年，接著於一九六九至一九八二年景氣趨緩。這可不是短期指標，而是史上最棒的長期領先指標。

經濟學家認為，沒人能預測長期趨勢，因為整個世界與科技的變化速度愈來愈快。但是，我們現在也擁有人口統計的新資訊，使得預測長期的經濟趨勢比預測短期容易，畢竟短期趨勢容易受到政治、景氣與股市震盪的影響，這些都是人為產生的短期影響。放大一點來看，我們的行為會隨著年齡成長出現可預測的變化，這是影響經濟的關鍵。這些變化包括青年的創新與通貨膨脹，中年的消費與借貸，還有較老年時的儲蓄、投資以及發揮政治影響力。

下一波榮景會是二〇二四至二〇三六年之後，但在包括美國在內的已開發國家，這波榮景不會像一九八三至二〇〇七年的榮景那麼有活力，因為過去這段榮景是靠嬰兒潮世代創造驚人的收入、消費與借貸趨勢，還有（一九七〇年代的）科技創新與運用。下一波榮景會集中於新興國家，包括印度、東南亞、拉丁美洲，中國因為人口快速老化，所以榮景較小。

我們愈是挖掘人口統計的資料，就愈發現這些資料與現代經濟竟然如此息息相關，我們面對的，正是個有著高收入中產階級人口與史無前例頂端財富的現代經濟。不過，先來看看我們經濟裡的另一個主要因素：通貨膨脹。對了，通貨膨脹主要並不是貨幣現象（不好意思，傅利曼〔Milton Friedman，譯注：諾貝爾經濟學獎得主，認為通膨是一種貨幣現象〕），而是人為現象。

想想這個道理：年輕人會造成通貨膨脹。為什麼？年輕人要耗費這麼多成本，卻不事生產。這也難怪，因為在現代的富裕經濟裡，約莫十八至二十二歲之前都是學習階段。平均來說，父母要花約二十五萬美元養一個孩子，這還不包括孩子（如果）上大學的費用。政府也要撥很大一筆預算作為教育之用。新世代進入職場的同時，企業也必須投資於年輕人工作的環境、設備與訓練。可以說，年輕人就是為了經濟每一領域所做的未來投資。當年輕人進入職場，變成具有生產力的新勞動人口（供給）與支出更多的消費者（需求），他們就開始回饋給這個經濟體。

相對地，老人比較會造成通貨緊縮。老人消費得比較少，主要耐久財也用得比較省，相較之下借得少也存得多。他們不需要投資新的基礎建設如辦公室或較大的房子，或是投資在教育上。他們終究會離開職場，也換到比較小的房子，甚至住到養老院。這與年輕人正好相反。

圖1-8　通膨指標，1953至2015年

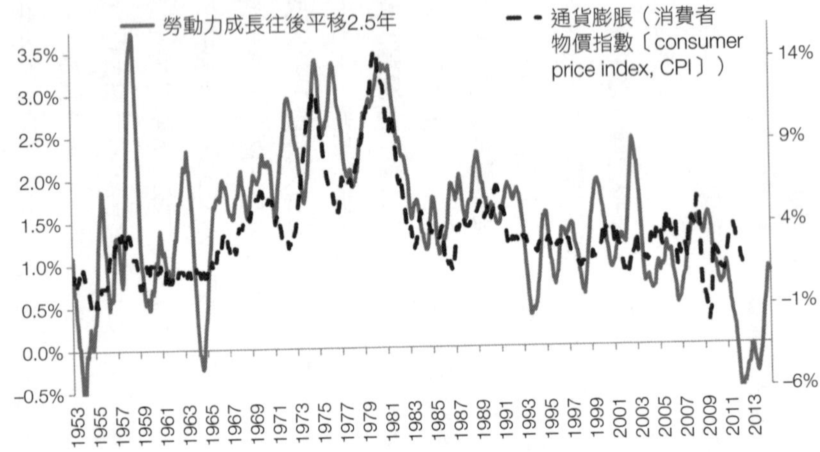

資料來源：美國勞工統計局；鄧特研究中心，2013年

一九八九年，也就是我發現「消費潮」的一年後，我發現「通貨膨脹率」與「勞動力成長往後平移兩年半」呈現高度正相關（見圖1-8）。這種短期的高度相關性相當驚人，因為明明有這麼多因素會影響通膨，如糧食與汽油價格、貨幣政策、經濟循環震盪、匯率等等。而且現實生活中，這些變因的震盪也時而影響這個指標的走向。可是，雖然有這麼多因素會造成難以預測的短期波動，這項指標的長期趨勢還是有如「消費潮」一樣相當精準。

勞動力成長的時間變化其實是很簡單的算式，只要算算平均二十歲（這個年齡會逐漸增加）進入職場的年輕人，再算算平均六十三歲退休的老一輩有多少人。接下來十年，退休年齡可能加速攀升，因為許多嬰兒潮世代的人無法在如此不景氣時退休，這些人當初以為經濟榮景永遠不會結束，所以很少儲蓄。相對地，鮑伯・霍伯世代存了很多錢，這個世代成長於經濟大蕭條與第二次世界大戰，這樣的經歷使得他們即使身處經濟榮景也依然保守自持。嬰兒潮世代也表示自己不想像父母那麼早退休，雖然說得到不一定做得到。過去二十年來，平均退休年齡相當穩

圖1-9 通膨預測，1950至2030年

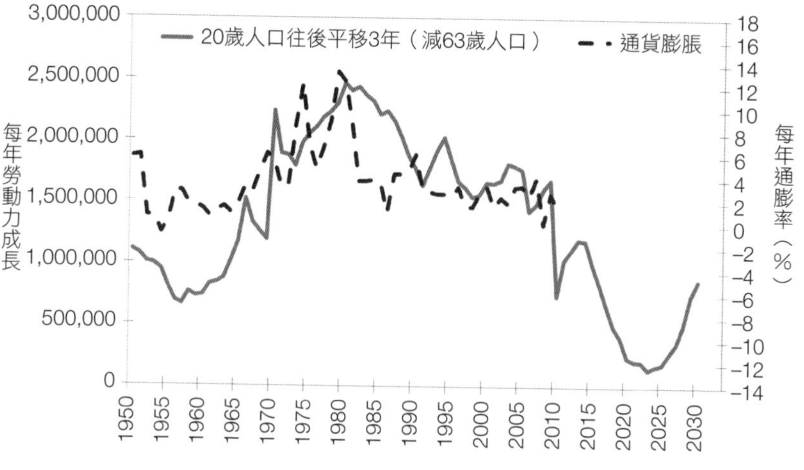

資料來源：美國人口普查局；勞工統計局

這個通膨預測模型裡最重要的趨勢就是，它指出2010至2023年的價格下跌，不受債務削減或原物料商品價格崩盤（這我也預測到了）的影響。

定，維持在六十二至六十三歲之間，這個數字包括二〇〇〇年到至少二〇二四年紛紛退休的嬰兒潮世代。

這個通膨指標只能顯示未來兩年半的通貨膨脹趨勢，但因為我們能預測平均而言多少人會在二十歲進入職場、多少人會在六十三歲離開職場，所以就能預測未來二十年的勞動力成長與通貨膨脹（見圖1-9）。一九八〇年代晚期，我預測這波史上最大榮景會持續到約二〇〇七年，那時我也看到通貨膨脹最晚在二〇一〇年會跌到將近零。後來，這件事也確實發生了。

勞動力成長從一九七〇年代晚期的四%高點，降到一九八〇年代晚期的三%，再降到一九九〇年代晚期的二%，目前已經來到一%，到二〇二〇至二〇二三年之前會降到〇%。現代史上最大的通貨膨脹不是各國央行造成的，一九七〇年代勞動力的高成長也不是政治人物造成的。誰想造成一六%的通膨率與房貸利率，讓大家都不開心？雖然目前政府端出許多大型刺激方案，但勞動力的微弱成長仍然符合這個模型的預測，也就是每年一％或每月十二萬五千至十五萬個工作機會。二〇一三年的成長會比較高，這是因為政府的強力刺激方案再加上失業後重新找到工作的人口，但還是沒讓我們回到二〇〇七年就業數字的高峰。

在當時，二〇〇八年末的經濟大蕭條已然展開，各國政府無所不用其極大力刺激經濟，努力避免經濟蕭條、價格下跌與債務削減。這些措施不過是試圖抵抗經濟的自然力量……而且絕對不會有好下場，就像不肯面對現實的吸毒犯一樣。到最後，勝出的終究會是經濟的自然力量與根本趨勢，而不是各國央行與政府。

如果你想預測未來，就看看人口統計的趨勢，因為這些趨勢就是最關鍵的領先指標。而且大多數的經濟學家、投資人與商界人士都不懂這一點，所以你如果懂了，不管要投資或經商，都會為你帶來額外優勢。

關鍵經濟模型

我稱這個模型為「八十年的經濟四季循環」。我研究過的項目似乎都可分為四個季節或階段。每年的四季天氣循環就是很明顯的例子：春、夏、秋、冬。這也近似於我們的人生四階段：幼年、青年、中年、老年（退休）。景氣循環也有四個階段：創新、成長、淘汰、成熟。就像一個月有四週，月亮有四個週期變化一樣，我發現經濟運轉也有四季循環，這個循環的週期大約是人一生八十歲的長度。

一九八〇年代早期，我研究到第一個比較可靠的經濟循環是長波（Kondratieff Wave，或譯K波）理論，由俄國經濟學家尼古拉・康德拉捷夫（Nikolai Kondratieff）於一九二五年提出。在當時的背景，這個理論提出的是五十至六十年的循環週期（那時人沒活那麼久），分析通膨高峰如何出現在一八一四、一八六四、一九二○與最近的一九八○年。通膨與通縮的週期循環也有四季特性：先是春季的榮景，出現溫和上升的通貨膨脹；然後是夏季的衰退，隨著大戰發生通膨也升至長期高峰；接著出現秋季榮景，通貨膨脹率下降，強大的新科技躋身主流，信貸泡沫導致高度投機與金融泡沫；最後到了冬季，泡沫紛紛破滅，債務削減、價格下跌、經濟蕭條（此時也會發生戰爭，如第二次世界大戰）。

這個循環原本的規律似乎在數十年前被打亂了，原因有二：其一，第二次世界大戰之後，這個循環的變化幅度變大了，龐大的嬰兒潮世代進入職場，勞動力膨脹了，也大幅提高了通貨膨脹的趨勢；其二，以原本的六十年循環來算，經濟大蕭條之後的下一個寒冬應該會發生在一九九○年代，但這時期反而出現史上最大的榮景。也因此，一九八○年代晚期與一九九○年代早期坊間出現一堆書，告訴你經濟大蕭條即將捲土重來：拉斐·巴特拉（Ravi Batra）、羅伯特·普萊切特（Robert Prechter）、詹姆士·戴爾·大衛森（James Dale Davidson），還有哈利·費齊（Harry Figgie）都寫過這種書，而且本本暢銷。我很尊敬他們大多數的作者，也很仔細地看完他們的書，畢竟他們比大多數經濟學家提出更好的歷史觀點與週期循環分析。

不過，同時間我也正在研究人口統計與嬰兒潮世代。我了解到，當史上最大世代於一九九○年代來到消費與借貸高峰的甜蜜點（sweet spot），根本就不可能會出現經濟大蕭條。於是，一九九二年底我出了一本書，書名是《榮景可期》（*The Great Boom Ahead*）。我提出新的經濟四季循環，週期是八十年。我發現，嬰兒潮只是加大這個循環的變化，也就是增加了通貨膨脹與經濟榮景的規模，也由於上個世紀我們的壽命長足進步，自然延長了所有與人相關的週期循環，包括景氣榮枯的長度。

重點是，長波理論的四季循環仍然適用，只是長度加長，強度也變大了。如果用人口統計資料來預測消費與通膨的週期循環，我們就能更準確掌握未來，預測影響深遠的經濟四季循環。

循環週期之所以從六十年左右變成八十年，其中一個解釋是我們的經濟在過去一世紀發生了劇烈變化。一直到一九〇〇年代早期，美國還是農業國家，八〇%的人口從事農業、礦業，甚至還有捕獵。原物料商品很固定地遵循三十年的循環（見第六章），而世代人口循環則遵循接近四十年的循環。如果一個循環主要跟著原物料商品的循環走，就會出現每二十九或三十年一輪的景氣漲跌，因為農業消費者對經濟的影響遠不如今日富有許多的都市中產階級。即使到了今天，中國與印度的偏遠地區消費者對經濟的影響還是很小，因為他們大部分是自給自足的農夫。相對地，在二十世紀，美國主要的長期股市高峰出現在一九二九、一九六八與二〇〇七年，這是計入通膨後的數字。這些高峰相距三十九年，也與過去三個世代的消費高峰重疊。

兩個漲跌循環合起來就變成四季循環，所以兩個原物料商品的循環加起來就變成五十八至六十年，這也很接近一直到一九〇〇年代早期的長波循環。在「咆哮的二〇年代」之後，出現史上第一個有許多富有中產階級的社會。他們的消費循環開始取代原物料的週期循環，成為最主要的影響因素。於是，景氣漲跌變成每三十九至四十年一輪，兩個漲跌循環加起來就是七十八至八十年。

嬰兒潮世代的規模推升了通貨膨脹與經濟／股市榮景的高度，平均壽命快速延長，經濟體從原物料經濟轉移到大眾消費主導的消費者經濟，都是榮枯循環從三十年延長為四十年的因素。這一切也解釋了為什麼這麼多支持康德拉捷夫的人以為一九九〇年代會出現經濟蕭條，但事實卻非如此。以這個新的週期循環來算，經濟蕭條的出現會再晚二十年——也就是二〇一〇年代。

圖1-10的第二條線代表每個世代的消費潮、經濟榮景以及相對應的股價變化。鮑伯·霍伯世代上升的消費潮與它一九四二至一九六八年的出生情況間隔四十四年，這就是股市的上一波大牛市。計入通膨後，會發現標

圖1-10　80年經濟四季循環

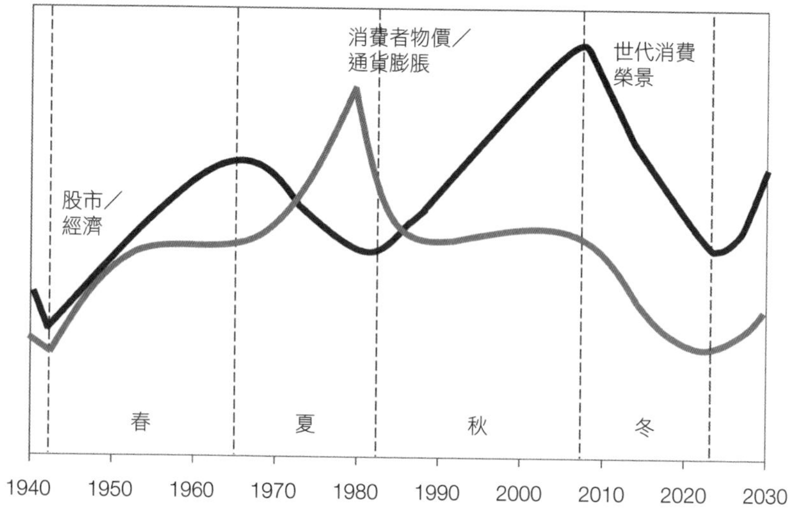

資料來源：鄧特研究中心

新的80年週期解釋了目前的循環，這個循環始於經濟大蕭條（或說上一季寒冬）之後。通膨指數在這張圖表中追隨著長波的規律：春天出現溫和且持續攀升的通貨膨脹，夏天則是通膨達到高峰，秋天通膨降低，冬季則是通貨緊縮。我們可以將通貨膨脹想成是一年四季循環的溫度變化，高溫就是像高度的通膨，低溫就像通縮。兩者都不舒服，也衝擊經濟與股市。

準普爾五百指數在一九六八年達到高峰。接著，一九六九至一九八二年之間，消費潮開始走下坡，這期間也時而出現衰退。然後，嬰兒潮世代出生間隔四十六年後，也就是一九八三至二〇〇七年帶來消費潮。回顧一下，史上最大的股市榮景幾乎也正是發生在這段期間——一九八二年八月至二〇〇七年十月。從二〇〇八年的大衰退開始，嬰兒潮世代的消費趨勢會持續走下坡到約二〇二〇年，然後持平，直到二〇二三或二〇二四年才會隨著回聲潮世代而反彈回升。我大致上就是這樣在久遠的一九九〇年代早期就預測到下一季寒冬蕭條的來臨，我也預測到二〇〇七年會出現高峰。

你怎麼運用這些資訊？每一季的投資、營運與個人管理都需要不同的策略，就好像換季就要準備不同的衣服一樣。如果你事先知道快要換季了，就能好好適應；如果不知道，麻煩就大了。

我會帶大家檢視這些季節的差異，並分析需要如何調整策略來因應這個經濟寒冬。第八章針對投資人，第九章針對企業一一說明。不過一開始，我要先講清楚人口統計如何根本上地帶動現代中產階級經濟的已開發國家，所以我們會先進一步檢視人口趨勢斷崖的概念，探討它在未來會怎麼影響全世界。

已開發國家的人口統計斷崖

消費潮指標適用於世上任何主要國家或地區（見表1-1）。其中唯一的差別是，大多數國家的人口統計資料通常以五年為一個年齡層，而不是以一年為單位。不過，我們就先一個國家一個國家來看。

日本的出生人口於一九四二年與一九四九年出現最後兩波嬰兒潮的高峰。以四十七年的間隔來算（日本的高峰間隔晚一年是因為移民人數較少而且教育年數較高），日本的兩次消費潮高峰，分別出現於一九八九年末與一九九六年末——從那時起，日本股市就時時走下坡。再來看看，美國的出生人口於一九五七至一九六一年達到高峰，加拿大則是一九六〇年。所以，北美的消費潮約二〇〇七年達到高峰，然後就摔下斷崖，消費趨緩。接下來，歐洲的消費會開始達到高峰，而且更廣，然後會呈現持平的高原期一直到二〇一三至二〇一四年，之後在二〇一八年之前，大多數歐洲國家的消費就會一個個摔下斷崖。

二〇一三年後，德國會是第一個摔下斷崖的歐洲大國，還有英國、瑞士與奧地利。南韓的消費會於二〇一〇至二〇一八年間呈現持平的高原期，然後像日本一樣大幅下跌，而且持續數十年。就連中國的勞動力成長都

表1-1　世界各地人口統計高峰

國家	消費高峰
日本	1989-1996
美國	2003-2007
德國	2010-2013
英國	2010-2013
法國	2010-2020
義大利	2013-2018
南韓	2010-2018
西班牙	2025
中國	2015-2025

資料來源：鄧特研究中心

會在二〇一五至二〇二五年間呈現高原期，之後中國的人口成長就會一直下降。中國會是第一個摔下人口統計斷崖的新興國家。不過，因為它仍具有進一步都市化的趨勢，所以未來數十年還保有溫和的成長。

如果歐洲現在就已經身處經濟衰退而且債務問題嚴重，等到二〇一三或二〇一四年後消費情形摔下人口統計斷崖，歐洲該怎麼辦？

而且，這樣的重大全球危機一定會在二〇二〇年結束前發生。就連南韓也會在二〇一八年後摔下人口統計斷崖，這是富庶東亞最後一個發生這種情況的國家。二〇一四至二〇一九年末之間，顯然會比二〇〇八至二〇〇九年的經濟大衰退（Great Recession）還慘，人口統計與地緣政治循環走到最黑暗的階段。

英國的消費在二〇一〇至二〇一三年呈現高原期，但之後就開始摔下斷崖。法國的高原期最長，是二〇一〇至二〇二〇年。義大利的高原期則是二〇一〇至二〇一八年。西班牙是最後達到高峰的，屆時大概是二〇二五年，但西班牙在歐洲最大房地產泡沫破滅之後已經陷入蕭條。

請注意，消費高峰過後最陡的跌勢出現在南歐與中歐國家：希臘、西班牙、葡萄牙、義大利、德國、奧地利與瑞士——而德國可是身負撐住歐元區的重責大任。

前面提過，美國的消費潮於二〇〇七年末達到高峰，但最晚會在二〇一四年左右來到第二個人口統計斷崖，因為美國最富有的前一%至一〇%人口會在此時達到消費高峰。美國的貧富差距比加拿大或歐洲還要大，前一〇%的人掌控近五〇%的收入與消費，而光是前一%的人的收入就占了全國將近二〇%。而且，前一〇%的人掌控超過九〇%的金融資產（個人住房除外），而且聯準會又祭出無止盡的量化寬鬆與貨幣刺激方案，讓差距愈拉愈大。

等到有錢人較晚生的孩子也終於離家獨立，消費情形摔下人口統計斷崖，到時候聯準會要叫誰消費呢？在下一波金融危機來臨、泡沫破滅時，誰會受到最大的衝擊？不會是路人甲等一般人，這些人已經歷到實質薪資減少、工作機會變少也變差，而且往往身上背著「溺水屋」（譯注：即市值低於貸款餘額的房屋）的重擔。到時經歷多年的刺激方案之後，世界終將回歸現實，屆時隨著金融資產再度崩盤，有錢人的淨資產也會蒙受莫大的損失。

我們的最佳長期與中期循環（見第八章）顯示，二〇一四年初至二〇一五年初，另一波經濟趨緩與股市崩盤會惡化，可能會一直持續到二〇一五甚至二〇一六年。人口統計造成的最糟經濟趨勢會出現在二〇一四至二〇一九年間。美國經濟在二〇一五年年初之前可能會遭受小幅或大幅衝擊，還有二〇一七年末至二〇一九年末或最晚二〇二〇年初還會有另一波。可能在二〇一五年初之前或再晚一點，道瓊指數就會跌到五千八百至六千點，到二〇二〇年初之前會跌到三千三百至三千八百點，就此消掉始於一九九四年末的史上最大股市泡沫。

美國與歐元區現在是世界最大的兩個經濟體。在未來數十年，美國的消費潮會出現轉變。跟美國不同，歐

圖1-11　歐洲的消費潮，1950至2100年

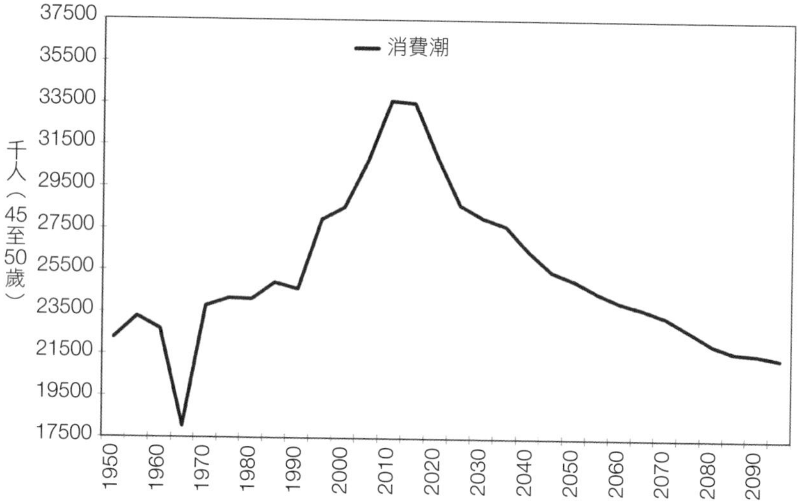

資料來源：聯合國人口司（United Nations Population Division）

看看整個歐元區未來消費潮的漲跌。歐洲整體的未來展望不佳：現今的高原期會從2010年持續到2013或2014年，然後就會出現非常深的斷崖。許多國家的勞動力與人口會走跌數十年，特別是在南歐與中歐。

元區整體而言（圖1-11）沒有回聲潮世代，但是，南歐出現史上最高的青年失業率，而且日子一天一天過去，離開職場的年輕人愈來愈多，因為根本沒有工作機會，而老一輩留在職場的時間也變長了。歐洲會如何復甦？南歐與中歐（特別是圖1-12中的德國）是不太可能復甦的，就算二〇二三年下一波全球榮景開始之後也不會復甦，除非這些國家能吸引很多移民，但這樣的可能性很低。

仔細看看每個國家，發現從人口統計看來，未來十年挪威、瑞典、芬蘭與丹麥的經濟景況真的比較好，而且會從二〇二幾年開始再度溫和成長。荷蘭、比利時、法國與英國未來數十年應該會比較像美國一樣出現轉變。不過，德國、瑞士、奧地利、希臘、西班牙、葡萄牙與義大利應該會持續更強的跌勢。為什麼歐洲靠北邊的國家出生率較高？因為這些國家給職場女性很好的援助，如育

圖1-12　德國的消費潮，1950至2100年

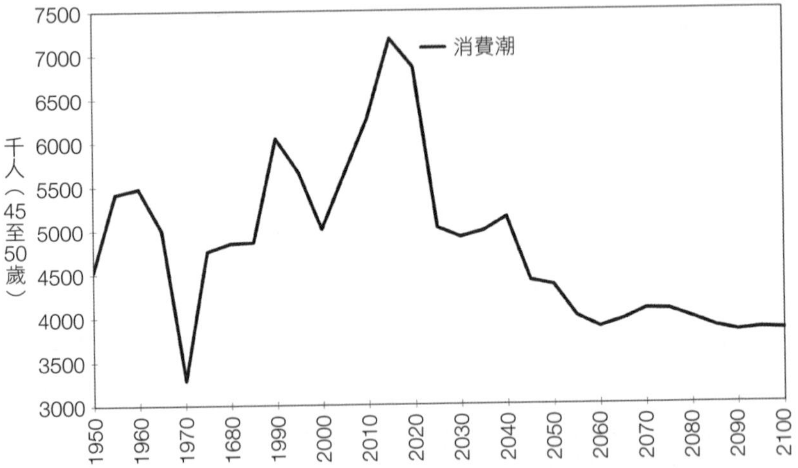

資料來源：聯合國人口司

德國是穩住歐元區的關鍵，但它的消費情形過了今年就會摔下斷崖。未來10年，德國、瑞士還有奧地利都會面臨更陡峭的跌幅，不會出現回聲潮世代，跟南歐國家很像。

嬰假等支援，這是一個國家能為未來做的最好投資。人口統計顯示，歐洲北、中、南部國家的經濟落差將來只增不減。在這些情況下，未來歐元隨著時間會出現什麼變化？

你可能會想：「噢，反正亞洲會用它的成長來拯救全球經濟。」可是，因為原物料商品價格從二〇一一年四月開始走跌，新興市場已經開始趨緩，表現不如理想。我們預測，原物料價格會續跌約十年（見第六章）。東亞——包括中國——是全球經濟最有活力的區域，但它的人口正快速老化。看看南韓的消費潮（見圖1-13）。南韓已經出現過「經濟奇蹟」，很像日本二十二年前的景況。但是，南韓的消費從二〇一〇至二〇一八年會呈現高原期，然後就摔下人口統計斷崖，與日本的情況正好間隔二十二年。南韓幾乎沒有回聲潮世代，比日本還慘。新加坡的情形也差不多，新加坡在二〇一〇年達到高峰，接著是台灣。

圖1-13 南韓的消費潮，1950至2100年

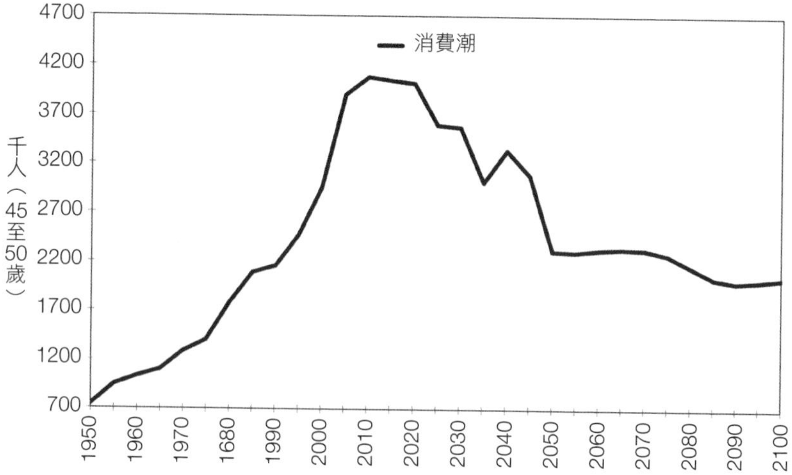

資料來源：聯合國人口司

西班牙的消費會持續攀升到二〇二五年（見圖1-14）。持續攀升的消費趨勢並不符合西班牙的出生趨勢，因此一定是因為移民人口多，再加上西班牙龐大的營建業榮景與房地產泡沫。這個泡沫破滅是西班牙深陷經濟衰退的主因，二〇一三年中，西班牙的青年失業率來到五七%，總體失業率為二七%，與希臘很類似。這也代表，西班牙許多移民勞工回到自己的母國，進一步削減了西班牙的人口優勢。

在西班牙，營建業占就業人口的一三%，相對來說，即使在房地產泡沫的頂點，美國的營建業不過占總體就業的六%。房價目前仍在下跌，加重銀行的負擔。如果西班牙現在已經有這麼多麻煩，二〇二五年之後一旦消費摔下斷崖，情況會有多糟？特別是，依照人口統計來看，後面不會出現回聲潮世代，所以消費應該會大幅滑落，到時候會有多慘？其他南歐國家也會出現類似情形。

「噢，」你可能會說，「可是中國現在是世界第二大經濟體，成長率超過八%，一定會保住全球經濟成

圖1-14　西班牙的消費潮，1950至2100年

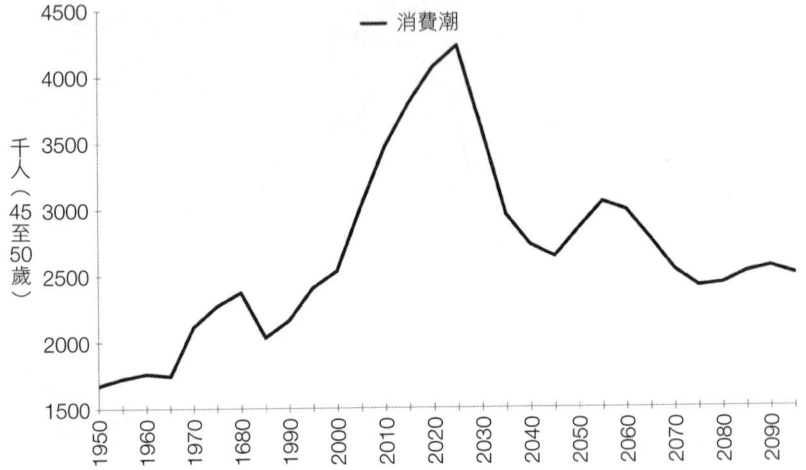

資料來源：聯合國人口司

長！」過去三年來，我們就一直說，中國這種共產黨政府主導的經濟，到時候會讓人家相信，政府主導的經濟不見得好過資本主義與民主主義主導的經濟。中國目前正以前所未有的速度過度開發基礎建設、房地產，以及工業產能（見表1-2）。

香港中文大學的郎咸平教授明白指出，中國實際的經濟數字並不如表面光鮮亮麗。中國的GDP成長過分高估（透過新住宅用電等基本統計數字確認）。郎教授認為，GDP成長頂多只有四%，不是八%；通貨膨脹遠超過三%，而且持續攀升。

其他估計指出，已建造完畢的住宅或公寓有二四%是無人居住的空屋，因為這些地方根本不用電。中國的主要城市，包括香港、上海與北京等，穩坐房價收入比（estate-to-income ratio）的世界冠軍，房價是收入的二十至三十五倍；相對地，即使在美國房地產泡沫的高峰，舊金山的房價收入比不過十倍而已。中國的民間信貸泡沫正在加速形成，同一時間大多數國家的放貸情形已經趨緩。二〇一三年第一季全球多出來的信貸裡，光

表1-2 中國主要產業產能過剩的情形

• 電解電容器	50%
• 水泥	40%
• 太陽能電池	40%
• 鋼鐵	35%
• 平面螢幕	32%
• 銅	17%

資料來源：香港中文大學財務學講座教授郎咸平

郎咸平教授對主要產業產能過剩的估計也符合其他研究者的發現，如過去中樞資本管理公司（Pivot Capital Management Ltd）的研究等。

是中國就貢獻了一・五兆美元。因此，民間信貸可能會以每年四兆美元，也就是GDP五〇%的速度成長。如果GDP被高估，這個數字可能會更高。

雖然中國是全球上經濟成長最大也最快的新興國家，但其勞動力成長會在二〇一五至二〇二五年間呈現高原期，並且開始小幅下跌。這些線索拼湊起來，過了下一波全球榮景的初期階段，也就是二〇二五年之後，中國的經濟就會摔下人口統計斷崖（見圖1-15）。就新興國家而言，勞動力成長對經濟的影響還大於四十六年的消費潮：在這些新興國家，收入與消費的趨勢比較沒那麼陡峭。

我已經提過，而且這件事千真萬確：都市化是新興國家的關鍵趨勢。是的，中國會隨著進一步都市化而持續成長，未來數十年都市化程度會從五〇%攀向七〇%至八〇%。但是，人口從偏遠地區移入都市的趨勢主要由年輕家庭帶動，但中國的年輕家庭愈來愈少。中國人口老化的速度比美國還快。中國政府知道這件事，也正計畫在二〇二五年之前將都市人口從五三%增為七二%。這表示，二億五千萬非技術性農民會從偏遠地區移居到更都市化的地區。你覺得聽起來可行嗎？

過去十年來，中國已經過度增加基礎建設，以史上最快速度進

圖1-15　中國勞動力成長，1950至2050年

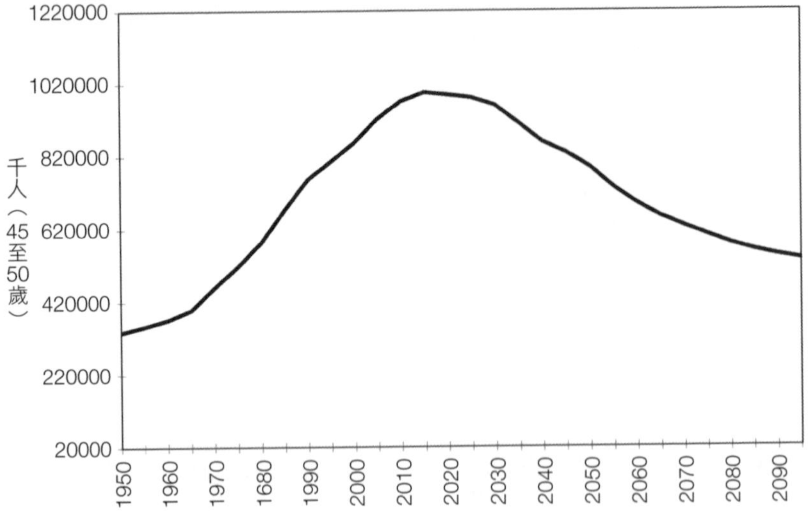

資料來源：聯合國人口司

2012年，中國的勞動力出現數十年來首次的輕微下跌。未來10年，中國的勞動力頂多進入持平的高原期，然後會出現數十年的急遽下跌。

行都市化，現在還想要加倍。在未來，可能就是二〇一四至二〇一九年間，一旦全球成長的火車一停，中國經濟就會硬著陸。到時候，數以億計的家庭搬進高樓大廈，卻沒有辦法養活自己，除非就業市場一直讓人輕鬆賺大錢——但這實在不太可能。你覺得聽起來像不像會造成大規模的人民動亂？我預測未來十年在中國可能出現都市災難，我也會在第六章進一步探討這個議題。

從二〇二〇年代早期開始，中國經濟會以三％至四％的速度，或低於這個速度成長。屆時，中國終將擺脫過度擴張的後遺症，就像一九九七至二〇〇二年間東南亞國家的情形。當初這些東南亞國家在政府主導的經濟擴張後，必須面對現實，但是，當初東南亞國家擴張的規模或時間長度甚至還沒有中國擴張程度的一半。

印度可能會掩蓋中國的光環，成為下一

個高成長的經濟體，畢竟，它的都市化程度不夠高，基礎建設的投資也不足。在製造業方面，墨西哥已經開始搶走中國的市占率，特別是銷售至北美的部分。在下一波榮景中，墨西哥的經濟成長應該會快過歐洲或東亞國家。

這些數字潛藏許多線索，譬如：印度的人口消費趨勢直到二〇六五至二〇七〇年間才會達到高峰；同樣地，墨西哥與拉丁美洲大多數國家在二〇四〇年之前都會持續走強。那麼，面對下一波的大崩盤，我們要投資的話，會將重點放在印度、墨西哥、土耳其，以及東南亞國家（柬埔寨、越南、泰國、馬來西亞、印尼與緬甸，見第八章），並且在美國等已開發國家發展醫療導向的產業，如生物科技、醫療儀器，還有藥品。

美國的第二次人口統計斷崖

我們眼前已經可以看到富人未來的跌勢。美國經濟的漲勢比歐洲要強多了，可是，歐洲其實端出更多的貨幣刺激或說量化寬鬆，歐洲整體的經濟規模也比美國稍微大一點。其中一個重要原因是，美國的貧富差距比較大。在美國，前一％與前一〇％的人掌控的財富與收入遠高於大多數歐洲國家、日本、韓國，甚至高於澳洲與紐西蘭。這些富有許多的人讓美國經濟得以繼續勉強前進，因為他們手中握有最多股票與金融資產，而量化寬鬆與貨幣政策又推升了股市與金融，這些人就成了受益者。

有個關鍵是，這些極高收入的家庭在泡沫榮景時情況最好。如一九二〇年代，這些人掌控高達四五％的淨資產；一九九〇年代與二〇〇〇年代，這個數字也有近四〇％（但有研究指出，在近來的高峰年裡，這些人的資產可能高達總體的四五％至四七％）。（見圖1-16）

圖1-16　前1%人口的財富比率

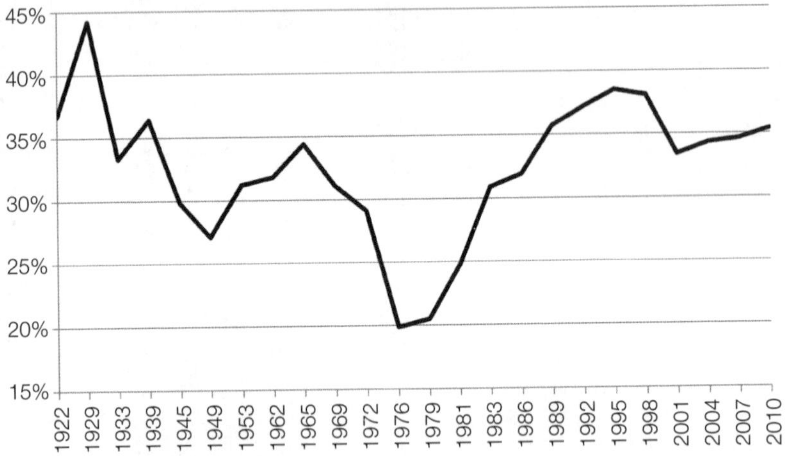

資料來源：紐約大學（New York University）愛德華・沃爾夫（Edward Wolff）教授在《財富與民主》（*Wealth and Democracy*）一書中所提供的數據，2010年

有錢人比較有創業精神，當金融資產泡沫膨脹，還有諸多新科技首次躋身主流時，有錢人也會從股票等投資獲利，就如同「咆哮的二〇年代」發生的情況。

之所以會這樣，一部分是因為近來前一〇%的人掌控全國高達八〇%的金融資產，前二〇%的人掌控超過九〇%的金融資產。聯準會的印鈔與量化寬鬆政策帶來的最大影響，是讓資金流進更高收益的投資，如股票、垃圾債券，還有原物料商品。到了二〇一二年末，利率在第三次量化寬鬆（QE3）之後來到極低水準。原物料商品也開始下跌，因為新興市場趨緩，而新興市場是最大的消費者與出口者。這種情況使得股市的泡沫出現最大漲幅。

很顯然，這些前一〇%至二〇%的人是金融資產泡沫膨脹的最大受益者，而聯準會一手吹大的金融資產泡沫裡，股市的部分又膨脹得特別厲害（見圖1-17與圖1-18）。一般人持有的股票很少，資產比率中自家住宅的比重大多了，但房價並沒回升多少。相對地，有錢人的資產部位讓他們得以強勁消費。更明確一點來說，前二〇%的人帶動超過五〇%的消費者支出。

圖1-17 前1%與前10%人口收入所占比率

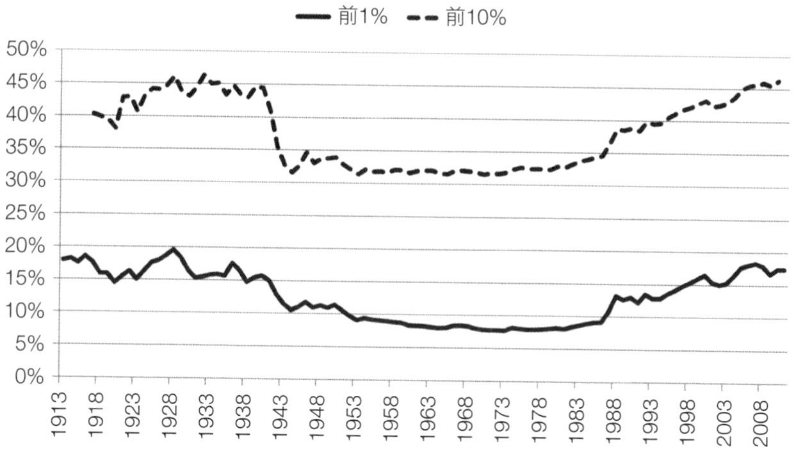

資料來源：方庫多・艾瓦雷都（Facundo Alvaredo）、安東尼・B・亞金森（Anthony B. Atkinson）、湯馬斯・皮凱帝（Thomas Piketty）與艾莫努・沙耶茲（Emmanuel Saez）的「世界最高收入資料庫」（The World Top Incomes Database）：http://g-mond.parisschoolofeconomics.eu/topincomes，2013年

如果加上第二個10%，這前20%人口可能掌握55%至60%的消費者收入，消費也占50%多一點（因為這種人存的會比較多一點）。前20%的人通常有大學學歷，不像其他80%的人要面臨失業的挑戰。

二〇一三年初的調查顯示，約二〇%的人認為目前的經濟情況是前所未有的好，有七八%的人則認為我們根本還沒脫離經濟大衰退。我們知道前者是什麼樣的人：這些就是前二〇%的人，他們不用擔心失業，較不可能擁有「溺水屋」，而且會從股市與金融資產的瘋狂漲勢中獲利，因為他們持有大多數的股票與金融資產。

這掌控超過五〇%消費的前二〇%人口如果因故決定減少消費（人口統計資料也顯示他們真的會這麼做），那麼聯準會要怎麼繼續刺激經濟？至於其他的一般消費者，則根本沒脫離最近這一波大衰退。只有前二〇%的人口仍然覺得荷包飽飽，持續消費，如圖1-19與圖1-20所示。但這些人的好光景也終將結束，這就是為什麼無止盡的刺激方案無法再

圖1-18　失業率（以教育程度劃分）

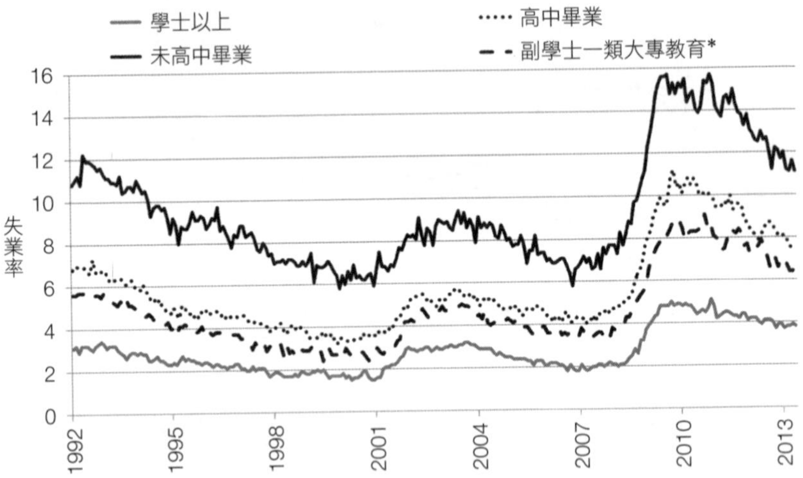

資料來源：聖路易斯聯邦準備銀行（St. Louis Federal Reserve），2013 年

3.5%的失業率聽起來如何？大學畢業的人失業率就是這麼低，這還是2008年衰退以來的數字。（譯注：美國的副學士〔associate〕通常是兩年制的學位，近似社區大學）

讓經濟回到正常的成長並創造就業機會。

還有一個議題就是美國的財政懸崖。為了躲避財政懸崖，美國國會於二〇一三年一月初匆忙找出解決方法。共和黨堅持廢除減稅的方案要針對收入前一%（每年收入高於四十萬美元，如果合併申報則是四十五萬美元）的人，但總統希望針對收入前二%（每年收入高於二十五萬美元）的人。

我們預測這樣的困境會持續惡化到二〇一四年，因為前一%的人繳的稅率較高。別忘了，這前一%的人收入可不是一%，而是一八%，而且他們的消費占約一五%！如果這些人減少三%至五%的消費，國家每年GDP就會降低〇・三%至〇・五%。這可不得了，因為從大衰退以來，實質GDP平均只有二%左右。

眼看國會的意見如此分歧，共和黨誓死阻擋加稅，民主黨則誓死阻擋削減開支，我們在

圖1-19 收入前10%的家庭（以年齡劃分）

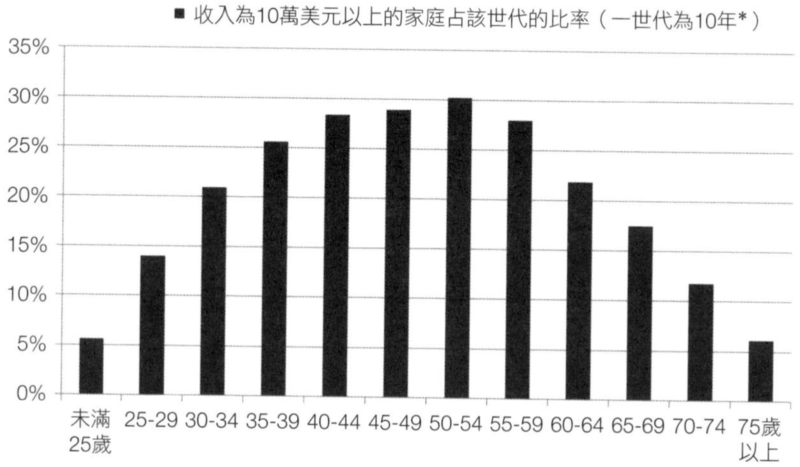

資料來源：美國人口普查局，2012年

在收入前10%的家庭中，有超過10萬美元收入的比較集中在50至54歲之間；相對地，一般家庭的高峰收入比較集中在45至49歲。以最高點兩邊的曲線變化看來，我估計這個高峰是51歲左右。回顧一下，前面的圖1-2顯示消費的高原期始於50歲，然後一直到53歲。看著聯準會關於以年齡劃分收入的調查，收入前20%的人在50歲左右達到收入的高峰，前10%的人在51歲左右達到高峰，前1%的人則在53至54歲達到高峰。這就是為什麼，等一般家庭過了46歲的收入高峰後，整個國家就要靠這些有錢人來支撐整體消費的高原期。沒了這些有錢人，跌勢會更加陡峭，然而在美國，有錢人的影響力又遠大於在其他已發開國家的情形。（譯注：請注意圖表的解讀，以未滿25歲、25至29歲為例，意指未滿25歲的家庭，收入達25萬美元以上者，約占20至29歲家庭數的5.5%；25至29歲的家庭，收入達25萬美元以上者，約占20至29歲家庭數的14%，依此類推。）

長期赤字與債務問題上不可能有什麼進展。美國的債務可能已累積二十六兆美元，如果不改弦易轍，十年後可能就高達三十兆美元。要美國的人口統計循環達到較佳情況、經濟出現長期向上趨勢，恐怕是很久以後的事。這個預測的立論基礎是，情況好的年份會出現〇．六至一兆美元的年度赤字，情況不好則會出現超過一．五兆美元的年度赤字。我們可以預見，下一個較長期的榮景開始前，美國還會出現另外兩波衰退：第一波可能會在二〇一四年開

圖1-20　大學畢業潮

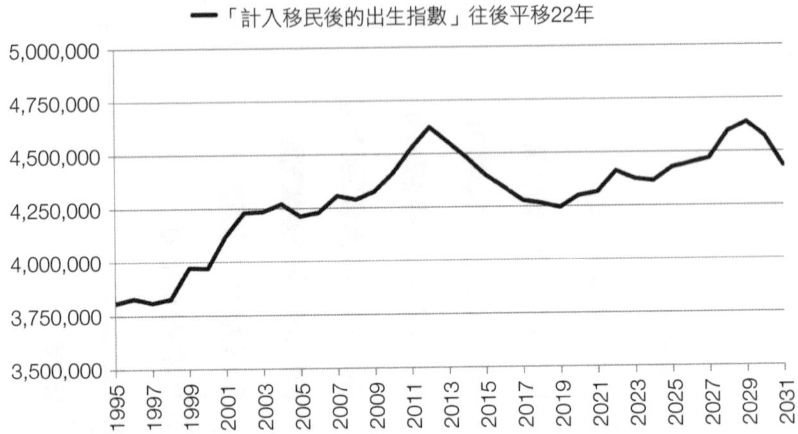

資料來源：鄧特研究中心；美國人口普查局；彭博資訊，2013 年

回聲潮第一個出生遽增的高峰出現於1990年。約莫22年後，也就是2012年，這群人也達到大學畢業的高峰。〈消費者支出調查〉的確也顯示，大學學費於51歲達到高峰。回聲潮世代完成了大學教育，也就讓他們的嬰兒潮父母卸下一項財務重擔，而這些父母往往又是收入前20%的富有家庭。這又是另一個暗藏危機的週期循環，這些循環正累積著負面能量，形成2014至2019年末之間的超完美風暴。收入前1%至20%人口產生的強勁消費循環會在2013或2014年後趨緩，因為這時他們的孩子離巢獨立，大學教育相關的支出就會於2013至2019年間減緩下來。

始，第二波始於二〇一八年。

如果這些都令人難以忽視，別忘了，二〇〇八年全球崩盤與金融危機的導火線是次貸危機，主要僅發生在美國四個州：加州、佛羅里達州、亞利桑那州，以及內華達州。西班牙、葡萄牙與希臘這三國的人口也差不多，可能也會因房地產破滅與銀行倒閉而引發下一波全球危機，更不用說中國。如果中國出了什麼大事或房地產市場出現大問題，就會重創高儲蓄的高階消費者，可是這些高階消費者掌握了六〇%的民間消費支出，這個比率已經超越美國。

看起來，美國僅發生於某些地方的次貸危機不應禍延全球。只是，世界各地的債務比率都來到前所未有的高度，幾乎所有已開發國家的人口統計趨勢也開始走緩。現在，各國政府擴張經濟以維持泡沫繼續成長，不斷投入量化寬鬆，在這樣的情形下要引發另一波如二〇〇八年那樣的危機實在易如反掌。因為全球未來的債務更高，人口統計趨勢也會逐漸惡化，下一波危機很可能影響更為深遠，將股票與房地產等金融資產踩到更低的低點。光是有人建議聯準會在二〇一三年中減少一點量化寬鬆，就引起股市修正，直到聯準會稍微妥協。

二〇一一年末與二〇一二年初，歐洲開始實施規模龐大的量化寬鬆政策，投入一・三兆美元推行名為「長期再融資操作」（long-term refinancing operation）的刺激方案（也就是歐洲版的「量化寬鬆」，或說「貨幣刺激」）——相對地，美國的第三次量化寬鬆一年花了一兆美元。只是，才過幾個月，二〇一二年中之前，許多歐洲國家就陷入了衰退。投藥投到最後，就算再加更多的藥也發揮不了作用，因為家庭與企業已經過度擴張、過度借貸，自然的人口趨勢下降，消費趨勢也是。

我想，這也是二〇一四年初之前美國就會發生的事。接著，從二〇一四年開始，歐洲會開始摔下斷崖。所以，當其他經濟學家、分析師告訴你，我們終於出現長久復甦——千萬不要相信他們！

如果要知道我們中心對時事的研究與觀點，請參考我們免費的每日電子報《劫後餘生與蓬勃發展》（*Survive & Prosper*），網址是www.harrydent.com。

如果你還半信半疑，可以看看日本的例子。

第二章

跟著日本陷入「昏經濟」

我就是不懂，為什麼愈來愈多經濟學家、政府官員、投資人還有企業不好好研究一下日本，看看如嬰兒潮這樣的「超大」世代之後又出現人口較小的世代，究竟會發生什麼事。這個「新常態」跟以往可是大不相同。規模龐大的刺激方案之後頂多帶來溫和成長，幾乎沒有通貨膨脹，違反了大多數貨幣理論與經濟模型。但是，這完全符合我第一章圖1-10四季經濟模型中的冬季。

在這一章，我會檢視日本經濟從一九八九年末股市高峰以來發生什麼變化，還有，日本陷入「昏經濟」之前，人口趨勢如何在一九九六年末達到最後一波高峰。我所謂的「昏經濟」，是指這個經濟體已經在急診室陷入昏迷，毫無意識，只能靠無止盡的維生系統（量化寬鬆等刺激方案）勉強維持生命。這個經濟體不會成長，也不怎麼跌。它的人口持續老化，債務持續增加，特別是政府的債務尤其如此。你覺得聽起來還有希望嗎？

面對債務與人口危機，並且重整這些債務的國家，會是首先擺脫困境的國家。雖然說，這之間可能要忍受

圖2-1 日本出生指數，1900至2011年

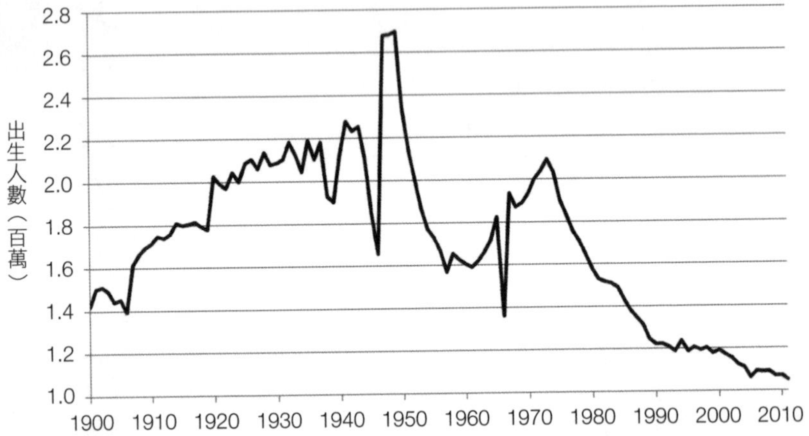

資料來源：日本厚生勞動省（Ministry of Health, Labour and Welfare），2013年

請注意，日本回聲潮世代（1956至1973年出生）的人數比美國少很多，而這樣的小小出生榮景間隔47年後雖然帶來消費成長，但只會從2003年支撐到2020年，這時全球經濟景況大部分都不太好。

長時間的撙節（austerity）。不過，各國政府不但不打算這麼做，反而傾向以紓困與刺激方案來避免撙節措施。這種政策讓經濟無法用本身的自然機制重新平衡，不但無法再生、成長，反而步向昏迷，就算人口趨勢再度轉好，也沒有用。

我們來進一步探討日本到底發生了什麼事。日本在一九四二年出現第一波出生高峰（見圖2-1）。接著，第二次世界大戰後士兵返國，一九四九年又達到一次短暫高峰，而且這些出生人數高出許多。如果不是這些士兵返國，日本的出生趨勢高峰可能遠遠早於一九四九年。我發現，日本的消費高峰約為四十七歲，也就是平均比美國的晚一年。這種現象的成因是移民很少：移民的教育程度通常低於平均，使得整體人口的消費高峰年齡往下降一些。

日本經濟的第一波高峰，的確就出現在四十七年後，也就是一九八九年末（見圖2-2）。第二波出生高峰出現在士兵返國後，這一波高峰為時

圖2-2 日本的消費潮，出生後47年

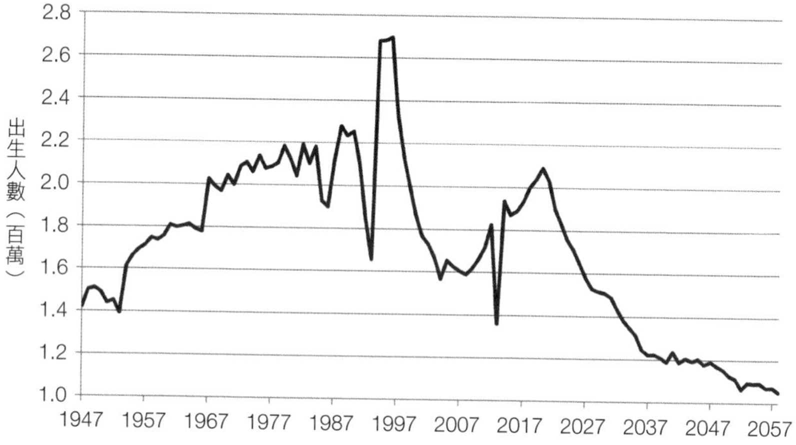

資料來源：日本厚生勞動省，2013年

日本於1989年末達到第一波人口趨勢高峰，當時日本股市首度重挫崩盤，接著第二次世界大戰後士兵返國，帶來1996年末的第二波短暫出生高峰。那時起，日本的人口趨勢就一路跌至2003年，早就應該溫和回升至2020年。可是，一直到最近政府祭出極端的刺激方案之前，日本經濟並未反彈回升。這告訴我們，人口較多的大世代之後如果出現小世代，就會發生這種情形。

甚短但漲幅驚人，於是間隔四十七年之後，也就是一九九三年至一九九六年末，經濟再度達到高點。我們看到第一波出生高峰的影響：四十七年後日本的股市重挫六二%，日本的房地產從一九九一年起崩盤（日本的房地產購買高峰間隔四十二年，比美國晚一年）。於是，日本經濟陷入第一次深度衰退。

請注意，日本十七年來持續實施量化寬鬆並注入貨幣，並且產生龐大財政赤字，它的經濟還是持續跌回衰退。每次刺激方案引領的反彈升勢一過，日本股市就跌至新低或接近低點。最近一次的低點出現於二〇一二年末，這是在日本啟動史上最大刺激方案造成市場反彈大回升之前。不過，如果像我預期那樣出現全球經濟再度走下坡，就要觀察這種情形會維持多久。

我們需要記取教訓。**每個**國家、**每個**政府都應該研究日本的例子，因為日本已經歷過大多數歐美已開發國家現在面臨的問題。從日本於一九八九年末與一九九六年末間摔下人口統計斷崖以來，雖然無止盡地印鈔票並祭出前所未見的刺激方案，這個太陽帝國卻幾乎離不開病榻，連枕頭上的頭都抬不起來，更不用說什麼奇蹟復甦——直到二〇一三年政府大力推行刺激方案，幾乎等於下了三倍的量化寬鬆重藥。我也認為，之後還會有後續動作，只因為日本的人口趨勢現在會開始小幅上升直到二〇二〇年。在昏迷不醒二十年後，日本的經濟需要一劑猛藥才可能甦醒。

我在一九八九年出版《我們的預測能力》時，預測日本會出現十二至十四年的下坡，同時美國與歐洲會出現史無前例的榮景，並且持續到一九九〇年代。當時大多數經濟學家認為，日本會在二〇一〇年前超越美國的經濟，許多人民擔心我們所有的房地產與高爾夫球場都會被買走。可是我們現在有聯準會祭出的刺激與印鈔方案，重蹈日本的覆轍，在美國吹起第三個泡沫，這次泡沫可能在二〇一四年初之前就漲到高點，這時股市再度創下新高。就像日本的例子一樣，每一項措拖的效果愈來愈小，除非像日本從二〇一三年以來一樣劇烈刺激，不然結果不會變。但即使這樣做也不是真正的解藥，因為劇烈刺激這樣的經濟體就等於靠高劑量的藥來撐。每一次的絕望嘗試，不過是讓病人每況愈下。而之後的副作用，更將我們推往新低點。

從二〇一二年末到二〇一三年五月，日本的日經指數幾乎漲了一倍（雖然起始點很低）。我們也不清楚，日本會不會再次跌破二〇〇九年初的低點。只有全球經濟一如預期地再次崩潰，這件事才會發生，但也許屆時日本的情況比較不會那麼嚴重，因為日本從一九九〇年以來經濟走向就跟大多數已開發國家相反。一九九〇年代，日本的人口消費趨勢走下坡，同時間歐洲與北美的消費相當強勁。而現在，日本的景況會從二〇〇三年好到二〇二〇年，同時西方世界走下坡到二〇二〇至二〇二三年或甚至更久之後。其他已開發國家下跌的同時，日本股市會不會繼續走強？請注意，一九九〇年代日本走跌時，美國的股市大漲。

看向未來，當全世界都走下坡，日本的市場很難說會有多好。日本也許會（也可能不會）在未來數年出現新低點，但如果全球如我預期在二〇一四至二〇一九年間會出現一、兩次崩盤，日本可能也會出現一次大崩盤，而且最可能出現在二〇一四年初至二〇一五年初或之後。總的來說，日本會在二〇二〇年之後摔下第二個人口統計斷崖。

這個殘酷的現實——富裕大國紛紛身不由已地摔下人口統計斷崖——說明我們現在身處的世界經濟波動愈來愈大。這也是為什麼要靠愈來愈多刺激方案才能勉強讓經濟頂多如美日兩國龜速成長，或是像許多歐洲國家溫和衰退。

日本的經濟昏迷這麼久，乾脆對其他已開發國家認輸，開始以（計入經濟規模差異後）美國二．五倍的速度印鈔——而對美國來說一年一兆美元已經是GDP六．五%的驚人數字了。這背後的想法似乎是，如果一項經濟政策十七年來沒能扭轉局面，就乾脆加碼玩大一點。這種舉動當然不會有好下場，可是卻為日本打了一針短期強心劑。

我們接下來會看看日本經濟在過去二十年的變化，還有十七年來量化寬鬆與刺激方案的效果多麼有限。不過，先來看看日本怎麼會出現一九六〇年代至一九八〇年代的經濟起飛，創造近似一九二〇年代至一九六〇年代發生在美國的經濟奇蹟。

日本的經濟奇蹟

我去韓國首爾的一個大型金融研討會為大信證券（Daishin Securities）演講時，途中經過上海。我抵達首爾，發現首爾跟上海差異很大。

首爾沒上海那麼大，但以美國的標準而言還是很大。跟上海比起來，首爾比較現代、比較適宜人居，基礎建設也比較高級。首爾地處雄偉多山的環境，有許多漂亮的樹木與地理景觀，跟日本很像。首爾人口超過一千萬，少於上海的二千三百萬人。

如果我要在兩者選一個地方住，一定是首爾。上海太大、太緊張，還有無止盡的高樓大廈與汙染；相對地，洛杉磯一樣是高汙染，但不如上海嚴重，而且建築物沒那麼高。即使計入購買力差異後，南韓的人均GDP仍然超過中國三倍。首爾的基礎建設做得比較好，車子比較漂亮，店面與餐廳比較高級，人民比較有水準，雖然他們的文化也比較拘謹，很像日本。

只是，我在南韓看到的不過就是日本二十年前的工業化奇蹟。

日本是第一個工業化並且變成富裕已開發國家的亞洲國家。在西方，跨入工業化與都市化的大躍進花了許多個世紀，但只有東亞幾個（半）島國加速起飛超越其他新興國家（人均GDP二千至一萬五千美元），到達更高的生活水準、高階產業、科技與金融業，追上西方國家的程度（二萬至五萬美元）。日本是第一個，然後是新加坡、台灣與南韓。以「人均GDP與都市化程度」來看，只有這些國家出現S曲線，大部分亞洲、拉丁美洲與非洲則出現較為線性的發展（見第六章）。我所謂的S曲線，是指新產品、新科技等（這裡則是指人均GDP）出現驚人成長並且持續到趨勢開始成熟。

我們看不到中國或印度等主要新興國家在未來數十年出現相同現象，當然這也不無可能。但在中國，這個最佳S曲線大概不太可能出現，因為中國從一九七〇年代早期開始實行一胎化，使得現在人口快速老化。

再次強調，日本是第一個加速進入工業化的非西方國家（見圖2-3），一七〇〇年代晚期的英國就是這樣出

圖2-3　日本人均GDP與都市化程度

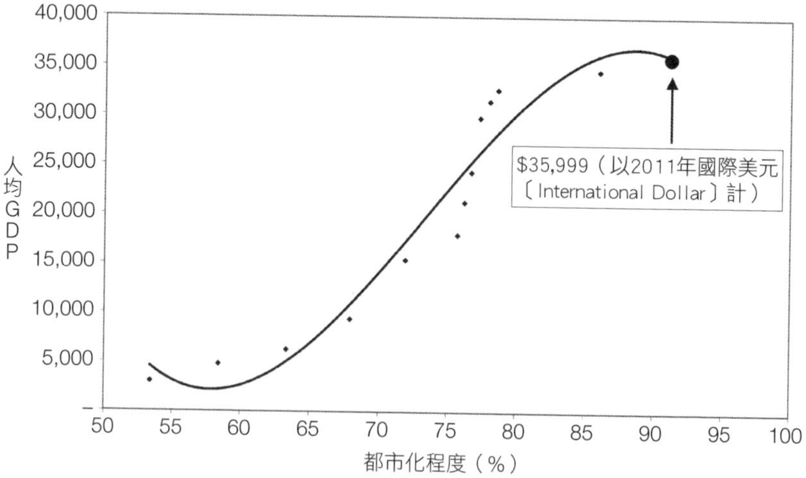

資料來源：安格斯．麥迪遜（Angus Maddison）與世界銀行（World Bank），2013年

日本從1960年代加速成長到1990年代中期，以計入通膨後的國際美元來看，不到40年間，日本的人均GDP就從6千美元增加到3萬2千美元。也就是說，生活水準增加超過5倍。南韓也出現相同情形，從1980年代早期開始，只花了30年，如圖2-4所示。相較之下，英國花了將近2世紀，美國花了將近130年才達到這種程度的財富與都市化！

現工業革命的大躍進。是不是資源有限的島國或比較寒冷的國家有什麼特別之處，所以能克服挑戰邁向成功？愈大的挑戰似乎帶來愈棒的創新，就像每個循環走到下坡時就會出現的情形（這也是為什麼我們現在需要走下坡，而不是用無止盡的量化寬鬆來避免下坡路！）。

日本出現了新興世界第一個「人均GDP與都市化程度」的S曲線，花費的時間還遠少於其他大國，超越了美、加、澳、紐等前英屬殖民地。只有南韓打破它的紀錄，南韓一九八〇年代至二〇〇〇年代的發展如圖2-4所示。

日本股市與房地產泡沫達到高峰是因為它的嬰兒潮世代比較早成熟。南韓以國際美元（國際美元是最好的比較標準，這裡已計入購買力與美元波動差異）來算，稍微比較沒那麼富裕，

圖2-4　南韓與日本，人均GDP間隔25年

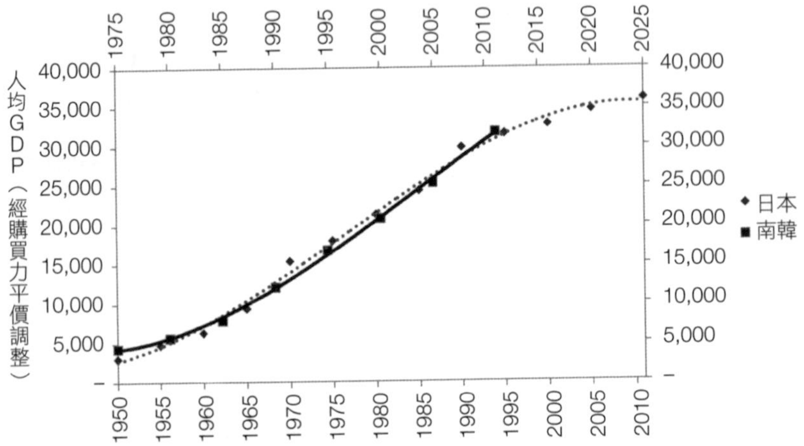

資料來源：安格斯・麥迪遜；世界銀行；聯合國；鄧特研究中心，2013年

間隔25年後，南韓的人均GDP也像日本一樣出現S型曲線的加速成長。由於南韓的人口統計高峰落後日本約22年，因此它嬰兒潮世代的消費潮會出現在約2018年，也比日本的1996年晚22年。不過，我們可以從聯合國拿到的最詳細資料是以5年為單位，所以圖表裡是間隔25年。可是，這是唯一可能的解釋了：南韓的嬰兒潮出現得比較晚，影響到人口統計，而且與經濟發展有驚人的高度正相關。

這項研究結果來自已故的格羅寧根大學（University of Groningen）經濟學者安格斯・麥迪遜（Angus Maddison）。以今日的美元計，日本的人均GDP要高得多，已來到四萬五千八百七十美元；相對地，南韓是二萬二千四百二十四美元（美國是四萬八千三百二十七美元）。但在日本住貴多了，特別是在東京。我從親自到訪首爾的經驗可以告訴你，日本的生活水準可不是南韓的兩倍。我認為兩邊其實很相似，這也符合安格斯・麥迪遜的計入購買力差異的調整。

這樣的加速發展完全是因為工業化的大躍進，以及在鋼鐵、汽車、家電還有電腦等等加值產品與全球競爭的結果，但不是那麼多國家都可以主導最高附加價值的產品服務，這道理就好比一個國家裡相對的只能有多少人變成有錢人。再次強調，只有幾個東亞的都市化（半）島國達成「人均GDP與都市化程度」的S曲線成長。相對地，大多數新興國家都呈現較為線性的成長。

換言之，沒有那麼多新興國家會變得跟北美、歐洲或東亞的已發開國家一樣富裕，雖然新興國家正在進一步都市化，收入也逐漸成長，未來幾十年的確也會維持這樣的成長，但永遠不會像已開發國家那麼富裕。西方的工業化與都市化模式為東亞國家所仿效，並帶來其他新興國家看不到的收入成長。但同一時間，財富與都市化程度升高，一定會導致生育率與人口統計趨勢下降（在較為富裕的中產階級經濟體裡，出生人口間隔四十六至四十七年後會出現消費高峰）。

日本的教訓

日本國民的行為變化，其實也不過就跟所有日益都市化也愈來愈富有的社會一樣：日本人孩子生得愈來愈少，因為在日益都市化的社會，養育孩子的成本愈來愈高。不想生太多孩子沒什麼不對，這不過是人之常情。孩子生少一點，可以教育得好一點。

不過，專心達成個人目標不見得有益於群體與長期的經濟成長，這也是榮景終有結束時的另一個理由。面對經濟趨緩，日本政府的因應之道是印更多鈔票來刺激昏經濟，希望讓經濟轉醒過來。這樣的印鈔措施阻止經濟的自然機制，讓經濟體無法自動平衡債務與資產泡沫，也就不可能將經濟帶回更有效率、能再次成長的健康環境。諷刺的是，這樣的情形特別對應該帶動未來經濟與勞動力成長的年輕新家庭造成更大的困境。

這些較年輕的家庭買不起貴死人的房子，也負擔不了教育與醫療服務。這些人怎麼靠投資股票與金融資產來長期獲利，特別是這些股票與金融資產都已經泡沫化，價值也高估了？

除了都市化程度提高的同時生育率自然下降以外，日本人還排斥外來移民。這也很自然。大多數文化都希望保存自己的偉大，特別是在花了數百年甚至千年開展出這樣的文化後，更是倍加珍惜。但如果不想生多一點孩子來維持或增加人口，就應該認真考慮（至少選擇性地）吸收移民。只是，日本目前還不打算這樣做。日本跟新加坡不一樣，英語在日本不是常用語言。

日本跟美國、澳洲、加拿大、紐西蘭不一樣。這些國家一開始就是移民國家，所以人口統計斷崖不如東亞或中南歐國家嚴重。

日本的困境還不只如此。面對人口統計斷崖與經濟趨緩的情況，日本還加重了年輕世代的負擔，但年輕一代人口更少。日本嬰兒潮世代的人口不但比較多，也鎖住了福利相當豐厚的應得津貼與終身雇用制，留給回聲潮世代更低的工資、更多的兼職工作、更高的失業率，還有更少的社會福利。老一輩的日本人待在職場的時間更久了，因為他們了解自己負擔不起退休生活，也就排擠了想要擠進就業市場的年輕人。

日本厚生勞動省最近一項調查顯示，十六至十九歲的年輕男性中有三五％「性」趣缺缺。這是因為他們視婚姻與小孩為自己擔不起的責任。他們已經放棄了日本夢。更糟的是，有四二％的婚姻是「無性」婚姻，也就是一個月以上沒有性生活。經濟這麼壞的情況下，這些夫妻似乎根本不想冒任何生孩子的風險。

某種程度來說，這個問題也常見於其他主要國家，但澳洲（不知為何）例外。國家保障老一輩這些應得津貼，年輕一輩背上的重擔日益增加，但工作機會卻愈來愈少（因為老一輩留在職場的時間變長了）。但其實，嬰兒潮世代也看不到更好的出路：經濟情況這麼差，投資的報酬率很低，他們根本負擔不起退休生活。同時，政府又變本加厲舉債對抗經濟大衰退。想想看，誰要來還這些債？

在美國，移民人數正在減少。我們的經濟與機會已經不如從前，現在正是需要移民的時候，但卻變得更加反移民，甚至可以說，我們一直在趕走這些在美國大學受過高等教育的移民。這不是很笨嗎？未來數十年，移民減少、出生率降低，會增加退休人口對勞動人口的比例，而且增幅可能還超乎預期。

如果這些老化中的富裕國家不重整龐大的民間與政府債務，不針對更長的平均壽命與更實際的福利調整大而無當的應得津貼，他們的年輕人就會像日本的年輕人一樣陷入困境。美國人會失去美國夢，經濟會崩潰，隨著世代交替，結婚生子的人日益減少。

一九九七年昏迷至今的日本

我們來看看過去「失落的二十年」來，日本經濟有什麼清晰又深刻的殘酷教訓。日本的經驗清楚告訴我們，如果不大刀闊斧改革，我們未來會面臨什麼局面——如果什麼都垮了，難保全世界不會一起陷入昏迷。日本度過最大危機時，還好全球正當榮景之時，但我們不會這麼好運。

關鍵事實如圖2-5所示，平均起來看，日本從一九九七年以來的實質GDP成長略低於零。簡言之，就是昏經濟。而且我們要警覺，美國大致上正追隨著日本的腳步：泡沫之後大衰退，衰退之後又端出刺激方案，導致再度衰退，反覆再三（這是因為刺激方案只有短期效果，隨著時間過去，這樣的效果也會愈來愈小）。如果美國繼續照這個循環走，成長會在接下來幾年掉到零（甚至更低）……然後反彈個三年左右……接著跌得更慘，直到二〇二〇年，屆時人口統計循環的消費觸底反彈，約二〇二三或二〇二四年會跟著下一個世代反轉向上。

圖2-5　美國與日本的實質GDP（間隔11年）

資料來源：聖路易斯聯邦準備銀行，2013年

這個圖表是日本與美國間隔11年的實質GDP成長。日本是1981至2011年，美國是1992至2011年。間隔之所以是11年，是因為日本最後一波出生高峰是1949年，美國最後一波出生高峰是1961年。又因為兩國的消費高峰年齡不同（日本晚1年），所以數字也調整了1年。

這個現象符合我們人口統計循環的預測，不管是美國還是其他許多已開發國家，都符合我們的預測。不過，這個現象卻不太符合正常的債務危機循環的規律：正常的債務危機循環裡，因為（秋季的泡沫榮景之後）債務與銀行體系去槓桿化，所以經濟與金融危機會發生在冬季的一開頭。但我們現在的情況是，各國政府端出史上最大規模的凱因斯式（Keynesian）刺激方案，才會出現不符循環規律的現象。各國政府就是不要經濟衰退、不削減債務，反正他們現在找到量化寬鬆這劑新藥。

換言之，如果美國繼續像日本一樣長久刺激經濟，我們很可能終究要面對日本面對的結果。只是，目前看來這正是我們的選擇。

這樣持續高度刺激到了二〇一四年之前，效果就會變得很小，或甚至完全無用。

圖2-6　日本日經指數，1988至2013年

資料來源：雅虎財經（Yahoo! Finance），2013年

日本的市場泡沫第一次高峰出現在1989年末。日本第一次出現重挫，正是戰後出生潮出現第一波遽跌的47年後。接著，1991年後日本房地產崩盤，讓情況雪上加霜。1991年，正是間隔出生高峰42年之後的買房高峰。

能尋求房貸再融資的人早就再融資了。想想，房貸利率現在走高，美國的房價回升怎麼可能長久，特別是現在愈來愈多投機分子從市場抽手，因為價格愈來愈高，利潤愈來愈低？

日本一九九〇至一九九二年的市場崩潰很近似美國二〇〇〇至二〇〇二年的情形，如圖2-6所示。同樣地，日本一九九二年末至一九九六年末的反彈回升也近似於歐美二〇〇三年初至二〇〇七年末的反彈回升。不同的是，因為人口統計趨勢持續上升，我們已經可以看到下一個泡沫了。美國股市達到新高點，但日本的股市沒有。日本當初並未大力量化寬鬆來對抗市場崩盤。一九九二年末至一九九六年末之所以回升，主要助力來自一九四六至一九四九年最後一波遽增出生潮帶來的強勁消費（四年的遽增出生潮，間隔四十七年後帶來四年的股市回升）。

日本一九九六年後的下一波衝擊呼應歐美二〇〇八至二〇〇九年初的衝擊。這波衝擊不如第一波嚴重，因為是從比較低的程度與估價開始的。這是日本終於完全摔下人口統計斷崖的結果。這時，日本開始驚慌，並且祭出量化寬鬆對抗不景氣，而且一直延續至今。

請注意，日本的股市一直依賴刺激方案才能反彈，然後又跌到新低，一九九八、二〇〇三、二〇〇九與二〇一二年都是如此。另外也請注意，沒有哪次反彈回升超過四年半，如二〇〇三年初至二〇〇七年末，還有一九九二年中至一九九六年中，都頂多四年半。同時間，人口趨勢持續下降一直到二〇〇二至二〇〇三年。美國從二〇〇九年初開始反彈回升，到了二〇一三年九月就滿四年半，到時整個劇本就會走到尾聲。

這第一波衝擊讓日經指數重挫六二％。最後一個低點（至少是目前最後一個），是在二〇〇九年初，當時日經指數從高點以來大跌八二％。日本走在這一段下坡路時，全世界其他地方幾乎都一片榮景。這告訴我們，人口統計的力道有多強，這個斷崖又有多危險。

如果未來幾年出現比較溫和的衰退與股市崩盤，他們可能會面對不斷脹大的銀行問題，並投下另一回合的龐大刺激方案與較不極端的減債，來試圖「解決」問題（就跟日本發生過的事一樣）。但我相信，美國與歐洲準備面臨下一波更深刻的經濟與金融危機，這波危機最晚二〇一四年初之前就會開始，會持續到至少二〇一五年初，也可能延長到二〇一五年中至二〇一六年中。

我們預期二〇一七年末與二〇二〇年間會出現一波較小的經濟與債務危機，不過可能二〇一七年左右的小反彈之後一樣會繼續再創新低。但如果我們未來幾年出現還算溫和的危機，這波深刻危機很可能就會出現在二〇一七年末與二〇二〇年初或更之後。

這是因為，今天的世界已變得更加脆弱，歐美的債務比率比一九九〇年代的日本高出許多。各國政府投入空前規模的刺激方案來擴張經濟與泡沫，在這種情況下，任何金融危機都可能演變成比二〇〇八至二〇〇九年

圖2-7　日本與美國的消費潮，1947至2060年

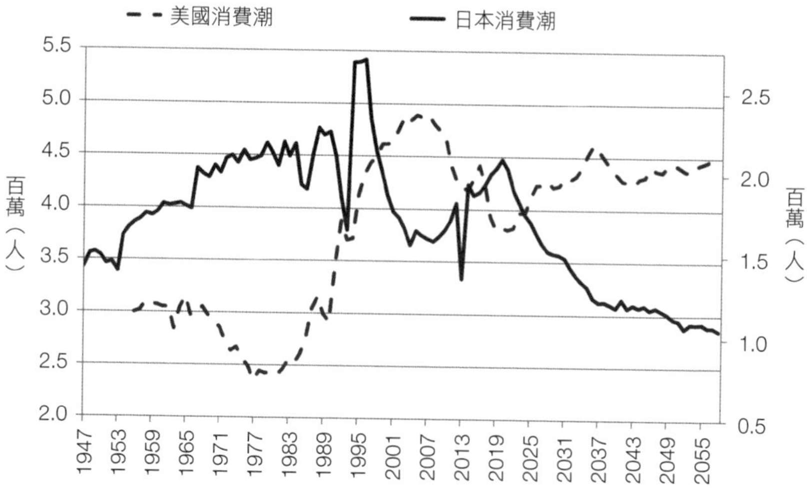

資料來源：日本厚生勞動省；鄧特研究中心；美國人口普查局；彭博資訊，2013年

請注意，日本消費潮第一個股市高峰出現在1989年末，呼應了1942年進入第二次世界大戰的第一波出生高峰。日本的整體消費與股價之所以達到高點，是因為房地產泡沫更大了，甚至超越美國……而房地產高峰的出現早於整體消費高峰5年。日本在第二次世界大戰期間下降的出生率（間隔47年後）也呼應了1991年開始的房地產泡沫破滅。這個泡沫破滅的強大力道壓過了1993至1996年（一樣間隔47年後）的短暫消費遽增，所以股市完全沒出現任何要創下新高的跡象。因為美國與日本的人口趨勢很不一樣，所以進入不同的經濟循環。日本的消費潮從2003至2020年走強，而美國則從2008至2023年走弱。

更嚴重的大問題。目前絕大多數的民間債務都尚未去槓桿化，而政府債務又一直增加。銀行以及槓桿操作的基金公司再度開始投機，這種投機正是當初二〇〇〇年與二〇〇七年泡沫的成因。而且，現在的利率更低，有利他們槓桿操作。

以日本的消費潮來說，最重要的時點在約二〇〇三至二〇二〇年，應該會出現回聲潮世代主導的經濟強勁擴張，如圖2-7所示。可是，由於無止盡的「止痛藥」激刺方案導致房地產頹勢，債務也並未削減，終究壓制了一九九〇年代危機後的日本經濟。「有苦痛，才有收穫！」但日本卻用盡一切辦法（目前也繼續）

避免這樣的苦痛。結果，過去二十年來日本一點收穫都沒有。歐美繼續這樣不計代價避免苦痛，我們就會遭遇相同的命運。除非，眼前的危機能當頭棒喝叫我們面對現實，我也認為，在類似二〇〇八年的危機再度發生之後，這才是我們可能的解決之道。

根據日本的消費潮趨勢，我預測日本未來會走一段更長的下坡路，會從二〇二〇年走下坡到二〇四〇年代或甚至更久之後。日本的債務比率這麼高，人口趨勢又不斷下降，根本永遠不會回復「正常」。除非，日本能鼓勵債務去槓桿化，並且鼓勵移民，打造更強大的出口大國（像南韓已經做的）。另外，日本也應該鼓勵生育，但這更久以後才會產生影響，因為新的世代至少需要二十年才會進入經濟體，為經濟成長做出貢獻。

債務去槓桿化一定會在某個時間點發生，比較可能是發生在接下來的十年。日本也正積極推行刺激方案讓日圓貶值以幫助出口。但另一方面，日本社會太保守，不可能大幅開放移民。同樣地，要提高出生人數也很難，因為年輕一代很缺乏經濟上的安全感，畢竟老一輩已經占盡便宜。

在二〇一三年，日本政府的措施讓大家嚇了一跳，因為它大量印鈔促使日圓下跌並增加出口。這種措施只會抬高進口價格，並傷害已經面臨掙扎邊緣的年輕家庭與老年家庭。而且，以這種人為措施幫助出口很難有持續性的效果，因為其他國家會反擊，就好像經濟大蕭條時以提升關稅來自我防衛，但最後只是進一步傷害全球貿易。

再回頭看看圖2-5（顯示以日圓計的日本GDP），並排除外在的美元波動，我們看到的是一九九七年以來持續昏迷的經濟。GDP在一九九七年第四季達到高峰，來到一百三十一．一兆日圓。二〇〇七年第二季最近的高點則是一百二十八．八兆日圓。也就是說，這整整十年是持平的。二〇一二年第四季，GDP是一百一十七．七兆，與十六年前的高點相比跌了一〇％。對，二〇一二年日本GDP比十六年前（一九九六年）

還低。

這很像美國一九二九至一九四〇年的GDP。美國GDP在一九二九年達到高峰，來到一千零三十億美元，一九三三年跌到五百六十四億美元，一九四〇年又爬升至一千零一十三億美元。整整十年經濟成長的總合等於零！這就是經濟循環的冬季。

近年來，日本政府的刺激方案讓經濟沒跌到美國一九三〇年代那麼低。實際上，民間部門在一九九〇與二〇一一年間跌了四%，在這之前於一九九三年跌了一二%，二〇〇九年跌了二八%，這些都證明日本的民間部門出現小型蕭條。

日本一九九〇年以來的成長都來自政府的刺激方案，日本的政府赤字就是「拒絕面對現實」的最佳注解——這也表示，日本經濟不但昏迷不醒，也一直依賴維生系統。

記住我的話：這種情況將來絕對不會有好下場。如果全球經濟在二〇一四與二〇一九年間走下坡，日本會經歷一些震盪，但日本一定也會在二〇二〇年後經歷一次震盪，因為到時它的人口趨勢再次遽跌，利率也隨著全球成長回升。如果利率最終回到歷史常軌的六%，而不是最近的一%，日本要如何償還龐大的債務？

想看另一個經濟體失去生命力的徵兆嗎？日本物價基本上持平，偶爾小漲（見圖2-8）。那麼我就要問相信未來會惡性通膨（**hyperinflation**）的人：你要怎麼解釋，日本這二十年來投下這些諸多範圍廣大的刺激方案與印鈔措施，淨通膨卻是零？

真正的答案在此：資產泡沫破滅與債務去槓桿化會導致通貨緊縮，歷史上**每一次**債務與資產泡沫破滅也的確這樣。這次不一樣的是，各國政府選擇積極對抗通縮，避免大型的銀行與債務去槓桿化危機。但這樣做很危險。干擾自然秩序或自由市場那隻「看不見的手」可不是好事，因為兩者都會反撲。

圖2-8 日本消費者物價指數，1960至2013年

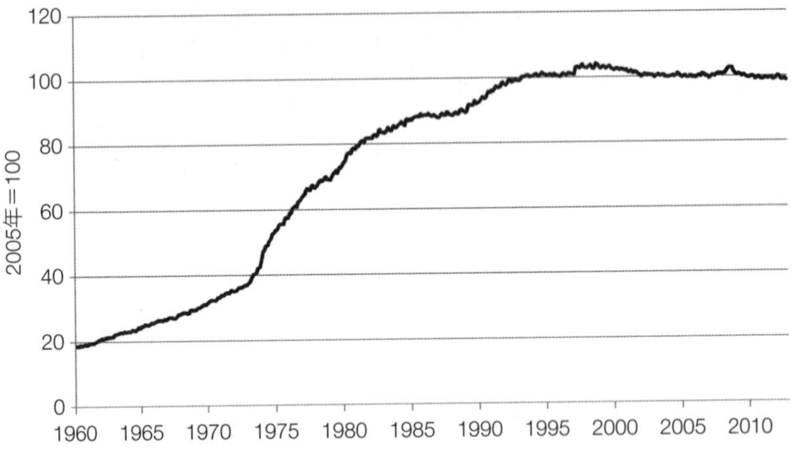

資料來源：經濟合作暨發展組織（OECD），2013年

之所以沒出現更深刻的通貨緊縮，完全只是因為政府投入規模龐大、範圍又廣的量化寬鬆以及無止盡的刺激方案。不要相信人家說這種昏經濟會出現通貨膨脹的趨勢。各國政府都積極說明他們在對抗通貨緊縮，所以這才是真正的趨勢。當這些政策終究因故失敗，就會出現通縮。在這種環境下，黃金死忠多頭（gold bugs）說的惡性通膨根本不可能發生。不然，這超過5年的史上最大貨幣刺激方案早就應該帶來驚人的通貨膨脹了！

貨幣政策可能可以緩解危機，但當消費者與企業已經債台高築，不能或不想再借更多錢的情況下，貨幣政策不會帶來另一波驚人通膨。就算祭出規模龐大的刺激方案，債務也會繼續往去槓桿化的方向走。

日本房地產就此安息

日本政府的刺激方案沒能真正阻止股市崩跌超過八〇％，也沒能避免房地產下跌超過六〇％。而且，也沒幫助這些產業長期復甦——直到二〇一三年投入可觀的量化寬鬆——誰知道這次孤注一擲又會造成什麼後果？在投入這個極端措施之前，股市跌了二十三年，二〇一二年末已跌到將近谷底，加上日本的「加藥止痛」政策，可能永遠不會出

圖2-9　日本房地產價格（以用途劃分），1964至2012年

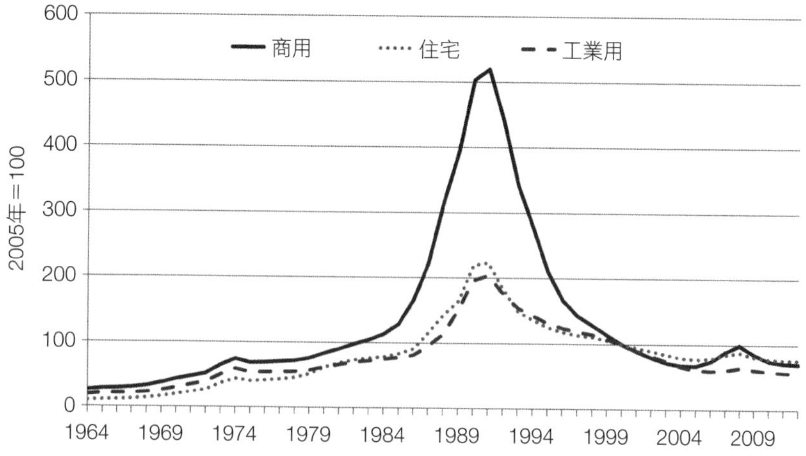

資料來源：日本土地總合研究所（Land Institute of Japan），2013年

這張圖顯示日本房地產受到的衝擊，劃分為商用、工業用與住宅三類。你可以看到，商用房地產泡沫最極端，從1986到1991年漲了4倍。然後這個泡沫跌了87%！工業用漲了150%（2.5倍），然後大跌70%。住宅則漲了135%（2.35倍），然後大跌64%。也請注意，這三類日本房地產市場已回到或很近2004年的起始低點，這些低點甚至低於泡沫一開始的價格，也就是1986年的價格。

現較長期的復甦。情況好的話，日經指數頂多二〇二〇年之前達到三萬九千點的高峰，然後跌回兩萬三千點。當然，能不能真的衝到三萬九千點也還未可知。之後就算出現全球榮景，日本也會再次下挫，因為日本的人口趨勢愈來愈糟。

比起日本房地產市場的壞消息（見圖2-9），美國的住宅泡沫從二〇〇〇至二〇〇六年漲了一二〇%（二．二倍），然後二〇一一年又跌了三四%。我們預測美國的房價終究會跌超過五五%。房地產泡沫可還沒結束！

這些泡沫消長證明了我們研究過去數百年資料得出的規律：第一，泡沫愈大，破滅的情形就愈嚴重；第二，泡沫往往會消回最初的起點，甚至更低。

這些數字嚇到你了嗎？我們的預測總是嚇到大家，大家老是說我們的預測很極端。可是這幾類股市與房地產走跌不過是典型的跌價衝擊（deflationary crash），秋季的泡沫榮景季節之後的經濟冬季一定會時而出現這樣的衝擊。泡沫脹大、破滅，上升時波動不已，下跌也波動不斷。日本數十年來的趨勢如此，其他大多數已開發國家也是。不要以為歐美真的會像大部分經濟學家預期一樣出現軟著陸，特別是今天的中國更不可能。

日本房地產走跌的範圍廣、時間也長，這提醒房地產投資人，不要把房地產當成長期增值的投資，這種策略已經是過去式。接下來幾年最好是買便宜的法拍屋，然後租出去換取現金流，或很快轉手獲利。房地產價格不會那麼快回到衰退前的高峰，或者應該說，我看不出大多數已開發國家憑什麼能讓房地產價格回到高峰。

美國（還有加拿大、澳洲與北歐國家等人口統計強勁的國家）可以預期房地產會稍微增值，但在二〇二〇年代之前不可能出現強勁漲勢，就算到了那時候，也會受制於通貨膨脹而使實質投資報酬率為零。這一個十年剩下的幾年裡，低階的首購屋與出租公寓市場比較有可能增值。

在這樣的前提下，要注意我如何從新的角度切入房地產的未來。我稱這個角度為「買者vs.逝者」（buyers versus dyers，譯注：指「可能買房的年輕人」vs.「房子即將脫手的老人」），我談的主要是美國以及下一章提到的國家，不過這個因素在日本也很重要。

現代史上，我們第一次出現新世代人口比上一個世代少的情形。前面提到，在已開發國家，買房的高峰出現在約四十一至四十二歲，幾年後的四十六至四十七歲則出現整體消費的高峰。房地產的特別之處就在於房子幾乎永久不滅。當嬰兒潮這樣的大世代開始搬進養老院或駕鶴西歸時，根本不需要為年輕一代蓋新房子。現存的房子會從老人手上回到市場，終究會壓過對新房子的需求。

如果從日本的買者高峰與逝者高峰來看，房地產的供應會在二〇一五年後持續攀升，因為逝世的人愈來愈多，他們的房子再度回到市場供人購買。因為房子愈來愈多，建造新房子或基礎建設的需求就會趨緩數十年。住宅營建商可要當心了！商用房地產的開發商也需要注意，因為每個國家的勞動力會紛紛達到高峰，然後開始趨緩。

未來數十年供過於求，代表日本房價可能再也不會大幅上漲，未來數年、數十年甚至可能跌得更低。這也再次說明一個重點：大多數已開發國家的房地產再也不會跟以前一樣。到時候，只有當你對房地產有長期需求，才需要買，或是在全球房市走跌時買法拍屋並出租賺進現金流。老式房地產賺錢術（「大富翁」遊戲）回來了。你買房不是為了增值，而是為了收租金。

但日本的投資人不只注意到房地產跌了二十年而且從沒真正回升，他們也看到股市波動極大，到了二〇一二年還有將近八〇％的跌幅，未來數年甚至是未來數十年可能會看到更低的股價。

再思考另一個警訊。日本投資人當然也可以為退休生活買個「安全」的十年期政府公債——利息一％或甚至更低！這樣的報酬率與股市狀態解釋了為什麼相對於美國與歐洲的投資人，日本人持有股票與債券是少數。更精確一點來說，日本的金融資產（除了房地產）有二·四％配置在債券，二·六％交付投資信託，五·八％放在股票。也就是說，加起來僅有一〇·八％配置在傳統金融證券。日本大約五六·三％的錢都存在銀行戶頭。幹麼不放戶頭存起來？反正長期債券殖利率只有一％，股票又已經跌了二十年。

另一大宗則是放在退休金帳戶與保險，占二八·三％。美國投資人只有一四·四％存在銀行戶頭，五二·八％配置在債券、信託與股票。但我們接下來就會跟日本一樣面臨退休的困境。

退休災難來臨

日本的儲蓄率於一九九二年達到高峰，占可支配所得一五％左右，最近則跌到只剩二％。原因有二：在可能出現通貨緊縮的環境，再加上政府大量的量化寬鬆政策，很難獲得不錯的投資報酬率。而且過了六十四歲後，人就靠儲蓄過活，使得儲蓄負成長。

現今所有主要國家中，日本六十五歲以上老人的比率最高，成長也最快。面對高齡化社會、人口與經濟發展趨緩，還有投資人與退休人士近二十年來將近零的報酬率，日本是怎麼維持生活水準與社會穩定的？

答案就在利率裡。在政府主導之下，日本的短、長期利率接近零。於是我們又回到量化寬鬆，將大量金錢注入銀行，使銀行不會倒或強行去槓桿化。然後錢再投資於日本政府債券，讓殖利率維持在低檔，也讓赤字開支（deficit spending，譯注：靠借債而非稅收來應付開支）的空間更大。在赤字已經相當可觀的情況下，政府又以赤字開支來給付增加的應得津貼與社會福利，但這些好處只給老一輩，不是年輕人享受得到的永續福利。

我們來看看數字。日本的重貼現率，也就是政府明定的短期利率從一九九〇年的六％降到一九九五年的〇．五％。二〇〇一年以來，又降到將近〇％。目前重貼現率是〇．二五％，幾乎等於零，就像歐美一樣。

利率下降的一開始會稍微鼓勵消費者進行融資與借貸，但對企業沒有影響。日本的利率升到一九九〇年的六％，房地產泡沫在此時開始破滅。但就算沒有這段漲勢，消費者買房還是會達到高峰，一九九一年，也就是出生潮間隔四十二年後發生的情況（一九四九加四十二等於一九九一），一樣不會改變。

以GDP百分比來看，美國購買證券的程度還沒接近日本的量化寬鬆，不過預計這個數字會在二〇一四年末升到三〇％。如果經濟如預期再度趨緩，還可能超越這個數字（見圖2-10）。南歐已經出現五〇％上下的量

圖2-10 日本與美國的央行資產負債表，2009至2033年

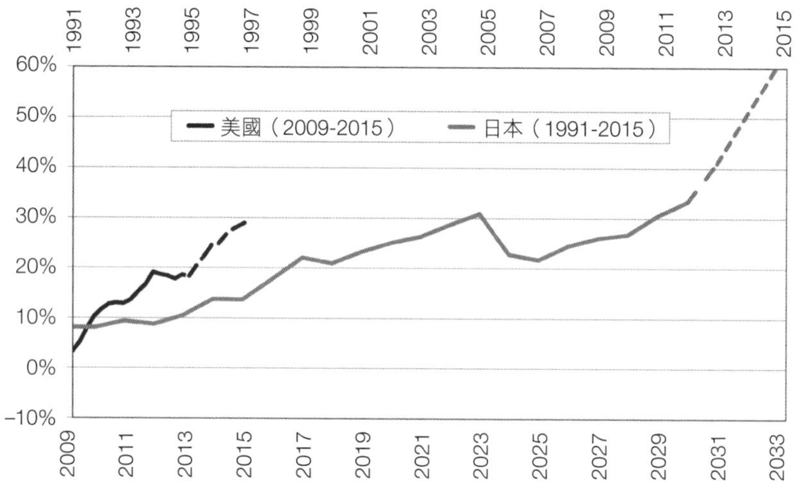

資料來源：日本銀行（Bank of Japan）；聯準會，2013年

在日本的量化寬鬆政策下，購入政府證券是為了將資金注入銀行體系與經濟體。這樣的證券購入規模從1991年的3千億美元增加到2004年的1.2兆美元，整整增加了9千億美元——很嚇人的數字，特別是比較一下日本的經濟規模，就更可怕了（日本經濟規模只有約美國的38%）。也就是說，這相當於美國的2.4兆美元。雖然日本在2006與2007年景況好的時候讓量化寬鬆退場，但目前購入規模已接近1.2兆美元，準備在接下來幾年大幅增加。日本購入債券的規模預計於2013與2014年間加倍，達到GDP 60%這樣的驚人數字——這已經是美國預估購入規模的2倍。

化寬鬆政策，比美國還高，因為這個地區的人口統計趨勢較弱，經濟也比較沒競爭力。你是不是在想為什麼美元（對其他主要貨幣的）匯率還沒垮？我們已經很積極了，但其他主要國家端出的刺激方案還遠超過我們！

但你知道嗎？歐洲的經濟在二〇一二年中進入衰退，而且情況愈來愈糟。終究會有某一天，刺激方案無法讓已經擴張的經濟再擴張多少。到頭來，還是避不掉人口統計與去槓桿化的自然過程，經濟體需要這兩樣東西修正體系裡的巨大失衡，才能帶來長久的好願景。

愈陷愈深

比較一下這些經濟體的相對規模，會發現日本二〇一三年一月端出的刺激方案遠超過美國與歐洲所做的。日本二〇一三年一千一百六十億美元的財政刺激與約一．一兆美元的量化寬鬆，相當於美國三兆美元的量化寬鬆。而日本甚至打算二〇一四年更進一步，如果需要的話，會投入一．七兆美元。

這裡要注意一項重要差異。日本的金融結構不同於美國，也不同於大多數歐洲國家。日本之所以能更進一步推行刺激方案，是因為日本的金融機構持有八一％的政府債券（三九％由銀行持有，二三％由退休基金持有，一〇％由國家退休基金持有，九％由日本銀行持有）。外資只持有七％的政府債券，日本的家庭則持有四％。目前日本幾乎所有的儲蓄／投資都來自自己的政府與金融機構。而且，比起美國，日本買較多比較短期的債券，也就是它的量化寬鬆無法隨著時間積累，因為這些債券很快就到期並且消失。

更進一步來說，這裡頭的默契是各國政府注入資金為銀行紓困，銀行就必須買夠多的政府債券，好讓殖利率維持在低檔。這樣一來，政府就得以為不斷成長的債務與赤字進行融資。如此一來，政府與銀行讓泡沫不至於破滅，債務也不用大量去槓桿化。只是，這樣做的代價是政府債務不斷提高，有一天終究會傷害到消費者與企業，這些消費者與企業永遠看不到民間債務去槓桿化後帶來的長期緩解。如此積極的量化寬鬆使得日圓貶值，日本消費者就要付更多的錢買進口物資，包括能源與汽油等都是日本產量極少的東西。

相對地，一直到最近聯準會大量購入美國國債以前，有超過五〇％的債券都是外資持有。在西班牙，金融機構持有六七％的國債，在西班牙接近蕭條的經濟景況、二七％（還在攀升）的失業率中，這個比率還在持續上升。不過，如果投資人認為這些債券可能違約或以較弱的貨幣贖回，這剩下的三三％債券還是可能會傷害到市場。二〇一三年的美國就發生這種事。

債券持有人願意讓美國與歐洲政府像日本一樣繼續加碼量化寬鬆嗎？或是眼看債務增加，刺激方案的效果愈來愈小，外資持有較多（但已開始下降）終究會強迫利率上升？換言之，各國央行能不能繼續依賴量化寬鬆來發行債券，讓他們得以舉更多債並以空前的低利率挹注永無止盡的財政赤字？或是日本與南歐等較弱國家的人民會反對政府救助銀行、金融機構與歐元卻不顧一般民眾，讓平民百姓蒙受工資下跌、退休投資報酬降低的困境？

我認為，這種孤注一擲的印鈔措施在歐洲是二〇一二年中開始失效，一．三兆美元的量化寬鬆投入後沒多久馬上出現衰退。我們預期一樣的情形也會在二〇一四年初之前發生在美國……再隔一段時間後，也會發生在日本。到最後，全球經濟趨緩終將打破全球最大的泡沫經濟：中國。

這些加總起來，就指向一個終極問題：政府與民間債務比率究竟升到多高之後，整個體系就會變得脆弱不堪，只要出現短期衝擊與／或債券殖利率上升（如南歐）就會全面崩潰？我們觀察到，主要國家的總債務比率已來到一九三〇年代美國經濟大蕭條之前的二至三倍。

日本由於長期實施規模龐大的量化寬鬆，財政赤字高漲，還有債務也不斷增加（圖2-11），結果民間部門很少去槓桿化。這正好相反於一九三〇年代（特別是美國）大規模的「冷火雞」式（cold turkey）急速去槓桿化，總債務從約GDP的一九〇%降到五〇%。

實際上，可以說日本已經破產，或者就像我們名氣響噹噹的同行約翰．墨登（John Mauldin）所說：「日本是隻往擋風玻璃飛過去的蟲子。」

日本金融部門債務已來到GDP的一六〇%（比美國高多了），而且根本沒去槓桿化。日本消費者部門的

圖2-11　日本各部門債務對GDP的占比，1980至2011年

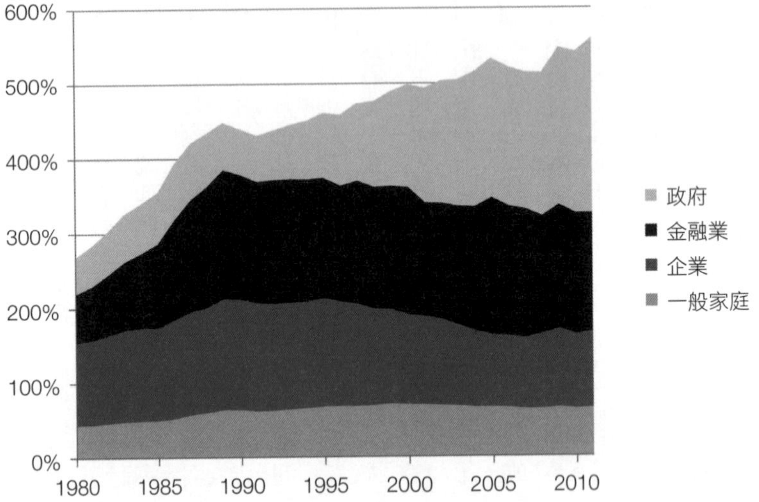

資料來源：日本內閣府〈國民經濟計算確報〉，2013年

可以看到，日本政府債務從1990年占GDP的60%成長到2010年的217%，目前已來到250%，還持續攀升，遠超過其他已開發國家。日本用舉債來填補民間部門持平、趨緩所產生的經濟空洞，正是凱因斯學派的典型作法。沒錯，一樣又是吞下更多的債務止痛藥來避免經濟從泡沫高點重重摔下！ 日本之所以還能夠這樣做只有一個原因，就是長期的債券殖利率來到0.5%至1.0%，而短期殖利率幾乎是0。

債務比美國低，是六四%，但這些很接近一九九一年的水準，所以這部門也沒去槓桿化。只有企業部門已經溫和地去槓桿化，債務從一九九〇年的GDP一五〇%降到目前的一〇三%。政府的債務已經升到抵銷民間部門的努力——政府債務從一九九〇年的六〇%變成二〇一三年的近二五〇%！日本總債務（民間與政府債務）在一九九〇年就已經是GDP四三七%的驚人水準，二〇一三年中更成長到五四三%。

在經濟循環的冬季時，日本沒有削減債務，反而舉更多的債，因此未來終究要面對規模大上許多的債務危機與去槓桿化。我也預期，這件事接下來幾年就會發生。經濟擴張得這麼大，債務這麼高，屆時不管遭遇什麼衝擊，都會引發政府根本無力應付的危機。

為什麼其他國家不能學日本持續印鈔、加碼刺激方案？

我接受媒體訪問或上台演講時，常有人問我這個問題：既然日本可以無止盡地推行刺激方案，我們為什麼不能如法泡製？最明顯的因素是，因為日本出現人口與債務危機的時機點不同，金融情況也不一樣。

日本一九九〇年代早期遭遇金融危機時，全世界其他地方正經歷史上最大榮景。因為一九八〇年代的泡沫榮景，當日本出現人口統計斷崖時，日本其實是淨債權國（**net creditor**，譯注：擁有的國外資產存量大於外國擁有的本國資產存量），貿易與預算皆有盈餘，不像二〇〇八年的美國。這是一個因素。

另一個更重要的因素是：雖然日本政府推行範圍廣大的刺激方案與量化寬鬆，稍稍緩解了日本的債務與人口危機，但代價是日本從沒真正處理龐大的民間債務。日本從沒自危機的灰燼中重生，它根本沒從昏迷狀態甦醒。印鈔與刺激方案只是徒增政府的債務負擔，現在就已經達到GDP的二五〇％，還持續攀升，不但遠高於希臘，也是美國的二．三倍。

結果，日本依然背負著不可能的重擔，而且負擔每年愈發沉重。想想看，如果**你**肩上背著這樣的重量，能跑多遠、跑多快，特別是你已經在快速老化的時候？

從高峰以來的二十三年，日本累積了當今世界大國中最高的民間與政府債務總合。而且，日本人口老化的速度世界第一。這不但不是成功之道，而且一定會發生災難，特別是在二〇二〇年後，日本會第二次摔下人口統計斷崖，到時全球利率再度上揚，日本的債務負擔會因為利息成本而遽增。

如果金融危機或債市反應不能避免無止盡的財政赤字與印鈔措施，那麼歐洲與美國也會朝同樣的方向邁進。經過了數十年，這兩大強權也隨著巨大預算與貿易赤字（譯注：即貿易逆差）而落入相同危機。而且，到時全世界都會身陷危機，不論是要有效刺激，還是要避免可能導致恐慌與崩潰的危機，都是難上加難。如果南歐崩潰，會導致美國出現衰退，就像美國二〇〇八年的次貸危機從那時以來如何重挫歐洲與全世界其他地方一樣。不要步上重蹈日本覆轍的唯一方法就是叫聯準會停止印鈔。

殺雞取卵

我們來看看，無止盡的刺激方案究竟會造成什麼後果。經濟學家時常爭辯，量化寬鬆與印鈔措施、不斷攀升的預算赤字與債務，到底可以容許的底線到哪裡？關鍵似乎是：只要別造成明顯的通貨膨脹，就表示沒什麼副作用。

因為我們身處通縮環境，我認為不會出現通貨膨脹，所以根本不擔心通貨膨脹的問題。但聰明如肯尼斯・羅格夫（Kenneth Rogoff）等經濟學家擔心政府債務如果來到這麼高，會壓制整個經濟，而且到時在比較通膨的環境裡利率終究會回到正常水準，許多國家的稅收就必須用來償付債務的利息，特別是日本。我很擔心這一點，我認為這個下場無可避免。

但我最擔心的不是這個。我有實際的創業背景，為企業提供諮詢服務，本身也經營企業，我更擔心的是市場那隻「看不見的手」已死。政府出手干預，以無止盡的刺激方案阻止了經濟衰退、債務去槓桿化、銀行倒閉與企業破產，破壞了自由市場資本主義的運轉機制。

如果你真的想了解資本主義的腐敗多麼可怕又歷史久遠，我推薦一本好書，這本書記錄了一九一四年聯準會成立以來各種無止盡的刺激與紓困方案：大衛．史托克曼（David Stockman）的《大變形：美國資本主義的腐敗》（*The Great Deformation*）。

有些人以為可以將經濟變成「機器」，讓成長率固定在三％至四％，通貨膨脹固定在一％至二％，而且沒有衰退——但這是很可怕的錯誤觀念，也是大多數經濟學家都有的誤解。這種想法不但大錯特錯，也與現實嚴重脫節，簡直不可原諒。就像吉姆．克瑞莫（Jim Cramer，譯注：美國財經名嘴）說的：「他們什麼都不懂！」

全球各國央行與政府都將眼光鎖定在成長率與通膨率，運用貨幣與財政政策來達成穩定的經濟。你知道幾個自己經營過企業的經濟學家？雖然經濟學家很聰明，但他們根本沒活在現實世界裡。擁有一項主題的諸多相關知識，不代表你真的懂這件事。就像愛因斯坦常說的，如果你沒辦法讓一個十歲小孩子懂一件事，代表你沒真的搞懂。聽聽大多數經濟學家講的話，你就明白我的意思了。

我的重點很簡單：經濟不是機器。經濟不是無機體，也不是人為過程能夠以特定轉速運轉，維持相同產出，投入的能源也固定不變。今日的經濟學家已經忘了十八世紀亞當．斯密關於「看不見的手」的深知灼見——雖然說，今天的作者如喬治．吉爾德告訴我們，現今的這隻「看不見的手」運轉的層級已來到前所未有的新境界，遠超乎亞當．斯密能看到的地步！經濟是有機過程，就像生命，像我們的身體一樣，都是相對力量時時交互作用的結果，例如：成長與趨緩、通膨與通縮、創新與創造性破壞、成功與失敗。

「看不見的手」會帶動機器嗎？不會，帶動機器的是工程與能源。機器會創新，會帶來企業突破嗎？不會，做這些事的是一小部分的人類，是堅持反向思考的人。

你的身體能不能保持清醒一直穩定工作，永遠不睡覺？經濟學家會認為，睡眠是浪費時間與生產力，然後給我們速度種子、類固醇或任何讓我們保持清醒、維持生產力的藥（聽起來不就是量化寬鬆嗎？）。這樣會有用嗎？起初一段時間會有效果，然後你會死、會發瘋，或是不管吃再多的藥都一樣睡死。有機的過程將睡眠視為是恢復體力、再平衡與淨化系統、創新與創造力的解決方法（如在睡夢中讓大腦解決難題）。

說起來，什麼樣的企業與人會成功？我的經驗，特別是在企業界，冒最大風險的往往是最成功也最失敗的人。你不可能只從成功與成長中學習。這種人與這種企業只會愈來愈自滿自大，然後犯下大錯，或是無視威脅與機會。如果沒有企業家的破壞式創新，沒有經濟挑戰，企業、國家、人民與物種就不會好好成長、演化。你以為這個世界為什麼不斷給我們地震、閃電、冰河時期等等的困境？因為挑戰帶來創新與成長。

這也是為什麼生命的核心總是二元對立相輔相成：男與女、光與影、苦與樂、阻力與助力，成長與失敗，還有正義與邪惡。誰要看沒有正義與邪惡，沒有愛情與背叛的電影？如果沒有這些有機體自然發生的互動，生命就不再有趣，就像無機的機器或石頭一樣。石頭也許很美，但如果要跟一顆石頭交往——甚至是跟機器交往，那多可怕啊！

重點是，日本一直沉睡在昏經濟裡，就是因為不讓自己的債務泡沫去槓桿化，也不讓銀行與大企業倒閉。日本這樣做，無異是殺雞取卵，而這隻雞正是帶動自由市場體系那隻「看不見的手」的動力。日本從一九九〇年以來有什麼重大創新嗎？創新與演進幾乎停擺，因為政府以無止盡的刺激方案保護舊體制，不讓經濟自我平衡，就無法以創新再造新體制，重新從灰燼中站起來。

經濟的真相是，你不可能只要成功不要失敗，不可能負起責任卻又不肯承擔後果。各國政府忽視這些關鍵因素，只是努力製造短期的症狀緩解，卻付出殺死長期成長與創新的代價。沒有創新，就不會有長期的成長與演進——特別是現在所有已開發國家的人口成長在未來數十年都會持平或大幅下降，就連較高成長的新興國家都會在更後面的幾十年出現這樣的人口統計斷崖。

這些政府救助的是誰？不是背著「溺水屋」房貸、實質工資下降、信用破產、失業或擔心失去工作的一般平民。各國政府救助的是銀行，讓銀行不受壞帳拖累，也救助主要的大企業與投資公司，讓他們不至於過度擴張或槓桿操作。別忘了，注入貨幣造成的股票獲利大部分都進了收入前一%至一〇%的人口袋裡，特別在美國更是如此。前二〇%的人有大學以上學歷，失業率只有三．五%。

各國政府現在維護的是企業界的舊秩序，但民主體制應該要阻止這件事。可是我們卻沒出面阻止，因為沒有領導者向我們解釋一切。美國政府只推出華倫．巴菲特（Warren Buffett）說一切沒事，而他自己卻拿到更優惠的投資待遇。

讓我們回到亞當．斯密的時代來想一想。一七〇〇年代晚期出現兩個交互作用的相對力量，就是民主主義與自由市場資本主義。這兩個主義相輔相成效果良好，以至於大多數人以為他們是同一種東西——但他們恰恰相對，就像男與女。

自由市場資本主義獎勵生產與創新最多的人，就像在自然界的適者生存。民主則是人類創造出來的產物，規定每個人手中的那一張選票具有相同的影響。民主主義說，整個體制必須運作良好並且帶來全體的永續福利，而不只是讓少數得利。民主主義沒說部分人不能比其他人賺更多的錢，只是這個體制分配財富的方式必須稍微再更公平一點點。不然，金字塔底層的廣大人民如果受到不好的對待，終究會起身反抗。可以說，美國與法國發生於一七〇〇年代晚期的革命，就是因為反抗這樣的體制。當時的國王、王后、皇室貴族與地主（以美國的例子來說，則是外國的皇室）幾乎奪取社會的所有福利，大多數人民連飯都吃不飽，卻什麼事都要做（就像今天的北韓）。

這樣的體制無法永續，因為人民終究會反抗或逃離。早期的清教徒與其他美國人逃離天主教這個歐洲大權，看看他們的成就！也提醒大家，第一批來到詹姆斯鎮（Jamestown，譯注：英國在北美所建的第一個殖民地）的移民，有八八%才過兩個冬天就死了，這個數字大概就是創投投資新公司的失敗率。就像身處今日多變環境的企業家一樣，面對完全未知的環境，怎麼可能有人做好萬全準備？就跟自由市場資本主義很像，而且總是會有未知的風險。

從某種角度來說，民主其實是「社會主義」。民主要有效運作，就必須保持平衡，維持健康、動態的自由市場環境。如果大家都投票贊成不要工作讓政府養，社會主義就完蛋了——聽起來像不像今天的南歐？同理，自由市場資本主義如果是被一隻三、四百公斤的大猩猩得到所有女性與食物，就幾乎玩完了。自然界的適者生存法則自然會篩選出更好的體制。像是世襲制度，或是黑手黨、獨裁者或部落頭目等搶權奪位，終究會有結束的一天。在這種體制下，強者全拿，然後利用恐懼與強迫等手段利用眾人。

兩個相對原則的結合——自由市場資本主義與民主——可能是造成今日人類史上生活水準最大躍進的單一因素。難道我們要讓政府以避免經濟趨緩的名義，不計一切毀掉自由市場嗎？日本已經證明，如果投機取巧、躲開多數必經的痛苦或失敗，到頭來會發生什麼事。

日本從二〇〇三年以來已出現新世代（但人口比上一代少），經濟還是不見好轉，房價也毫無起色。日本政府從二〇一三年初開始將貨幣刺激方案或說量化寬鬆提高到更危險的全新等級。這是孤注一擲，不是明智之舉。我看了梅莉・史翠普（Meryl Streep）主演的《鐵娘子》（*The Iron Lady*）後，真希望我們也有個像鐵娘子柴契爾夫人（Margaret Thatcher）這麼「帶種」的政治人物。她說服一九八〇年代早期處於衰退的英國力行撙節（一如美國的雷根總統〔Ronald Reagan〕）以平衡經濟大蕭條以來的衰退，將整個國家帶出下坡路。

我們今天沒有這樣的領導人物，所以要不就是政府要不斷想盡辦法撐住泡沫直到破滅，或是像日本一樣陷入幾十年的昏經濟。

這個故事告訴我們，天下沒有白吃的午餐。你不可能用更多的債務來解決債務問題。日本已經證明了這個道理，可能未來數十年也還會進一步證明這件事。中國由政府主導、由上而下的資本主義模式到時自然會證明，這種模式不可能勝過自由市場資本主義，因為中國的過度擴張與泡沫會在接下來幾年破滅。

我相信接下來十年我們一定得面對現實，很可能接下來兩年是變化最劇烈的時候。我想，最晚到二〇一四年初就會看到，對像是氣球過度膨脹的全球泡沫來說，無止盡的刺激方案實在作用有限——而這顆氣球正往一堆大頭針飛去。

不過，我們先將眼光轉向房價。當年誰都沒想到，日本房價會連跌二十二年，但我們接下來看的不只是日本，還包括世界各地的房價。恐怕房地產的蜜月期已經結束了。

第三章

為何房地產的情況將從此不同以往

我到世界各地演講時，人家最常問我的就是房地產。大家都愛房地產。綜觀全球局勢，的確也看到房地產出現過史上最大牛市。但房地產也很有地區性，不像股票常跟著全球脈動走。所以，雖然有些地區的房地產泡沫了，大家也不見得覺得其他地區的房地產也會出問題。大多數人就是想要我告訴他們，雖然許多地區的房市紛紛崩盤，但他們持有的房地產很特別，不會出事。

只是，我看的是自己的人口統計分析與泡沫相關研究，因此常常說的不是人家想聽的好話。

我們已經看過現代史上最大的房地產泡沫，這個泡沫因為低利率、空前寬鬆的借貸條件所以漲勢驚人，還有史上最大世代帶來的可觀需求。但這兩大趨勢已經結束，或說快結束了。可以把房地產想成是爆米花機，在不同時間、不同地方，有的脹、有的爆。還沒達到高峰或破滅的，在接下數年就會。

房地產跟基礎建設一樣，最受人口統計的影響。全球生育率下降，使得人口較多的大世代之後出現小世

圖3-1　消費者房地產生命週期

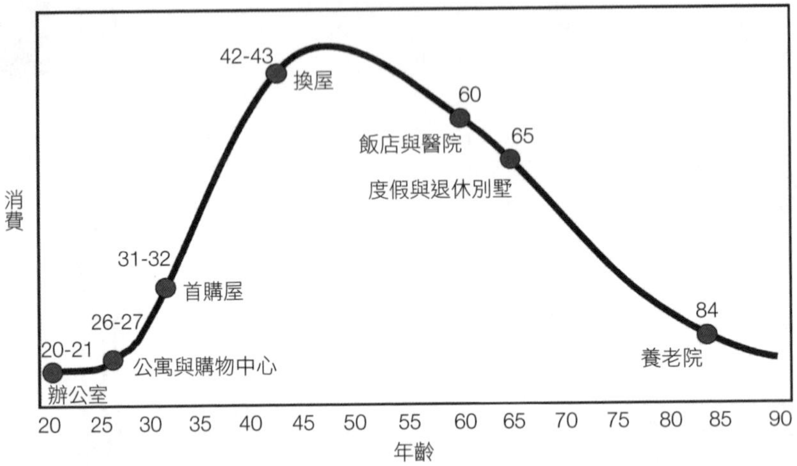

資料來源：美國人口普查局；勞工統計局

代的這個新趨勢。可以說，未來數十年已開發國家都會進入老化趨勢。與此同時，房地產最受影響，正是因為房地產幾乎永遠不會消失，也就不需要被取代，不像車子、家具與食物。頂多偶爾需要整修裝潢一下。這也代表，當人口成長趨緩或減少，年老的「逝者」多於年輕的「買者」時，房地產開發商與投資人將面臨完全不一樣的牌局。

先來複習一下房地產的人口統計資料。你知不知道，買房的人絕大多數都是二十七至四十一歲的人？對已開發國家的房地產開發商或高齡化社會上升的房價來說，這可不是什麼好消息。

圖3-1顯示，房地產第一波升勢是出租公寓，年齡約為二十六至二十七歲，這是平均結婚年齡。對嬰兒潮世代來說，這個年齡是二十六歲，回聲潮世代的這個年齡已經升到二十七歲以上，可能會繼續上升（鮑伯・霍伯世代則是二十二歲）。結婚也造成支出強勁上揚，為了組成家庭，每樣事物的消費遽增——車子、家具、家電。為了滿足新的消費者，新的購物中心也紛紛出現。所以，二十六至二十七歲也是購物中心的高峰。

平均而言，孩子出生時父母為二十八至二十九歲（嬰兒潮世代是二十八歲，回聲潮世代大概是二十九歲以上）。婚姻和孩子也促成首購屋的需求，這個需求約三十一歲達到高峰。但隨著小孩成長為青少年，賀爾蒙劇烈變化，你會想要更大的房子。購屋消費的最大遽增出現在三十七歲，也呈現高原期一直到四十一歲。這也代表，四十一歲應該是換屋高峰，不過這個數字在未來可能會再升高一點。

因此，購屋消費會出現在四十六歲總消費高峰的五年前。在「咆哮的二〇年代」，房價與房屋建設於一九二五年開始邁向高峰，股市與總體經濟於一九二九至一九三〇年達到高峰。以最近的日本來說，房地產價格於一九九一年達到高峰，總體經濟則於一九九六年達到高峰。美國當初的次貸泡沫讓房價這段上坡路比正常還要長，一直升到二〇〇五年末至二〇〇六年初。

當消費者達到四十六與五十四歲之間，孩子開始上大學或離家獨立，就出現購買度假別墅的第一波遽增。請注意，只有一〇％的家庭買第二間房子（不過這個數字在二〇〇〇至二〇〇六年的泡沫期間應該高出許多）。度假別墅的第一波升勢約於四十八歲達到高峰，這其中一個動機是要引誘孩子回來看你。然後，這些空巢老人會把精力放在國內外旅行。飯店與娛樂場所的需求遽增，攀向五十四歲的高峰，之後呈現高原期到六十歲。所以飯店的需求高峰可能是六十歲。

然後，愈來愈多人覺得旅行很麻煩、壓力太大，於是就將注意力轉向比較輕鬆的豪華郵輪行程，一直到七十歲。可是還有第二回合的度假／退休別墅購買潮，背後的動機包括要接近自己的孫子，這個高峰出現在六十三至六十五歲之間，也就是一般退休的年紀。有些人乾脆就搬到退休社區或地區，也有人留在自宅（或是換小一點的），然後在度假地區再買第二個家。人生樂事莫過於有個家靠近自己的孫子，又有個位於熱門地點的度假別墅。最後一個目的地則是養老院，這個高峰出現於約八十四歲，大多是較長壽的女性。

圖3-2 辦公室與勞動力成長（20至21歲人口減63至65歲人口）

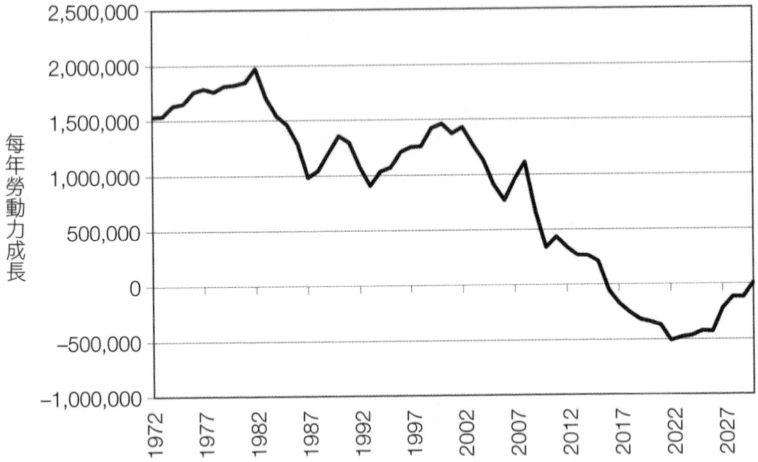

資料來源：美國人口普查局

辦公室這一領域已在2010年達到高峰（因為2008年出現經濟大衰退，所以高峰提早出現），這一領域對經濟的上下波動最敏感，特別對就業機會的增減特別敏感。想想現在的復甦力道這麼弱，未來經濟又會繼續走下坡，辦公室這一領域的景況是最糟糕的，到約2023年之前都不會好轉，所以我建議原則上等到那時候再建造或投資辦公大樓。在未來10年最好是租用，不要持有這些辦公大樓。

可以說，老化中的嬰兒潮世代先從一百一十坪的豪宅（McMansion）換到七十坪的排屋（townhome），再換到八．五坪的養老院房間，最後換到〇．五坪的墳墓。對高齡化社會中的房地產市場來說，這個景象可不是什麼好光景，特別對要針對換屋需求而蓋或賣大房子的人來說，實在是壞消息。

回想一下我們怎麼用簡單的方法分析消費潮以找出整體消費，現在用一樣的方法來找出不同領域的房地產趨勢，我們從商用或辦公室開始（見圖3-2）。這裡用的不是二十至二十一年（過去用二十年，未來用二十一年）的簡單間隔，針對這個領域我們可以更精確。可以先預測在二十至二十一歲進入職場的人數，再減掉於六十三歲開始離開職場的人。畢竟，辦公室的需求會跟隨著勞動力的成長。

圖3-3　公寓與購物中心（間隔26至27年）

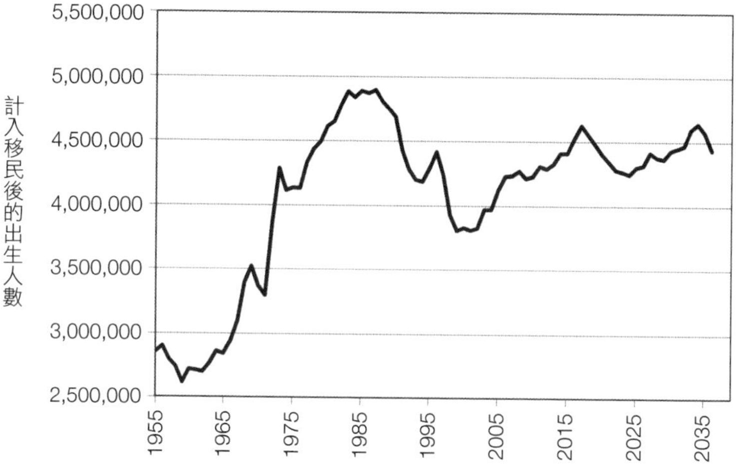

資料來源：美國人口普查局

這張圖表以間隔26至27年的移民出生指數來顯示對公寓與購物中心的影響。我們用26年與27年分別當作過去與未來的間隔年數。對公寓與購物中心的需求應該會攀升至約2018年，然後接下來降個7年（到2025年），接著再度上升到約2034至2035年（消費高峰就能續漲）。

檢視個別消費領域時別忘了，整體的經濟趨勢顯然也會影響各個領域的趨勢。以公寓來說，房市崩盤導致年輕家庭與父母同住的時間變長，或是不買房，租房子的時間變長。這樣一來，推升了租房的需求，這樣的需求也超過原本人口趨勢顯示的需求，相對地首購屋的需求變低。再看購物中心（圖3-3）：因為二〇〇八年的衝擊與大衰退，整體消費者支出趨緩，也就沒出現購物中心的建設潮。這次的經濟復甦是過去一世紀以來最慢的。

也請注意，回聲潮有兩波出生遽增的情況，第一波是從一九七六到一九九〇年，第二波是從一九九八到二〇〇七年，中間七年（一九九一到一九九七年）出生人數下降。回聲潮世代有這兩波明顯遽增，相對地，嬰兒潮世代大部分都是穩定上升。整體消費高峰應會出現於間隔四十八年後，也就是約二〇

圖3-4　首購屋（間隔31至32年）

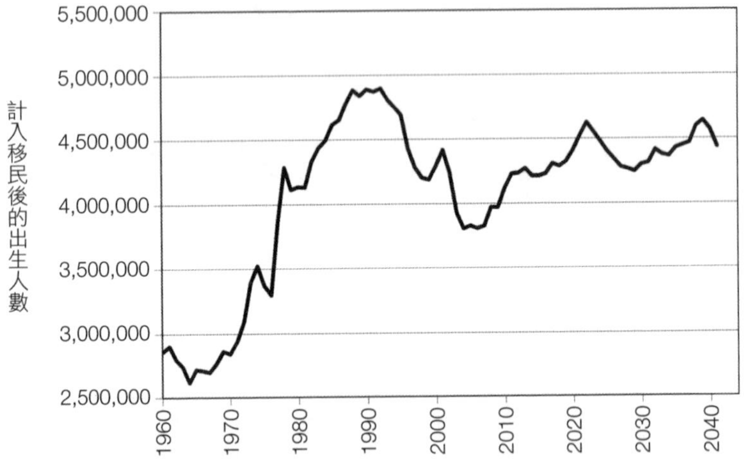

資料來源：美國人口普查局

這張圖表為購買首購屋的預測。目前已經出現溫和漲勢，但復甦的力道微弱。不過，這領域應該會從2015年左右開始加速成長，約2023年出現第一波高峰，約2039至2040年出現第二波高峰。下一波房地產跌勢（可能出現在未來2至3年）之後，這領域會是最佳的投資或買進標的。

五五年，但整體買房情況會在約二〇五〇年因換屋而達到高峰。然而，因為回聲潮第二波出生遽增的高度大概只跟第一波差不多，所以在二〇三一年後不會看到多少進展。

圖3-4至圖3-7要消化的資訊可能有點多。但投資人與房地產開發商如果夠實際，看到未來大部分領域的需求都趨緩甚至減少，可以考慮將未來數十年的注意力轉向醫療設施、養老院與介助式生活照護機構（assisted living facility），同時還有最後一波到二〇二六年左右的度假與退休購屋潮。公寓領域於二〇一七或二〇一八年達到高峰後，首購屋會是景況最好的下一個領域，然後二〇二三年則是換屋。

新觀點：當「逝者」超過「買者」

事實擺在眼前：當「逝者」（房子即將

圖3-5　換屋（間隔41至42年）

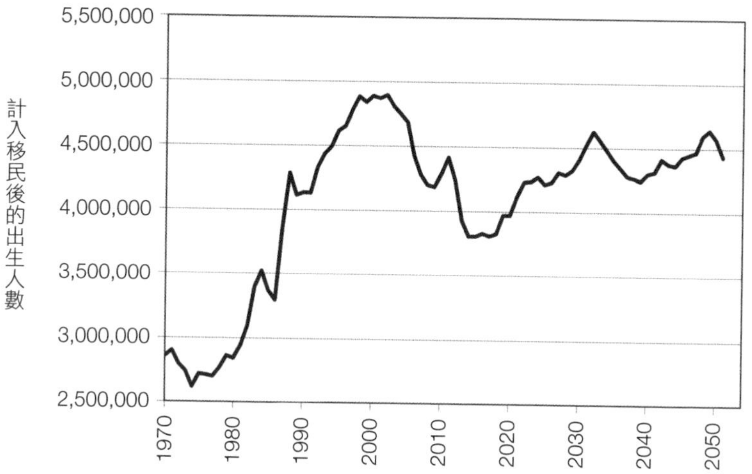

資料來源：美國人口普查局

這是以41年（過去）至43年（未來）間隔來預測大房子與豪宅的需求。這領域的趨勢直到約2018年才開始往上升，約2032年會出現第一波高峰，約2050年看到第二波高峰。如果房地產會如我們預測的在未來數年狂跌至新低點，這會是價格跌得最兇的領域。不過，在下一波榮景2024至2036年左右，這會是發展最好的領域。

脫手的老人）超過「買者」（可能買房的年輕人），市場就改變。我所謂現代史上最重要、最特別的經濟轉變「人口統計斷崖」意義非同小可。隨著上一個世代達到消費高峰，接著經濟會開始趨緩，直到下一個世代又起來，如一九三〇年代與一九七〇年代的情形。

從歐洲黑死病以來，這是史上第一次看到大世代後面出現小世代，也就是世代人口減少的情形。在下一波榮景中，消費的、借錢的、投資的人都會變少。我也在第一章提過，經濟成長會趨緩（在許多國家、地區甚至衰退），阻礙醫療或科技的突破，也就無法為老化社會（可能是在未來數十年，但現在還沒）帶來更高生產力。而且，因為新世代的人口較少，對於住宅建設與房地產的影響就更大了。

再次強調，房地產（如住宅營建、商用

建物與許多基礎建設）與消耗品的差異是，房地產會「永遠」存在（歐洲許多房子就是例子，這些房子有幾百年，甚至上千年的歷史）。房子這麼長壽意味著到了某個時間點，較老也人口較多的世代的**逝者**人數會超過年輕一代的**買者**。這樣一來，供需關係裡的供給增加了，住宅的淨

圖3-6　度假別墅（間隔65年）

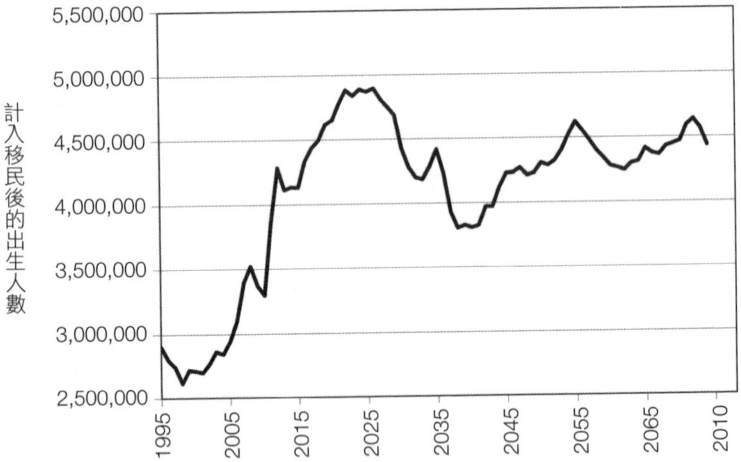

資料來源：美國人口普查局

度假別墅只占整體住宅市場約10%，所以沒那麼重要。主導這領域的主要是收入前10%買得起第二間房子的家庭。購買度假別墅會出現兩波遽增趨勢：第一波出現於孩子離巢、中年危機之時；第二波出現在約莫退休的時候，這時大多數人有最多空閒時間享受第二間房子。請注意，在約65歲的第二波遽增階段，往往會付更多錢來買度假別墅。因此，我將整體高峰放在65歲，以65年的間隔來分析度假別墅的購買情況。如圖3-6所示，第一波遽增情況約48歲達到高峰，這個市場應該在2011年達到第一波高峰。但大衰退提早將經濟帶入下坡。最後一波高峰應該出現於約2026年，在另一波價格崩盤之後，2016年可能又開始下一波價格漲勢。因為度假別墅主要是有錢人在買，所以本質上比較主觀，較容易受經濟與房價波動影響。我的預測是，接下來2年左右如果房價再次下跌，度假別墅會跌得最深，之後度假別墅就會變成最好的購買、投資或建造標的。可以的話，現在趕快賣掉，2016年或之後再買一間度假別墅。下一波嬰兒潮世代的度假別墅購買潮會於2024至2026年達到高峰，之後要過好長一段時間，回聲潮才會出現度假別墅購買潮。所以，除非你真的愛到捨不得賣，不然在那之前記得要賣掉你的度假別墅！

需求趨緩，甚至開始減少，因為比較老（來日無多）的人的房子回到市場上，就抵銷了新的建設需求。

其中一個影響是，就算進入下一波更長期的榮景，房價就算上漲也不會超過溫和通膨與重置成本（replacement cost，譯注：買到相同效用資產所需的成本，相當於市價），甚至在人口統計最弱的國家還可能進一步下降。新興國家的人口趨勢仍在成長，未來的世代人口更多，這也是未來進入下一波全球榮景（二〇二三年左右開始）時房地產景況最好的地方。

大多數人不知道，德國的人口統計高峰早於大多數南歐國家——而且下跌的趨勢也會很明顯。德國沒有顯著的回聲潮世代，而且已經開始推行相關公共政策，要拆掉住宅與商用房地產，變成公園以掩蓋人口統計下跌的事實。我們未來也會在東

圖3-7　養老院（間隔84年）

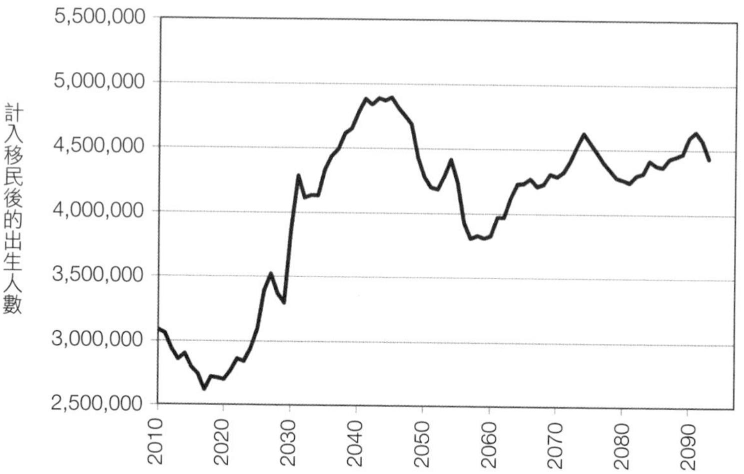

資料來源：美國人口普查局

在我們有生之年，房地產的開發投資機會可能就在養老院與介助式生活照護機構，這是我間隔84年的預測。許多地區已經出現養老院不足的情形，而人數眾多的嬰兒潮世代甚至還沒開始進養老院。將來這第一波實質成長約會始於2018年，然後一路升到至少2045年——這正是所謂的長期成長市場！ 這市場對整體經濟循環最不敏感，可以考慮投資、交付信託然後留給孩子。

亞、中南歐，還有北美的中部與東北部常常看到這種情形大量出現——想想底特律！

要想知道住宅（還有商用房地產）的價格可能出現什麼變化，就再來看看日本這第一個摔下人口統計斷崖的富國。我們在第二章看到，日本的房地產泡沫如何在一九九一年股市泡沫化兩年後達到高峰，與日本一九四九年最後一波出生高峰間隔正好四十二年。但請注意，日本的房價早就該於一九九八年開始回升，因為日本的回聲潮世代在這一年進入房市循環，而且全球經濟在二〇〇三至二〇〇七年間又一路飆漲。可是，日本房價就是沒反彈，已經到了二〇一三年末還持平或甚至下跌，都已經過了二十二年了！

這些價格現象的解釋是，日本老一輩已經把年輕世代給賣了。這些較年輕的世代將不會享受到父母享受的優渥工資、終身雇用與福利，因此現在日本男性對性愛與婚姻的興趣大不如前。可以說，他們根本就養不起老婆跟孩子。如果你不結婚，就不太可能買房，也更不可能在之後買其他的房子。這對房地產市場的影響很大。

這個現象目前也變得愈來愈普遍。所有富國都要求年輕世代要承受父母那一輩的負擔，承擔龐大的債務，這些年輕人要面對愈來愈少的應得津貼，條件愈來愈差的工作與愈來愈低的工資。幾乎每個地方的青年失業率都比以前高多了，特別是在南歐。所以在接下來的十年，甚至更久，發生在日本的事也會發生在其他老化的富裕國家。

還有另一個因素甚至更嚴重。如果我們分析日本出生人數時計入平均死亡年齡，減去死亡人數，考量到這些人過世後，他們原本持有的房子就可以供年輕買家購買（圖3-8），這樣會出現什麼情況？這個計算方式就像第一章圖1-8的勞動力成長與通膨趨勢的預測：加入進入職場的二十歲年輕人，減掉六十三歲的退休人口。只是在這個指標裡，相對於房屋存貨與勞動人口，我們加入高峰期的年輕買者，減去老年逝者。

我們在這裡加入將會買房的年輕人，減去將要走到生命盡頭因而離開房地產市場的老人（平均為八十四

圖3-8 日本住宅淨需求（42歲減84歲人口）

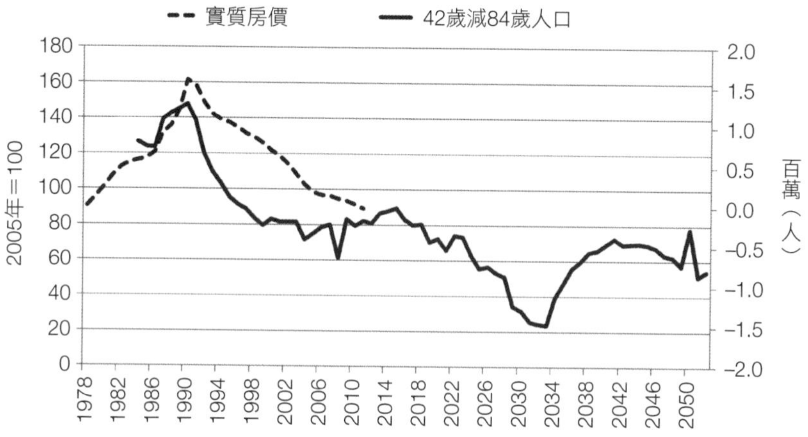

資料來源：日本厚生勞動省，2013年

請注意，日本的平均壽命高達84歲，比美國多5歲，是世界大國之冠。

歲）。我們知道因為高峰期買者變少，所以未來較少年輕人買房，特別是房子在第二次世界大戰後持續這麼多年的大榮景。如果日本的結婚與生育率降低（目前看來趨勢也是如此），這種情況就會更明顯。但當逝者多於買者，市場上住宅的供給就升得比需求快，這對房價來說不可能是好事，對住宅營建業來說更不是！

在日本，這股淨需求與高峰期買家有很明顯的正相關，這當然有道理。這解釋了為什麼即使下一個世代的年輕買家進來了，房價卻還是無力反彈。

在這種經濟景況下，除了某些還在成長、景況較好或出現新產業的地區，開發商怎麼會想蓋新的房地產？反而，重點應該是將現有建物重新裝潢，因應高齡化嬰兒潮世代與興起的年輕回聲潮世代，因為這兩代都需要較小的房子。接下來十年，大房子漸漸式微，二〇一三年大房子供不應求的情形將消失無蹤。等到下一個泡沫破滅並主要影響到前〇．一%至一%的人時，就會開始出現反轉。比較美國的圖3-9與圖3-10，我們先看看高峰期的買者，然後再計入逝者的情形。

圖3-9　美國買房高峰與房價（間隔41年）

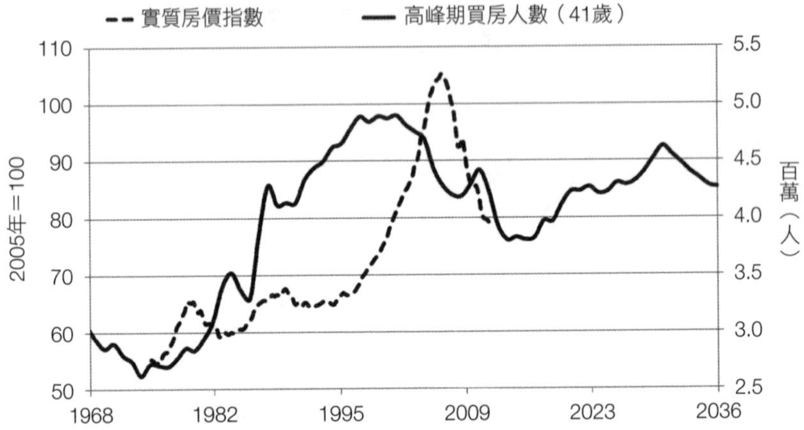

資料來源：美國人口普查局；達拉斯聯邦準備銀行（Dallas Federal Reserve），2013年

美國的房市高峰與出生指數向後平移41年的數字呈現高度正相關。美國的房市泡沫比日本與其他國家的同類泡沫多了好幾年，因為我們有次級房貸。根據這個圖表，美國房市過幾年就會觸底，跌至不會比2012年初低多少的低點。接下來，隨著回聲潮世代的第一波購買潮開始，會出現多年的溫和回升（直到約2032年）。不過就像我們一再強調的，這個反轉向上至少2015年之前不太可能發生。這雖然是好消息，但也不是什麼天大的好消息。可是，如果這個趨勢像圖3-8（日本住宅淨需求）一樣，減去逝者呢？日本的老化與漲跌循環早美國11年多，所以逝者的影響自然比較早出現在日本。

愈來愈多人變成空巢老人，這些老人換成小房，搬到離市區較近的地方，方便得到服務與娛樂。這些人也租得多買得少，特別是當他們變得很老的時候。新的年輕世代也傾向買小房子，而且是靠近市區，不是郊區的房子，直到他們開始有小孩。

那麼，誰從老化的嬰兒潮世代手中買下郊區的豪宅呢？未來的買房趨勢，特別是接下來十年，會是小一點、靠近市區而不是郊區的房子。許多嬰兒潮世代的人會待在他們賣不掉的大房子裡，約二〇二四年以前，這些房子會是房地產市場上表現最差的標的。

不管是哪一種算法，加拿大的圖表看起來都很奇怪，而且相關程度很小（見圖3-11）。可以肯定的是，加拿

圖3-10 美國住宅淨需求（41歲減79歲人口）

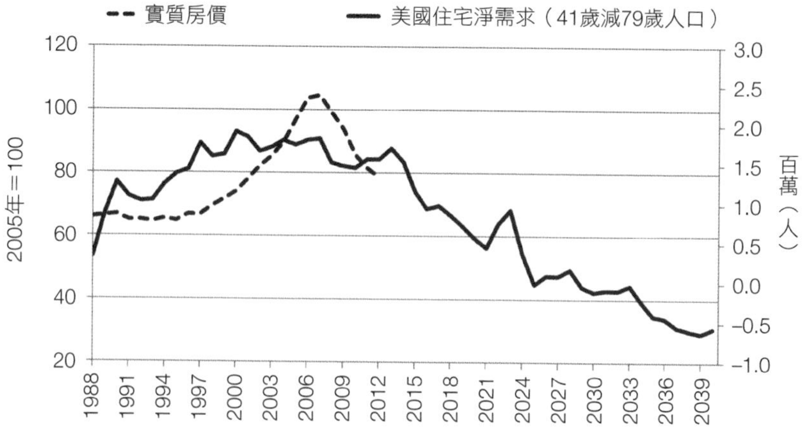

資料來源：美國人口普查局；達拉斯聯邦準備銀行，2013年

減掉美國平均79歲死亡的人口，就出現了不同的趨勢。在這種情況下，2013年市場一段持續的小反彈之後會出現2014至2021年左右的長期下坡。慘了！價格可能會跌到2039年甚至更之後。

大的房市泡沫持續的時間比美國長得多，也因為家庭快速而持續成長，但這個趨勢在未來數年會再度趨緩。四十一歲消費高峰模型顯示，未來數年只會出現約二〇%的修正。現在加拿大的家庭比美國多五五%負債，而房地產也比美國的平均高出六五%。可是淨需求模型顯示，加拿大未來的房價會低很多，加拿大在二〇一三年達到最後高峰，之後就會出現比美國更大的跌幅。

接下來，我們來看看西班牙，因為西班牙有歐洲最大的房地產泡沫。如果西班牙的經濟繼續弱化，房地產價格繼續跌（之前一直跌到二〇一三年末），這個泡沫可能是西班牙下一波債務與銀行危機的主要因素。

注意到，西班牙的房市消費潮約二〇二〇年才會達到高峰（見圖3-12），整體的消費潮直到將近二〇二五年才會達到高峰。繼南韓與義大利之後，西班牙是最後一個摔下人口統計斷崖的富國。西班牙有這樣的大泡沫且破滅至此，顯示價格泡沫很大

圖3-11　加拿大住宅淨需求（40至44歲減80至84歲人口）

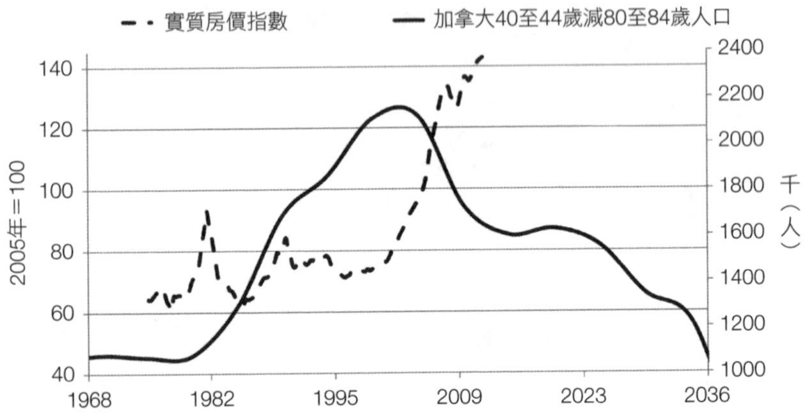

資料來源：聯合國人口司；達拉斯聯邦準備銀行，2013年

加拿大人是不是沒學到我們的泡沫化教訓？與美國相比，加拿大的「個人債務／可支配所得」比率高出57%，房價高出47%。因此，加拿大的消費者與房地產在未來數年會比較脆弱，特別是在2014與2015年間，還有2018與2019年間可能面臨另一波衝擊與／或趨緩。就跟澳洲一樣，加拿大這次可能會受到更大衝擊，因為加拿大是資源出口大國，而原物料商品價格持續走跌。

一部分來自擁屋最多的已開發國家（九二%）還有外國買家與投機分子。這些住宅通常都是移民蓋的，現在這些移民正快速離開失業率高達二七%且房地產蕭條的西班牙，因此西班牙的人口趨勢不會如統計顯示的這麼強勁。

最後再來看看德國這個歐洲的支柱，但它也是歐洲第一個摔下人口統計斷崖的大國。圖3-13讓你看到，德國的房市前景真是不好，也了解為什麼德國正努力將許多商用與住宅房地產變成公園。

關於房地產，知名耶魯（Yale）經濟學家羅伯特．席勒（Robert Shiller，他是幾位我很喜歡的經濟學家之一）講的也許是真正的關鍵。他在計入通膨與住宅大小特色（現在的住宅比數十年前更大也更漂亮許多）後，畫出房價分析圖。羅伯特．席勒的分析（見圖3-14）是重大突破，讓大家了解房價基本上跟著通膨或重置成本走，不像股票通常隨著收益與經濟一

圖3-12　西班牙住宅淨需求（40至44歲減80至84歲人口）

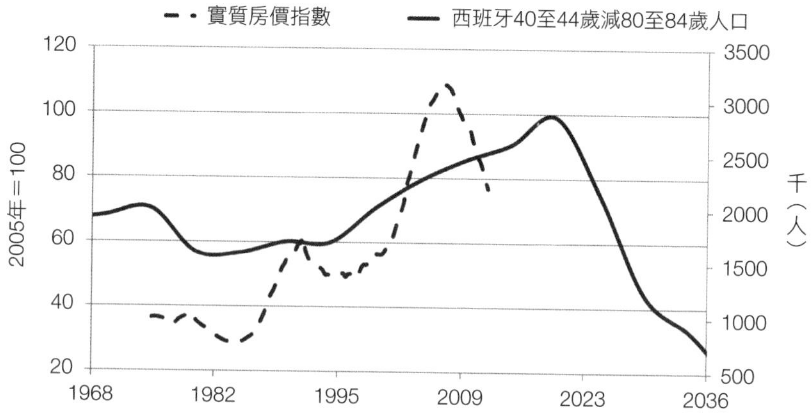

資料來源：聯合國人口司；達拉斯聯邦準備銀行，2013年

西班牙的住宅淨需求會攀升到約2020年，可能會在幾年跌勢之後出現最後一波房市榮景。可是歐洲整體的人口統計趨勢顯示，它的經濟就算真的反彈，也不會回升多少。再者，在這樣的大泡沫之後，就算真的出現榮景，也不會多明顯。據說，西班牙有200萬棟房子沒賣出去，計入人口差異後，你會發現，比較起來美國的「影子庫存」（shadow inventory，譯注：屋主拖欠貸款但金融機構尚未列入止贖的房子）根本沒什麼。未來10年，西班牙會面對實質房價出現65%或甚至更大的跌幅。

起成長。

要等到過好一段時間，我們才知道哪一種預測比較準確，但日本的長期結果已顯示淨需求模型是最準的預測。如果考量到住宅永久不滅的特性，這個模型的確跟人口統計趨勢放在一起比較合理。

最重要的關鍵是：我們再也不能把買房或購買其他房地產當作是賺錢的手段，長期的歷史觀點告訴我們這樣行不通。

美國（與幾乎所有已開發國家）經歷過現代史上最大的房地產榮景，一開始是因為出現第二次世界大戰後買得起房子的第一個中產世代，然後又因為有龐大嬰兒潮世代達到高峰，接著又出現人口較少的新世代。結果創造了短暫的假象，讓人以為房地產只會往上漲，而且會超越經濟成長。一九三三至二〇〇五年的房地產榮景不可能出現在近期的未來——甚至在已開

圖3-13 德國住宅淨需求（40至44歲減80至84歲人口）

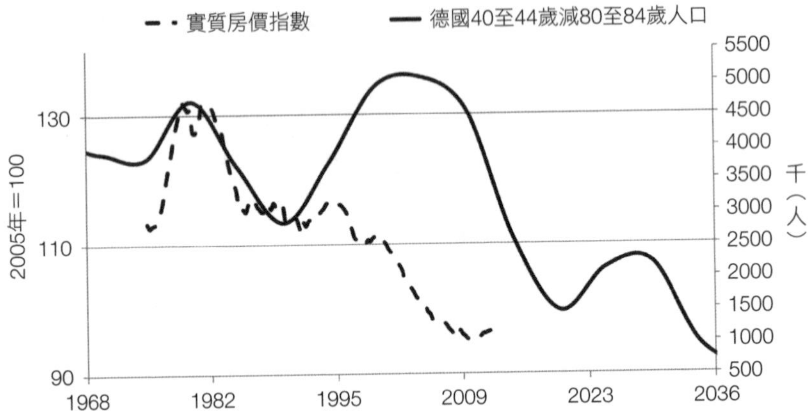

資料來源：聯合國人口司；達拉斯聯邦準備銀行，2013年

其他歐洲國家也會跟著德國摔下住宅淨需求的恐怖斷崖。未來數十年，歐洲在這方面的整體跌勢僅次於日本與東亞。開發商將必須打進醫療設施與養老機構的市場才能生存。

發國家可能永遠不會再出現了。

相對地，我們會走回頭路：買房地產，是因為你很喜歡這間房子、想長久住在這裡，也想好好打理這間房子，或是因為可以對你的生意有好處。又或者，如果可以出租賺進現金流，就可以投資。但千萬不要因為以為買了之後就可以坐享富貴，所以買房。

房地產開發商應該要審慎考慮未來的建案，特別是看到這麼龐大的「影子庫存」（潛在的法拍屋）都還沒完全浮上市場檯面，因為銀行希望聯準會會突然出手扭轉經濟局勢讓房價回到高點，這樣一來他們就不用認列損失——但這根本不可能！如果要蓋房子，就要蓋在人口移入而成長的地區。如果你蓋房子是為了租出去，小心許多避險基金（hedge fund）也在買出租房地產，出租市場一定會變得很競爭。

圖3-14 美國長期房價（計入通膨後）

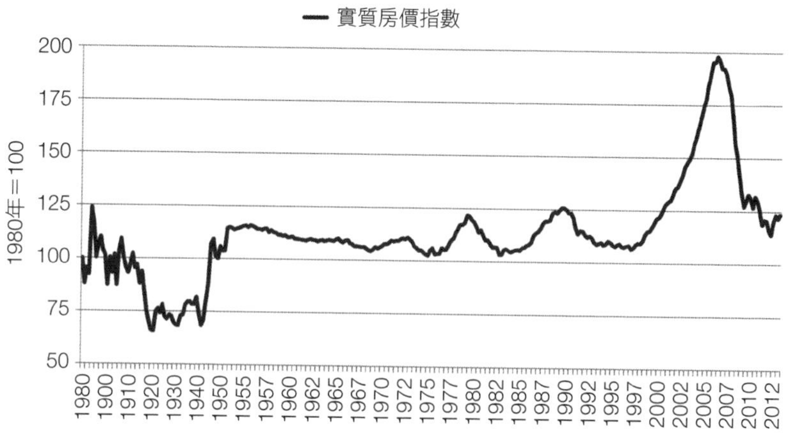

資料來源：羅伯特·席勒所著《非理性繁榮》（*Irrational Exuberance*）第二版之圖2.1與《次貸解方》（*Subprime Solution*，作者在2013年8月1日更新該書數據）

生在這個時代的我們誤以為房價永遠只漲不跌，而且會高速攀升。房價跟著通貨膨脹跑，因此計入通膨後，實際的淨報酬為0。已開發國家過去房價漲得比經濟快的時代結束了，可能從此不會再現，特別以「逝者vs.買者」的趨勢看來，更是如此。

最慘的還沒來

我提過，這個史上最大債務泡沫最獨特之處在於房地產的部分。二〇〇〇年的科技股泡沫破滅與投機轉移目標之後，已開發國家的一般家庭能貸到史上最高的高額房貸。利率下降，使得房價愈來愈便宜，美國等國家的情況甚至更極端，政府機關如房利美（Fannie Mae）、房地美（Freddie Mac）和聯邦住宅管理局（FHA）也牽扯其中。雖然美國的確因為政府鼓勵所以借貸條件較寬鬆，但主要還是因為嬰兒潮需求龐大、房貸利率降低、供給有限，造成所有國家的貸款收入比（**loan-to-income ratio**）大幅提高，特別是在沿岸都市。圖3-15顯示美國的情況。世界各地的房地產泡沫愈吹愈大。

許多低或無頭期款與無文件貸款造成美國二〇〇八年的次貸危機，但大多數已開發國家

圖3-15　房貸金額與稅前收入

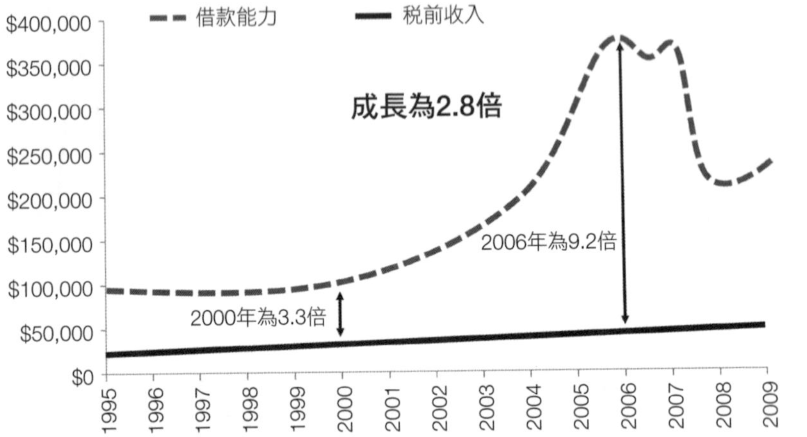

資料來源：艾莫赫斯證券公司（Amherst Securities）

總結美國的泡沫狀況：在2000年1月泡沫形成初期，一般家庭平均能貸到自己稅前收入3.3倍的房貸。到了2006年1月，也就是泡沫的頂點，這些家庭可以貸到收入9.2倍的房貸款項——是原先的2.8倍，但同一時間收入不過溫和小漲，其他的消費者債務也在增加。

的房地產泡沫就跟美國的一樣嚴重，甚至更嚴重，如愛爾蘭、瑞典、西班牙、英國、加拿大以及澳洲等等。但這完全不同於大多數高成長的新興國家主要城市，在這些城市，新中產階級家庭遽增，讓前一〇％的人累積最大也最集中的財富。北京、上海與中國各地還有杜拜、曼谷、孟買等都市已出現最大的房地產泡沫。

我一直強調，這是全球房地產泡沫。就像我之前說的爆米花機一樣：每個地方脹大爆掉的時機不同。不過，未來十年，很可能就是接下來兩到三年，就會出現持續性的通貨緊縮與全球性衝擊。所以，我覺得你最好不要持有未崩盤地區的房地產，你在沒有大泡沫的地方反而比較安全一點，像是達拉斯或是法蘭克福！那些泡沫一直脹大的城市，現在正是最脆弱的，例如北京、上海、深圳、香港、新加坡、雪梨、墨爾本、倫敦、巴黎、溫哥華、紐約等等許多其他城市。

圖3-16 已開發國家的房價收入比，2012年

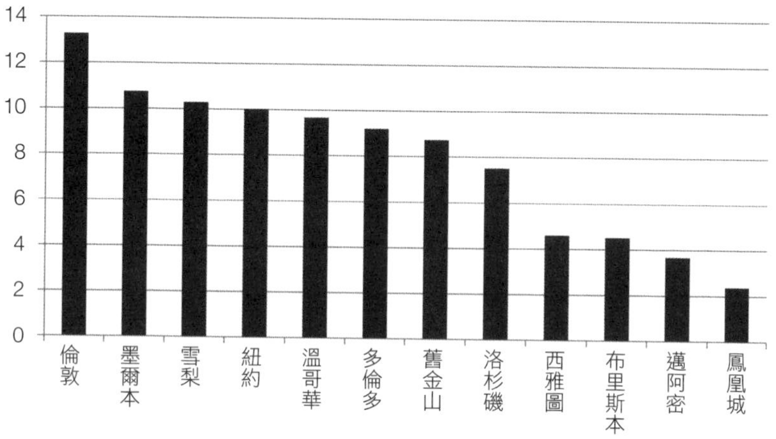

資料來源：Numbeo.com，2013年

這些是平均住宅估價相當高的已開發國家重點城市。倫敦很高，房價是收入的13.3倍。為了比較參考一下歐洲的房價，巴黎是17倍，馬德里是11倍，法蘭克福只有5.5倍。然後澳洲的墨爾本是10.6倍，雪梨是10.2倍。請注意，這稍微高於美國泡沫破滅之前舊金山等主要加州城市的數字。

圖3-16可看到已開發國家的平均住宅估價，巴黎是收入的十七倍，倫敦是十三・三倍。紐約是十倍，是美國最高的。在加拿大，溫哥華是九・七倍，多倫多是九・二倍。因為沒有次級房貸，加拿大沒有出現美國那種房地產大跌的情況，升得比較高，現在可能總體的價值高估情況比美國嚴重得多。舊金山與洛杉磯的排名直追在後，分別是八・八倍與七・五倍——這還是市場重挫之後的數字。這些城市很快又變貴了。價格比較合理、已經泡沫化又跌回來的主要城市包括四・五倍的西雅圖、四・四倍的澳洲布里斯本、三・七倍的邁阿密，還有二・三倍的鳳凰城。這些地區因為價格如此誘人，二〇一三年已反彈回升。

請注意，圖3-17顯示一些快速成長的新興國家城市漲得多厲害：上海漲了五三〇%，也就是原先的六・三倍（圖3-18顯示實際的價格變化紀錄）；孟買漲了四〇〇%；杜拜漲了三〇

圖3-17　全球城市漲幅，2000年到高峰

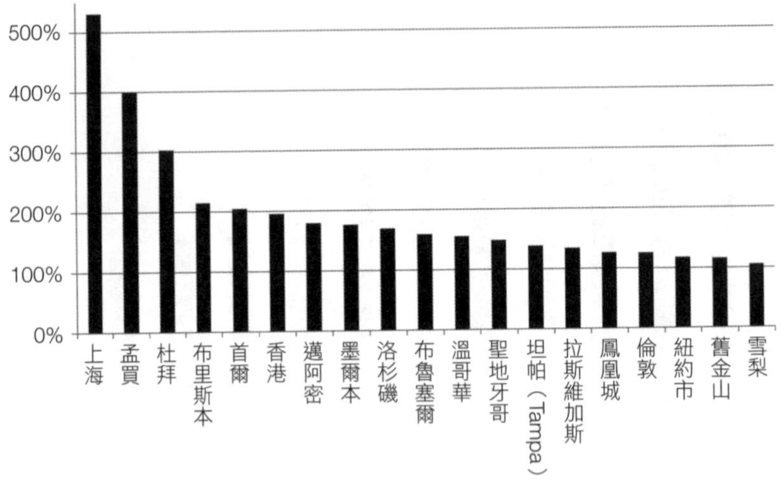

資料來源：各國國家統計局；歐洲央行（ECB）；標準普爾／凱斯—席勒（S&P/Case-Shiller）房價指數；鄧特研究中心，2013年

這張圖表從另一個角度看2000年以來的泡沫，觀察全球重點城市的變化。這是從2000年初開始的變化，價格漲幅以百分比表示。這張圖低估許多國家與城市的泡沫程度，因為有些在1990年代中期已經開始飆漲或價格已經很高，如澳洲、加州、香港還有倫敦。

三%。香港漲了一九六%；首爾漲了二〇五%。如果要消掉二〇〇〇年初以來不斷成長的泡沫，上海的價格必須跌八五%，孟買必須跌八三%，杜拜必須跌七五%，香港必須跌七〇%，首爾必須跌六六%！

香港的房價收入比是四十五倍，上海是三十倍，曼谷是二十七倍，孟買是十七倍。在這些開發中國家的城市，收入前一%至一〇%的人與外國買家掌握房地產的購買，因此房價收入比早已扭曲變形。但真正的問題是，在這些城市未來有誰要買這些根本負擔不起的房地產？答案是：**沒有人**。稍微有點風吹草動，像是經濟變差、價格開始跌，外國買家可能立刻走人。

比起中國的城市，孟買看起來算是買得起。只是，我過去七年去過孟買三

圖3-18 上海實質房地產價格，1999至2013年

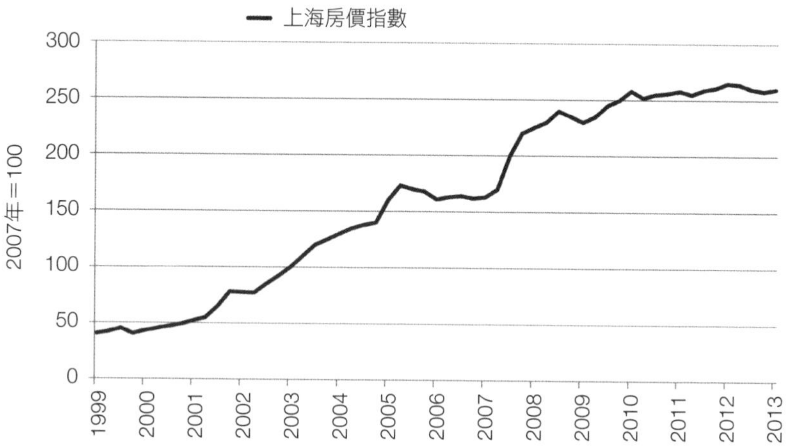

資料來源：全球房地產指南（Global Property Guide），2013年

次，我發現許多飯店的員工光是通勤就要花兩個小時，因為根本負擔不起自己的房租。如果說要買較靠近城市的房子，這些人永遠也負擔不起比房租高出許多的頭期款。在孟買只有富人買得起公寓，顯然上海或香港更是如此。新興國家的郊區比較沒那麼好，或是設施沒那麼方便，交通狀況也糟多了，所以城市才是首選。在這種高成長型城市，外國生意人將價格拉到極高的頂點。一旦全球成長與貿易下降，價格就會大跌。

新興國家的議題是：當少數上流階級家庭也買不起最佳地點的房子，房價要如何續漲？當中國的空前成長繼續趨緩，新興國家對中國與已開發國家的出口跌得更深，原物料商品價格繼續跌，會發生什麼事？

現在我們再回到泡沫吹最大的已開發國家與城市。從二〇〇〇年初以來，最大泡沫的價格高峰是：澳洲布里斯本漲了二一五％；比利時布魯塞爾漲了一五九％；英國倫敦漲了一二六％；邁阿密漲了一八六％（圖3-19）；洛杉磯漲了一七〇％（圖3-20）；澳洲墨爾本漲了一七七％；澳洲雪梨漲了一〇五％；加拿大溫哥華漲了一五六％（圖3-21）；紐約

圖3-19　美國邁阿密房地產價格，1989至2012年

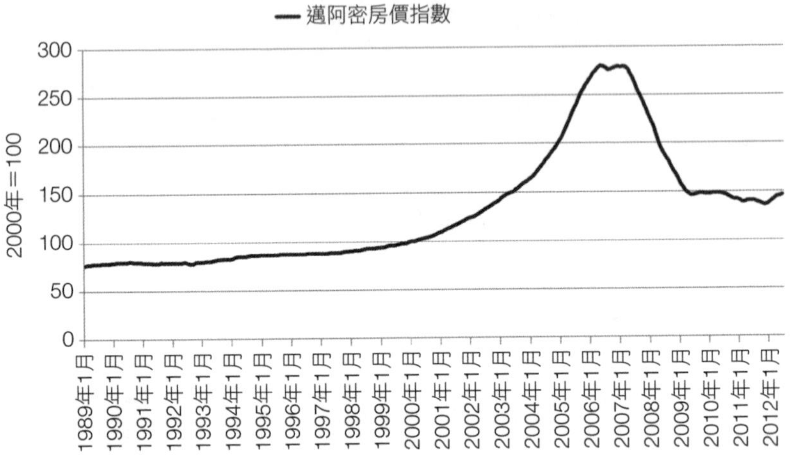

資料來源：凱斯—席勒房價指數，2012年

圖3-20　美國洛杉磯房地產價格，1989至2012年

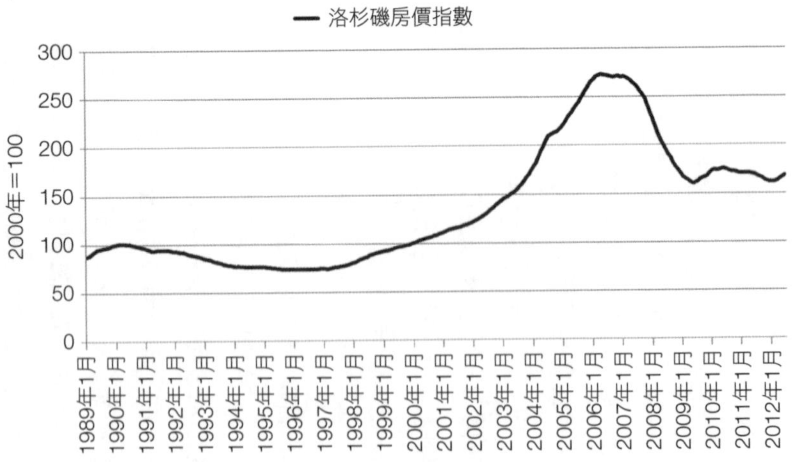

資料來源：凱斯—席勒房價指數，2012年

圖3-21 加拿大溫哥華房地產價格，1990至2013年

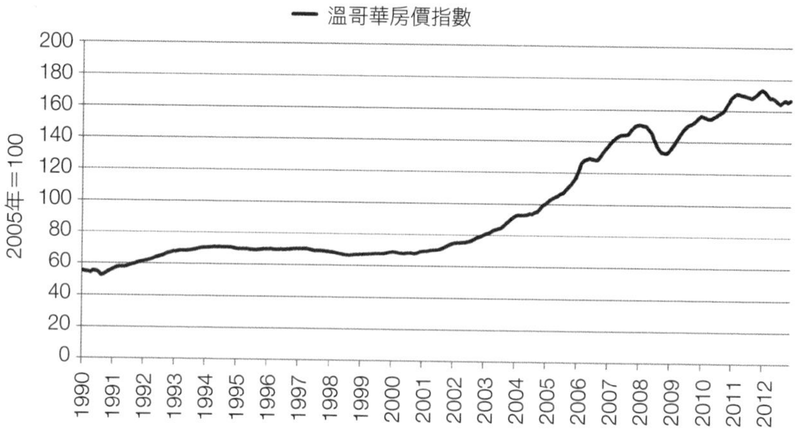

資料來源：托倫特公司（Teranet）；加拿大國家銀行（National Bank of Canada），2013年

漲了一一五％（圖3-22）。紐約、倫敦、雪梨、墨爾本、溫哥華、洛杉磯等等的城市本來就很貴，從二〇〇〇年以來的增值情況看來，又更貴了。

有些地方的泡沫比較溫和，這些城市包括巴黎，漲了一〇六％；多倫多漲了一〇一％；雅典漲了九五％。有些國家的主要城市沒有足夠資料，但這裡我們也有整體比較不同國家的圖表。德國的泡沫最小，只漲了一二％；義大利與芬蘭漲了六六％。荷蘭漲了五九％；挪威漲了一一四％；加拿大漲了一三〇％（見圖3-23）；至於瑞典是漲了一五〇％。最大而且影響範圍最廣的泡沫是在西班牙，漲了一五〇％（見圖3-24）。美國前二十大城市漲了一〇五％；歐元區整體漲了六〇％。

請注意，如果價格要降到二〇〇〇年初（也就是大多數泡沫剛開始加速形成）的水準，還需要從現在的價位再下跌：澳洲要跌五九％，西班牙要跌四八％，整個歐元區要跌三五％，美國要跌二九％，德國只要跌一一％（二〇〇三年）。

圖3-22 美國紐約市房地產價格，1989至2012年

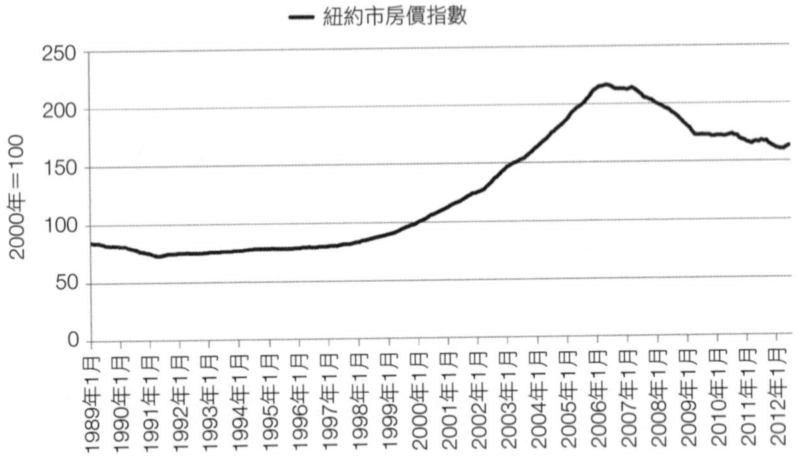

資料來源：凱斯—席勒房價指數，2013年

圖3-23 加拿大房地產價格，1990至2013年

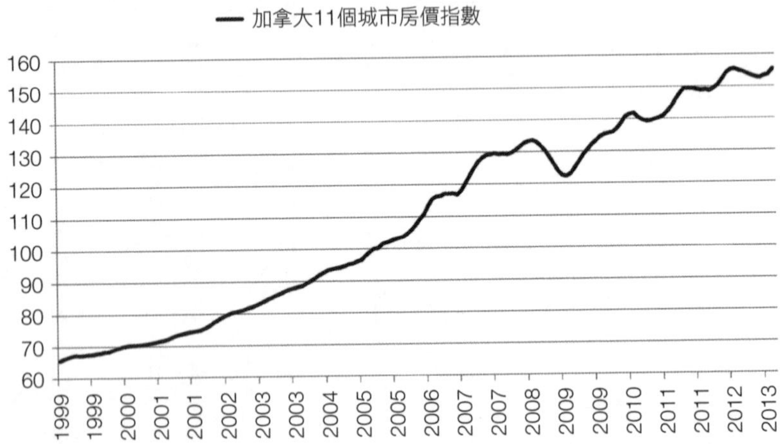

資料來源：托倫特公司；加拿大國家銀行，2013年

圖3-24　西班牙房地產價格，1995至2013年

資料來源：西班牙國家統計局（National Statistics Institute），2013年

我和澳洲與加拿大的投資團體見過面，他們打算買鳳凰城一類城市的法拍屋，好租出去賺取強勁的現金流。在主要城市的泡沫中，鳳凰城可能是價值最低估的城市，而澳幣與加幣顯然已經高估了。所以，澳洲與加拿大的買家會贏在現金流、美元增值，還有資本增值（capital appreciation，譯注：因市價上升而讓資產價值提高）。

這樣的策略也適用其他特定國家，尤其是高價值房地產的國家，如愛爾蘭、英國、西班牙、中東國家，還有中國。但隨著價格短期內飆漲到二〇一三年，局勢變得愈來愈有挑戰性，連大型避險基金都紛紛抽手，不再買進法拍屋然後出租或轉手。

泡沫往往會消回最初的起點，甚至更低

回顧過去幾百年的歷史，泡沫一定會破滅——而且幾乎都會退回原點，甚至降到更低。這些市場崩盤不會消掉非投機性的投資利得，這種利得與通貨膨脹還有重置成本連動。會因為崩盤而蒸發的，是不理性的泡沫基礎，日本的房地產

破滅就是最佳例子。

美國要跌五五%才能消掉二〇〇〇年初至二〇〇六年初的泡沫。第一次市場崩盤只跌了三四%，而且出現溫和回升到二〇一三年。美國還有好長一段路要走。至於其他還沒看到泡沫破滅，或只出現小跌的國家，未來要走的路就更長了。是的，我一直警告大家，全球房地產大崩潰最慘烈的時刻還在眼前，可能就從二〇一四年開始。

總而言之，美國的次貸危機引發第一回合的房地產崩盤。但即便許多國家修訂政策，試圖修補頭期款與信貸品質的相關規定，房地產估價還是衝到與美國一樣高，甚至超過美國。這些國家的房地產估價大部分從二〇〇六年來都沒出現嚴重崩盤，有些甚至一直維持漲勢。這些高價格與高估價顯示，銀行仍然以非常高的貸款收入比進行放款。頭期款與信貸標準提高了，就要等過了更長的時間，全球房地產泡沫紛紛破滅，這些貸款才會變成壞帳。

這表示，在下一波全球崩盤與房地產危機中，澳洲、加拿大、英國與西班牙等國的情況比其他國家更為嚴峻。澳洲與加拿大會受到下一波跌勢衝擊，屆時因為高資源出口與預期原物料商品價格崩盤，房地產泡沫破滅的力道會更強。英國、愛爾蘭與西班牙等國家的房地產與金融放款會受到強烈衝擊。

不過，最大也最近的極端成長與財富集中會出現在印度等新興國家，特別是中國。這表示，即便這些新興國家的人口趨勢較強，還是幾乎免不了出現規模最大的泡沫破滅，因為這些經濟體的出口通常都占ＧＤＰ比重極高而且／或者很依賴高原物料商品價格，但這些將來會跌得更深（見第六章）。

綜觀全局，在供給有限的情況下，世界史上人口最多的大世代在全球大城（多位於沿岸）帶來大幅上升的需求。極度寬鬆的放款標準讓第二次世界大戰後出現的新中產階級買得起房子，可以貸到收入九．二倍的房貸，有些地方甚至可以貸得更高。史上最大的房地產泡沫會繼續與人口統計斷崖撞在一起，而這個斷崖會持續在全球各地發酵。

房地產泡沫與人口統計斷崖碰在一起，表示房地產從此再也不會一樣了。很有可能，始於二〇〇八年的這場金融危機最黑暗的部分還沒出現。不過，我們先來看看，史上最大的債務與房地產泡沫為什麼會出現，又是如何出現的。

第四章

綜觀政府與民間債務

我們正面臨現代史上最大的全球債務泡沫，這個泡沫涵蓋世界各地，橫跨各個已開發國家，而新興國家如中國等也難倖免。一直以來，世界各地的經濟學家和政治人物都把這場危機視為短期的危機，因此，他們似乎也認定只要無限量挹注資金到經濟體系，並同步實施各式各樣的紓困方案，就能神奇地度過危機。但最終來看，在承平時期以來最大且最空前的種種經濟振興措施支撐下，美國最後卻只恢復溫吞的成長力道，歐洲更似乎完全未獲得任何帶動，迄今仍深陷永無止盡的經濟衰退泥淖，而在中國，政府帶頭營造的史上最大投資和房地產泡沫，甚至開始出現裂縫。

這一切的一切隱含了非比尋常的寓意：面對持續惡化的人口統計與債務趨勢，我們不能妄想用短期的經濟振興方法來解決長期的結構性問題。目前多數國家都還沒開始痛定思痛，開始著手處理嚴重的債務問題——眼前的負債比率大約已達「咆哮的二〇年代」泡沫時期的兩倍——而且，如果將尚未找到財源的新增應得津貼算進來，債務水準將更嚇人。未來，這個世界將會爆發一場遠比二〇〇八年債務風暴更嚴重的債務危機。只要一條全球性的導火線（一如美國次貸危機所扮演的角色）被點燃，世人就會了解這種透過人為操縱的貨幣振興措施有多麼錯誤。所有泡沫最終一定都會破滅，但可怕的是，到目前為止，各國政府還是不願放手讓債務積極去槓桿化。

不過，在進一步討論種種惡果以前，我們要先探討美國在一九八三年進入秋季泡沫榮景後，怎麼會發展出那麼大的債務泡沫。債務及金融泡沫通常都是在這個景氣循環季節（即秋季）悄然成形，「咆哮的二〇年代」即是如此。糟糕的是，這一次我們還得應付其他負面因素，例如美國從一九七〇年代就開始累積的貿易赤字（因為我們對外國消費的金額超過透過對外國銷售的金額），和那段期間逐漸惡化的政府預算赤字（只有一九九八至二〇〇一年例外）。不過，主要的問題還是在於民間債務的成長速度遠比政府債務快很多。

誠如圖4-1所示，進入二十一世紀後，民間債務更從一開始的二十兆美元激增到四十二兆美元，增加超過一倍。而在同一段時間，政府債務則是因共和黨政府及國會採行較負責任的財政政策，僅從五兆美元增加一倍至十兆美元。根據我的觀察，泡沫最終都會被打回原形。但問題是，二十五年來，怎麼會沒有任何經濟學家察覺到債務成長率高達GDP成長率二．五倍的問題？而且直到二〇〇七年，幾乎還是沒有人針對這個問題提出預警？

我已在第三章說明銀行放款金額約當一般家庭稅前收入的倍數，如何從二〇〇〇年年初的三．三倍，擴大為二〇〇六年年初的九．二倍。不過，雖然銀行愈來愈貪婪，但身為消費者的我們也不遑多讓。房利美、房地美及聯邦住宅管理局在美國政府默許且暗中支持下，不僅一步步降低購屋頭期款的最低規定金額，也不斷下調貸款利率。對消費者而言，既然銀行或房貸仲介商願意提供這麼優惠的措施，不買大一點的房子就是傻瓜。而

圖4-1 美國債務總額成長與GDP之比較

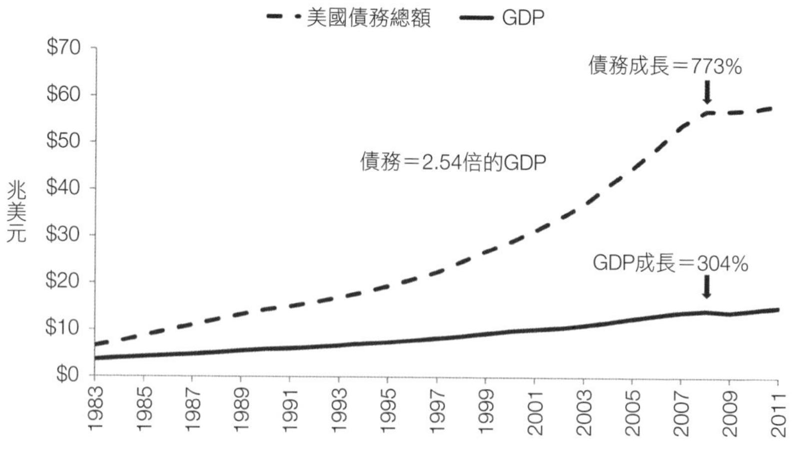

資料來源：聖路易斯聯邦準備銀行；國債直購系統（Treasury Direct），2013年

請容我用最精簡的方式來描述美國債務泡沫的發展：從1983年起，民間及政府總債務成長率開始超越經濟成長率。到2008年最高峰時，債務成長了773%，而GDP僅成長304%，換言之，債務的成長率是GDP的2.54倍！ 但更糟的是，民間債務成長率約達GDP成長率的2.7倍，增加倍數比政府債務更甚。現在，你應該知道誰是讓美國沉淪的罪魁禍首了吧？

既然政府營造了一個低利率環境，那有何理由不趁機購買第二棟甚至第三棟房子，來點投機操作？

請注意，如圖4-2所示，總債務金額傾向於稍早達到高峰，但債務約當GDP的百分比，卻要等到危機爆發後的頭幾年才會觸及頂點，那是因為危機爆發後，GDP因經濟蕭條或債務去槓桿化而急速下降，此時債務約當GDP的百分比才會達到高峰。圖中的第一個高峰出現在一八七五年，當時它約為GDP的一五六・四％（那一次，股票在一八七三年初達到高峰）；第二次是出現在一九三三年，約當GDP的二九九・八％（股票在一九二九年抵達最高點）；而在最近這一次泡沫，債務高峰是在二〇〇九年出現，約當GDP的三八二・八％（但股價在二〇〇七年底達到高峰）。因此我認為，在二〇一四至二〇一九

圖4-2　美國總債務約當GDP的百分比，1870至2012年

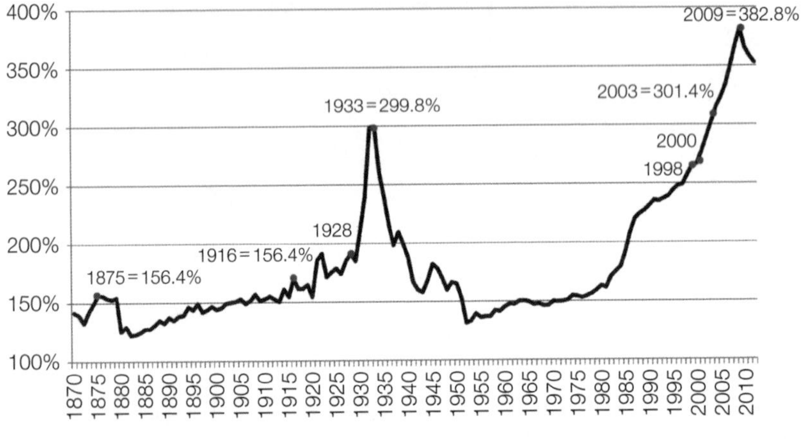

資料來源：霍伊斯頓投資管理公司（Hoisington Investment Management）友情提供

較長期的視野透露出另一個重要的趨勢。這張圖是霍伊斯頓公司的萊西．杭特（Lacy Hunt）所提出，他是我最喜愛的美國經濟學家之一。他認為綜觀歷史發展，債務泡沫約當GDP的百分比，向來都會隨著所得和信用度的提高而持續上升。換言之，富裕國家的消費者和政府，無論如何都能借到比新興國家消費者及政府更多的債務。而由於人類本性貪婪，又已習慣犧牲明天的利益來換取今日的享受，所以，在泡沫逐漸擴大且利率穩步走低的環境下，我們自然會變本加厲，將債務槓桿使用到極限才肯罷休。

年的下一個大型景氣低潮期，債務約當GDP的百分比將進一步上升。

如圖4-3所示，債務去槓桿化及通貨緊縮其實已經展開。我認為在二〇一四至二〇二〇年間，通貨緊縮將再次來臨，甚至可能斷斷續續地延續至二〇二三年。那樣的環境將徹底改變投資及商業策略的一切考量，畢竟我們所有人打從出生以來，都已習慣通膨的環境，也知道如何因應，所以，通貨緊縮對我們來說，將會是一個全新的挑戰。

另一個評估經濟活動的有用方法，就是以所謂的「貨幣流通速度」（velocity of money）來衡量，萊西．杭特對它的解釋最為精闢。貨幣流通速度就是指圖4-4裡的貨幣流通量（turnover）。如果貨幣被用來放貸、投資或消費，它的流通速度就會比較高，

圖4-3 1810至2013年的通貨膨脹與通貨緊縮循環

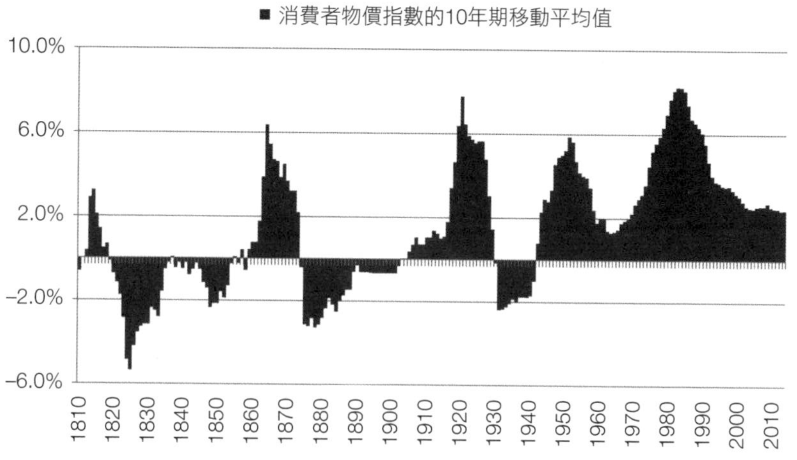

資料來源：明尼亞波利斯聯邦準備銀行（Minneapolis Federal Reserve），2013年

根據上圖，我們可歸納出的最重要結論和影響應該是：當債務泡沫終於破滅並展開去槓桿化的歷程後，通貨緊縮總是接踵而至。所有大型已開發國家全都呈現這樣的型態，無一例外。在歷史上，這類通貨緊縮及經濟蕭條期分別出現在1837至1843年、1873至1877年、1929至1938年，以及最近的2008至2009年。但最近一次通貨緊縮和前幾次有一點差異：這一次，世界各地的中央銀行都堅持不能去槓桿化，換言之，這一次各國中央銀行都不允許經濟蕭條發生——所有人都不願意勇敢出面承擔並解決自己縱酒狂歡後所捅出的樓子。但這是非常危險的做法，後果不是慘敗，就是讓自己陷入持續昏迷的經濟狀態，一如當今的日本。

而高貨幣流通速度較有利於經濟發展，因為消費和投資是驅動經濟及生產產能的主要力量。但如果愈來愈多貨幣被用來從事無法形成長期生產產能的投機活動，貨幣流通速度就會降低，到後來更會製造出注定幻滅的泡沫。最後，一旦債務開始去槓桿化，貨幣流通速度就會成為負數，換言之，當債務泡沫最終破滅，世人就不再消費，也不再放貸。

由於貨幣流通速度逐漸降低，所以就算政府大量印鈔票，還是無法創造明顯的通貨膨脹。而因為一般人不借錢也不花錢，到最後，新增的貨幣只會不斷流入投機活動，創造了一些看起來即將在二〇一四年年初左右再次破滅的金融泡沫。

圖4-4　貨幣流通速度，1890至2012年

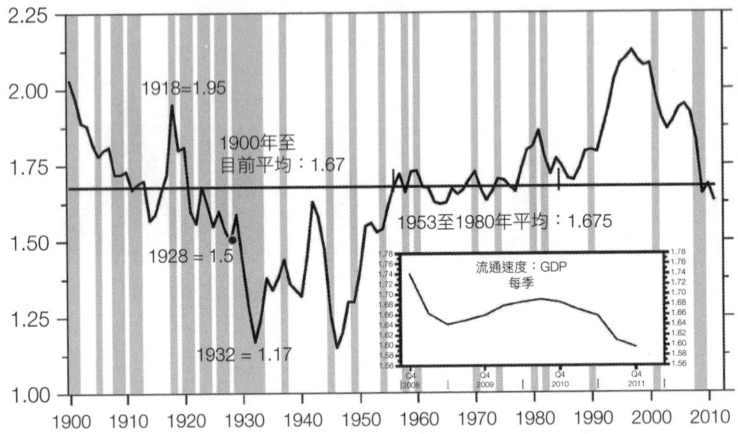

資料來源：聯準會；經濟分析局（Bureau of Economic Analysis）；
美國人口普查局；美國貨幣統計，至2011年第四季
2011年第四季，V=GDP／貨幣供給；
GDP=15.3兆美元，M2貨幣供給=9.6兆，V=1.59

資料來源：霍伊斯頓投資管理公司友情提供

在歷史上，貨幣流通速度於第一次世界大戰後不久的1918年達到最高點，接著一路下降至1929年。從那個下降趨勢便可清楚看出貨幣是漸漸流向投機活動的。你知道在1929年時，有40%的銀行貸款是股票投機活動相關的貸款嗎？那種情況最後會產生什麼結果？1920年代的投機活動及快速成長的債務，最後導致1930年代陷入經濟蕭條、通貨緊縮和債務去槓桿化的歷程，所以，那段時間的貨幣流通速度其實是降低的。相似地，貨幣流通速度在1997年科技投機泡沫正熾之際達到高峰，接著便逐漸走低。到2009年政府開始實施大規模量化寬鬆政策以前，貨幣流通速度已變成負數。這張圖表強烈暗示，未來多年，我們都將面臨通貨緊縮及貨幣流通速度進一步下降的窘境。

而一旦泡沫再次破滅，未來的通貨緊縮及債務去槓桿化只會變得更加嚴重。所以，未來你應該擔心的其實是通縮，而不是黃金死忠多頭口口聲聲警告的通膨。

GDP相對債務的關係，貼切地展現出一句話的真諦：「債務就像毒品」，這是我最偏愛的比喻（見圖4-5）。我當然知道，如今這樣的比喻已經有點像在炒冷飯，但其實我是最早在二〇〇八年開始使用它的人之一。無論如何，今日的債務槓桿成長將讓明天的你付出代

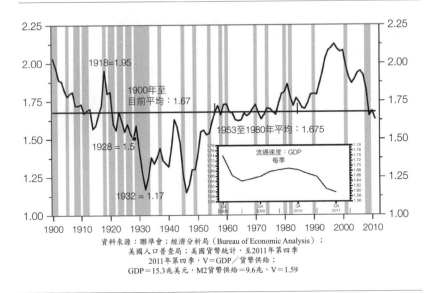

圖4-5 每1元債務對GDP的貢獻

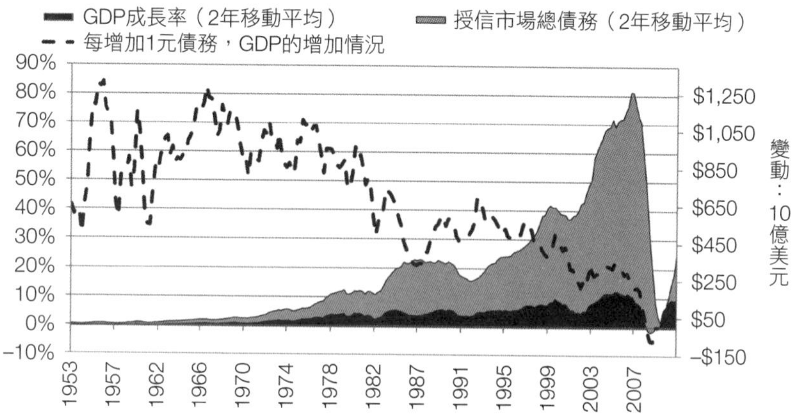

資料來源：聖路易斯聯邦準備銀行，2012年

從1966年起，每增加1元債務對GDP成長的貢獻便開始降低。到了2008年，它的貢獻度甚至降到0以下，直到大規模振興計畫實施後才改觀。

價。就像毒品一樣，即便債務愈借愈多，效果卻是一次比一次差。到了某個時點，你就會因為毒品的副作用或毒性而變得愈來愈衰弱甚至死亡。

近幾年來，各國央行迫於形勢而不得不持續提高量化寬鬆的額度，但效果卻一次比一次差。歐洲在二〇一二年年初實施大規模的量化寬鬆，但卻幾乎毫無成效可言，到二〇一二年年中，歐洲地區甚至陷入衰退。我認為美國和其他國家在二〇一四年過後也將出現類似的情況。原因之一就在於我透過圖4-6所說明的，美國各部門的債務比率已達到前所未見的水準。

最嚴重的長期危機非應得津貼（見圖4-7）莫屬，不過，在二〇〇八年達到四十二兆美元高峰的民間債務，則是短期內最大的隱憂。世界各地已開發國家勞工的平均壽命將一如我們預期的持續上升，因此，所有人都不得不延後退休——退休年齡大約延至七十五歲，而非六十三歲。不過，要解決民間債務過高的問題，實質上只有一個解決方案：把部分債務轉列呆帳，予以沖銷並重整，讓消費者及企業界龐大但不切

圖4-6 美國各部門債務約當GDP的百分比

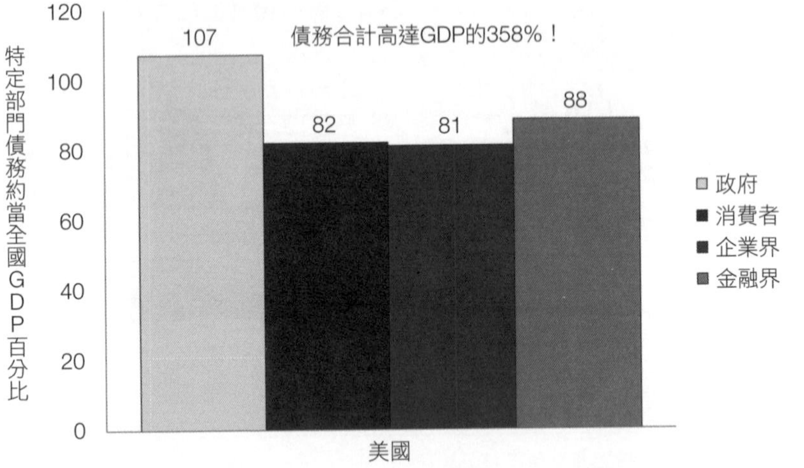

資料來源：聯準會資金流量（Flow of Funds）；美國國債直購系統網站（Treasuerydirext.gov），2013年

請注意，政府債務是各部門中最高的，約GDP的107%，隨著赤字繼續累積，這個百分比也持續上升，而由於應得津貼的影響將在未來幾年甚至幾十年間開始浮現，故政府債務較其他部門債務高的趨勢還會延續下去。我們的消費者債務在2008年時接近GDP的100%，但隨後因房貸及信用卡債務開始局部去槓桿化，所以，這個百分比已略微降低，但目前仍高達GDP的82%。企業界債務約當GDP的81%，迄今沒有明顯去槓桿化。而債務去槓桿化最明顯的是金融部門，它的債務最高曾達到GDP的114%，目前降到88%。在即將來到的下一場債務危機期間，這個部門的去槓桿化程度仍將最大，速度也會是最快的。

實際的負擔得以減輕。

根據表4-1，我們的債務高達GDP的八．二倍，在這個情況下，誰敢說增加負債能解決問題？有任何人相信在那麼沉重的負擔下，我們還能恢復正常的經濟成長率嗎？尤其人口統計趨勢正逐漸走向遲滯？

深究高債務的現象後便可發現，最大的問題在於沒有人願意輕易放棄這類唾手可得的好處。儘管明知不應該，但所有人都拒絕面對現實，偏安於表面的現狀，但這卻是眼前最不該有的心態。經過各種振興政策的刺激，時序進入二〇一三年後，世人終於開始感覺危

圖4-7　尚未找到財源的應得津貼

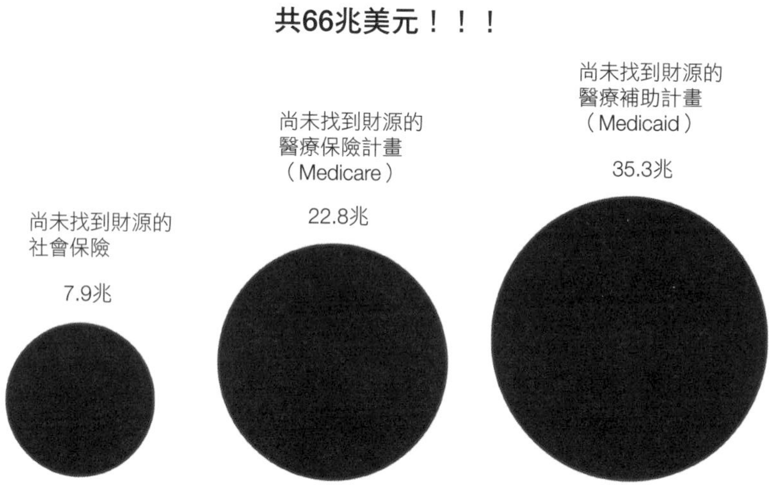

資料來源：柯伯高拜（Kleiner, Perkin, Caufield & Byers-www.kpcb.com）美國公司，2011年2月

關於尚未找到財源的應得津貼，美國財政部估計它共背負了大約50兆美元的這類債務。至於民間方面，柯伯高拜公司的瑪麗·米克（Mary Meeker）估計這項債務應該超過66兆美元，而且每年還持續增加，另外，其他某些人的估計值甚至高達84兆至100兆美元。根據米克的估計，其中有7.9兆美元屬於社會保險，22.8兆是醫療保險計畫，而醫療補助計畫則占了35.3兆。在退休人數相對工作年齡人口比率持續上升的大環境下，這麼鉅額的醫療應得津貼根本只有跳票的份。尤其在出生率降低及移民人口減少的情況下，前述比率將比預估數字高，更何況，由於未來10年經濟將陷入困境，預料政府稅收將更難以支應這些計畫可能衍生的費用。

機已經結束，經濟陷入衰退的可能性極低。此時此刻，所有人都開始自以為是地認定經濟已略微好轉，房價也因此開始反彈，股價則是持續上漲，而且利率依舊維持低檔。放眼望去，似乎沒有什麼好擔憂的。但果真如此嗎？

絕非如此。下一系列的泡沫就將在這種一片樂觀的心態下開始爆裂，而由於政府自始至終都沒有出手解決眼前這個空前的鉅額債務——只是想把問題留到以後再解決——所以，我們勢必將面臨另一場金融危機。現在，我們已經走上這條道

表4-1　美國總債務

• 政府總債務	19.8兆
• 民間總債務	39.4兆
• 外債	2.3兆
• 尚未找到財源的應得津貼債務	＋66.0兆
• 合計	127.5兆

GDP的8.2倍！

資料來源：鄧特研究中心

如果將美國所有債務全部加總起來，將達到127.5兆美元的驚人水準，也就是GDP的8.2倍。相較之下，在上一個最大泡沫——即1929年——的高峰，總債務僅約GDP的190%，也就是接近2倍而已，因為當時根本沒有所謂的應得津貼債務。

路，爆發大型危機的機率正持續升高。

歐洲的債務危機

美國次貸危機爆發後，金融災難便迅速擴散到希臘，接著，西班牙、葡萄牙和愛爾蘭相繼淪陷，連「大到不能倒」的義大利都未能倖免於難，甚至法國似乎都岌岌可危。這些國家（愛爾蘭除外）在世界市場上全都沒有競爭力可言，因為它們的退休制度非常慷慨，而且允許人民早早退休，沒有人在乎政府債台高築且赤字持續累積（一如美國大量政府部門員工）的問題，所以，說難聽點，這些國家早就沒命了。到最後，反而是人口老化最為快速的德國硬著頭皮出來阻擋整個歐洲排山倒海般的債務洪流。

總之，整個歐洲看起來就像是一個跌倒在地的老人家，需要別人攙扶才站得起來。但問題是，他們只是不斷忙著處理表面上看到的災難，換言之，由於歐洲從頭到尾都沒有出手解決最根源的問題，重整的債務金額也非常有限，所以真正的問題並沒有解決。他們先對最小且最羸弱的國家紓困，以防止感染擴大，避免爆發更大規模的銀行擠兌等最壞的情況。但事實上，一旦西班牙或義大利等國家走到了需要紓困的地步，最終要付出的代價將會更大。

歐洲比較有趣的例外是希臘，他們確實採取非常手段，沖銷了非常多的債務，沒錯，**那是**正確的解決方案。不過，歐洲人之所以放手讓希臘沖銷債務，主要原因在於它是個渺小又異常虛弱的國家。而且，儘管經過非常大方的紓困，但到目前為止，希臘也還沒脫離經濟持續向下沉淪的趨勢。雖然它較早獲得大規模的紓困，且照理說，上一個紓困案應該能讓它撐到二〇二〇年，但快則二〇一三年年底，它可能馬上就會需要另一波紓困。其中的根本原因是，希臘無法在世界市場上和別國競爭，而且它的薪資和福利高得不合理。歐元和歐盟的成立，讓希臘和其他南歐國家開始得以用較低成本的借款來消費更多來自德國等國的進口商品，原本這是個雙贏的安排，但當世界經濟開始動搖，情況馬上改觀。當然，如果導火線（如美國次貸危機）沒有被點燃，所有人都看不見缺陷在哪裡。

這些國家的債務過多，但屋漏偏逢連夜雨，他們的人口統計趨勢卻又漸漸趨向遲滯。南歐會遭逢史上最嚴重債務危機是有原因的。除了日本、東歐和俄羅斯，南歐國家的人口老化速度是世界上最快的。但你知道德國、奧地利和瑞士未來的人口統計趨勢也會和前述國家一樣急遽下降嗎？你知道德國將是最早抵達人口統計斷崖的國家嗎？如果你知道這件事，就不難理解為何安琪拉．梅克爾（Angela Merkel，譯注：德國總理）會抵制永無止盡的紓困，並反對擴大貨幣同盟的提議了。畢竟她有選民當靠山。

未來經濟成長率下降最多的，將是這幾個經濟體。經濟成長遲滯將會讓政府赤字變得更嚴重，當然，政府債務約當GDP比率最高的國家，將承受最嚴重的政府債務苦果。不過，讓我們先來看看世界各國的負債情況，接著，我們就會說明為何**民間債務**才是最大的問題，可惜多數經濟學家及分析師並未投注足夠心力在這個問題上。

美國觸發了這場危機

首先，美國次級金融業務的崩潰，在二〇〇八年年初觸發了這場危機。其實，房價早在二〇〇六年年初就已開始下跌，而隨著嬰兒潮世代的消費從二〇〇八年起開始趨於遲滯，加上次級房貸滯納及違約案件開始增加，終於引爆了全球金融危機及股票崩盤走勢。

追根究柢，二〇〇八年的全球崩潰，其實導因於美國境內四個州為主的次貸危機，這四個州分別是加州、亞利桑那州、內華達州及佛羅里達州。由於全球債務本就過高，加上人口統計趨勢自一九六〇年代以來首度趨向遲滯所造成的壓力，危機就這麼一觸即發。

在這之前，由於政府的要求及背書，銀行業積極放款給眾多信用不佳的家庭，而這些都是潛藏的不良貸款。另外，由於房利美和房地美公司在政府的默許下，降低頭期款金額規定並調低利率，這讓銀行進一步得到了變本加厲的理由。而由於聯準會長期壓低利率，華爾街業者遂趁機推出更多證券化房貸，籌措更多資金來承作更高風險的放款，但承作這些高風險放款其實只是為了粉飾太平，讓銀行表面上的體質看起來不那麼岌岌可危罷了。總之，如此惡性循環的結果，人民借款能力在二〇〇〇至二〇〇六年間增加了近三倍。

其次，全球的債務問題因歐洲國家的主權債務危機而進一步惡化。老實說，我想不出歐洲最終要怎麼解決這個棘手的問題，畢竟各國的利害關係都不盡相同。義大利、希臘、西班牙及葡萄牙等南歐國家存在高政府赤字、經濟成長趨向遲滯、勞工及產業競爭力不足等問題。另外，它們對德國、法國、英國和某些經濟強勢的北歐國家，都呈現貿易逆差的狀態，再者，它們也都欠了北歐國家非常多的短期及長期債務，其中，德國是最大的債權國。

北歐經濟體人口統計趨勢雖稍微好一點，故目前仍得以維持相對強勢，不過，其中很多國家的長期趨勢也將惡化。南歐爆發眼前種種問題的簡單理由之一是：南歐國家似乎比較不重視生產力，較重視文官制度及政府監理。它們的政府負債比率通常比較高，民間部門的負債則通常稍微低一些。

德國和法國堪稱是歐洲央行的歐洲穩定機制（European Stability Mechanism, ESM）的中流砥柱，但即使是這幾個試圖協助南歐鄰國的國家，都似乎開始有點自身難保。法國的債務水準比德國高，尤其是民間債務，而且，法國銀行業對南歐及東歐債務危機的曝險程度也比德國高。因此，法國比德國更希望歐洲能對這些國家紓困，理由很簡單，唯有這些南歐國家逃過崩潰的命運，歐元才不會解體。

不過，德國的利害關係卻和法國相去甚遠。雖然德國的人口統計趨勢日益疲弱，甚至二〇一四年起，它的人口將開始負成長，但由於全球出口競爭力強大，加上貸款比率較為保守，故德國的財務狀況最好，經濟表現也最為強勁。歐元的採用讓德國獲得比以前更強的競爭力，因為如果繼續沿用馬克，它難免持續升值，這會傷害到德國的競爭力。另一方面，南歐國家則因加入較廣大的歐元區而得以用較低的利率，借錢購買德國和其他北歐國家出口的產品。這種皆大歡喜的日子維持了好一段時日。

然而，現在經濟面臨了嚴峻的挑戰，德國開始希望這些「問題」國家能實施更嚴厲的撙節措施。但對法國和歐洲其他國家來說，撙節得愈厲害，短期內經濟將更形萎縮，經濟衰退的幅度也愈大。事實上，某些國家早已陷入經濟蕭條狀態，如希臘、西班牙及葡萄牙，屆時它們的赤字將持續惡化，所以，現在歐洲可說是陷入進退兩難的情境。

儘管如此，德國還是希望這些國家能盡力改善預算情況，換言之，它希望這些國家降低支出、提高收入，以解決赤字長期繼續擴大的問題。站在德國的立場，它當然不希望無限量地繼續紓困下去，因為其中多數支出最終都是德國要埋單。

我也贊成德國的主張，因為先前痛下決心實施撙節措施的國家，債務負擔最後確實都減輕，競爭力也得以提升。因此，它們的確因撙節而受益。換言之，撙節措施是一種能換來長期利益的「短痛」。幾年前，冰島及愛沙尼亞等歐洲小國的政府雖被迫放手讓匯率一次大幅貶值，又因實施撙節措施而痛苦了很多年，但現在它們都已開始復原，不像多數歐洲國家，到現在都還難以擺脫經濟衰退的泥淖。

但顯然，隨著德國開始將撙節的焦點轉向西班牙等國家，法國、德國和北歐國家的意見也變得愈來愈分歧。希臘很容易紓困，畢竟它是個小國。葡萄牙跟愛爾蘭也還算小，但西班牙和義大利不僅「大到不能倒」，也「大到難以紓困」。

利率將是導火線

未來引爆危機的導火線將是什麼？在債務問題最嚴重的國家，債券市場已主動促使利率水準走高。這最早是發生在二〇一〇年春天的希臘，當時希臘政府的十年期債券利率從原本的四．五％，幾乎在一夜之間急速竄升，最後在二〇一二年三月達到四八．六％的高峰。以這樣的利率水準來說，代表希臘基本上根本已借不到任何資金。在這種情境下，它哪還有能力振興經濟？所以，經濟當然更形困頓，赤字更是以令人無法相信的速度快速累積。這麼高的利率只會讓希臘加速破產，所以，它當然需要歐洲央行及整個歐洲的紓困和協助。

這是歐洲的債務危機，但到了某個時點，危機將擴散到美國，一如美國次貸危機洩溢到歐洲。而一旦美國爆發危機，它就會陷入另一次衰退，換言之，到時候，前一段時間為了解決上個危機而實施的振興措施（振興方案的規模一次比一次大，但效果一次比一次差）所創造的成果將全數付諸流水。不僅如此，這場危機將會繼續洩溢到中國，因為中國經濟端繫於對歐洲及北美的出口。

歐洲債務危機也會影響到出口大量原物料商品到中國的新興國家，接著，還會衝擊諸如加拿大、澳洲、南韓、台灣和日本等國家，尤其是後面四個國家，因為它們對中國的出口都非常可觀。總之，到最後，這一場債務危機將會拖垮整個世界！也因如此，我們一定得了解各國債務的內涵——包括政府及民間債務——以及孰多孰寡等問題。

只要了解人口統計趨勢，就能看出世界各地哪些國家的經濟最強勢，哪些最弱勢。當然，日本的人口統計趨勢是最早——從一九九〇年代起——走下坡的，而這就是日本房地產及債務泡沫破滅與股票市場崩盤的主要原因。而目前這樣的情況正到處上演：人口統計趨勢下滑導致一個接一個國家陷入債務危機。但其實，美國——及幾乎所有國家——最嚴重的債務並非政府債務，而是民間債務。

儘管聯準會蓄意將長期利率壓抑在不合理的低檔，但二〇一三年起，長期利率卻已蠢蠢欲動，開始有走高的傾向，換言之，聯準會和各國央行終於不再能控制利率，就算不斷印鈔票也無濟於事了。這就是我和約翰．墨登（他的著作有《終結大債時代》〔*Endgame*〕，新作為《紅色警戒》〔*Code Red*〕）等作家一直以來在等待的訊號，因為它暗示眼前的泡沫已走到終點，經濟將從二〇一四年上半年開始陷入另一場衰退。

當經濟真的開始走下坡，民間部門將因高負債而變得愈來愈岌岌可危，其中，將因債務而遭受最嚴重傷害的是金融部門。原因是，當經濟趨向遲滯，民間債務將開始去槓桿化並漸漸降低，一如美國在二〇〇八年年底至二〇〇九年年初的情況。當時，有高達四兆美元的債務在短短幾個月內消失，結果引爆了世界各地的銀行危機。那不僅是一場政府危機，也是一場和大蕭條時期類似的民間銀行危機與崩潰。當時為了防範這些危機發生，世界各地的政府迅速利用強大的「新毒品」——量化寬鬆——來阻止滾雪球般的債務去槓桿化風潮。量化寬鬆向來都是央行的可用貨幣工具，不過，以前只有在真正緊急或戰爭時期才會動用。這個工具的目的是要將流動性（liquidity）導入經濟體系，讓短期危機不致進一步釀成類似二〇一一年三月日本大海嘯與一九九八年長期資本（Long Term Capital）避險基金瓦解時的那種大型危機。

雷曼兄弟和其他公司的崩潰，讓當局得到了動用量化寬鬆的充分理由。不過，不管是歐洲、美國或全球各地，所有人面對的其實都是一個長期的結構性危機，這個危機是債務水準過高與人口統計趨勢轉向遲滯等因素所共同造成。我一再呼籲，金融崩潰事件已過了那麼多年，各國中央銀行實在不應到如今都還繼續實施無限量的量化寬鬆措施，因為這個作法最後只會讓整個金融體系變得更加墮落，投資資產配置變得更加扭曲。對自由市場資本主義來說，這是一種殺雞取卵的行為。

誰的債務負擔最沉重

我將在接下來幾頁，用圖表來說明世界各主要國家的債務。我把債務分為政府、消費者、企業界及金融界債務等類別。最容易受債務去槓桿化傷害的是金融業。這個產業包括銀行、投資銀行、經紀公司、投資基金和承作或購買房貸的政府支持機關。

傳統銀行領域以外的金融企業被稱為「影子銀行」（shadow banking），這些企業並不是以存款人的存款來放貸，而是向別人借錢後，再進一步放貸或投資，而且，這些企業通常會使用很高倍數的槓桿。尤其這幾年短期利率在各國央行刻意營造下，降到史上最低的水準，讓這些影子銀行有了更變本加厲的條件。一旦使用三十

圖4-8 主要國家的總債務約當GDP比重

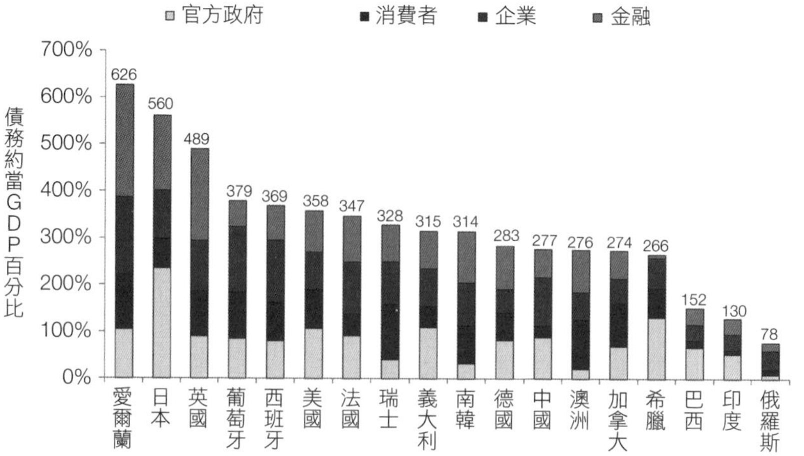

資料來源：經濟合作暨發展組織賈加迪許．高海（Jagadeesh Gokhai）的文章：〈衡量歐洲國家尚未找到財源的負債〉（Measuring the Unfunded Liabilities of European Countries）；2012年9月19日《經濟學人》（*The Economist*）的圖表：〈債務人的旋轉木馬〉（The debtor's merry-go-round）；各國中央銀行，2013年

請注意，各個國家在圖上的順序是依照它們的債務比率高低，從左到右排列。衡量方式是總債務約當各國GDP的百分比，換言之，這是總債務相對一國經濟規模的比率。根據這個計算方式，債務最多的國家是愛爾蘭，其債務約當GDP的626%，日本排第二，為GDP的560%，而英國則排第三，為GDP的489%（至2011年年中為止）。這是最危險的三個國家，一旦全球經濟再次走下坡，這些國家的弱點將迅速被攤在陽光下。

倍甚至五十倍槓桿的投資公司破產，當然會造成很大的動盪，市場可能因此在幾個小時、幾天或幾個月內突然轉向。「咆哮的二〇年代」一樣到處充斥債務及金融泡沫，但和今日空前的債務水準與經濟槓桿程度比較起來，它卻是小巫見大巫。

讓我們逐一檢視各國的總債務，先從圖4-8裡的愛爾蘭開始。

愛爾蘭共和國先前的政策目標是要將國家發展為歐洲的主要放款金融中心。由於實施低稅率，所以它很快就吸引全球大量的出口企業進駐，儼然成為一個迷你倫敦。也因如此，愛爾蘭才會累積那麼多的金融界及企業界債務。如果不是因為接受了一次大規模紓困，加上民間債務也陸續去槓桿化，它的總債務比率原本還高達七三七%。愛爾蘭的政府債務也比平均值高，約一〇四%，而由於住宅市場泡沫非常嚴重，所以它的消費者債務比率也僅次於瑞士。它的企業界債務（因為有很多外國企業）是主要國家中最高的，達一六五%，而金融部門債務也是截至目前最高，為二四〇%。這個部門的債務傾向於最快速去槓桿化，因為金融業是徹徹底底的槓桿行業。幸好，愛爾蘭的人口統計趨勢是歐洲各國中最理想的，它將繼續上升至二〇二五年，接下來到二〇三〇年之間，會進入高原期，之後才會開始翻轉向下，而這可能是唯一能解救愛爾蘭的藥方。不過，千萬不要因此誤以為愛爾蘭能夠安然度過另一場全球性的金融危機。

我們已經在第二章討論過日本，由於它陷入預算赤字的期間最久，但又沒有針對政府成本上升及稅收減少等問題採取有效因應措施，因此目前日本的政府債務是主要國家中最高的。日本的做法和美國如出一轍，只是領先美國十一年罷了。到二〇一一年為止，日本政府債務約當GDP的比率，已達到令人不得不感到驚悚的二三四%，而且還在持續增加（目前剛超過二五〇%）。

要因應這個問題，日本只有一條路可走，就是將債券利率維持在世界最低水準，它的債券利率甚至比德國低。而日本得以順利維持超低利率的原因之一是，它的平均通貨膨脹為零，而且偶爾還會出現通貨緊縮，另一個原因則是，九三%的政府公債是日本的金融機構及政府買走（因為外國投資人不會為了取得〇・五%的報酬率而冒險買一個破產國家的十年期公債）。隨著日本人口老化，儲蓄率正快速下降，在這種情況下，未來外國人更不可能輕易介入日本債券。

然而，日本的消費者債務相對極低，僅約六四%，因為他們雖然已慢慢在償還泡沫時期借的老房貸，但因當時房價過高，故到目前為止，負擔還是極為沉重，所以，他們在其他舉債行為上，自然較為謹慎，何況，日

圖4-9　英國各部門債務約當GDP百分比

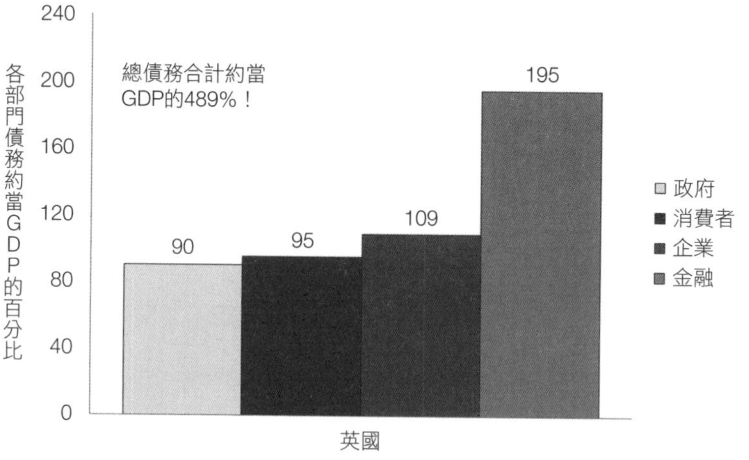

資料來源：《經濟學人》圖表：〈債務人的旋轉木馬〉，2012年9月19日

本的年輕世代人口較少，購屋數當然會每況愈下（故新增房貸不多）。這個國家的企業界債務依舊偏高，不過，它卻是唯一稍微有去槓桿化的部門。金融界債務幾乎沒有去槓桿化，依舊處於一五九％的極高檔。日本的做法幾乎和美國如出一轍：保護銀行免於去槓桿及破產的命運。首先是犧牲年老消費者和一般家庭的利益——他們的房貸壓力從未明顯減輕，為退休而準備的固定收益投資也幾乎沒有報酬可言（股票也幾乎不賺錢）——來維護這個部門。接著是懲罰年輕世代——他們找不到工作，也不再享有父母輩那種優渥的福利保障，所以連房子都不敢買。

接下來是債務比率高達四八九％的英國（見圖4-9）。英國的政府債務還不算太高，約當GDP的九〇％；但消費者債務稍微比平均值高一點，為九五％（畢竟倫敦的生活成本很高）；另外，企業界債務也比平均值高，為一〇九％。不過，它最脆弱的是金融部門，金融產業債務居所有國家之冠，達一九五％，是美國的兩倍以上，難怪二〇〇八年時，英國金融機構的崩潰速度會那麼快。

為什麼金融界債務那麼高？原因很簡單，因為倫敦是主要的國際金融中心，也是歐洲最大金融中心。此地的銀行和金融機構在歐洲和世界各地都有曝險部位。

日本、愛爾蘭及英國是最危險的區域：愛爾蘭的人口統計趨勢最有利，這可以稍微抵銷高債務的負面衝擊。日本的人口統計趨勢將緩慢上升至二〇二〇年，接下來就會急遽下降。而英國，將在二〇一三或二〇一四年掉落斷崖，在二〇二五年以前，它的人口統計趨勢都將嚴重下降，過了二〇二五年後，情況才會反轉，維持幾十年的持平趨勢。當英國的人口統計趨勢像一九九六年後的日本及二〇〇七年後的美國那樣轉為負向後，一旦全球經濟再次走下坡，它勢必得為這些鉅額債務付出代價。儘管英國人似乎比較願意自動自發地撙節並刪減預算，雖然這確實展現出他們對財政負責的態度，但這麼做不可能足夠。

接下來是第二危險的區域，也就是債務約當GDP百分比介於三五〇%至四〇〇%之間的國家，包括美國、葡萄牙、西班牙和法國。我已在圖4-6中列出美國各部門的債務，總數約當GDP的三五八%。相較之下，美國在一九二九至一九三〇年上一個大型債務泡沫發生時，總債務約當GDP的百分比僅約一九〇%，換言之，我們此時的債務水準接近當年的兩倍。

葡萄牙的政府債務偏高，為八五%（見圖4-10）；它的消費者債務也很高，達九九%，因為當地也曾發生類似西班牙的住宅市場大型泡沫，不過，不像西班牙那麼極端；它的企業界債務非常高，為一四〇%，可能主要是房地產開發商的債務。不過，金融部門的債務倒是比較低一些，因為這個國家並不是主要的銀行中心。葡萄牙已度過第一波債務危機，但目前依舊深陷經濟衰退泥淖，幸好它的情況不像希臘或西班牙那麼嚴重。葡萄牙將在二〇一八年以後掉落人口統計趨勢斷崖。由於總負債非常高，所以這個國家未來的處境依舊堪憂。

如圖4-11所示，西班牙的負債也高達三六九%，它的情況和葡萄牙類似，政府及民間債務都很高。西班牙的住宅市場泡沫是全歐洲最嚴重的，但這不僅是西班牙本國的國民造成（它的國民住宅自有比率超級高），來

圖4-10 葡萄牙各部門債務約當GDP的百分比

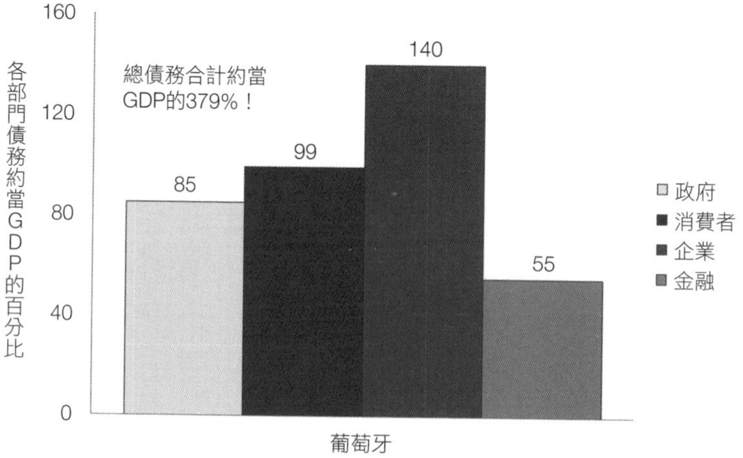

資料來源：經濟合作暨發展組織賈加迪許．高海的文章：〈衡量歐洲國家尚未找到財源的負債〉，2012年；麥肯錫公司（McKinsey and Company），2012年

圖4-11 西班牙各部門債務約當GDP百分比

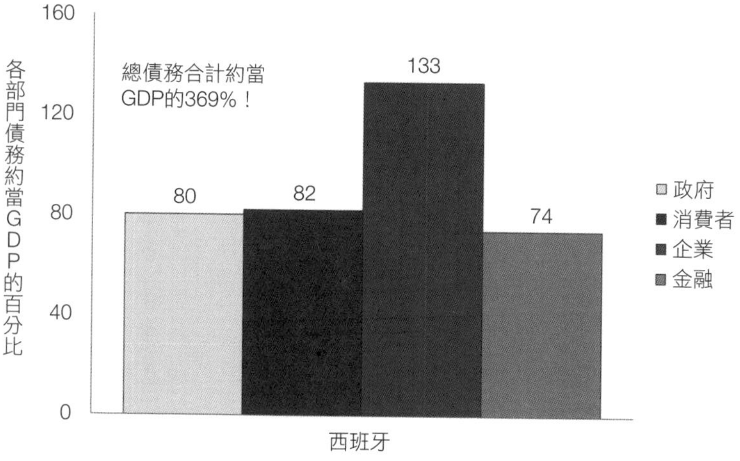

資料來源：《經濟學人》圖表：〈債務人的旋轉木馬〉，2012年9月19日

自北歐國家如法國、英國和德國等國的度假屋買盤是另一個罪魁禍首。以數量來說，西班牙房市泡沫是最嚴重的，但以程度來說，則僅次於愛爾蘭。它的泡沫比美國的房市泡沫多延續了三年，而且漲幅還比美國多三〇%。在泡沫高峰時期，西班牙有一三%的勞動力投入建築業，相對地，美國同時期僅約六%的勞動力投入這個行業。所以，目前西班牙的失業狀況才會那麼嚴重，尤其住宅產業的乘數效果（multiplier effect）相當大，會影響到很多產業，因此也間接影響到消費支出規模。

西班牙的政府債務雖然很高，但不像消費者債務那麼嚴重，約八〇%。它的企業界債務也非常高，達一三三%，這又是房地產開發商借款與槓桿過高所致。到目前為止，讓該國銀行業最頭痛的就是房地產開發商倒閉的問題。不過，隨著房價持續下跌，「房貸金額大幅減少」將是這個行業未來最需要煩惱的問題，二〇〇八及二〇〇九年的美國銀行業者也曾因這個問題而大受打擊。如果全球經濟再度走下坡，西班牙將面臨立即性的災難，而全球經濟再次走下坡的可能性確實相當高。

圖4-12顯示，法國不僅要面對政府債務——約九一%，且持續上升——的問題。雖然以價格相對所得比率而言，巴黎的消費水準位居歐洲各城市之冠，但法國的消費者和美國人不同，不時興住大房子和獨立產權公寓，所以，他們的消費者債務僅約四七%。儘管如此，企業及金融部門的債務卻都非常高，分別為GDP的一一〇%和九九%。法國銀行業者對南歐及東歐的曝險相當高，更糟的是，法國本國的經濟也持續走疲。雖然法國總統為了維持歐元的完整性而繼續支持對南歐國家紓困，但人民卻已開始對歐元制度產生反感。

接下來要討論的是債務風險及曝險第三高的族群，包括瑞士、義大利及南韓。它們的債務大約是GDP的三倍左右。

瑞士的總債務約當GDP的三二八%，比美國和很多其他國家低，但它的消費者債務卻幾乎達一二

圖4-12　法國各部門債務約當GDP百分比

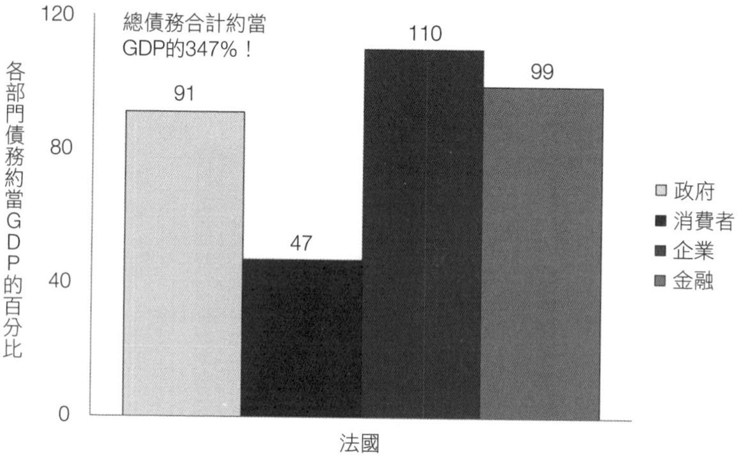

資料來源：《經濟學人》圖表：〈債務人的旋轉木馬〉，2012年9月19日

○%，我想我知道個中原因。二十年前，我在瑞士工作過四個月，當時我們總習慣跨境到法國購物，因為法國的所有東西都比瑞士便宜五○%（何況法國的生活成本在世界上並不算低），正因如此，瑞士的房貸及家庭消費性債務才會那麼高。不過，瑞士政府的債務則非常少，稍低於四○%，所以，國家本身並無須應付政府債務危機。瑞士的企業界債務和美國類似，雖然很高，但還不算荒謬絕倫。不過，它的金融界債務倒是有點出乎我的意料之外。我原本以為瑞士人會比較保守一點，但畢竟它和英國一樣，都是以銀行業為重的國家，所以，他們的金融部門債務及槓桿略高於八○%。這個比率不像美國和其他很多國家那麼高。不過，無論如何，一旦全球爆發金融危機，對瑞士和英國等經營全球金融業務的大型銀行業中心來說，都絕對不會是好事。

未來瑞士、德國和奧地利的人口統計趨勢都非常糟。儘管這些國家因有大量出口的緣故，目前看起來還算健康，但一旦全球經濟再次衰退，它們也將轉趨弱勢，而這幾個國家和法國及英國是歐洲目前的重要支柱。

圖4-13　義大利各部門債務約當GDP百分比

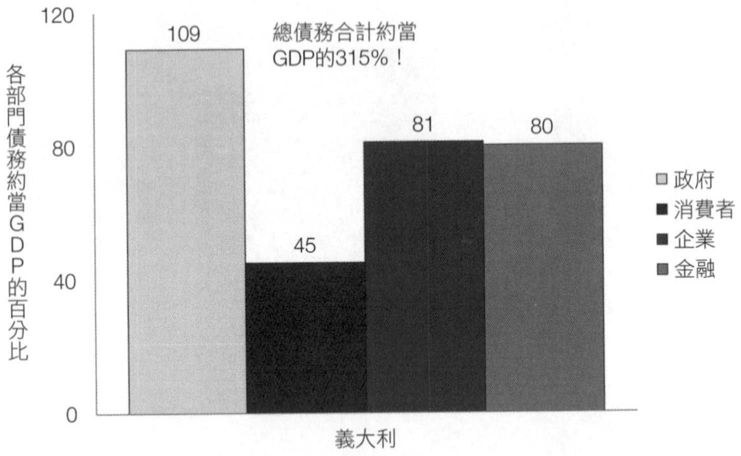

資料來源：《經濟學人》圖表：〈債務人的旋轉木馬〉，2012年9月19日

如圖4-13所示，義大利的總負債為三一五%，比多數人想像的低，儘管它的政府債務高達一〇九%且持續上升，不過，它的消費者債務卻和法國相近，僅約四五%。這主要還是因為地中海居民的生活並不過度豪奢（食物及葡萄酒除外）的緣故。義大利人不時興住大房子、開運動休旅車或使用大型家電，所以，他們的消費者債務、房貸債務比較不嚴重，當然，它的房市泡沫也沒那麼大。西班牙的房市泡沫很嚴重——部分要歸咎於外國投資者——但義大利和其他南歐國家並未爆發房市泡沫。義大利的企業界債務比美國稍微低一些，約八一%。金融部門債務則比我原本預期的高，為八〇%。未來該國銀行業即將面臨某方面的問題，不過，崩潰的將不會是消費者端的放款，比較可能惡化的是企業端的放款，當然，政府債務問題也非常、非常嚴重。其實，在泡沫時期，二〇六%左右的民間債務並非不合理。如果義大利能安然度過這一波政府債務重整，民間經濟走下坡的程度反倒不可能像其他歐洲國家——尤其是英國——那麼嚴重。

南韓即將成為東亞的大國，它的高附加價值製造業不僅追隨在日本之後，甚至已開始和它直接競爭。南韓的總債務為三一四％，遠比日本低。另外，它的人口老化軌跡更比日本落後二十二年。誠如我在第一章說明的，南韓將是東亞已開發國家中，最慢陷入人口統計斷崖的國家，時間約落在二〇一八年之後。它的強項是政府債務，僅三三％。不過，以一個人均GDP遠低於美國的國家來說，它的消費者債務算是相當高。東亞國家的企業界債務向來都很高，而南韓的這項比率為九一％，主要是因為政府鼓勵該國的出口及各大產業以極低利率貸款，從而幫助它們和西方企業競爭。這確實是南韓企業的一大競爭優勢。不過，它的金融界債務也因此超乎我的預期，畢竟南韓並不是一般人所認定的金融中心。這意味很多放款槓桿是發生在企業及消費者部門。

不過，南韓最大的優勢卻也是它最致命的弱點：它的出口占GDP的五〇％，比德國及幾乎所有出口大國高，包括中國。不過，即使它的人口統計趨勢比多數國家有利——二〇一八年以後才會急降——但如果全球經濟開始走下坡，南韓一樣會嚴重受創，尤其是中國泡沫破滅及經濟趨向遲滯所引發的全球經濟衰退，因為南韓對中國的出口就占了該國GDP的二〇％。

如圖4-14所示，德國的債務約當GDP比率為二八三％，它的政府債務為八二％，而且，目前還因對南歐國家的紓困計畫而持續上升。它的消費者債務比英國、美國及多數富裕西方國家的消費者債務更合理一點，畢竟德國人生性不好奢華，而且德國境內也沒有發生房市泡沫，所以，它的消費者債務很低，為五九％。

德國的企業負債為五〇％，以一個工業化且高出口的國家來說，這樣的比率算相當低，只不過，金融部門債務就比較高，為九二％。所以一旦全球經濟再次走下坡，德國可能比多數歐洲國家更能安然度過危機，不過，整個過程也不可能像很多人所想的那麼輕鬆。因為德國在這一波經濟復甦期表現特別優異的祕密是：它的出口非常暢旺。

圖4-14　德國各部門債務約當GDP百分比

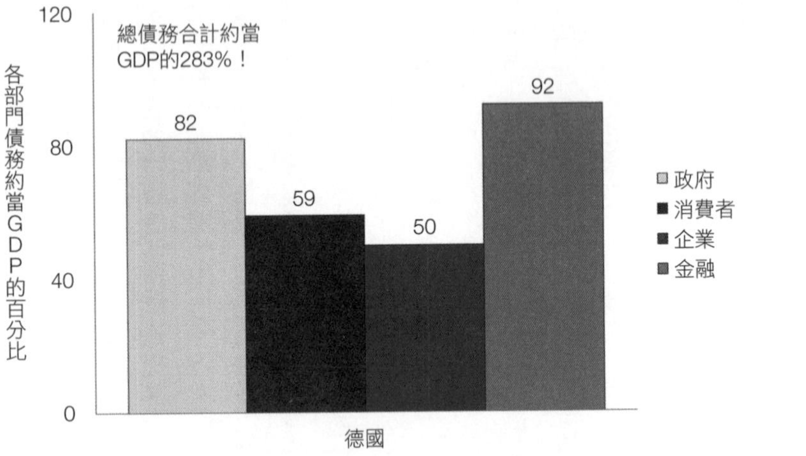

資料來源：《經濟學人》圖表：〈債務人的旋轉木馬〉，2012年9月19日

所以，德國的問題其實和其他國家相反。如果全球經濟走下坡，德國的GDP又有三五%來自出口——很多歐洲國家出口的GDP占比都接近這個數字——那麼，它因全球經濟衰退而遭受的打擊會比美國更嚴重。美國出口的GDP占比僅約一〇%至一二%。而且，一如先前提到過的，德國將是最早陷入人口統計斷崖的大國，時間點約落在二〇一三年，雖然很多國家終將步其後塵，但終究沒有德國那麼快。德國有可能成為歐洲的意外，而且，儘管它擁有競爭力強大的出口產業，但它的經濟其實已開始有衰退的傾向。全球經濟趨向遲滯及人口統計趨勢上的弱勢，有可能讓這個向來致力於維護歐元完整性的強健國家受傷。

在眾多已開發國家當中，澳洲是我最喜愛的度假及生活所在，而且，它的債務是英語系國家（加拿大除外）中最低的，為二七六%。我最喜愛的經濟學家之一——史帝夫．基尼（Steve Keene）——的故鄉就是澳洲，而他正是最早以圖形來表達債務泡沫及泡沫對整個世界的影響的先驅之一。澳洲政府的債務低得令人難以置信，只有GDP的二一％！因此，該國政府將有更多緩衝空間可因應未來的銀行危機。

不過，它的消費者債務為一〇五％，比美國和多數國家高，原因是它的房地產平均估價為主要西方國家中最高。澳洲國內多數地區都非常乾旱，所以，主要城市全都聚集在海邊，可供開發的土地非常有限，當然也讓房地產有了炒作的藉口。因先前沒有次貸，故澳洲前一波並未爆發銀行危機，也安然度過了第一場金融崩潰。只是這段時間澳洲的房價並未明顯下跌，甚至還小漲。而且，目前位於高檔的房價已開始露出一點敗象，未來幾年終難逃下跌的命運。

我和很多在雪梨工作的一般勞工聊過，幾乎沒有人有能力在市中心地段買一間公寓。市中心的住宅幾乎都被國際買家和有錢的家庭占據，這和倫敦、溫哥華及紐約的情形沒兩樣。

澳洲出口非常多原料、原物料商品和資源到中國及其他國家。而根據我們的看法，原物料商品價格將繼續下跌，估計跌勢甚至可能延續十年，所以，我們認為一旦全球經濟再次走下坡，澳洲受創程度將比上次嚴重。因為屆時銀行業勢必會遭遇到房貸金額降低的困境，但倒不是因為次貸放款減少，而是因為他們目前對屋主的放款可高達屋主所得的十倍，這和加州房市泡沫破滅前的情況很類似。

相較於其他所有已開發國家，澳洲應該更有能力安然度過這場危機，不過，當下一場危機來襲，它也很難像上次那樣完全倖免於難。儘管如此，如果我能選擇我未來十年——尤其是未來兩年，也就是二〇一四至二〇一五年間——經濟寒冬季節與金融危機氛圍下的住處，澳洲將是我的首選。

如圖4-15所示，加拿大的總債務約當GDP的二七四％，是已開發國家中最低者之一。先前加拿大並未爆發和美國類似的次貸危機，銀行放款的風險程度也較低。因此，加拿大人幾乎沒有感受到二〇〇八至二〇〇九年經濟衰退的打擊，當地房價也從未崩跌，甚至還漲到新高水準。目前加拿大只有消費者債務偏高，大約是九

圖4-15　加拿大各部門債務約當GDP百分比

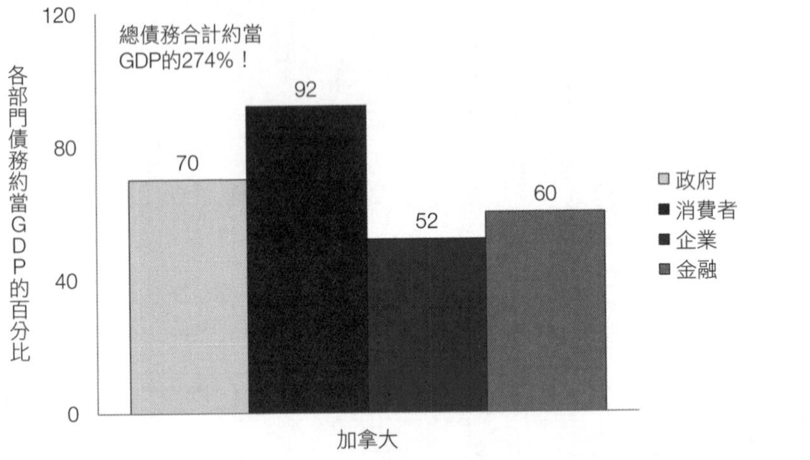

資料來源：《經濟學人》圖表：〈債務人的旋轉木馬〉，2012年9月19日

二%，只是現在加拿大的房地產市場也終於和澳洲一樣，顯露出高檔下修的跡象，而且，超漲程度遠比美國嚴重。

加拿大的政府債務遠比美國低，大約是GDP的七○%。這低於九○%的危險區，和美國及其他很多國家截然不同。企業界債務也比美國合理很多，目前約五二%，而通常傾向於最快崩潰的金融部門債務也只有六○%。

儘管如此，加拿大仍將因原物料價格下跌而受重創，因為原物料價格下跌將使該國出口降低。加拿大出口的GDP占比大約是三○%（相較之下，美國僅約一二%），而且它的出口主要是資源和原物料商品，而根據我們的預測，這些商品將一路下跌到二○二○年代初期。不過，整體而言，加拿大即將面臨的危機可能還是不像美國那麼嚴重，而是比較類似澳洲，但無論如何，加拿大都逃不過下一場大型危機的衝擊，何況目前該國房價已達高檔區，未來下跌空間當然也就比較大一點。

有誰想得到希臘總債務約當GDP的百分比，竟然會是西方主要國家中最低者之一（見圖4-16），只有二六六%？原因很簡單：儘管希臘引爆了歐元危機，但它也

圖4-16　希臘各部門債務約當GDP百分比

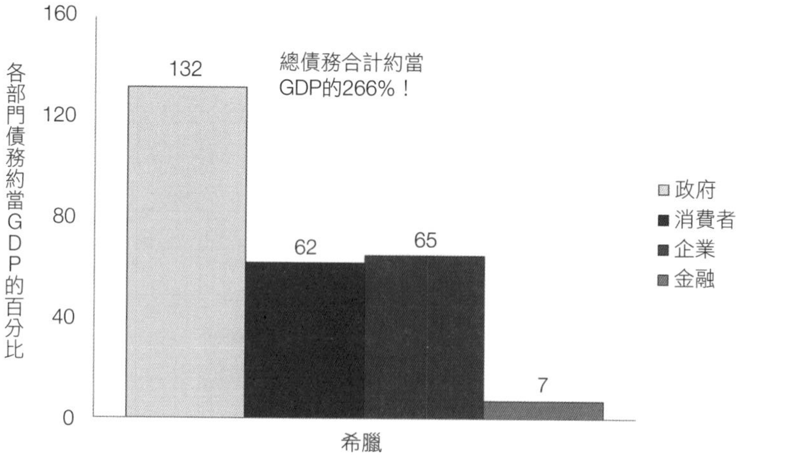

資料來源：麥肯錫公司，2012年

是第一批紓困計畫的最大受益者，而且這一波紓困的規模相對較大。隨著其他國家事後紛紛爆發問題，諸如西班牙及義大利等較大型的國家將不可能獲得和希臘相同程度的援助。

希臘的政府債務高達一八〇%，雖然經過紓困，這個比率已降至一三二%，但最近又開始上升，而且，這個數字依舊比日本以外的其他國家高。不過，我們不能只看希臘的政府債務，也要將它的民間債務列入考量。希臘的民間債務總共只有一三四%，是大型已開發國家中最低的！原因是希臘人民的生活非常簡單，所以不太需要貸款買太多東西。因此，它的消費者負債只有六二%，企業負債為六五%，而金融部門負債更只有七%（可見希臘絕對不是金融中心！）。只不過，當希臘在二〇一三年開始掉落人口趨勢斷崖，情況只有惡化的份，不可能有改善空間。一如所有南歐國家，目前它的情況已經夠糟了，更別說人口統計趨勢開始惡化後將會是什麼情況。

希臘和南歐危機導因於貿易失衡及歐元組成後新增的借款。歐元不僅讓德國及北歐國家的出口競爭力提高、變

圖4-17 中國各部門債務約當GDP百分比

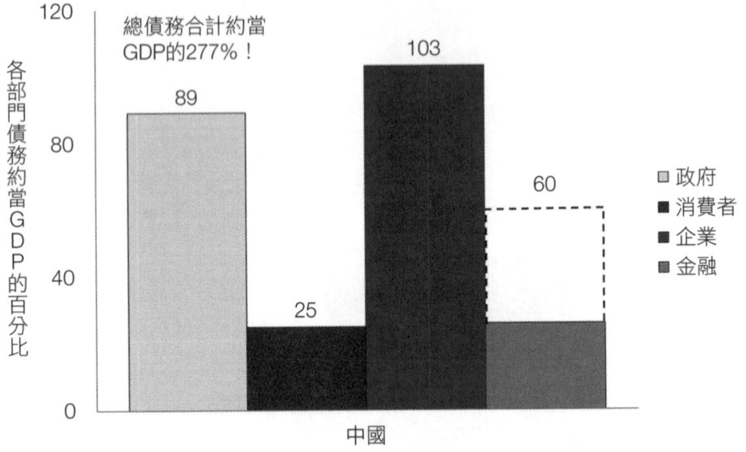

資料來源：《經濟學人》圖表：〈債務人的旋轉木馬〉，2012年9月19日

得更加富裕，也讓南歐國家的借款成本降低，進而借更多錢來向德國等國家購買商品。當然，南歐國家因此產生了更鉅額的貿易赤字，出口競爭力也比歐元成立前更差。

不過，如果希臘能繼續沖銷它的政府債務，並透過撙節措施達到儉約的目的，那它的銀行及金融體系崩潰的機率應該低於我們預期中的很多其他國家，畢竟它的民間債務很低。而且，儘管目前希臘的情況很糟糕——經濟陷入蕭條，且失業率超過二七%，但由於它可能獲得的紓困金援比其他國家多，所以未來表現反而有可能比其他國家好一些。

我並沒有按照先前的順序（依債務高低）來討論中國，因為它是個特殊個案（見圖4-17）。新興國家的債務比率通常比較低，因為這些國家的政府、企業，尤其是消費者都不像已開發國家那麼富裕，所以信用品質較低，當然也較難取得授信。所以，以一個新興國家來說，中國二七七%的債務水準確實非常龐大，這些負債多半屬於地方政府、企業和金融部門。從這些統計數據出爐（二〇一一年的數據）後，它的總負債又因影子銀行部門加速成長而上升到了三二〇%左右。

我們一直警告，中國龐大的債務及房地產跟過度建設泡沫，將會讓它的未來很不好過，尤其它的人口持續老化，加上全球經濟持續趨向遲滯，在在都將使中國的情況雪上加霜。原物料價格下跌已傷害到中國在新興市場的主要出口顧客，所以，「原料價格的下跌」有可能會搶在南歐之前，成為引爆下一場全球危機的導火線。當然，在政府強勢的投資及振興方案支持下，中國也可能會是最後一個倒下的（這個問題沒有答案）骨牌。但無論結果如何，中國未來幾年內都難逃硬著陸的命運。

在中國，想購買住宅的人得先支付五〇%的頭期款，房貸期限也只有五年，不過，儘管中國的生活水準只有美國的二〇%，但很多人卻還是努力存下一半的所得，所以他們的住宅自有率（八三%）遠高於美國人。在中國，如果一個男人沒有先買一間公寓（儘管對多數人來說，他們買的公寓其實非常小），幾乎不可能有結婚的機會。儘管房地產價格非常高，但因銀行要求的頭期款很高，加上消費者占經濟體系的比重非常低，所以中國的整體消費者債務很低，只約當GDP的二五%。

中國的企業界債務很高，主要因出口產業占了GDP的三五%左右。東亞各國的政府都傾向於鼓勵大型企業——尤其是大型出口企業——舉借低利率貸款，而且也給予企業各式各樣的獎勵，幫助它們和西方國家的企業競爭。這些作為讓中國的企業界債務節節高升，對一個新興國家來說，中國的企業債務比率其實非常高。在此同時，政府支出多半是來自地方共產政府，它們耗用大量資金在國民住宅開發案及道路和鐵路的開發上，而這些建設的終極目標就是要維持經濟成長並提高就業率。

但目前中國的問題已開始浮現，其中，它的出口已因原物料價格下跌而趨向遲滯。另外，住宅過度興建的情況相當明顯，據說有二四%的住宅是空置的。政府不可能對外報導或承認這個情況，不過，某些獨立的調查報告經由住宅通電百分比而做出了這樣的估計。

二〇一三年時，中國的地方影子銀行放款開始明顯增加，而這將讓金融部門債務提高，估計將從先前的六〇%上升到二〇一四年的一〇〇%。待本書付梓之際，中國的實質債務很有可能已高於三三〇%了，那等於是印度和巴西的兩倍。

由於中國政府已擬定了一套在二〇二五年前遷移二億五千萬人口到城市的新計畫，所以，民間金融部門債務還是會繼續上升。他們正努力將農村人口遷移到都市的高樓大廈，但當全球經濟再次趨向遲滯，中國政府不再有能力提供工作機會給原本習慣透過土地自給自足的農村移入人口時，將會發生什麼事？我預期屆時中國將爆發人民動亂，而且有可能是空前的大動亂，屆時又將有大規模人口再次遷回農村。

這又引申出另一個問題：中國能像過去十年那樣，再次藉由積極建造更多不必要的基礎建設、住宅和工廠來躲避全球經濟衰退嗎？我其實已經從中國股市找到了答案。從二〇〇八年全球金融崩潰以來，中國的經濟成長率一直高於所有大型國家，包括印度，不過，這段期間裡，中國股市的表現卻一直最糟。原因很簡單：過度興建雖然換來表面的成長，但骨子裡卻不賺錢，因為產能過剩會使成本上升。股票市場的榮枯取決於獲利狀況，但中國政府的任務卻是不惜任何代價刺激經濟成長、維護就業機會，好讓人民開心。所以，真相是，中國經濟根本就是金玉其外，敗絮其中！

未來將因中國經濟硬著陸而受創最深的國家，依序是南韓、台灣、新加坡、日本、澳洲和智利。另外，很多為中國製造產業提供原料的亞洲、拉丁美洲和非洲新興國家也將受創。目前，這些國家已因原物料價格下跌導致出口降低而受苦——我們將在第六章進一步闡述這些問題。

巴西是新興國家當中總債務最高的國家之一，不過，其債務僅約當GDP的一五二%，其中有近六八%

是政府債務，對一個新興國家來說，這樣的比率算相當高，不過，雖然巴西的人均GDP比中國高，但它的消費者債務卻超級低，僅一五％，不過，中國消費者債務也僅二五％，一樣很低。由於巴西政府並不像東南亞國家那麼積極鼓勵出口，所以企業界債務也在可接受範圍內，為三四％。

巴西的金融部門債務比我原本想像的稍微高一點，為三五％，但還是很低，所以，這個國家根本沒有民間負債問題，因為民間債務僅約當GDP的八四％。不過，內陸地區的兩個主要城市——聖保羅和里約熱內盧——的房價過高，未來有崩盤的疑慮，屆時也難免發生一些違約事件。

巴西的最大問題是，原物料價格崩跌走勢將斷斷續續拖上十年左右。巴西非常仰賴原物料商品出口，因此，資源出口商、為這些廠商提供融資的金融機構和強大的能源產業，占巴西股票市場的權重相當高。所以，在二〇二〇年代初期以前，我不會想投資巴西或它的股市，但從二〇二〇年代初期至二〇四〇年間，原物料商品將展開有史以來最大的多頭走勢，屆時我們或許會投資。巴西要到二〇三〇年代中期才會跌落人口統計斷崖，所以，從二〇二三至二〇三六年間，巴西的狀況應該會很亮麗，但眼前並不樂觀。

印度的債務比巴西更低，總債務約當GDP比重僅一三〇％，其中，五三％是政府債務，大約只有一〇％是消費者債務，三四％屬於企業，還有一七％屬於金融部門。印度消費者債務極低的原因是，印度都市人口較少，多數人的所得非常低，遠低於中國人，更別說和巴西人比較，所以，除了約占總人口數五％的新興中產階級和菁英富裕人士（這些人超級有錢），有能力購屋、申請房貸或辦理信用卡的人很少。因此，區區五％至一〇％的人口就足以支配印度內陸城市的買氣，這些有錢人和外國買家是導致當地物價飆漲的主要力量。

當然，由於消費者需求不高，故印度的金融部門槓桿也很低，這一切的一切讓印度完全不受民間債務問題困擾。然而，他們的基礎建設是個大問題。幸好由於印度出口占GDP的百分比非常低，所以未來將不像中國、巴西、俄羅斯、南韓或澳洲等國那麼容易受全球經濟衰退影響。

更值得一提的是，印度的人口統計趨勢比任何一個新興國家都強，尤其比中國好很多，估計印度的人口統計趨勢將以高拋物線型態，一路成長到二〇六五至二〇七〇年，屆時才會進入高原期。我們認為，展望未來，印度將是最能安然度過全球下一波衰退的國家之一。而且，歷經這場劫難後，它的成長率將是最強也最快速的。未來的每一次全球股災告一段落後，印度都會是我們最想投資的大型新興國家，尤其是在二〇二三年左右後的下一波全球大榮景期。

不過，印度並非完美無缺。中國過度投資基礎建設和大型企業，但印度卻完全相反，它對這些領域的投資過低。印度必須更積極強化基礎建設投資，而該國政府近年來確實也朝這個方向在努力。他們也需要去除政府內部的繁文縟節。印度的商人不止一次告訴我，政府文官體系是個龐大的絆腳石。但無論如何，我預期當中國經濟硬著陸並陷入十年的停滯後，全球企業和投資人一定會把關愛的眼神轉向印度。

因此，未來每一次全球股災告一段落後，印度都是我們的新興國家投資首選，其他理想的選擇還包括東南亞國家裡的印尼、馬來西亞、泰國、越南、柬埔寨和緬甸。我們也鍾愛目前已成為大型出口製造國家的墨西哥，因為在未來艱困的十年間，它將不再那麼依賴原物料商品。而由於未來十年，原物料價格將持續走低，故對原物料商品仰賴度較低的土耳其，將成為中東的耀眼明星。

我並不知道俄羅斯的地下經濟體系黑手黨（mafiya）有多龐大，所以，那是一個未知的要素。它的債務可能比我們所了解的還要高，表面上，俄羅斯的政府及民間債務並不嚴重，總負債約當GDP百分比僅七八％。這可能是由於俄羅斯出口非常多能源及其他資源，且政府能對這些出口品課稅所致。

俄羅斯的政府債務僅GDP的九％，消費者債務也非常低，僅一二％，和印度類似。從這些數字便可發現，由於授信比率低，所以一般人民的生活水準並不高，因此，我們常說俄羅斯就像一個擁有第一世界（First World）軍事力量（但現在它的軍事力量也逐漸凋零）的新興國家。俄羅斯的企業界債務並不高，為四〇%，而且主要是大型能源及礦產出口產業的債務。此外，該國的金融部門債務也很低，所以俄羅斯並不受民間債務問題困擾。

一如多數新興國家，俄羅斯非常仰賴原物料商品出口。但在未來十年，這樣的經濟結構將是個障礙，幸好它的債務不高，故不會帶來太大的困擾。展望未來幾十年，俄羅斯最大的絆腳石是它持續惡化的人口統計趨勢。事實上，直到最近，俄羅斯的平均壽命都還在下降，據我所知，主要國家中只有它有這個情形。大致上來說，我並不建議投資俄羅斯，因為它的人口及勞動力將長期走下坡。

以上林林總總有關世界各地空前高債務現象的討論，都是為了預測哪些國家將在二〇一四至二〇一九年——未來兩年最可能發生——全球債務及房地產泡沫破滅後，面臨最大的危機。不過，我們並非第一個被迫出面對抗債務泡沫的世代，所以，接下來我們將回顧約三百年來的現代史，期許能從中汲取一點教誨。或許我們可從中學會如何才不會重蹈覆轍。

第五章

金融泡沫簡史

世界上最難的差事，莫過於警告世人留心泡沫。我在二〇〇五年年底察覺到美國房地產泡沫已達高峰時，就馬上提出了警告，但除了我們公司的投資分析報告訂戶——早在很久以前，我們就提供很多證據給訂戶參考——其他所有人都把我的忠告當成耳邊風。

泡沫總是令人難以抗拒，而由於愈來愈多人會被泡沫華麗美好的外表給蒙蔽——就像寓言故事裡最後終於不敵誘惑而飛進蜘蛛陷阱的蒼蠅——所以，泡沫通常也都會以一種超乎邏輯的方式持續膨脹。著名的操盤手傑西．李佛摩（Jesse Livermore）早在一九二九年股市崩盤前很久就曾提出警告，而且還心口合一地進場放空，但他卻幾乎破產，因為他放空的時機稍嫌早了點，在他放空後的那幾個月，市場還以極端異常的速度，攀向最後的「爆破」階段。儘管如此，他依舊堅守原則，繼續加碼放空，最後終於成功：以當今的貨幣計算，他賺了約一．二兆美元。

進入二〇一三年後，我就不斷警告股市已形成泡沫，並就這個議題和很多人辯論不休，結果，多數人全都對我的勸告充耳不聞。通常提出泡沫警告的人看起來都像個白痴，因為泡沫就像黑洞，會不斷吸引更多人投入。但到最後，泡沫總是無法逃脫破滅的結局，綜觀古今，從無例外！

除非回顧長久的歷史發展，否則不可能真正了解人類的經濟及經濟週期，因為唯有看過長遠的歷史，才能獲得更有深度的見解。因此，在這一章的開場白，我將用自己長期觀察而來的兩個與成長有關的原則來證明上述觀點，這兩個原則的重要性勝過其他所有原則，且毫無辯駁的餘地。

第一個原則：成長是呈指數（exponential）型態，而非線性（linear）型態。兩位高瞻遠矚的偉大人物——喬治．吉爾德和雷伊．庫茲威爾——老早就看清這個事實（很多演化學的科學家也早已認知到這個事實）。這意味泡沫是不可避免的，尤其是在每一個長期成長趨勢的末期階段。但身為人類，我們卻較傾向於線性思考，因為人類天生就不會回溯太久以前的歷史——人類傾向於只看自己背後及眼前不遠的事物。但回溯的歷史愈久遠，看到的指數成長與進步型態就愈清晰。

兔子如何繁衍下一代？指數型態。人類人口是怎麼成長的？從我們存在以來，一直是維持指數式的成長。科技和我們的生活水準是如何成長的？一樣是指數成長。

舉一個經濟上的例子：過去一個世紀，人類生活水準的進展遠遠超過人類史上所有時期。人類進步和進化的學習曲線自有它的動能：細胞結合在一起，就會演化為更大的器官，而城鎮則是漸漸成長為較大的都市，乃至國家，而且成長速度會愈來愈快。人類在走路時，視線通常是看著地面或往前看著地平線，也因如此，我們所見的一切看起來都是平的，不過，如果從較高視野的位置觀察——如在衛星上看——地球顯然是圓的。

第二個原則：成長向來是週期性的，而且這個模式亙久不變。人類的進步不是直線，而是呈指數式上升

圖 5-1　人類的預測模型

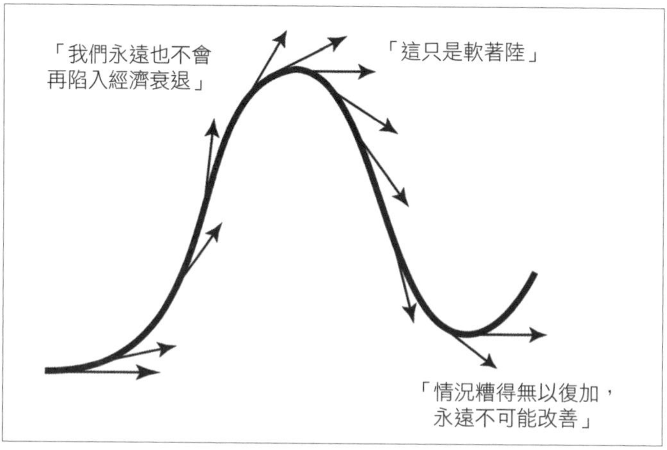

「我們永遠也不會
再陷入經濟衰退」
「這只是軟著陸」
「情況糟得無以復加，
永遠不可能改善」

資料來源：鄧特研究中心

或下降；最大的榮景和泡沫過後，通常緊接而來的會是最嚴重的幻滅。當眼前的一切都非常美好時，人類絕對會忘記前一次的痛苦，而隨著經濟泡沫逐漸變大，我們會更加相信自己已抵達一個更美好的新高原。但泡沫終究還是會破滅，膨脹得愈厲害的部門或市場，當然也就破滅得愈徹底。關於這一點，歷史上幾乎沒有任何例外。人類與生俱來的預測模型本就是誤謬的，因為人類的記憶是很短暫的。

我早在一九九〇年代初期就提出我所謂的人類預測模型（Human Model），經過二十幾年，我從不認為這張圖有修改的必要（見圖 5-1）。人類傾向於根據直線的方向來推估未來，無論是在生活上或思考時，我們都把這個世界當成一個線性且持續增長的世界，而非指數型態與週期性的。為什麼會這樣？因為我們痛恨循環，不願承認這個現象的存在，因為我們不希望到手的利潤被虧損侵蝕，我們希望相信自己能打敗賭場。換言之，人類是理想主義者，而非現實主義者。儘管從很多方面來說，這或許是人類整體得以倖存迄今的重要理由，但上述人類模型裡的起

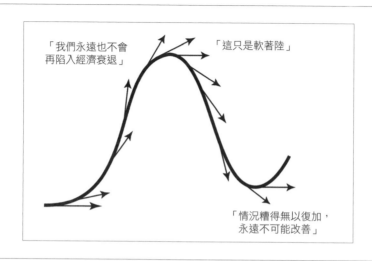

與落，才真的符合現實的情況。

要怎樣辨別自己是否正處於泡沫之中？當愈來愈多人說「這次不一樣，從各種因素來推斷，股票價格沒有超漲，而且政府或聯準會終於找到一個防範經濟衰退與股票崩盤的方法（例如量化寬鬆）」時，你就已身處泡沫之中。所有人——包括我——都不希望泡沫破滅，因為泡沫能讓人不勞而獲。而且，所有人也都寧可相信「軟著陸」的邏輯。

讓我們看看諾貝爾獎經濟學得主保羅．克魯曼（Paul Krugman）的樂觀論述。他說，政府應該在經濟疲弱時，推出幾乎無上限的景氣提振措施。這樣的觀點真的有道理嗎？其實這是一種循環論證（circular argument），換言之，他認為我們需要用更多振興措施和債務，來對抗以前過分的振興措施及債務所造成的惡果。這個說法連十歲小孩都不會接受。看來克魯曼應該沒有經營過企業。

對照一般人最近的種種說法，以及二〇〇五年年底至二〇〇六年年初住宅泡沫的持續擴大，便可見人類汲汲於追求不勞而獲的傾向。二〇〇〇年代初期的科技泡沫以及二〇一一年年底的黃金泡沫幾乎如出一轍。等到泡沫終於破滅——也就是經濟終於走下坡時——人們才會驚覺到自己有多愚蠢，竟相信泡沫永不會破——事後諸葛當然最容易。而當泡沫崩滅，人們又開始恐懼經濟永遠不會復甦，接下來，等到經濟再現榮景，我們又會變得極端熱愛繁榮，至少在經濟開始停滯以前，都不會改變這種樂觀的心態，而當經濟停滯，我們還是會先朝「軟著陸」的論述靠攏。

還有另一個方法可解釋為何這個世界明明是圓形，但看起來卻是平坦的，換言之，這個方法可以解釋為何成長看似線性，但其實是指數成長。若以複利方式計算，區區三%的年度經濟成長率，最後將形成一條指數成長曲線。這是經過實證的複合成長原則，只不過財務規劃師總是繪聲繪影地把它形容得像魔法。事實上，只要切切實實從很年輕時就開始定期儲蓄，最後一定會致富，即便每次存的金額不多。這是事實，可惜多數人並不這麼做，多數人總是過度樂觀，重今日的消費而輕明日的財富。為什麼會這樣？因為為了要養小孩和買房子，他們的開銷總是不可避免地愈來愈多。對他們來說，似乎無論何時都不是存錢的好時機。

你聽過一個用來測驗幼童的棉花糖實驗嗎？長大後表現最優異的孩子，都願意拿今天的一顆棉花糖來交換未來的三顆棉花糖。不過，這些人終究是例外的少數，多數人寧願選擇「一鳥（棉花糖）在手」。

延後滿足——也就是按部就班且有條不紊地投資自己的未來——是累積財富的最佳法門。不過，還有第二個累積財富的方法，那就是不斷地承擔高風險。第二個方法能創造最大的財富，但過程也可能最顛簸，因為你最後搞不好會反倒成為伊索寓言「龜兔賽跑」裡的那隻兔子（譯注：未能抵達終點），而不是烏龜。

然而，請記住，歷史上很多最成功的企業家都曾不止一次破產。我自己也比較懂得兔子之道，因為我先天就喜歡挑戰自己所屬領域的極限，所以我選擇走這條途徑。第一個在一九八九年支持我的投資分析報告的投資人告訴我，「大膽預測」這件事是「成也蕭何、敗也蕭何」。他說得很對，我在一九八〇年代末期預測道瓊指數將達到一萬點，這個預測讓我獲得極大的成就，但我在一九九〇年代末期預測道瓊指數將達到三萬二千點，卻讓我嘗到了「敗也蕭何」的苦頭。不過，每一次失敗都是學習的機會。如果能持續向前走，不被擊倒，生命自會給你一些好處。

由於第二個泡沫轉向房地產和新興市場，所以我錯估了道瓊指數的高點，不過，這次錯誤也讓我發現兩個強大的新週期：十八年交替一次的地緣政治週期，和三十年一次的原物料商品週期。儘管錯估了二〇〇二至二〇〇七年多頭市場的漲幅，但最後的發現卻還是很值得。而且，附帶一提，在那整段榮景期（包括亞洲不含日本的最強多頭市場），我們都還是建議我們的投資人作多。

圖5-2　固定成長率經複利方式計算後的力量

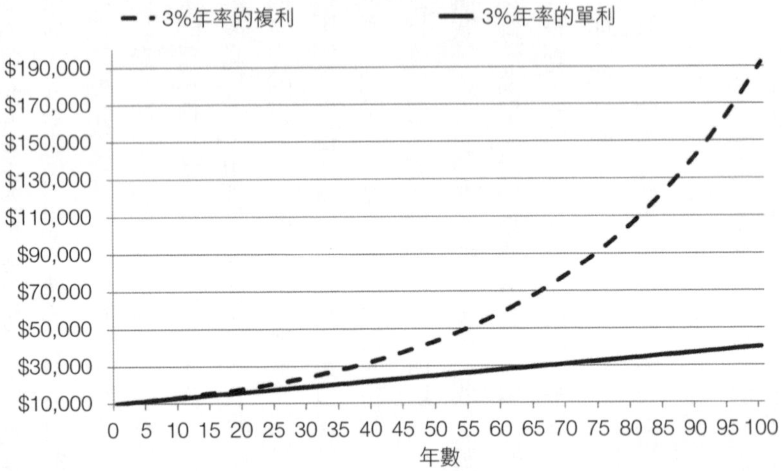

資料來源：鄧特研究中心

固定不變的3%成長率經過長期複利方式計算後（前1年增加的報酬也納入每年成長3%的總額中，而不是靜態的計算方式——把3%報酬當成所得並花掉它），變成極高的成長。這就是3%線性成長率經過長期複利效果後，轉變為指數成長的清楚範例。這就是從「平」變成「圓」，也就是線性變成指數的方法。複利計算就像魔法，只不過，你必須抱持極端長期的觀點，才能體會出它的力量，也唯有經過長時間的累積，才能實現這麼誘人的目標。在整個過程中，你必須遵守不斷再投資的紀律，而且必須能抗拒短期過度消費的誘惑。可惜多數人都很短視，也因如此，他們才會成為泡沫及崩盤的犧牲品。

圖5-2是將線性的成長率以複利方式計算後，成為指數成長率的情況。所以，所有長期成長都是指數成長，不是線性成長。

泡沫榮景

在人類史上，幾乎每四十年就會經歷一次大規模的世代創新及消費榮景期，接下來，幾乎每隔一個世代——也就是八十年左右——則會碰上一個秋季泡沫榮景。而泡沫幻滅後，隨之而來的總是寒冬的通貨緊縮季節。

研究過現代史上（及更早）的所有大型泡沫後，我找出了十個和泡沫有關的概要原則：

一、所有成長與演化都是指數的，而非線性。
二、所有成長都是週期性的，不是持續增加的。
三、泡沫總是會破滅，完全沒有例外。
四、泡沫愈大，崩潰得愈徹底。
五、泡沫傾向於回到原來的起點，甚至更低位置。
六、長期下來，金融泡沫傾向於一次比一次極端，因為隨著我們的所得與財富增加，取得信用的能力也提升，泡沫也隨之變本加厲。
七、泡沫會變得非常令人難以抗拒，連原本存疑的人都會被它吸引。
八、沒有人想要「高點」結束，沒有人願意放棄不勞而獲的利益，所以，儘管泡沫持續擴大，大家還是拒絕承認有泡沫的存在，這在接近末期階段尤其明顯。
九、人的一生只會遇上一次大型泡沫，所以，人類很容易遺忘上一次大泡沫所留下的教訓。
十、當泡沫幻滅時，它看起來或許毫無益處且具破壞力，但泡沫其實是創新與人類進步過程中的極必要功能。

為了尋找歷史給過我們的教誨，我們將一步步回溯三百多年來的發展歷程，試著從中找出一個更大的週期。圖5-3引用自羅伯．普來克特（Robert Prechter）的《征服崩盤》（*Conquer the Crash*）一書，一七八〇年以前是採用英國的股價，其後是使用美國的股價。很顯然地，一七八〇年代工業革命及民主萌芽——這堪稱經濟史上的宇宙大爆炸——後，股票不僅呈指數成長，也具週期性。事實上，股票的進展實在「太指數」了，以至

圖5-3 西元1700年以來的股價

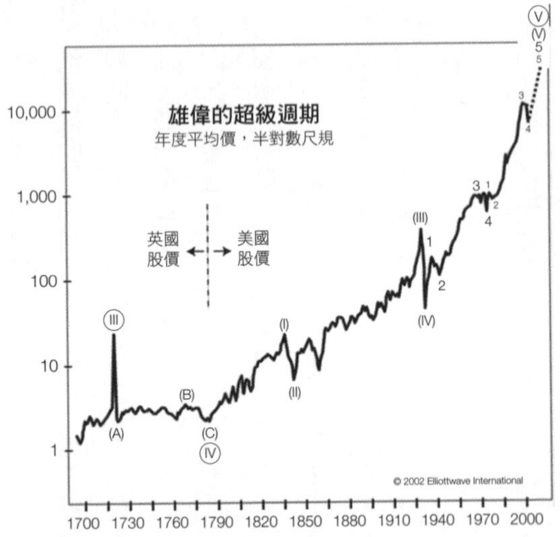

資料來源：羅伯·普來克特的《征服崩盤》一書，預測部分是由哈利·鄧特二世提供

於這張線圖不得不採用對數尺規。

圖中的對數尺規是從一到十到一百，而不是從一到二到三，事實上，也唯有這種尺規才能表現出只有較長期間才可能出現的固有模式——也就是自然的指數成長。如圖所示，一七八〇年代後的股票看起來已經夠泡沫化了，但目前的情況更甚於當時。想像一下活在汽車尚未普及——遑論噴射機——的二十世紀交替之初的小鎮或農村人口。這些人能預見到他們的孩子或孫子接下來將會有多大的進展嗎？根本不可能。只有極端罕見的天才如達文西（Leonardo Da Vinci）有能力領先同時代的多數人，預見到這種指數式的科技進展。只有像喬治·吉爾德、史帝夫·賈伯斯（Steve Jobs）、湯尼·羅賓斯（Tony Robbins）和雷伊·克茲威爾等天才，才有能力在今日預見到未來的這種指數式變化。

如圖5-4，人類在指數式進步的過程中，也出現過和艾略特波浪型態（Elliott wave patterns）類似的週期性倒退。首先，看看圖5-3，一七二〇年起展開的崩

圖5-4 艾略特波浪型態

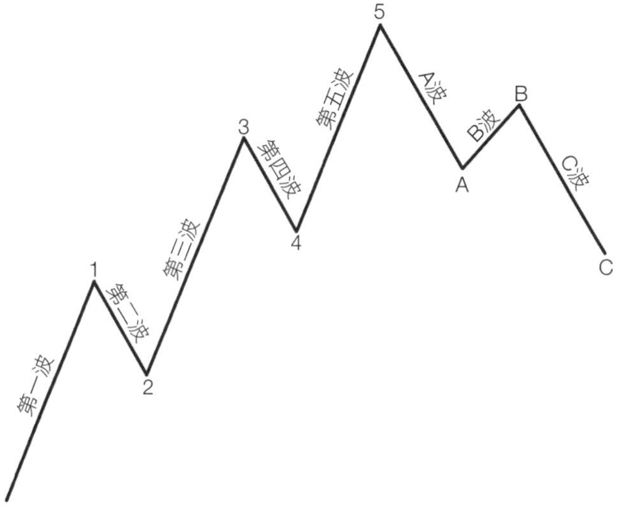

資料來源：羅伯．普來克特的《征服崩盤》

想了解股價走勢的曲線（見圖5-3），應該先認識一下艾略特波浪理論。從圖中可看到，多頭市場包含五個波浪，這五個波浪是由三波上漲波夾雜著兩波下跌波（下跌波就是成長的週期性要素）組成。從這張圖可以看見型態如何發展，不過，你必須要知道，一旦進入泡沫時期，第五波的高峰傾向於達到最極端的水準。一旦市場在那個高峰出現後開始下跌——也就是朝反方向進行——就會出現三波的修正波，其中兩波是下跌波，中間則是一個上漲波，也就是下跌A波、樂觀的反彈B波，最後是回歸現實的下跌C波，C波也是我所謂的「前功盡棄」波。

盤走勢——從一七二〇至一七八七年間，股票市場延續了長達六十七年的空頭市場。如果這種事有可能發生，那幾乎任何人都不可能擬定出有意義的長期投資或退休計畫。不過，它就是可能發生。回想一下第二章的內容，我們有討論過，截至目前為止，日本的股票空頭市場已從一九八九年年底一直延續到二〇〇九年年初，也就是大約二十年，而且未來還可能見到更低的低點。事實上，我認為在二〇一七或二〇二〇年以前，日經指數不可能見到二萬三千點以上的高點，而且，二萬三千點和一九八九年的三萬九千點高峰比起來還差得很遠。我認為日經指數在十年、二十年甚至四十年後，還會遠比目前低。如果再加計先前已失落的二十年，屆時它的空頭市場就等於延續了接近六十年，就長度上來說，已和一七二〇至一七八七年的空頭市場沒有太大的差異。另外，別忘了羅馬衰敗後一直延續到十字軍東征的黑暗時代——那是超過五百年的空頭市場，當時很多大城市再度瓦解，恢復為農村的樣貌。

現在，讓我們看看幾個最大型的泡沫和大規模的崩潰。第一波上漲到一八三五年，但接下來到一八四三年間，發生了大規模崩盤與經濟蕭條，而從一八三五至一八五七年的二十二年間，還斷斷續續出現過幾次崩盤。再來是第三波上漲，這波漲勢一直延續到一九二九年，接下來到一九四二年間是橫盤與空頭市場。最後是現代史上最大的一個泡沫——也就是目前的泡沫。觀察過這張圖表後，你難道還不相信接下來將進入一個可能延續幾十年的橫盤與下跌的市場嗎？

透過長期的歷史觀察，我還獲得另一個重要的獨門見解：經濟四季週期——包括榮景期與崩潰期，用經濟學的術語來說，就是通貨膨脹期與通貨緊縮期——總是一個比一個大，換言之，下一個榮景期絕對比上一個榮景期大。

接下來，讓我們先從圖5-3的現代史上第一個大泡沫開始看起，這得回溯到西元一六〇〇年代初期。鬱金香是大自然給予荷蘭的美妙幻想。歷史上第一個可以在鬱金香收成前購買它的市場，最早可以回溯到一六三四年左右。那就是我們現代所謂「期貨市場」的先驅。

在鬱金香球莖尚未成為大眾追捧的商品以前，它的價值並不高。後來，有人開創了史上第一個只要繳納極少頭期款，就能針對未來的收成狀況進行投機操作的市場，而這就成了啟動現代史上第一個大型投機性投資泡沫的市場。發展期貨市場的目的，原本是為了讓農作物生產者能鎖定特定價格與利潤。不過，由於初期從事期貨交易的代價很低，所以，這個市場遂漸漸開始吸引有錢人來參與投機。以十七世紀的荷蘭來說，隨著鬱金香

圖5-5　荷蘭鬱金香泡沫，1634至1637年

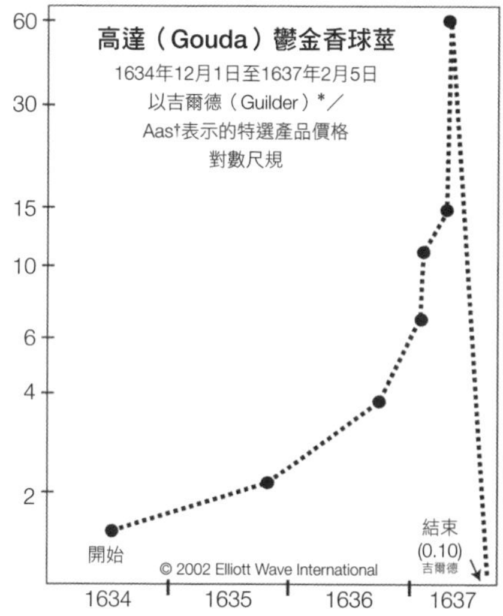

*譯注：荷蘭貨幣
†譯注：1Aas＝0.5克

資料來源：羅伯．普來克特的《征服崩盤》，第80頁

鬱金香球莖的價格在短短1年多內——從1634至1635年——急速飆漲，累計在不到兩年間飆漲了120倍，但接下來卻崩跌了99.8%！儘管這是史上最大的泡沫，但卻只對社會造成極為局部的影響。衍生這個大泡沫的另一個因素是，當時整個世界正處於500年一個週期的通貨膨脹高峰（高峰出現在1600年代中期），當時所有人都預期原物料價格將永無止盡地上漲（當然，這又是另一個直線式預測誤謬）。這個泡沫的形成幾乎毫無實質理由可言，換言之，它純粹是一場投機，不是因為生產力上升所致，只是物價不斷上漲所造成。

價格逐漸上漲，愈來愈多人介入購買這種期貨，而價格漲愈多，參與投機的人也就愈多。任誰都能猜想到最後的結果：沒錯，人性是貪婪的，每個人都會盡可能搜尋不勞而獲的機會。而當所有人都開始從事某件活動，這件活動就會變得好像比較理所當然，風險好像也變得比較低。但其實並非如此。當年參與荷蘭鬱金香球莖炒作的有錢投機者全慘遭套牢，每個人都血本無歸。那一波崩盤走勢非常極端，原因之一是當時的人從未見識過泡沫的威力，一窩蜂地湧向它，當然在這種情況下，一旦泡破崩潰，也就崩潰得愈徹底（見圖5-5）。

下一個大泡沫是發生在一

圖5-6　南海公司泡沫，1718至1722年

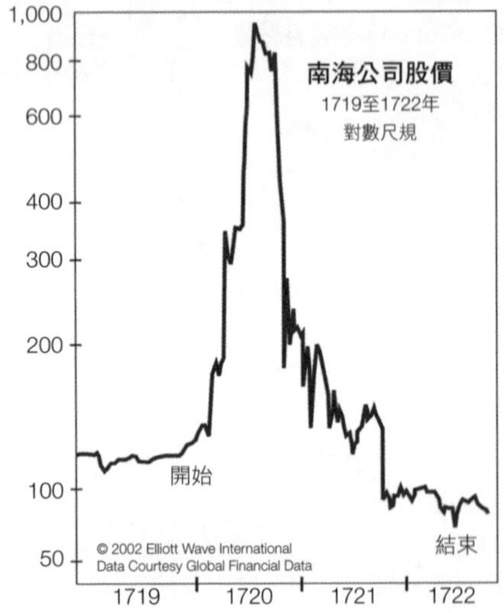

資料來源：資料來源：羅伯．普來克特的《征服崩盤》，第80頁

七〇〇年代初期，當時歐洲人為了掌握東印度群島（印度等國）的貿易商機，發展了歷史上第一批以長期航海探險為概念的貿易公司，其中以一七〇六年成立的東印度貿易公司（East India Trading Company）為首。投資人只要購買這類公司的股份，就能分享相關貿易所衍生的利潤。就功能性來說，這堪稱股票市場的始祖。到一七一九年和一七二〇年時，第一個泡沫已即將爆裂，因為南海公司（South Seas）股票價格從一百一十元飆漲到九百六十元，換言之，它的股價在不到兩年內上漲了八．七倍，但隨即又在一年內崩跌了九四%，如圖5-6所示。

圖5-7是和密西西比土地泡沫有關的故事，它發生在法國。或許我們更能從這個例子領悟到一些道理，因為它是史上第一個由某國的中央銀行及其政府誘發的泡沫。由路易十四發動的英法百年戰爭結束後，約翰．勞（John Law）成為法國最高金融首長，但他最後卻幾乎害整個國家破產。戰爭結束後，為了償還國家的債務，約翰．勞想出一個籌錢

圖5-7　密西西比土地泡沫，1718至1722年

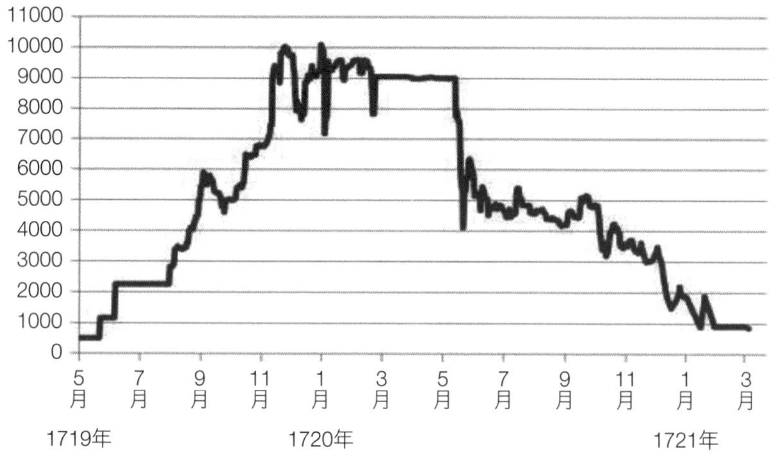

資料來源：法蘭休斯・維爾德（Francios Velde）：http://www.heraldica.org/econ/

的方法：由法國銀行出售法屬密西西比及路易斯安那的土地股份。為了實現這個計畫，約翰・勞成立了世界上第一家能創造貨幣的中央銀行，接著，它再拿這種人為創造出來的貨幣，放款給土地投機買方。但到最後，眾人才發現，這些遠在美國的土地原來只是一些毫無用處的沼澤地。這些貸款的利率非常低，而且政府還為這些貸款擔保——這段故事聽起來是不是似曾相識，和現在的情況很雷同？不過，密西西比土地泡沫遠比房利美和房地美一手打造出來的泡沫更糟糕，因為當時法國政府出售的這些北美土地，都位於極端偏遠且幾乎無人知曉的地點，根本幾乎毫無價值可言，投資人購買這些土地的理由，完全是基於對未來不切實際的憧憬。

當然，密西西比泡沫和南海泡沫一樣，最終還是崩潰了（所有泡沫皆不例外）。接著，經濟陷入長期走下坡的局面，股價也一路下跌到一七〇〇年代末期。後來，在工業革命和美國革命——這堪稱一萬年前農業革命以來最大規模的宇宙大爆炸——的風潮引領下，整個趨勢的動能才終於轉變。在世紀交替之際，股票和經濟情勢終於再次明

圖5-8　芝加哥房地產泡沫，1820至1857年

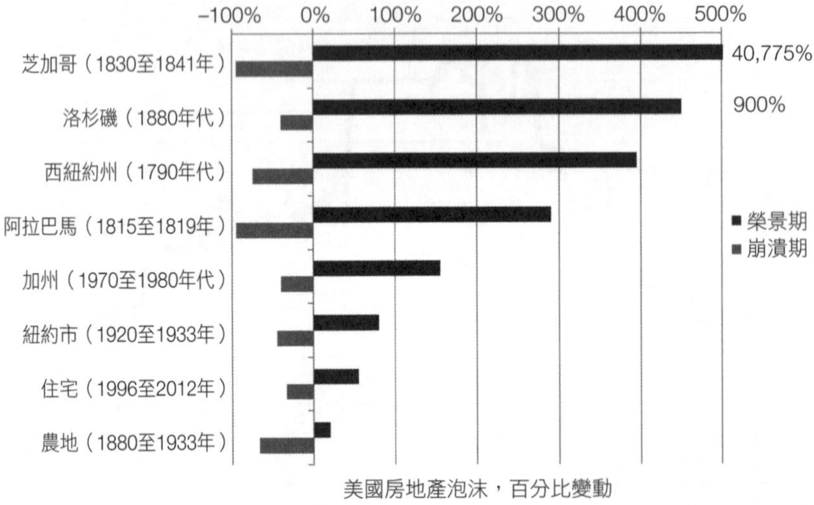

資料來源：《經濟學人》2013年4月6日的報導：〈押注房地產〉（Betting the house）

股票價格崩盤，第一波是從1835年跌到1843年，共跌了50%，第二波股票崩盤則是發生在1853至1857年間；這就是從1780年代起一波上漲到1835年的長期多頭市場的兩波段下跌，以當時的情況來說，那已經是現代史上最長的衰退期，達22年（和如今的日本相同），不過，那一次衰退的深度倒不像1930年代大蕭條時那麼嚴重。

顯上升，但最後還是形成另一個難以逃脫幻滅宿命的大泡沫。

接下來的這個泡沫一路延續到一八三五年，當時，投資人持有很多工廠、蒸汽船和運河的股份，不過，更大的泡沫是發生在房地產市場。美國政府為了鼓勵拓荒者向西部——指俄亥俄與伊利諾等中西部州——遷移，以非常便宜的價格出售邊疆土地，而且提供低利貸款讓人民購買與短期交易這類土地。而隨著一八二五年伊利運河（Erie Canal）的開通，大湖區（Great Lakes）也開始蓬勃發展。這條運河和後來興建的其他運河讓芝加哥頓時成為中西部的繁華城鎮。

投機風潮創造了一個延續到一八三五年的土地泡沫，但它達到高峰後，便隨即崩潰。芝加哥的泡沫顯而易見（見圖5-8），房地產價格從一八三〇年的每英

圖5-9 道瓊指數，1920至1942年

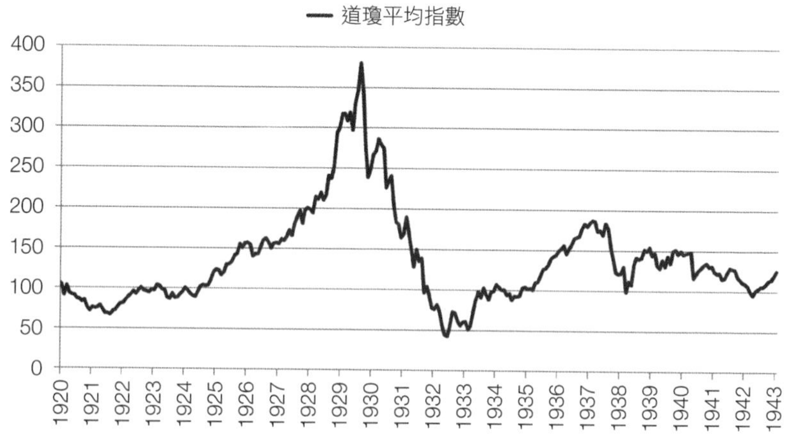

資料來源：彭博資訊，2013年

畝八百美元飆漲了四〇七七五％，在一八三六年達到三十二萬七千美元，逼近紐約的土地價格，接著又急速崩跌九〇％，到一八四一年，當地每英畝土地價格只剩三萬四千美元。以當時的情況來說，芝加哥土地能漲到和紐約相提並論，實在是有點不可思議，畢竟若比較這兩個港口的情況，紐約比芝加哥大很多，而且更有競爭力。在那段期間，中西部各地形成大量的城鎮，尤其是在一八三五至一八三七年間。但一八三七年卻爆發銀行擠兌的恐慌事件，尤其以芝加哥最為嚴重。

接下來是南北戰爭前後的鐵道榮景期。鐵道是最早在英國創新的技術，但後來卻開啟了整個美國大陸！下一個泡沫到南北戰爭後才快速形成。不過，股價在一八七二年達到高峰後，便急速崩跌，至一八七七年才止跌。一八〇〇年代末期正好是五百年長週期（較長的寒冬季節）裡斷斷續續出現的蕭條期之一，當時大英帝國的世界強權地位開始明顯動搖，美國的時代則同步展開。

其後就是美國史甚至世界史上最嚴重的蕭條（見圖5-9）：一九三〇至一九三三年／一九四二年，還有第二次世界大戰。股價重挫了八八％，失業率攀升至二五％。這段期間還發生很多次沙塵暴和乾旱等天然災害。當時所有的一切全都走下坡，一如二〇〇八年的情況。而這就是金融及債務泡沫破滅後，寒冬季節必然出現的「正字標記」。直到一九四二年過後，下一個長期多頭市場才終於展開。

我們發明了蒸汽引擎、高生產力的工廠、蒸汽艇、運河、電報、鐵路、電力、電話、汽車、收音機，甚至開始發展家電產品與電視。我們的技術和進步，全都呈現出指數成長的軌跡。但我們忘了一件事，人類的進步不僅是**指數成長**的，也是**週期性**的，這代表最大的榮景將會創造最大的衰敗，接下來又是一個比一個更大的榮景，一個比一個更大的衰敗。這也是重要的物理法則之一：每個作用力都有一個相對的反作用力。

我們應該將一九三〇年代那一場史上最嚴重的經濟蕭條歸咎於當時剛成立不久的聯準會嗎？在通貨緊縮的一八〇〇年代，利率波動非常激烈——那個長期通貨緊縮週期大約是從一八二〇年展開，直到一八九六年才走出谷底，而且一九三三至一九四二年間又走向另一個較輕微的週期。聯準會是當局為了讓短期利率週期趨於平坦而在一九一三年成立，它的任務是設定與控制利率。聯準會的種種努力誠然讓利率的波動性降低，但長期下來，它振興經濟的立場偏差，卻傾向於讓經濟衰退最小化，但同時也讓債務及效率的自然淘汰程度降到最低。

我個人認為這個立場偏差製造了一個債務及金融的複合（compounding）成長曲線，它不僅在「咆哮二〇年代」形成了一個更大的泡沫，同時也種下了史上最大經濟蕭條的禍根。我向來篤信，一旦你打亂了市場的自然機制，就會把經濟導向邪惡的道路，進而製造一大堆遲早必須加以導正的扭曲。

美國後來以秋風掃落葉之姿走出大蕭條，並繼一八〇〇年代的英國之後，成為世界最大國家與領導者。為什麼？因為「不經一番寒徹骨，焉得梅花撲鼻香。」當時的美國人並不像現在的美國人這樣蓄意掩蓋債務，人口統計趨勢也和當前這種趨向遲滯的狀態完全不同。相反地，當年的美國人消除了多數民間債務，放手讓銀行及企業破產。這麼做等於是戒掉整個經濟體系的毒癮，最後也讓它變得更有效率、更強大。

所以，對未來而言，低債務比高債務好嗎？**沒錯**！一九八〇年代初期，柴契爾夫人與雷根都主張採用那類的撙節措施——儘管雷根的訴求溫和很多。我們是怎麼熬過那段日子的？很簡單，我們再次從起跑點出發，進而衝刺。打從第二次世界大戰以來，整個已開發世界的復原速度快到令人難以置信，而我認為那應該歸功於那一隻「看不見的手」和「創造性破壞」（creative destruction）的概念。我們或許不喜歡週期，但這種動態變化卻是創新與經濟演化的必要之惡。如果要問，歷史上哪一段時間最能印證「空前的慘劇可能帶來最前所未見的進步」這句話，那應該就非一九三〇至二〇〇七年間莫屬了。沒有衰退就不會有榮景，沒有挑戰與創新，就不會有進步。聯準會最近幾年為了讓經濟衰退最小化，對經濟體系進行種種干預，並實施永無止盡的振興計畫，這一切的一切都有違經濟的自然機制，長期來說，這些作為將會讓創新與效率的提升趨於遲緩。換言之，聯準會為了對抗週期性的衝擊而犧牲了長期的創新。

九〇年代之後形成的泡沫

人的一生大約只會遭遇一個大型泡沫。然而，隨著我們的平均壽命延長，經濟週期也延長，所以，原本每隔五十至六十年才發生一次泡沫的古老原則已經改變，目前這個週期已延長到大約八十年。不過，我們眼前的泡沫和先前的所有泡沫都不同，因為人口統計趨勢正導致世界各地的泡沫全都串聯在一起。

我們可以透過圖5-10看到，日本股票市場泡沫在一九八九年年底破滅後，房地產市場隨後在一九九一年步上

圖5-10　一個接一個的泡沫

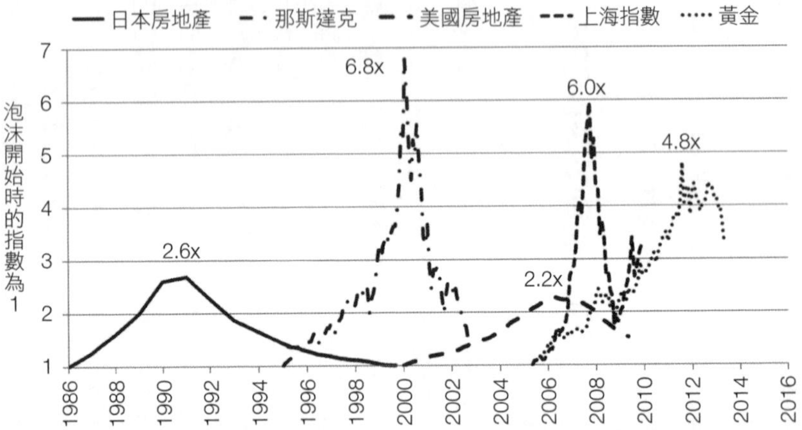

資料來源：雅虎財經；日本統計局（Japan Bureau of Statistics）；彭博資訊，2013年

股市的後塵。接下來是二〇〇〇年年初的科技泡沫高峰，而美國房地產市場在二〇〇六年年初抵達高峰後，全球股票市場也接著出現高點，其中，二〇〇七年年底新興市場與中國的泡沫尤其明顯。再來是二〇〇八年年中的原物料商品，接著則是二〇一一年年底的黃金。高收益率債券似乎已在二〇一三年五月達到高峰，那時候，我們也適時發出拋售訊號。預料最後一個達到高峰的應該是股票市場，時間點可能落在二〇一四年年初時。

誠如我在第二章說明的，日本日經指數抵達近三萬九千點的高峰後，下跌了六二％，在一九九二年年底抵達約二萬四千點，接著強力反彈。我在《我們的預測能力》一書裡，預測日本將在一九八九年展開長期走下坡的趨勢。不過，不像美國，日本並未在這個階段立即實施鉅額的量化寬鬆措施，所以，從一九九六年年底後，它的股價再也沒有回漲到二萬三千點以上，甚至在一九九八年時重挫到新低點，因為從一九九六年以後，日本就掉落人口統計斷崖。請注意，儘管一九九七年開始，日本當局開始實施無止盡的量化寬鬆，但日經指數卻每況愈下，頻創新低。這證明經濟振興措施的

圖5-11 那斯達克指數，1990至2013年

資料來源：雅虎財經，2013年

效果不可能長期延續，因為就屬性而言，它是一種短期措施，只應該用來對抗短期的流動性危機，不能用來抵擋長期的債務與人口統計趨勢泡沫崩潰問題。

誠如我在第一章指出的，整個世界都應該注意一個問題：日本的住宅型房地產已下跌了六〇%，而且，經過二十二年都未曾出現過像樣的漲勢！日本的住宅市場在一九九一年達到高峰，這個時間點確實和日本人民四十二歲左右年齡層的換屋消費高峰一致。我在第三章解釋，當擁有房子的老人開始多過計畫買房的年輕人時，新趨勢就已展開。日本的這個趨勢將在二〇一五年後進一步惡化，而美國則是從二〇一三年就已開始惡化。

接下來是一七二〇年南海公司泡沫爆發後最極端的股票泡沫，也就是一九九五至二〇〇〇年年初的高科技及網際網路泡沫。我在圖5-11列出了涵蓋面較廣的那斯達克科技股指數。它從一九九四年年底的七百五十點漲到二〇〇〇年三月的五千零五十點，接下來急跌到二〇〇二年十月的一千一百點。網路指數則是上漲九倍、下跌九二%。這個泡沫是受到嬰兒潮世代消費在一九九〇年代達到甜蜜點（sweet spot，我們在一九八〇年代末期就預測到這樣的消費模式），以及網路、手機及寬頻出現S型曲線（S-curve）成長並成為經濟體系主流（這很像上一個秋季榮景期，也就是一九一四至一九二八年，當時汽車、電力、電話和收音機也迅速躍為主流）等因素所驅動（我也早就預測到網路及手機等的成長模式）。

一九九〇年代會成為美國史上最大榮景期，其實是可事先預測到的，因為只要觀察預估人口統計趨勢、技術創新週期，以及人類進步的S型曲線估計值，就能預測出這個結果。不過，經濟學家並不願深入探究那麼基礎的消費原理，因為他們認為消費原理的重要性遠遠比不上錯綜複雜的政府政策。所以，他們全都沒有預測到史上最大的這一波榮景。

美國及已開發國家最後這一波榮景一直延續到二〇〇七年，也就是美國人口統計消費趨勢達到高峰之際，在那之後，經濟復甦的速度一直很緩慢。而且，二〇一一年起，歐洲很多國家的趨勢甚至已開始走向溫和的衰退（而諸如希臘、葡萄牙及西班牙等國甚至陷入蕭條），因為它們的消費也達到高原期。誠如我在第二章指出的，未來的情況只會更壞，因為歐洲各國從二〇一三年後就會陸續掉落人口統計斷崖，先是德國，再來是英國、瑞士和奧地利。

在最後這一波人口統計趨勢榮景期裡，第一個達到高峰的泡沫是美國房地產，那是發生在二〇〇五年年底及二〇〇六年年初，我已在第三章說明過。美國房地產市場的跌勢一路延伸到二〇一一年，共下跌了三四%，比大蕭條時期更嚴重（那時的住宅市場算不上泡沫化，因為消費者必須支付五〇%的頭期款，而且得申請期末整付型房貸〔balloon mortgage〕，所以說，那時缺乏可促成泡沫的授信規模）。

而當科技股像遭到懲罰般地崩盤後，泡沫開始轉向房地產和新興市場。不過，在一九九〇年代末期和二〇〇〇年代初期時，我並未預見到這個情況，當時我原本推估道瓊指數的第二個泡沫有可能達到三萬二千點

圖5-12 上海綜合指數，2002至2013年

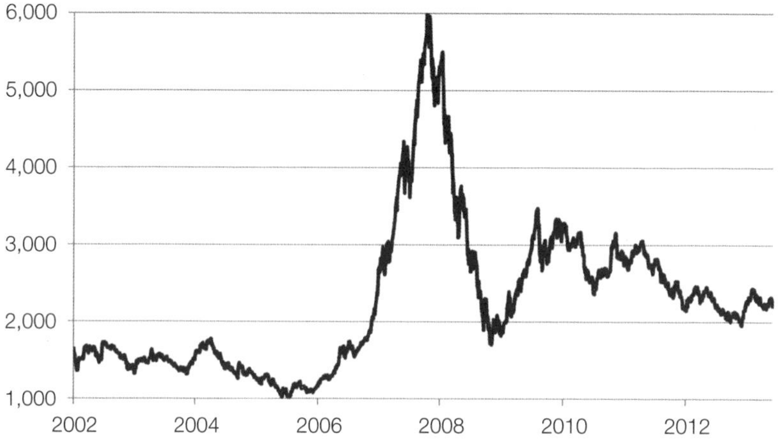

資料來源：彭博資訊，2013年

至四萬點，而其高點取決於股票是否和人口統計趨勢一起在二〇〇七年抵達高峰，或和其他週期在二〇〇九年年底左右一起抵達高峰。不過，最後，從二〇〇二年年底至二〇〇七年年底間，美國股票只上漲一倍——道瓊指數只從七千二百點漲到一萬四千二百八十點。但我原本預期美國股票市場將出現類似一九一四至一九二九年間的雙泡沫，換言之，我原本以為會再出現第二個極端的泡沫。

從圖5-12的中國股票市場可看出新興市場泡沫比一九九〇年代的科技泡沫更強盛。中國的上海綜合指數在短短兩年內上漲六倍，達六千點，接著便開始重挫，到二〇〇八年年底時，累計跌幅達八二％。崩潰幅度遠比美國的大，不過，中國卻完全沒有陷入衰退，只是GDP成長率由一二％降到六％罷了。

但請注意，股票崩盤後，一直到二〇一〇年二月為止，中國股市只溫和上漲，而且二〇一三年年中又跌回二〇〇八年的低點附近。既然中國經濟成長高達八％至一二％，它的股市怎麼可能表現那麼糟？還是那句老話：中國所有東西都過度興建、過度累積。中國的股票市場透露

圖5-13 原物料商品研究局指數，2000至2013年

資料來源：彭博資訊，2013年

了所有真相，它溫和反彈到二〇一〇年二月後，從此便一路下跌到接近二〇〇八年的低點。

根據原物料商品研究局指數（Commodity Resource Board Index，簡稱CRB指數）的走勢，原物料商品價格顯然是下一個泡沫，它在二〇一一年四月底達到高峰（見圖5-13）。後來，原物料商品價格出現了艾略特波浪理論中所謂的B波，也就是空頭市場反彈，接著又開始緩慢下跌。原物料商品價格的下跌將對新興國家造成一個「出口減少及獲利降低」的惡性循環，而這又會進一步導致中國的出口減少。白銀在那個週期達到四十八美元的高峰，和一九八〇年泡沫高點很接近。鄧特研究中心在白銀價格於二〇一一年四月底達到四十八美元的那一天，就發出賣出訊號。

黃金是下一個抵達高峰的大型泡沫（見圖5-14）。因世界各地持續加碼印鈔而衍生的潛在危機促使金屬市場大漲，不過，到二〇一三年年中，隨著通貨膨脹逐步降回到一%的溫和水準，黃金也開始露出敗象，而這也進一步印證了我長期以來的觀點：印鈔票無法在經濟寒冬

圖5-14　黃金，1998至2013年

資料來源：彭博資訊，2013年

季節製造顯著的通貨膨脹，因為此時債務持續去槓桿化，通貨也持續緊縮。一如我們的預期，黃金在二〇一三年年前又上漲了一波，但目前這個泡沫看來即將走到終點，所以，我預期黃金在二〇一三年年底或二〇一四年年初反彈到一千四百三十至一千五百二十美元後，下一站將直探七百美元至七百五十美元。最終黃金甚至很有可能在二〇二三年跌回上一個泡沫破滅後的低點，也就是一九九八年的二百五十美元。

記得一九八〇年時，黃金曾飆漲到八百四十美元，當時也很多人都預估它將漲到五千美元嗎？那種說法就是典型的泡沫邏輯，而且，近幾年來，我們也經常聽到類似的大膽推測。不過，那個情況不會發生。

二〇一三年五月時，《鄧特預測》（*The HS Dent Forecast*）投資分析報告發出了「長期賣出」高收益債券的訊號。高收益債券市場應該是二〇一四年世界各股票市場和經濟再次崩落前最後破滅的一個泡沫。HYG是高收益債券的指數股票型基金（ETF）指數，目前看起來，它好像已在二〇一三年五月達到九十六點左右的高峰

圖5-15　HYG，高收益債券，2002至2013年

資料來源：雅虎財經，2013年

（見圖5-15）。二〇一三年一整年間，公司債與長期國庫券利率都見上升。十年期國庫券的利率甚至可能上升到三．五％至三．八％，甚至更高（見第八章）。

最後一個抵達高峰的泡沫——全球股票——有可能在**二〇一四年年初**（大約是在一月中至三月底之間）破滅。從圖5-16可見到，美國股票市場呈現一個擴音器型態（megaphone pattern）：每一個泡沫的高點是愈來愈高，低點卻愈來愈低。我一直都預測，到二〇一三年年底道瓊指數的波動將加劇，接著會在二〇一四年一月底達到近一萬六千點的高峰。如果二〇一四至二〇一五年真的一如預測地發生大崩盤，道瓊指數將可能跌到六千點甚至稍微低一些，也就是擴音器型態下緣的那條線。如果再還原一九九四年以後的所有泡沫走勢，那麼，道瓊指數最終必須跌到三千八百點甚至更低。這有可能在二〇一九年年底或二〇二〇年年初發生，因為屆時美國的長期人口統計趨勢和地緣政治週期將恰好同步達到谷底。

圖5-16 道瓊指數呈現擴音器型態，1990至2015年

資料來源：雅虎財經，2013年

如果到我預測的二〇一四年年中，股市都沒有爆發大崩盤，那麼，更大的崩盤與危機非常可能在二〇一八年到來，那主要將是歐洲在二〇一三年或二〇一四年後急速掉落人口統計趨勢懸崖，以至於經濟內爆所造成。而當美國較富裕族群的人口統計趨勢進一步下降，也會讓美國在二〇一四年或二〇一五年時進一步沉淪。

我將在第六章探討下一場全球金融危機的可能導火線：原物料價格下跌。未來只有新興市場的人口統計趨勢是正面的，因為未來幾十年，已開發國家的趨勢多半都將趨向遲滯或甚至降低。但偏偏這些較高成長的新興經濟體非常仰賴對已開發國家的出口，也高度受原物料商品價格影響，而它們對已開發國家的出口及原物料價格皆已處於下降趨勢。如果整個新興市場——尤其是中國——持續趨向我所預測的疲弱狀態，那到時候還有誰能支撐世界經濟？答案是：**沒有！**

第六章

原物料商品價格：新興市場的致命弱點

原物料價格高低會對全球經濟體系中成長最快速的部門——新興國家造成顯著影響，而這些國家並非與世隔絕、獨立運轉的國家，它們和這個世界息息相關。所以，讓我們先對這個部門稍作鋪陳，尤其是各新興國家的都市化情況。

已開發國家的都市化程度通常都已達到八〇%以上，不過，新興國家卻截然不同。回顧歷史便知，工業化之初——也就是一七〇〇年代末期與一八〇〇年代初期的大不列顛王國——正好也是大規模都市化風潮的起點。當時的英國是工業化趨勢的領導者，而因工廠需要使用大量勞工，而且必須設在接近港口的大型城市，才能在原物料取得、商品製造和成品運輸方面達到較高效率，於是，便促成了這個國家的大規模都市化。

過去兩個世紀以來，都市化歷程陸續擴散到其他西歐國家及美國，進而到亞洲國家，先是日本，再來是台灣、南韓及近幾年的中國。工業化帶來利潤，而由於英國占有這個發展歷程的初期領導地位，所以才能從一個

圖6-1 工業化與都市化的S型曲線

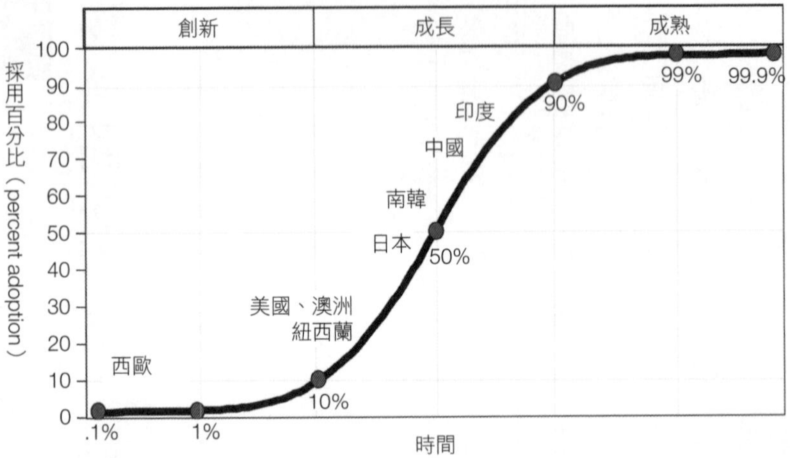

資料來源：鄧特研究中心

資源有限（煤炭例外，英國的煤礦藏很豐富，而且品質良好）的小島國，一躍成為現代史上最大的王國。後來，其他西歐國家的都市化程度迅速上升，社會也變得更富足，儘管都市化初期，都市裡沒有美觀的下水道設施，空氣更是嚴重污染，但那都只是一些小缺憾。

只有少數國家有能力支配最高附加價值的工業產品，如汽車、家電和電腦或漸漸成為主流的新高科技及資訊產業，而「後到」的國家就只能在已商品化的市場上，競逐已然降低的價格與利潤率，而為了成功取得競爭利益，它們不得不採取降低勞動成本的手段（見圖6-1）。不過，這種競爭利益會隨著都市化程度漸漸上升及生活成本上漲而開始消失，因為這兩個因素都會導致薪資上漲。成本上升壓力就是全球工業生產活動漸漸轉移到東亞的關鍵原因。另外，我們也可從中了解為何日本比南韓稍微富裕一點，還有，為何中國目前已成為今日世界最大製造國，但幾乎還是稱不上富裕。理由很簡單：中國只生產較低價值的商品如鋼鐵、衣物、鞋子和腳踏車，而較高附加價值的商品（如汽車、高級家電和電腦與零組件）製造活動卻還是

圖6-2　巴西，人均GDP與都市化程度

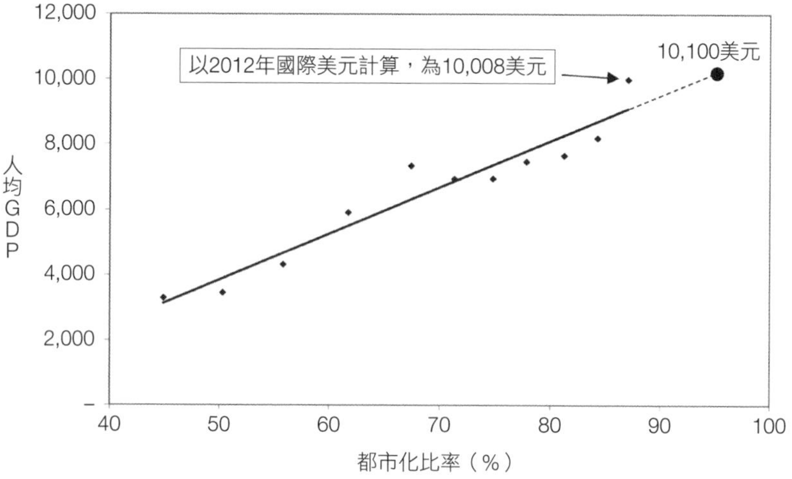

資料來源：安格斯·麥迪遜與世界銀行

日本、台灣和南韓以及德國和美國在把持。因此，中國的生活水準較低，而日本、德國和美國的薪資及生活舒適度較高。相同地，印度也不像中國那麼富裕，因為在製造品生產領域，印度終究還只是個剛剛起步的後輩晚生。

回歸到都市化的話題。根據中國、印度和巴西等國的統計數據，當人民從鄉村地區遷移到都市地區，所得傾向於變成原來的近三倍。因此，GDP成長率受都市化程度上升的影響最大。都市化程度的增長率對GDP的影響甚至比人口統計趨勢更大，而且，以多數情況來說，人均GDP的上漲確實和都市化直接且線性相關。

幾年前，我為了接受一家巴西雜誌訪問而做了一點研究準備工作，在那個過程中，我突然頓悟了一個道理。我發現，巴西的都市化程度早已超過八〇%——如圖6-2所示——但它的人均GDP卻還是只有八千美元（目前比較接近一萬美元），這讓我感到很震驚。為什麼巴西幾乎已經是個完全都市化的國家，但生活水準卻只有美國的二〇%？這個問題讓我頓悟了一個道理：

除非能將產業升級到較高附加價值的產品，否則巴西和多數新興國家無論如何都不可能變得像西方國家那麼富裕。但我也不認為巴西有能力和南韓競逐高級工業產品的製造業務，因為那個領域的空間就那麼大，很難再容納更多國家。

在上一個世紀，只有少數東亞國家如日本、新加坡、台灣和南韓有能力工業化，並從新興國家轉型為已開發國家。新加坡是透過資訊及金融產業來取得已開發國家的地位，所以，它現在甚至比很多工業國家更富裕（畢竟它只是一個城市，沒有鄉村部門）。我不認為其他新興國家如中國和印度能創造等量齊觀的成績，理由是，印度的工業化程度並沒那麼高，而中國的工業化程度雖較高，但它的強項似乎多半屬於低附加價值且獲利能力較低的部門。

馬來西亞的都市化程度並沒那麼徹底，但它卻比巴西及多數沒有參與較高附加價值產業的新興國家更富裕。馬來西亞的都市化程度為七三％，估計當它的都市化程度在未來十年左右達到八〇％後，人均ＧＤＰ將達到約一萬四千美元。以一個沒能成為類似日本或南韓那種工業巨擘的新興國家來說，這樣的所得水準已經算相當不錯了。

中國是第一個徹底領悟將人民從農村遷移到都市，將能產生三倍所得及ＧＤＰ的新興國家。也因如此，它不遺餘力地朝這個方向布局，而且執行速度堪稱史上所有大型國家之最，所以，它目前的都市化程度已達五三％（見圖6-3）。在過去十年的泡沫期，中國在政府卯足全勁加速推動基礎建設和產業發展的情況下，創造了最快速的成長。政府不僅帶頭投資，還提供信用擔保。但請注意，即便未來幾十年間，中國的都市化程度順利達到八〇％，預估它的人均ＧＤＰ還是只能達到一萬四千美元左右，和馬來西亞類似——雖然對新興國家來說，這樣的所得水準已經非常亮眼，但卻仍遠低於美國及其他西方國家。

圖6-3　中國，人均GDP與都市化程度

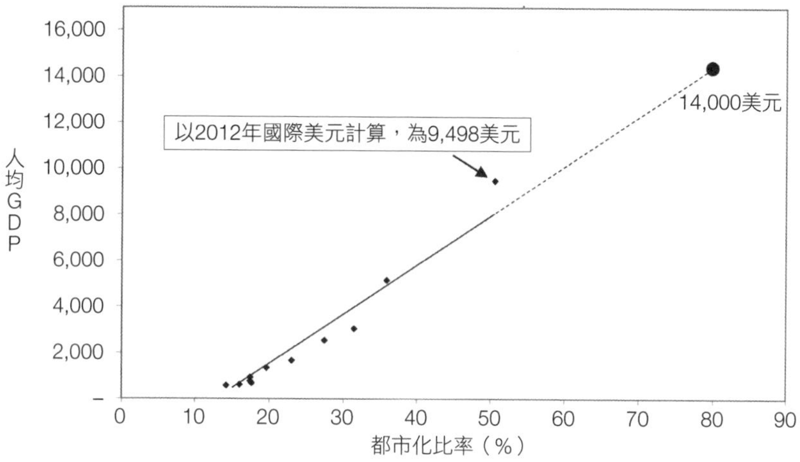

資料來源：安格斯．麥迪遜與世界銀行

目前中國已擬定一個加速提高都市化程度的計畫，目標是希望在二〇二五年——也就是短短十二年間，將都市化程度由五三%提高到七二%。這代表還有二億五千萬人口將遠離他們的農田，搬到都市的高樓大廈。然而，政府這麼大手筆的過度投資，最後通常都會衍生泡沫，而這種泡沫最終一定也難逃破滅的命運，一如一九九七至二〇〇二年的東南亞。從二〇〇〇年開始，中國已經有非常多人民從鄉村遷移到都市，而各個層面的基礎建設也都有過度投資的現象。何況現在的時機對中國不利，因為它是在全球經濟成長及本國人口統計趨勢漸漸遲滯的情況下加碼投資這個計畫。如果整個世界的經濟將繼續成長，中國的出口也能像往常那麼快速擴張，這個計畫或許還行得通。不過，這個計畫是利用農村遷移人口來建造他們自己將要進駐的城市和基礎建設。如果這些人民發現建設完成後，卻無法在當地找到製造部門的工作機會，這些被遷移的勞工就只能黯然面對殘忍的失業情境，愁困在高樓大廈裡。到時候，民怨將難以平息。由於我認為未來六至十年間，全球經濟將急遽惡化，所以，前述情境確實可能成真，因此，中國的錯誤政策將造成災難般的後果。

儘管中國的人口大約是美國的四倍，但未來幾十年間，中國的GDP都不可能超越美國。原因是：首先，中國很可能得開始面對過度興建泡沫崩潰的後果。其次，由於都市化比率成長將趨向遲滯，經濟成長也會降低，而且，它的人口統計趨勢將在二〇二五年後轉為負向。然而，中國的經濟規模確實有接近美國的可能，而且未來幾十年間，它仍將保有世界第二大經濟體的地位，一直到二〇七〇年左右，中國才可能被印度超越。

但最根本的問題是：中國將是第一個掉落人口統計斷崖的新興國家，當勞動力成長在二〇一五至二〇二五年間達到高原期後，整體趨勢便會轉為負向。中國的人口老化速度比美國和其他很多北歐國家還要快，只是很少人了解這個事實。綜上所述，所有事證都顯示，中國未來幾年將難逃經濟硬著陸的命運，而且經濟成長率將明顯降低，推估在下一個全球經濟榮景期時，它的成長率將只剩三％至四％（請注意，我在《二〇一二大蕭條》一書第八章已詳述了中國的泡沫）。

由於整個西方世界和東亞地區的經濟全都明顯趨向遲滯，故這段時間以來，中國一直被視為全球經濟恢復成長的希望。很多新興國家出口大量的原物料商品來滿足中國製造業的胃口，讓中國成為支持全球泡沫的最後一根支柱。而一旦中國的泡沫破滅，價格超漲程度達世界之最的中國房地產市場也將崩盤，屆時中國最富裕的一〇％人口也將隨之跌落谷底，因為多數昂貴的房地產都是掌握在這些人手中，而他們更支配著中國六〇％的消費支出。而且，由於中國的住宅自有率高達八三％（美國只有六四％，且還在下降），故一旦房地產崩盤，連日常消費品產業都會受創。

中國的潛在災難：政府計畫把二億二千萬人口打入地獄

很多主流經濟學家將中國的成長模型吹捧為最新的資本主義模型——由國家驅動的資本主義。這意味政府比自由市場資本主義那隻「看不見的手」更有能力驅動經濟……錯！為什麼？畢竟中國經濟的都市化速度遠比歷史上的所有新興國家快，而且，從一九八〇年代以來，它的經濟成長速度也遠比任何一個主要經濟體快。

而且，我也不吝給予中國一個讚許：它領悟到政府將人民從農村遷移到城市地區的政策，將能產生非常大的力量——遷移到城市的人口的所得和消費將增加近三倍。而且，擁有世界上最多人口且國力日益強盛的中國，當然有想要爭取成為世界第一大國的民族自尊心，這一點和多數不如它的開發中國家不同。

但儘管中國從一九八〇年以來便迅速成長，但迄今卻無證據顯示它能取代日本、南韓、新加坡和台灣等東亞國家在高級工業及科技產業的地位，遑論更居領先地位的歐美地區眾多西方國家。這些「亞洲小龍國家」是在三、四十年內，沿著S型都市化及人均GDP成長模式，從新興國家轉化為已開發國家的。

一如幾乎其他所有新興國家，中國已轉變為某種線性成長模式。只不過，在政府耗費空前資源積極驅動基礎建設及出口產業擴張的情況下，中國交出了光速成長的成績單。一九八〇年代至一九九〇年代的東南亞國家也曾創造如此亮麗的表現，但由於過度擴張，這些國家在一九九七年年底至二〇〇二年年底間爆發金融及貨幣危機。這些國家過分重視以政府力量驅動經濟成長的政策，所以，它們對經濟的干預程度遠遠超出自由市場的法則。

目前中國的成長幅度和時間已經比全球泡沫大上一倍，它從二〇〇二年一路擴張到二〇一三年。在這種情況下，怎麼可能會不爆發大型危機？尤其它是新興國家中，人口統計趨勢唯一達到高原期，並將從二〇二五年起快速下降的國家，其他新興國家的人口統計趨勢多半將等到二〇四〇至二〇七〇年間才陸續達到高峰。中國以空前的魄力，將大量的農村勞工遷移到都市地區，促使該國的都市化程度從一九九〇年的二八%快速上升到二〇一二年的五三%，換言之，有三億五千萬人口在二十二年間遷移了，光是最後這十二年就遷移了二億一千萬人，而且，它還計畫在二〇二五年前，另外遷移二億五千萬人口，讓都市化程度進一步上升到七二%。這簡直是一個服用了類固醇的經濟體！

要怎樣在一夜之間讓那麼多人放棄傳統文化、遷移到異鄉、火速製造那麼龐大的城市下流階層，但又不出亂子？這些農村移民要怎麼跟別人競爭？他們要如何負擔房價所得比居世界之冠（甚至比倫敦和東京還要高）的公寓？

答案是：他們將無法和其他人競爭。當全球經濟持續萎縮，中國政府驅動的外銷及建設工作機會一定會逐漸減少，到時候，這些農村移民絕對沒有能力和別人競爭。中國政府打的如意算盤是，讓這些農村移民建造他們自己要住的高樓大廈，接著便在家裡等待製造業工作機會繼續增加，而一旦這些和命運掙扎的新移民找到工作，消費需求自然也會上升。

但這個如意算盤打錯了！這就是「中國奇蹟」的致命弱點。中國目前有七．一二億人──即五三%的人口──住在城市。但在這些都市人口當中，只有六九%正式設籍的都市居民有權利受教育、獲得醫療和其他社會福利，那大約是四．九一億人。另外三一%，也就是二億二千萬人，基本上是來自鄉村的「非法移民」！他們不是設籍的居民，當一切順利時，在地人口當然可以容忍這些移民的存在，就像美國在榮景時期願意容忍墨西哥非法移民來填補我們不想做的職缺。

但當榮景轉為衰退時，又會發生什麼事？這些人將成為人人避之唯恐不及的燙手山芋，而且得不到任何福利。目前美國非法移民遷移回墨西哥的速度，和新移民進入美國的速度一樣快，甚至更快，而如果經濟狀況一如我的預測，在二〇一四至二〇一九年（甚至更久以後）急速萎縮，情況只會更嚴重。我認為這個趨勢將難以逃避，因為這些農村移民為了生存，最後一定得回到農村。

這會不會導致中國爆發大規模的人民動亂，甚至更嚴重的房地產泡沫崩潰？如果失業又沒有一技之長的人民只能一事無成地愁困在高樓大廈裡，那人民動亂及房市崩潰一定會發生！

以下就是中國可能發生的災難情境：

從二〇〇〇到二〇〇八年間，它興建的新屋數是新家庭成立數的兩倍，目前住宅興建速度更達新家庭數的三．三倍，投機風潮愈來愈囂張，投資客占購屋者的比率已高達五三%。到目前為止，若與所得比較，中國房地產價格超漲程度已達世界之冠，深圳達三十五倍，北京為三十倍，上海達二十八倍，平均也達十五．七倍。遠比倫敦和東京高！

當全球經濟成長趨向遲滯，這些最低技術層次的都市移民勞工將會最先失去工作，而由於他們的住宅自有率低，可以獲得的福利又少，最後一定會撤退回農村簡陋的老家，回歸自給自足的農業生活。

由於超建及投機炒作的緣故，中國各大城市的住宅空屋率已達到二四%。如果高達二億二千萬未設籍的人口又離開都市，會怎麼樣？屆時，過度建設的城市將變成一大堆鬼城（像鄂爾多斯市及很多早就無人居住的城市），房地產價格將崩跌六〇%至八〇%以上！

一般中國人的儲蓄率高達五〇%，前五%高所得的國民甚至會將七〇%的所得存起來，並將多數儲蓄投入房地產和銀行帳戶，而非股票和債券，所以，他們的住宅自有率高達八三%。前一〇%高所得的國民存最多錢，也是房地產市場的主要支配力量，另外，他們的所得約占全國總所得的六〇%，而且支配了絕大多數的消費。

如果中國房地產泡沫崩潰，財富蒸發的情況將遠比美國嚴重，多數有錢人的支出會蒸發得更快。到時候，房地產將跌更多，經濟也會隨之崩潰。

讓我舉一個過去的例子來做類比。西元一八〇〇年代末期至一九〇〇年代初期，美國還是一個正在崛起的新興國家，後來，它透過汽車、電力乃至一九一四年的生產線等創新，漸漸取代大英帝國的地位。第一次世界大戰爆發後，歐洲陷入戰爭，亟需美國的工業及農業產能，美國的經濟成長和產能增加速度因此突然暴衝。不過，第一次世界大戰結束後，歐洲各部門的產能逐漸恢復正常，原物料價格也因產能過剩而崩跌，這引發了一九二〇至一九二一年的大規模經濟衰退。促成「咆哮二〇年代」榮景期的主要驅動因素其實是利率下降、投機風潮盛行，以及人口統計趨勢上升。但從一九三〇年起，全球產能再度過剩，加上各國實施貿易關稅，全球貿易隨之崩潰。不巧那段時期亨利．福特世代的消費週期（這是第一次世界大戰前的新移民所驅動）也達到高峰並反轉向下。中國如今也是世界上的新興工業強權，故未來幾年，一旦它的經濟走疲、泡沫崩潰，也可能引爆類似一九三〇年代的經濟蕭條及全球貨幣和貿易戰，經濟不會只是進一步衰退而已。

中國有可能是最後一個崩潰的泡沫，不過，泡沫崩潰的殺傷力將最先傷害到本國人民，接著才會損及全球經濟，一如它空前的大污染對眼前及未來的影響。不要妄想中國會成為未來的資本主義典範，因為它的故事反而將證明，由上而下的政府中央計畫模式及永無止盡的振興方案，將會對自由市場資本主義造成猶如殺雞取卵的惡果，因為唯有政府提供穩定的規則基礎和中性的貨幣政策（一如吾友喬治．吉爾德的建言），自由市場資本主義才能發揮它最大的功能。

一九一四年後的美國和當前中國之間的差異是，美國當時的人口統計趨勢持續向上發展了幾十年，所以，它才能在歷經大蕭條的洗禮後，進一步鞏固新領導者的地位，而且，那一場衝擊反而讓美國變得更強盛。但中

圖6-4　印度，人均GDP與都市化程度

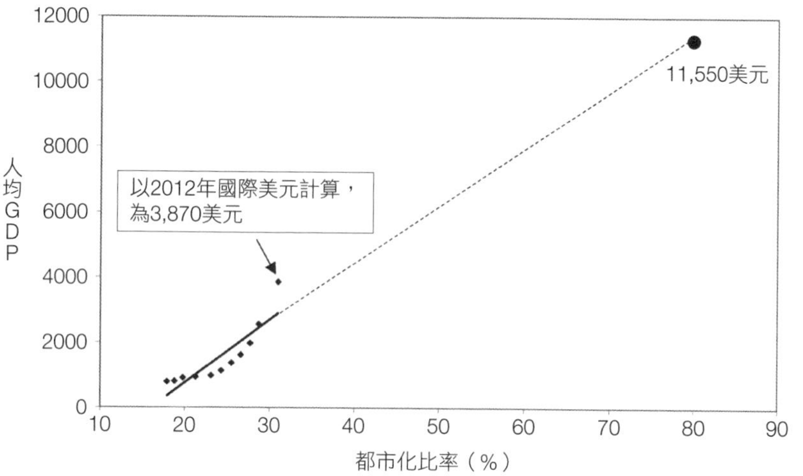

資料來源：安格斯．麥迪遜與世界銀行

國目前的人口統計趨勢已經開始遲滯，而且過去都市化及基礎建設速度過快的結果，反而將導致未來的都市化道路變得崎嶇。

中國的泡沫可能是現代史上最大的政府驅動型泡沫，而它的崩潰也勢將創下新紀錄。要消化這個過度投資的惡果，可能得花上十年以上的時間。但到時候，中國卻又將摔落人口統計趨勢斷崖，所以，它可能永遠都無緣成為世界最大的經濟體。

另一個新興市場大國印度，目前也持續推動都市化，不過，它的進展較慢，比不上中國的速度。如圖6-4所示，它目前的都市化程度僅約三二%，但誠如我先前提到過的，儘管中國處處都見過度投資的景象，但印度在基礎建設和關鍵產業方面的投資卻相當不足。現在推估或許言之過早，不過，如果過去的趨勢得以延續，當印度的都市化程度達到八〇%時，它的所得將上升到一萬二千美元左右，但要達到這個目標，得花五十年甚至更久的時間，而且，到時候，它的人口統計趨勢可能已達高峰。不過，隨著中國經濟成長將降低且趨向遲滯，

圖6-5　肯亞，人均GDP與都市化程度

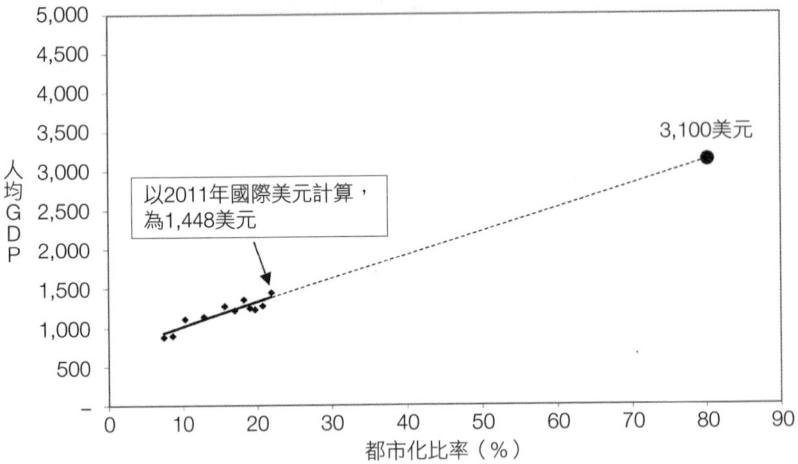

資料來源：安格斯．麥迪遜與世界銀行

對外國投資人來說，未來印度可能較具吸引力，而且印度政府在基礎建設的投資方面也轉趨積極。不過，光靠政府並不夠，他們還是需要來自外國投資人的直接投資。

圖6-5的肯亞是新興市場中較落後國家的案例之一。它的都市化程度僅僅二四%，而且進展速度非常慢。二〇一一年時，它的人均GDP只有一千四百四十八美元，即使調整過較低生活成本／較高購買力的因素後，它的所得依舊非常低。你應該有聽說過，在多數新興國家，只要兩美元就夠度過一天，肯亞的情況便是如此。在肯亞和其他類似的國家，最嚴重的主要課題就是貪腐：政府領導人、部落領導人、毒梟等，全都難辭其咎。這類國家的權力和財富掌握在少數人手裡，其他所有人幾乎都處於赤貧狀態。而由於貧窮程度及失業率非常高，所以儘管這些國家的年輕人口眾多、人口統計趨勢強勁，但這些對經濟而言反而是包袱，而非助力。

如果目前的趨勢延續下去，肯亞要到八十年後才會達到八〇%的都市化水準，但屆時人均GDP只會達到三千一百美元。除非解決貪汙問題，否則肯亞還是會停滯不前。除了南非和波札那以外，多數漠南非洲國家全都和肯亞類似。菲律賓、阿富汗和孟加拉也是都市化程度低，且人均GDP非常低的例子。這些國家尚未加入資本主義陣營，而除非他們加入這個陣營，否則儘管潛在人口統計趨勢很強，未來的發展還是令人存疑。

新興市場的人口統計趨勢

儘管都市化程度對新興市場的成長至為關鍵，但人口統計趨勢也是驅動成長的重要因素之一。事實上，未來幾十年間，全球人口的成長主要將來自新興國家，因為幾乎所有已開發國家的人口統計趨勢都已開始走平或下降。

但我發現，要判斷新興國家的人口統計趨勢走向，「勞動力成長」的指標性比「間隔四十六至四十七年消費潮」更強。理由包括：首先，新興國家的管理階層、專業人士及技師等工作機會占比遠低於已開發國家，而這些人才是發展高價值製造業及資訊產業的關鍵。另外，這些國家的所得及支出曲線波動率也不像已開發國家那麼激烈。因此，若要了解這些國家的人口統計趨勢對經濟成長的潛在貢獻度，較理想的方法就是推估勞動力成長率。

讓我們先從圖6-6的東南亞開始談起，這個地區包括印尼、泰國、越南、柬埔寨、寮國、菲律賓和緬甸。數據顯示，他們的勞動力將持續增長至二〇四〇年，接著漸漸趨向長期的遲滯。這些國家的人民非常重視工作倫理，觀光業也很發達。雖然它們並不會對東亞的高級製造業領域造成威脅，不過，在成衣等輕工業卻較具優勢。

圖6-6　東南亞的勞動力成長

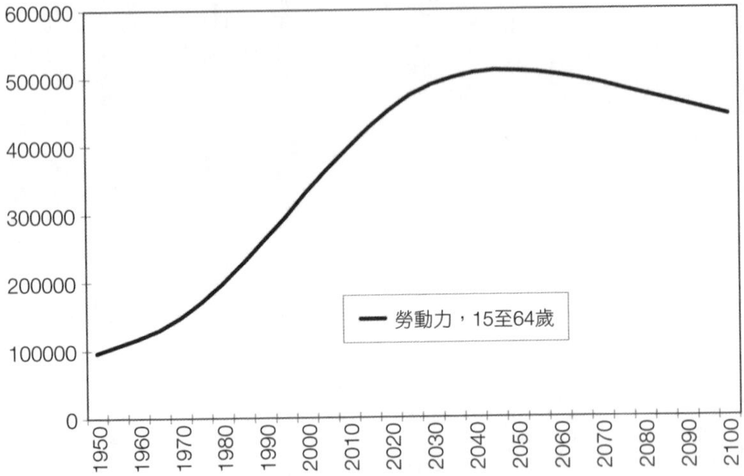

資料來源：聯合國人口司，2013年（單位：千人）

圖6-7南亞的主要國家是印度，其他還包括孟加拉、巴基斯坦、伊朗和阿富汗等。南亞的勞動力將一直成長到二〇六五年至二〇七〇年，而且，到時候也只會溫和遞減。基於印度有潛力成為外國投資者鎖定的主要目標，而且，它的經濟規模有機會躍居世界第三大，所以，這個地區未來幾十年的前景有可能最為亮麗，因為中國二〇二五年以後的人口統計趨勢將加速趨緩。再者，印度也開始在電影及軟體業嶄露頭角，目前這兩個資訊／服務業的關鍵產業是由美國把持。另外，印度的大企業——塔塔公司（Tata）——已藉由收購捷豹（Jaguar）和荒原路華（Land Rover）等汽車公司，介入汽車產業。

如圖6-8，拉丁美洲的勞動力將一路成長到二〇四〇年左右。拉丁美洲並沒有積極介入大型製造業，只有墨西哥例外，它已成為中國在輕工業及部分重工業的主要競爭對手。墨西哥的優勢是它距離美國、加拿大和南美洲較近，但這個區域的弱點是：都市化程度已達八〇%以上。此地區的生活水準介於人均GDP五千美元至

圖6-7　南亞的勞動力成長

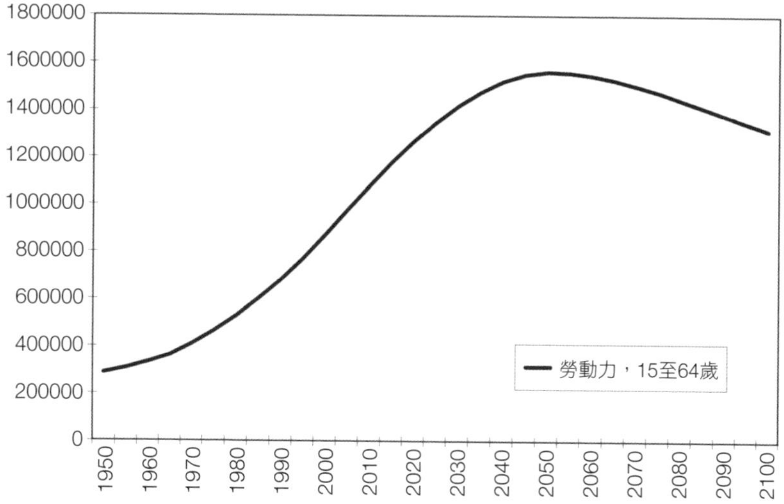

資料來源：聯合國人口司，2013年（單位：千人）

圖6-8　拉丁美洲的勞動力成長

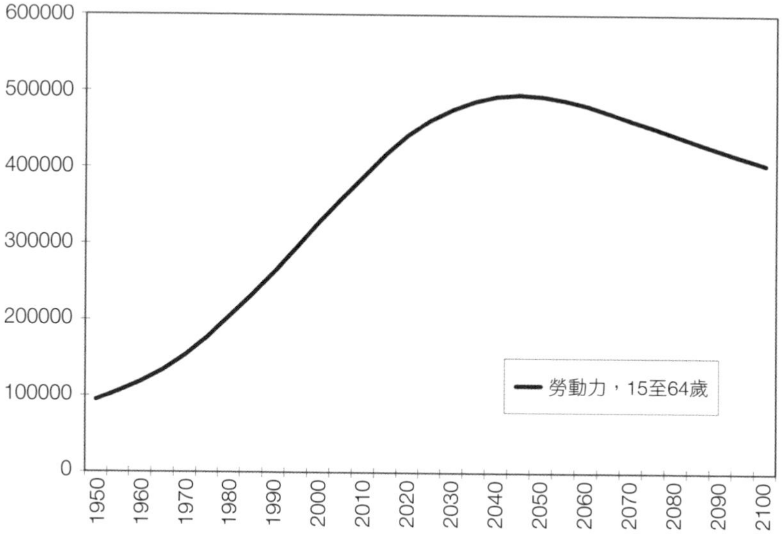

資料來源：聯合國人口司，2013年（單位：千人）

圖6-9　中東／北非的勞動力成長

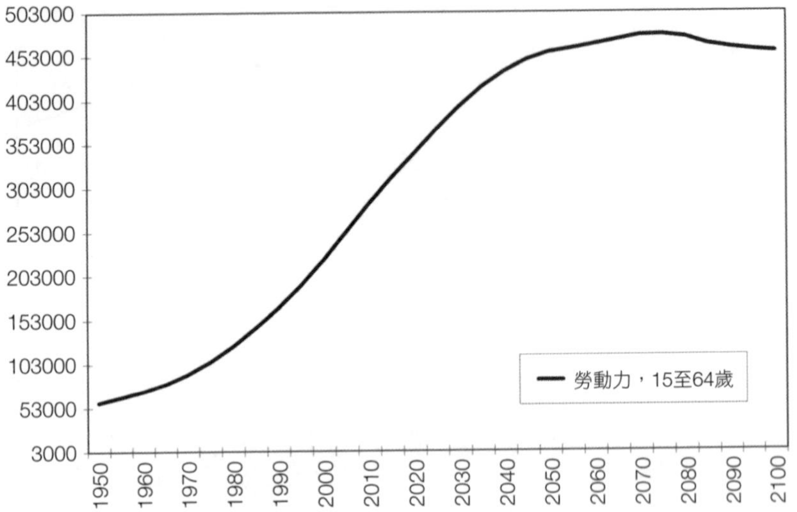

資料來源：聯合國人口司，2013年（單位：千人）

一萬五千美元，波多黎各、智利和阿根廷較高，巴西則中等。巴西將比多數拉丁美洲國家稍微早一點達到高峰，時間點落在二〇三〇至二〇三五年間。現在的拉丁美洲已經難以輕易透過都市化來獲得利益，不過，這個地區未來的人口統計趨勢仍屬正面。只不過，由於預估原物料商品週期將一路下降至二〇二三年前後，此地的多數國家將因此而受到傷害，尤其是智利、阿根廷和巴西。

圖6-9的區域包含中東和北非，當地的人口統計趨勢比印度和南亞更強，勞動力成長要到二〇七〇年左右才會達到高峰。其中，杜拜和波斯灣各國正以過去透過石油累積的財富來建立具領導優勢的城市，並企圖將國家轉型為大型航空及金融中心。積極投入這種大型專案和投資案的原因是，這些國家深知石油礦藏終將耗竭，且石油可能被天然氣或無碳資源等其他替代能源取代，所以，為了因應這些可能對國家造成重創的隱憂，他們遂積極發展其他可能性。何況美國即將脫離石油淨進口國，成為和這些國家直接競爭的石

圖6-10 漢南非洲的勞動力成長

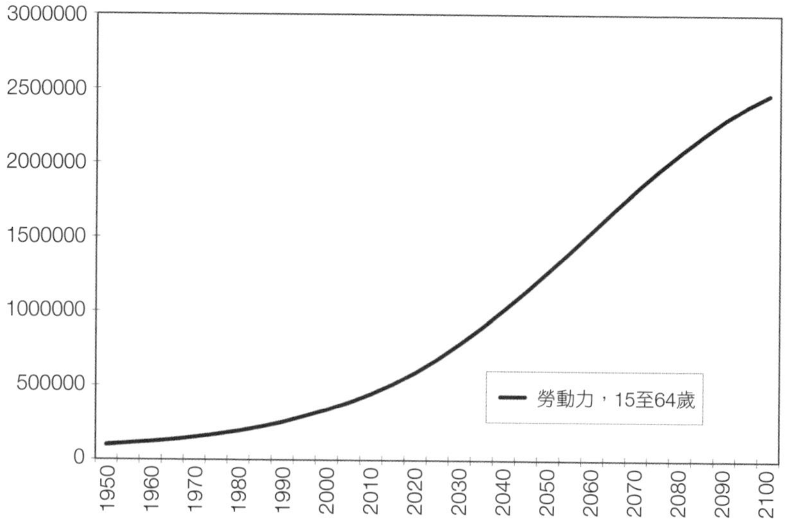

資料來源：聯合國人口司，2013年（單位：千人）

油淨出口國。因此，我預測未來十年間，油價最低可能會跌到十至二十美元，但比較可能的平均價應該會落在四十至六十美元，所以，這個地區的前景可能不是那麼亮麗。

因此，在二〇二三年以前，這個區域的狀況可能偏向負面，而且，就算過了二〇二三年，整個局面可能還是隱含較高的不確定性，因為屆時還得看石油燃料的價格高低，以及這些國家發展新產業的成果如何。再者，未來幾年，「阿拉伯之春」革命風潮可能繼續在這個地區延燒甚至造成大動盪。不過，儘管步步艱辛，但這個區域將愈來愈民主，資本主義也會愈來愈盛行，尤其是在北非、伊拉克和伊朗。然而，如果當地各國政府訴諸神權主義（theocratic），那此地的未來發展有可能會完全相反。

圖6-10漢南非洲的人口統計趨勢是世界上最強且將延續最久的區域之一，不過，這個地區的多數國家卻受兩項重大劣勢所阻礙：首先它們尚未加入資

本主義及民主革命陣營，其次是，它們容易受失控的貪腐風氣影響，貪腐不僅拖累經濟，也讓一般人民失去很多機會。這些也是最容易受原物料商品價格下跌衝擊的國家，而我預期未來十年，原物料商品市場的展望並不樂觀。然而，如果能戮力於政治和經濟改革，這個地區的上升潛力將會相當大，因為勞動力成長趨勢可能要到二一〇〇年左右才會達到高峰。

為期三十年的原物料商品週期

要了解二十九至三十年交替一次的原物料商品週期，一定要先體認到目前這個時代（也就是二〇〇八至二〇二〇／二〇二三年）是歷史上一個非常獨特的時期：眼前有三個總體週期（macro cycle）同步向下，包括原物料商品週期、三十九至四十年一次的世代週期（消費潮），以及鄧特研究中心所發現的地緣政治週期（十八年輪替一次），我們將在第八章解釋最後一個週期。

這幾種週期的重疊應該會在經濟層面上營造出一個完美風暴，因為三十年輪替一次（一九二〇年、一九四九至一九五一年、一九八〇年，以及最近的二〇〇八至二〇一一年年初）的原物料商品週期才剛剛從高峰向下滑落。如圖6-11，應該沒有人能找到比它更「準時」的長期週期了。

這個週期的驅動力量來自各種能讓人更有能力負擔諸如原物料商品等事物的基本技術創新，而這種創新通常會在這類商品匱乏或變得昂貴時出現。換言之，通貨膨脹能驅動創新，最後促使物價再次下跌。在美國經濟較著重於食物和基本材料的其他世代，四季經濟循環（第一章討論過）就是順著原物料週期發展，換言之，當時美國經濟每隔二十九至三十年就會出現一次榮景。但到了一九〇〇年代初期，隨著生產線問世而形成的大量

圖6-11 29至30年的原物料商品週期

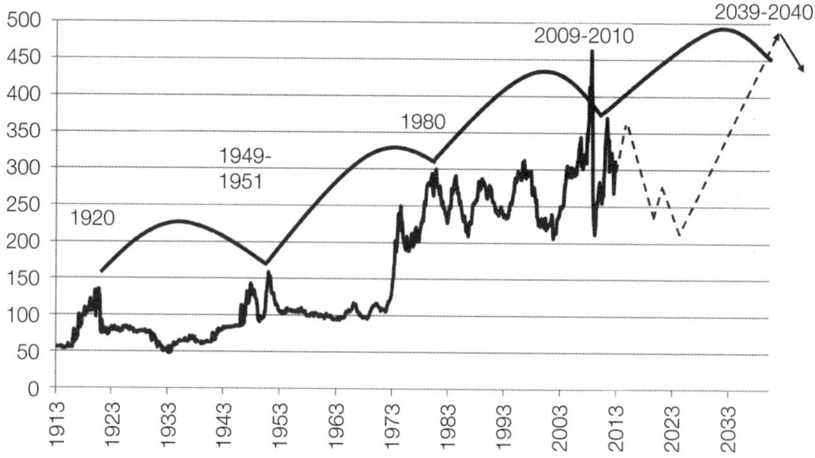

資料來源：彭博資訊，2013年

生產經濟模式，永久改變了長期經濟循環的模式，將它變成較隨著生產力提升及新中產階級家庭消費發展的四十年世代週期。然而，多數新興國家和少數以資源出口為導向的已開發國家，包括加拿大、澳洲和紐西蘭，迄今都還是深受原物料商品週期影響。

到二〇二〇年代初期以前，原物料商品價格不可能再次反轉向上，但過了那時，它有可能出現史上最大一波榮景。世界各地的新興國家將是驅動下一波經濟榮景的主要力量，這主要是這些國家的人口統計趨勢急速發展所致。而且，屆時他們的國民消耗在原物料商品的所得百分比將遠高於已開發國家。新興國家的中產階級人口將持續成長，同時，未來將有大量女性勞工投入勞動力，一如已開發國家在二次世界大戰後的情況。不過，這些勞工的所得還是將遠遠落後美國中產階級。圖6-12說明了未來十年間，一旦女性勞工人數等於男性勞工人數，會分別對特定已開發及新興國家造成什麼影響。諸如埃及和印度等國家將受益最多，因為就女性投入勞動力的趨勢來說，它們還處於起步階段。中國和巴西的受

圖6-12　特定新興國家女性參與的影響

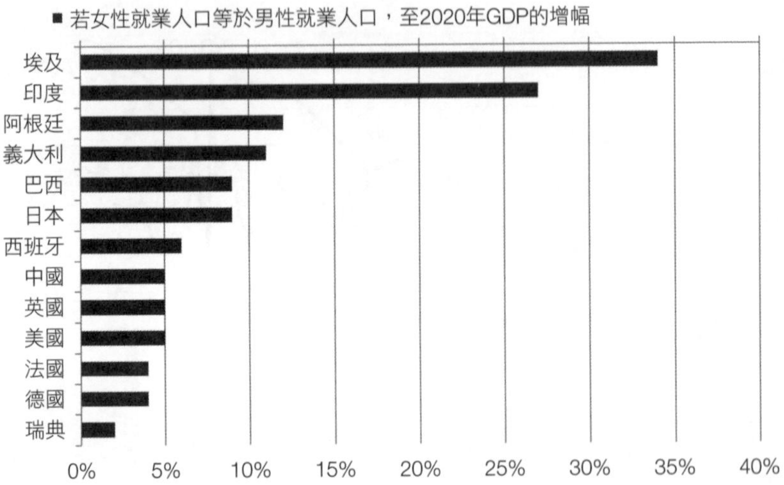

資料來源：布茲諮詢公司（Booz and Company）的報告：〈第三個十億──女性新勢力：十億職場女性的經濟驅動力研究〉（Empowering the Third Billion: Women and the World of Work in 2012），2012年

惠程度則比較低。

觀察人口統計趨勢和諸如通貨膨脹與原物料商品價格上漲等其他要素時，我認為下一個全球經濟榮景期──大約是二〇二四至二〇三六年間──最後將因通貨膨脹及原物料價格上漲而被打斷──預計通膨及原物料商品價格將在二〇三八至二〇四〇年間達到高峰。到了二〇三七至二〇四四年間，美國的人口統計趨勢將走下坡，東南亞和拉丁美洲也將開始趨向遲滯，而屆時中國人口統計趨勢趨向遲滯的情況將更劇烈。

二〇二四至二〇三八／二〇四〇年間，應該會出現下一波原物料商品榮景，而這樣的環境應該對身為大型原物料商品出口國的新興國家非常有利，而且，這些國家的人口統計趨勢正好也最強。接著，大約二〇四六至二〇五五年左右，將會有第二波急漲，因為美國第二批回聲潮世代的消費將達到高峰，而且，根據拉丁美洲及東南亞以外的多數新興國家的人口統計趨勢，它們的

圖6-13　原物料商品研究局指數，2000至2013年

資料來源：彭博資訊，2013年

勞動力和消費都還是會持續成長。全球人口和更龐大的新興市場榮景將在二〇六五至二〇七〇年前後達到高峰，接下來，全球將陷入下一個經濟大蕭條，因為由諸如印度等國家所領導的秋季泡沫榮景，將在二〇六〇年代急速抵達高峰並反轉向下。各個新興國家大致上將從二〇四〇年左右開始陸續掉落人口統計斷崖，一開始是拉丁美洲和東南亞，最後是二一〇〇年左右的漠南非洲，不過，中國的高峰會比其他新興國家早出現，大約是在二〇一五至二〇二五年。

從二〇一一年四月底後，圖6-13的原物料商品研究局指數再次領先多數已開發國家股票市場下跌。它的最高峰早在二〇〇八年年中就已出現，當時指數大約是四百六十五點。二〇〇八年年底時，它出現一個大A波崩盤，指數跌到二百一十點。接下來是B波反彈——在二〇一一年四月回升至三百七十點，這有點類似一九四九至一九五一年的雙高峰走勢，但二〇〇八年年中的整體第五波高峰比上一次更加明顯。C波的第一個下跌波是跌到二〇一二年六月的二百六十七點，後來稍微反彈。而二〇一三年一整年，

圖6-14 中國的工業用金屬消費

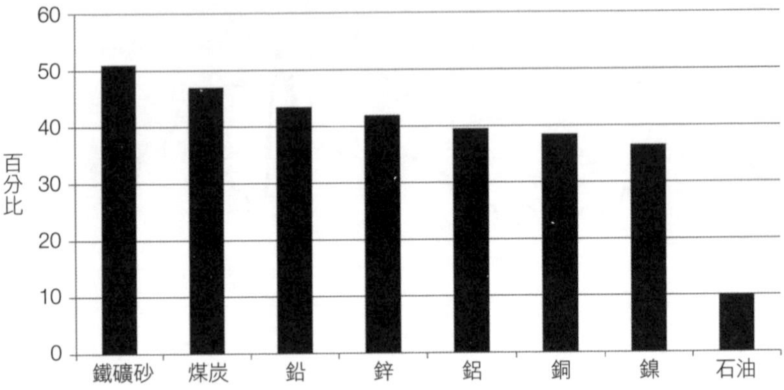

資料來源：《經濟學人》的報導：〈追趕競賽〉（A Game of Catch-up），2011年9月24日

原物料商品研究局指數大致上是在一個狹窄的區間內起起落落的。一旦跌破二百六十五點，原物料商品價格將至少會跌到二百零五至二百一十點，甚至更低，時間點大約是落在二○一五年年初至年中。到最後，在這個週期再次反轉向上（因為全球可能從二○二三年起進入下一個榮景期）以前，該指數甚至可能跌到一百至一百五十點。

目前中國是多數工業與能源相關原物料商品的最大消費者，如圖6-14所示，它對各項原物料商品的消費百分比介於三七％至五一％。消費百分比最高的是鐵礦砂，高達全球需求的五一％，其次是煤炭，為四七．五％，鉛為四四％，鋅是四二％，鋁為三九．五％，銅是三八．五％，鎳為三七％，石油則只有一○％，但儘管只有一○％，還是非常高。印度和中國的需求共占了全球黃金需求的五二％，其中印度達三二％（盧比在二○一一年後貶值，故其黃金消費比重也降低），中國為二○％，歐洲和俄羅斯占一三％，而中東和土耳其約一二％，北美則僅占八％。

中國的經濟成長已趨緩，尤其是大量進口原料（向新興國家及澳洲與加拿大等已開發國家進口）再轉製為出口品的製造業務，已明顯趨向遲滯。

該領域成長的趨緩，已導致原物料商品再次領先全球主要股市抵達高峰。在前一波走勢中，儘管多數股票市場是在二〇〇七年底達到高峰，但原物料商品價格卻一直到二〇〇八年年中才見到高點，那是因為當時已開發國家陷入銀行危機，新興國家的經濟成長比較強。但這一次，原物料商品市場恢復舊有的常態，領先股票出現了反彈泡沫，並在二〇一一年四月底二度創下高點後反轉向下，多數新興國家的股票亦然。不過，這也意味已開發國家將會跟進。

逐一觀察關鍵的原物料商品時，就會發現工業用原物料商品轉弱的速度最快，原因是中國和全球經濟趨緩。而在這場醞釀中的金融危機裡，貴金屬因被視為「避險天堂」而漸漸走高，但現在看起來，它的高峰已經出現。因氣候變遷的緣故，農業原物料商品的波動比較激烈，而且其走勢通常是逆循環（counter-cyclical）。不過，由於人口統計趨勢較強的新興市場對食物的需求持續升高，可能會促使農業原物料商品在整體原物料商品趨勢疲弱的情況下異軍突起，偶爾出現一些上漲行情。儘管其他市場的原物料商品價格下跌，但美國的天然氣和農業原物料商品可能是未來十年間表現最好且最逆循環的族群。

一般人多半沒注意到鐵礦砂價格近來的下跌，很多耐久商品和建築活動都需要使用鋼鐵，所以，澳洲對中國最大宗的出口項目就是鐵礦砂。鐵礦砂在二〇一一年四月抵達非常清晰的第五波高點，接下來出現A波崩跌，價格跌到八十五美元。目前鐵礦砂正在走B波行情，看起來將達到更高的高峰，估計將達介於一百二十至一百三十美元，但到二〇一五年年初前後，預料它將崩跌到五十美元甚至更低價格。中國對煤炭的需求也很高，但這項原物料商品也已出現非常戲劇化的頭肩頂（head-and-shoulders）型態，它在二〇一一年四月出現了很極端的頭部高點——一百四十四美元，接著急遽崩跌至四十美元，再形成右肩第二個高點八十四美元。一旦

圖6-15　銅

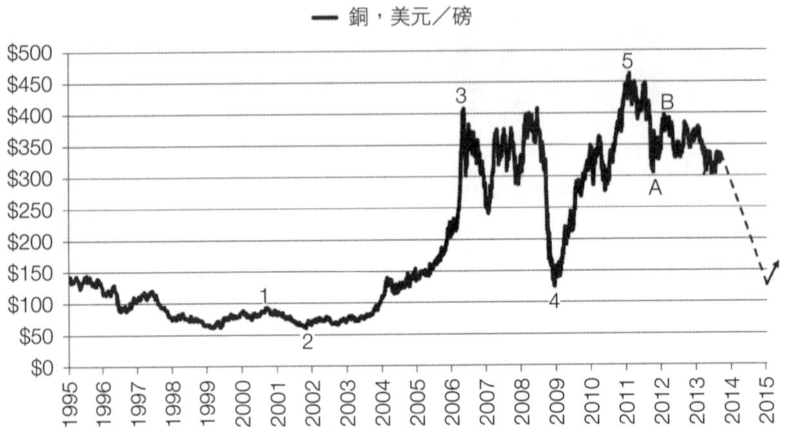

資料來源：彭博資訊，2013年

這個型態跌破五十美元左右的頸線（neckline）位置，崩跌走勢將更激烈。這個市場可能至少會跌到二〇一五年年初的二十美元甚至十美元以下。

由於銅的用途非常廣泛，所以它被視為最典型的工業用金屬。從圖6-15可看出非常清晰的第五波高峰——銅價在二〇一一年四月達到四百六十美元的高點，接著便出現下跌A波，崩跌到二〇一一年年底的三百美元。B波反彈到四百美元的高點後，又在二〇一三年年中跌到略低於三百美元。如果銅價跌破二百九十五美元，下跌C波將再度展開，在這種情況下，銅價可能繼續跌到二〇一五年年初的一百二十五美元，比頂點下跌七三％。

金價高度取決於中國和印度的珠寶和投資需求。如圖6-16所示，黃金在二〇一一年九月之前強勁上漲，接著便在一千五百二十五至一千八百美元的區間內震盪，一直到二〇一三年五月才跌破這個區間，最終在一千一百七十九美元落底，隨後並一路反彈到二〇一三年年底。在第三次量化寬鬆剛宣布時，黃金價格就未能向上突破，而雖然後來聯準會宣布擴大第三次量化寬鬆的規模，日本也宣布史

圖6-16 黃金

資料來源：彭博資訊，2013年

上最積極的經濟振興方案，黃金都沒能向上突破，這就代表市場對黃金和貴金屬的看法已經悄悄轉變了。

其中，黃金市場的兩個變化特別值得一提，首先是新興市場的需求降低，尤其是印度的需求；另一個變化是，經過四年不斷加碼的貨幣振興措施，通貨膨脹並未在二〇一三年上升。這個發展讓主張惡性通膨的陣營失去公信力，而除了消費需求以外，這個陣營可謂最大的黃金買盤。未來幾年，黃金最終將會跌到七百至七百四十美元，而在原物料商品週期於二〇二〇年代初期走出可能的谷底以前，它還可能會繼續跌到二百五十美元左右的低點。除非黃金向上突破一千五百二十五美元，並持穩在這個水準之上，它才有可能在下一場經濟危機的初期階段大漲到新高點。而且，除非屆時各國推出比二〇一二年年底和二〇一三年年初時更大方的量化寬鬆及振興方案，否則黃金也不可能出現這樣的走勢。此時此刻看來，由於聯準會首度釋出要逐步降低量化寬鬆規模的訊息，所以，前述情境不可能發生。

貴金屬當中的「跳跳球」——白銀——的波動性至少是黃金的兩倍。我們在二〇一一年四月底就發出白銀及其他貴

圖6-17　石油

資料來源：彭博資訊，2013年

金屬的第一個賣出訊號。白銀有可能在未來幾年至十年間見到五至十美元的低點。所以，對多數投資人來說，它絕對不是一個好選擇。

圖6-17的原油在二〇〇八年六月抵達非常戲劇化的高峰——一百四十七美元，接著又出現我有生以來見過最劇烈的短期崩跌，在二〇〇八年十月跌到三十二美元。避險基金和投機者本來是基於石油供給有限的論述，所以採用極高的槓桿，賭油價將上漲。不過，二〇〇八年時，由於美國和其他經濟體開始趨向遲滯，故這些人被迫快速拋售石油來因應融資追繳（margin calls）壓力，一如二〇一三年五月時的黃金投機者。油價後來又反彈回一百一十四美元，接著，從二〇一一年四月過後，它就和多數工業用原物料商品類似，呈現持平的區間交易狀態。二〇一三年七月，石油一度觸及這個區間的頂點一百零九美元。如果向上突破，油價應該會繼續上漲，可是，以二〇一三年年底的情況而言，石油向上突破的可能性不高。但如果油價跌破八十美元，代表石油將再次展開另一波跌勢。最終來說，我認為石油將在二〇一五年年初左右回跌到二十美元，甚至

可能在二〇二〇至二〇二三年間跌到十美元。不過，在未來十年的多數時間，平均油價比較可能維持在四十至六十美元的區間。這個展望不利於替代能源，前述情況對天然氣而言，甚至可能造成傷害，因為油價必須超過四十八美元，天然氣才有和石油競爭的餘地。

誠如這份概要的價格波動調查所呈現，在後續的這個週期，原物料商品市場將不同於二〇〇八年（當時原物料商品比股市晚下跌）的情況，它將領先全球經濟走下坡。如果原物料價格持續下跌，那就算新興國家的人口統計趨勢比較強，還是難免受到負面衝擊，並進而影響到全球的成長，尤其是中國的成長力道。

新興國家的出口

二〇一三年三月，我受邀到白銀合夥公司（Platinum Partners）在加拿大惠斯勒（Whistler）舉辦的會議中演說，會議的主持人是唐尼．羅賓斯。在場聽眾不僅個個都很有成就，而且都是很有創造力且風趣的企業家，不是一些無趣的企業高階主管或經濟分析師。羅賓斯向來神通廣大，他每次都能找到相關領域最優秀的專家來演說，像是「油神」皮肯斯（T. Boone Pickens）、庫茲威爾和麥嘉華（Marc Faber）等。歐普拉．溫弗瑞（Oprah Winfrey）和皮爾斯．摩根（Piers Morgan）去年也來為他站台。羅賓斯多年耕耘利基市場，且成績相當亮麗，目前正逐漸成為主流人士，說他像一條即將成形的S型曲線也不為過。

他為二〇一三年的會議邀請了里昂證券（CLSA）亞太市場的顧問之一羅素．納皮爾（Russell Napier），納皮爾是透過Skype從英國發表演說。他在演說中提出一個要點：他認為除了歐洲，新興國家也將「喝西北風」，而這將對中國造成傷害，因為目前中國對新興國家的出口比率已高於已開發國家。

我的想法是，由於美國的狀況已經略微好轉（先前那一場全球危機是因美國次貸崩潰而引爆），故歐洲是目前最可能引爆下一場金融危機的地區。然而，新興國家的各種問題和原物料商品價格的下跌，也可能引爆另一場大型危機，這場新興市場危機可能會在歐洲下一場危機（二〇一三年年初，賽普勒斯〔Cyprus〕銀行存款被充公後，歐洲的情況似乎又開始惡化）到來前爆發，也可能是在之後爆發。

納皮爾的演說讓我產生一些靈感，我將這些靈感和鄧特研究中心的數據結合在一起後，歸納出以下幾點想法——我認為由新興市場引爆危機的可能性正持續上升：

一、已開發國家實施量化寬鬆的後續影響之一是，它導致新興國家的通貨膨脹上升，並使這些新興國家的成長趨向遲滯。未來新興國家要打擊的，傾向於是通膨，但已開發國家則因人口統計趨勢遲滯及債務去槓桿化而不得不和通貨緊縮作戰。

二、量化寬鬆傾向於促使新興國家的貨幣升值到不合理水準，而這會傷害到它們的出口。但就在不久前，聯準會釋出量化寬鬆可能退場的訊息，相關的疑慮卻又導致這些國家的貨幣相對美元貶值，而這已經影響到它們的進口，而且導致通貨膨脹上升——這根本就是惡性循環！

三、由於上述影響及原物料價格下跌，世界經濟成長率已開始降低，很多新興國家的出口和外匯準備因此也趨向遲滯，甚至開始下降。

四、原物料價格下跌對已開發國家是好的，因為這能讓通貨膨脹維持低檔，進口金額也得以降低，但由於多數新興國家是主要原物料商品出口國，故原物料價格下跌將傷害它們最具獲利能力的股票、企業，並導致工作機會減少。

五、由於中國目前對新興國家的出口占比已超過對已開發國家的出口，因此它的出口受新興國家經濟趨向遲滯而受害的程度，高於受美國及歐洲經濟趨緩的影響。儘管原物料商品價格下跌有利於中國進口及生活成本的降低，但整體而言，依舊是不利的。

六、很多原物料商品的未來掌握在中國手上，尤其是促進中國高成長及出口製造業所需的工業用金屬和礦產品。

七、原物料價格的下跌已經開始形成一個惡性循環，它傷害到新興國家的出口，並導致中國的出口受到拖累，而這會進一步導致原物料價格進一步下跌，再對新興國家的出口形成更大的傷害。

八、外匯存底成長率的降低，意味新興國家未來對美國長期國庫券的需求將會減少，這可能會導致利率水準上升——就算繼續執行量化寬鬆也無濟於事，另外，這個現象也可能促使聯準會購買更多債券來維持超低的長期利率。

九、如果長期利率果真上升——一如我們的長期國庫券利率軌道圖所示——將會對住宅市場的復甦、企業貸款成本和股票評價等造成負面影響。

有一個趨勢令人感到很困擾：外國中央銀行持有美國長期國庫券的比重，已從二〇一一年的三八%降到三三%，如圖6-18所示。這個趨勢很可能延續下去。其中絕大多數的外匯存底屬於新興國家所有，而且多半掌握在中國手上。外界對美國長期國庫券的需求降低，可能會導致其殖利率上升。如果聯準會因此被迫要購買更多債券來壓抑殖利率，那整個情況就會更令人擔憂。

最近巴西外匯存底的波動幅度空前極端，二〇〇七年年底時，外匯存底成長率達到一三六%的高峰，但

圖6-18　外國中央銀行持有美國長期國庫券百分比

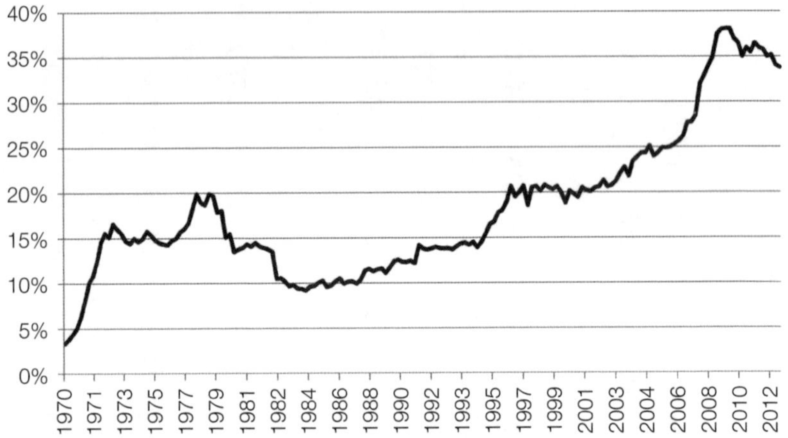

資料來源：聯準會，2013年

到二〇〇九年年初時，又降低到接近零成長。當原物料價格在二〇一一年年初反彈，它的外匯存底成長率又回升到三二%。可是，不久前，成長率又降到只有六%。由此可見，原物料商品價格的下跌顯然已對巴西出口及外匯存底造成衝擊。

俄羅斯是這類情境的另一個受害者，原本高峰時期達七五%的外匯存底成長率，在二〇〇九年年初降到負成長二九%。最近，成長又趨向遲滯，接近零成長。印度是另一個大型新興國家，它的外匯存底成長率在二〇〇七年年底高達五七%，但二〇〇九年年初卻變成負二〇%；最近的成長率又降到負八%。最近印尼的成長率也從三六%降到負成長一三%。

一如過去，中國的外匯存底金額依舊傲視群倫。但它的外匯存底成長率在二〇〇五年達到五一%的高峰後，便逐步降到二〇一二年年中的接近零，這對全球經濟成長而言，當然不是好訊號，對美國長期國庫券來說更是一大隱憂。如圖6-19所示，目前很多新興國家的出口都趨緩，從圖6-20可見中國的情況也很類似，這就是導致各國外匯存底

圖6-19　特定新興國家的出口

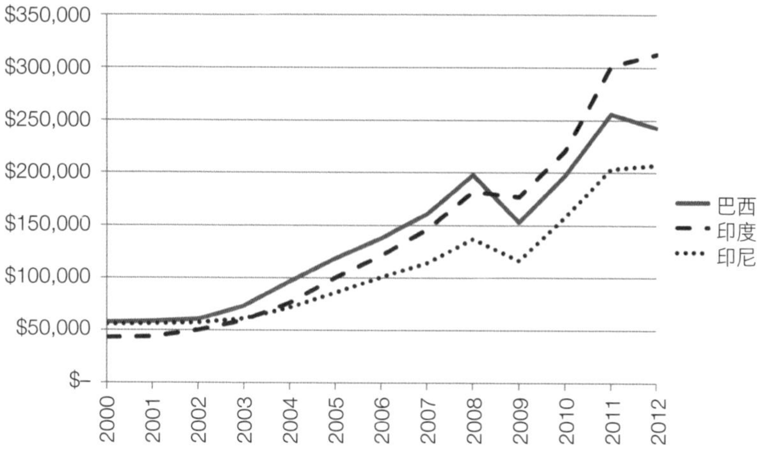

資料來源：國際貿易中心（International Trade Centre），2013 年

圖6-20　中國的出口

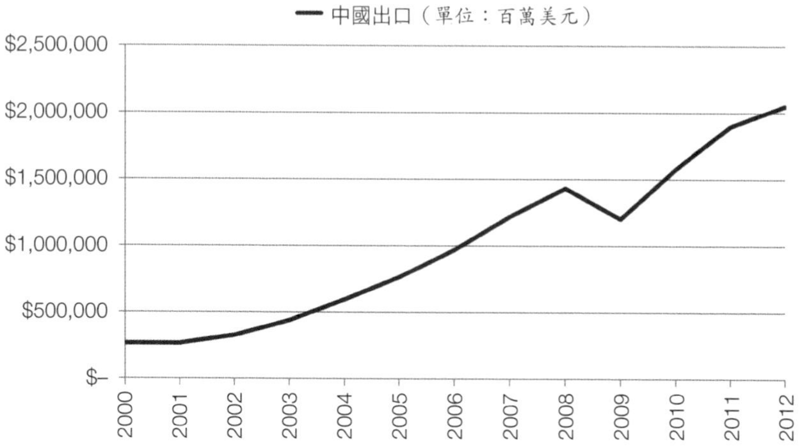

資料來源：國際貿易中心，2013 年

圖6-21　中國對新興國家出口之占比

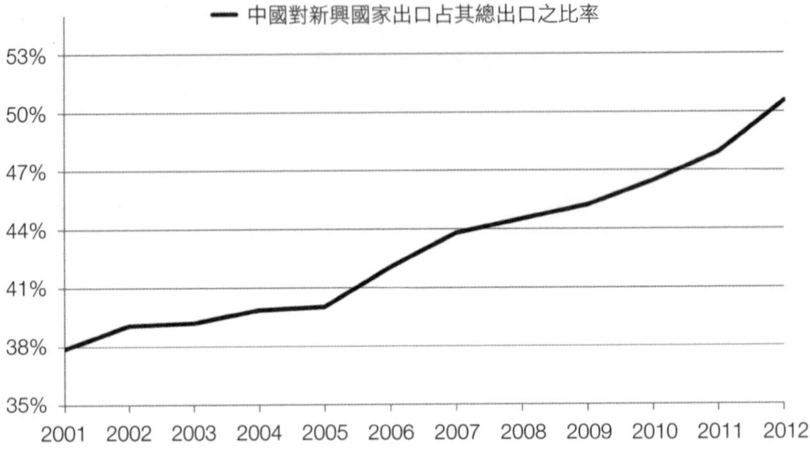

資料來源：國際貿易中心，2013年

成長率降低的原因。長期以來，各國之間維持一個固定的模式：美國對中國等新興國家維持貿易逆差，而這些新興國家則向美國購買長期國庫券，以作為補償。但這樣的趨勢即將走到終點。

如圖6-21所示，中國對新興市場的出口占總出口的比率，已從二〇〇一年的三八％上升到二〇一二年的五一％。換言之，目前中國對新興國家的出口已超過對已開發國家的出口，因此，中國將愈來愈容易受新興國家經濟趨勢影響，而這些國家的經濟趨勢正轉向遲滯。另一方面，從中國支配全球原物料商品——尤其是工業用金屬——需求的情況，就知道一旦中國出口趨向遲滯，它的原物料商品進口需求將會降低，而這將進一步導致原物料商品價格下跌，並傷害到很多新興國家的出口產業，整體而言，這將會變成一種惡性循環。

觀察圖6-22主要新興國家原物料商品的出口數字，就知道中國原物料出口僅占總出口的七％，非常低，這對中國消費者和出口產業的成本有利。沙烏地阿拉伯的原物料商品出口占總出口的比率最高，達八九％，接下來是俄羅斯

圖6-22 主要新興國家原物料商品出口占總出口的百分比

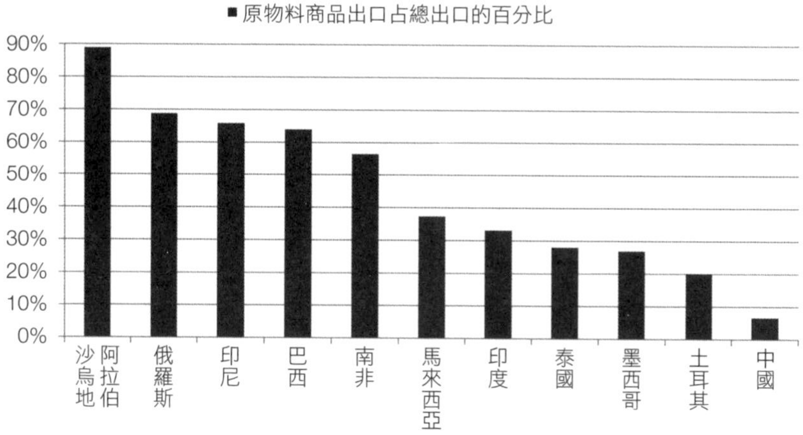

資料來源：世界銀行，2013年

的六九%，印尼的六六%，以及南非的五七%。不過，中國也會間接（且程度上來說可能並不輕）受到原物料價格影響，因為它的主要消費者的經濟狀況將因原物料價格下跌而受傷。

我們向來都不建議介入拉丁美洲、中東、非洲和多數亞洲國家的股票，因為我們認為三十年交替一次的原物料商品週期已達到高峰，未來十年，原物料商品價格將斷斷續續分幾個波段下跌。很多新興國家的股票市場都受原物料商品出口廠商支配，如圖6-22所示。因此，在下一次股票崩盤走勢告一段落後，我們將比較偏好不是那麼依賴原物料商品出口的國家，如印度、越南（及多數東南亞國家）、墨西哥和土耳其。

最後一點是，美國的量化寬鬆也會對新興國家帶來不良影響。新興國家正努力打擊通膨，但美國卻是在對抗通縮。但美國印鈔票來打擊通縮的作法，卻會使得新興國家的通膨進一步上漲。而當通膨上升，新興國家的政府就不得不採取更緊縮的貨幣政策，如提高利率——來壓抑它們的經濟。另外，由於美國努力印鈔票，而其他國家（中國

圖6-23　特定新興國家的通貨膨脹率

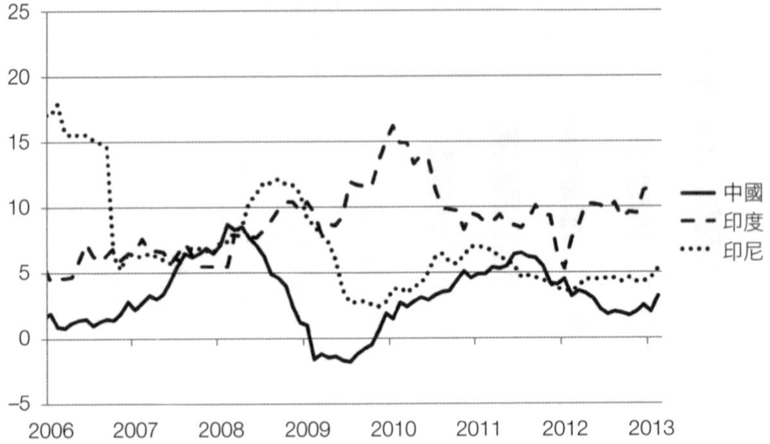

資料來源：彭博資訊，2013年

例外）並沒有這麼做，所以，這些國家的匯率傾向於升值，甚至升值到不合常理的水準，這將導致它們的出口產業受創。

就這個層面來說，印度的問題最嚴重，因為二〇一〇年年中時，它的通貨膨脹一度高達一六％，儘管二〇一二年已降至五％（見圖6-23），但現在通貨膨脹又回到一二％，且持續上升到危險區域。印度通貨膨脹惡化的原因之一是它的貨幣貶值，導致原物料商品進口價格上漲。印度是世界上最大的黃金消費國，所以，由此可見為何黃金在二〇一一年年底過後，一直難以突破持平的走勢，而由於印度需求降低，二〇一二年及二〇一三年的黃金總需求也確實大幅減少。俄羅斯的通貨膨脹率在二〇一一年年中高達近一〇％，雖然後來降低，但現在又回升到七．三％，且持續上升到危險區。中國的通貨膨脹率在二〇一一年年中上升到六．四％，雖然後來降至二％，現在又回升到三．二％，且還在上升。印尼目前的通貨膨脹率為五％，且持續上升。通貨膨脹率上升對新興國家不利，尤其通貨膨脹又是發生在原物料商品價格下跌的環境下。縱

圖6-24 新興市場指數基金與原物料商品研究局指數

資料來源：雅虎財經，2013年

上所述，美國的量化寬鬆確實已對新興國家造成惡果。

從圖6-24便可了解原物料商品價格對新興國家及其股票市場的影響有多大。新興市場指數基金（EEM）是主要的新興市場指數股票型基金之一，它和原物料商品研究局指數的相關性非常高，比和歐美等已開發國家股票市場的相關性高很多。新興市場指數基金在二〇一一年四月和原物料商品研究局指數同步達到高峰，但美國股票卻在二〇一三年大漲到新高價。已開發國家裡的資源出口國如加拿大和澳洲的股票，也和原物料商品研究局指數或原物料商品價格密切相關。

目前，中國的民間金融投資機構和上一個十年期間的華爾街機構一樣，大量投資房地產或承作房地產及企業放款，其投資及放款規模已遠超過中國政府所能輕易控制的傳統銀行體系。從二〇〇八年以來，這個部門的負債已達到GDP的六〇%，目前也成為導致中國房地產泡沫變得益發嚴重的最大力量。中國政府有沒有可能失去對這個領域的控制力量？中國房地產泡沫最終勢必會崩潰，而它的崩潰是下一場全球大危機所造成，抑或它根本是下一場危機的導火線？

我們長期以來都假設歐洲將在二〇一四年年初內爆，並波及美國，也假設已開發國家經濟的走疲，將進一步影響到中國的出口，而這將會導致新興國家的原物料商品出口降低，並促使這些商品的價格更趨下跌。不過，目前看起來，全球貨幣貿易戰和原物料商品價格下跌的雙重問題結合在一起後，似乎愈來愈可能衍生一個可能導致新興國家出口、中國對新興國家出口，以及全球各國出口全部同步縮水的長期惡性循環。如果下一場全球危機是由中國、新興國家和原物料價格下跌（不是因南歐各國崩潰所引發）等問題引爆，或甚至是由這兩個領域同時引爆，那情況就會非常嚴重了。

我們認為，目前除了歐洲可能爆發危機——尤其是希臘、葡萄牙和西班牙，新興市場及原物料商品價格的沉淪也可能引爆一場危機。另外，中國也有史上最大的基礎建設及房地產泡沫要擔憂，這個泡沫遲早會破滅，而且比較可能是隨著原物料價格下跌及新興國家經濟趨緩而爆炸。

中東目前多半處於革命與內戰狀態，這些問題隨時可能惡化，而且，美國股票目前已經上漲到隨時可能崩盤的泡沫水準。事實上，目前看起來，美國股市有可能在二〇一四年年初抵達高峰並反轉向下。不過，由於聯準會採行強勢且堅定的振興措施，而且就算要降低量化寬鬆的規模，也是採遞減的方式，因此，導致全球股票再次崩盤與經濟陷入衰退的導火線，應該會是一個全球性的因素。

第七章

中國是最後也最大的泡沫

我們不是從前蘇聯在一九六〇年代到一九八〇年代期間、在共產主義經濟和資本市場經濟的重大鬥爭中，聽過這種事情嗎？柏林圍牆終於在一九八九年崩塌，就是美國和西方國家靠著自由市場資本主義與民主制度結合而欣欣向榮，前蘇聯跟這些國家競爭失敗的結果。

愚蠢的經濟學家現在加強宣揚，說由國家推動的中國式資本主義是未來必須遵循的新模式。但是，中國人和先前的蘇聯人一樣，沒有承擔國家應該負責的很多基本功能，沒有代表人民，沒有確保把得自資本主義的好處適當地分配給人民，沒有制定資本主義的遊戲規則，沒有提供執行這種法規和公平競爭的司法制度，沒有管理汙染之類不能由自由市場負責處理的事情，沒有提供共同基礎建設，以便扶植完全依賴個別企業無法創造的更大規模經濟——事實上，中國人太畫蛇添足，沒有做很多重要的事情，反而做了很多長期會造成傷害的事。

但是如果我們誠實地自我檢討，我們會發現，歐美各國央行和政府已經用防止銀行危機的名義，綁架了我們的經濟。

政府確有必要，而且從數千年前第一次農業革命驅使我們開始住進城鎮、最後形成國家以來，政府一直確有必要。現在的挑戰是住在全球化的世界上，因此政府需要同樣進化。但是這種變化出現得不夠快，不能配合已經出現的快速變化，尤其是從一九八〇年代的繁榮期間出現的加速改變。

因此，政府的確是在扼殺自由市場資本主義的「金鵝」……這就是量化寬鬆的代價，不是黃金死忠多頭所預測的通貨膨脹代價。政府這樣做，目的是接管經濟體系、操縱利率，希望防止短期亂象升高為長期危機，最後的目的是盡量維持有史以來最大的債務與金融資產泡沫，以便下一位上台的人承擔責任，你看過比他們更短視、更不負責任的人嗎？

不幸的是，沒有一個國家或幾個國家的政府能夠防止龐大的泡沫破滅，政府或許可以像過去五年一樣，略為延後泡沫破滅的時間，但是，我認為這就是極限了。

政府看待痛苦的銀行危機時，認為別無他法，只能「把泡沫永遠維持下去」。將來歷史回顧這種情況時，你知道這種作法會變成多瘋狂、多可笑嗎？沒有一個人能夠讓泡沫永遠繼續下去！

我相信我們已經接近極限了，因為過去六十年來，只有一次多頭市場延續期間超過五年，也就是一九九〇到二〇〇〇年間、由嬰兒潮世代成長最快速的消費潮、網際網路加速成長、寬頻、行動電話、無線科技、生產力極度提高促成通貨膨脹率與利率下降等等因素，一起推動的泡沫。

但是即使在過度擴張和提高債務的助長下，延長經濟與這種泡沫的時間也會有極限，會到政府失去控制，泡沫再度破滅時為止。

二〇〇八到二〇〇九年間，引爆危機的導火線是美國次貸危機，這次危機可能從南歐開始。二〇一三年下半年所見，全都是歐洲微弱復甦的消息，但是，復甦主要出現在英國，原因之一是英國在預算中採用若干小幅撙節措施；德國的復甦比較不強，法國因為消費者反對歐元的情緒漸增，已經再度走弱，這不是好預兆，因為法國理當從歐洲強勁的人口統計趨勢中受惠，因此除了法國低落的競爭力繼續下降之外，不能拿其他藉口當作原因。

一直在蕭條邊緣徘徊的葡萄牙情勢正在好轉，二〇一三年葡萄牙最暢銷的書籍是《我們為什麼應該退出歐元區》（*Why We Should Exit the Euro*），而不是《格雷的五十道陰影》（*Fifty Shades of Grey*）。同時，希臘的最後一次紓困理當可以撐到二〇二〇年，卻可能很快就需要第四次的紓困，希臘銀行的壞帳一直不斷加速提高。西班牙失業率達到二六％，只比希臘少一個百分點，但至少似乎已經穩定下來了，出口正在增加，失業率傳出非常微幅下降的消息，但是銀行壞帳增加的速度甚至比希臘還快。歐洲大陸其他國家的情況好不到哪裡去。總之歐元區政府、民間和應得津貼債務總額比美國高出二五％，人口老化的速度卻比美國快。比較債務和老化的狀況時，只有日本的情勢比歐洲還差，這種情形不可能有好結果。

南歐最可能引發下一波全球金融危機，原因在於會有一個以上的南歐國家，選擇或被迫退出歐元，引發連鎖反應。雖然這件事會在全世界引起骨牌效應，然而中國像三、四百公斤重的猩猩，是世界成長最快速的第二大經濟體，卻也是最大的亂源。中國正在掀起最大的泡沫，泡沫破滅時，政府的振興方案不可能把摔破的東西恢復成原狀。

我從痛苦的教訓中學到，一旦政府和金融機構創造出泡沫，以便強化經濟表現，就無論如何都不可能退縮。我曾經認為銀行家和中央銀行比較保守，在財務上比較負責，應該不會輕易跨越雷池一步，但是我已經改變看法。二〇〇八年時，我認為在政府採取強勁的刺激計畫後，經濟會反彈幾年，然後蕭條才會出現，壓根想不到會出現我們所看到的這種前所未有的情勢。

政府只會說：「我們不會讓債務和金融資產泡沫去槓桿化，我們不會讓放出貸款壞帳的銀行倒閉，我們不會承擔過去行動所造成的後果。」這簡直是瘋狂、不負責任、不能原諒的行為！

因此，我預期政府會繼續推動刺激措施，到問題爆發為止，即使刺激效果愈來愈差也在所不惜。問題爆發時，過度擴張的債務和金融資產泡沫會在世界各地破滅，就像次貸危機引爆上次全球金融海嘯一樣，我認為這種事情會從二〇一四年上半年開始出現。

南歐可能又是第一個引爆點，但是，從希臘三年前得到第一次紓困貸款、促使南歐政府公債利率全面飆升以來，歐洲大陸的經濟一直欲振乏力。雖然我們已經習於看到這個地區經濟疲弱，但進一步走弱至少會引發小型的震撼或引爆點。但是如果這種情勢惡化，促使全球貿易與商品價格下降循環放大——這種情形已經在中國和新興市場國家出現惡性循環（見第六章）——我們可能看到中國開始崩盤，這種情形應該比較出乎大家的意料之外，規模也大到超過各國央行的能力，足以阻止各國央行扼止這種自然的去槓桿化與通貨緊縮過程。我們要看看中國雖然是成長最快的大國，卻這麼岌岌可危的原因。

中國的都市化策略是現代史上最大的泡沫

我要從一個簡單的現實狀況開始談起，也就是二〇〇八年全球金融海嘯期間，中國股市創下歷年來最大的跌勢之一，上海綜合指數（見圖7-1）經歷二〇〇五到二〇〇七年有史以來最快速的泡沫後，在一年之內慘跌七〇%！如果這不是典型的泡沫，我不知道什麼才是典型的泡沫！這種泡沫高峰在未來幾十年內，都不可能重

圖7-1　上海綜合指數走勢圖，1991至2015年

資料來源：彭博資訊，2013年

新出現新高峰。我們在這裡可以找到第一種新見解，也就是中國股市會跌得最慘，起因在於中國的泡沫最大！慘跌的原因如圖所示，是因為泡沫通常會回歸原點，或跌到略低於起漲點。

但更重要的事情是，雖然在危機之後，某些國家股市出現最強勁的漲勢，中國的股市反彈卻最微弱、延續的時間最短，二〇一〇年二月前，上海股市的走勢一直步履蹣跚、躊躇不前，在主要股市中的漲幅最小，後來還回跌到接近二〇〇八年下半年的低點，同期內，美國、德國、英國和很多其他國家的股市都屢屢創下新高。

中國既然是世界成長最快的第二大經濟體，為什麼股市這麼疲弱？答案在於中國為了加速成長與都市化，在每一方面都推動過度擴建產能的政策（就是推動狗屎經濟〔B.S. economy〕）。過度建設會產生固定成本和還本付息成本高昂的過剩產能，扼殺股市最重視的獲利。

因此，我們要看看幾十年來中國經濟成長的現實。首先，中國經濟成長和所有其他已開發國家不同，不是靠消費者的所得和支出助長，反而是大致靠著政府的推動。如

圖7-2　中國個人消費占GDP的比率

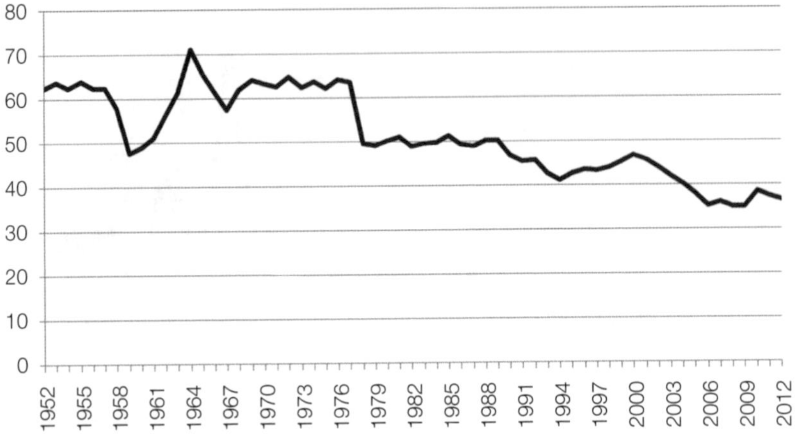

資料來源：《經濟學人》2011年9月24日的報導：〈單行道的困境〉(One-Track Bind)；世界銀行，2013年

圖7-2所示，消費者或個人消費占GDP的比率，從一九八六年的將近五〇%，降到二〇〇九年的三五%。

圖7-3顯示政府、出口和消費者支出的變化。巨幅的波動代表政府投資從二六%增為五六%。淨出口從一六%降為八%，消費者支出從五八%降為三六%，根本沒有可以稱之為健全的跡象，政府簡直是接管了整個經濟，主導經濟成長。

新興市場國家政府起初參與較多，是很自然的現象，就像父母撫養子女一樣，政府必須在基礎建設上投資，以便加強都市化，這樣做是促成所得成長、生產力提高與消費者需求增加的最有力因素，但是消費者需求排在最後面。因此，想助長消費者所得與需求成長，鎖定出口產業、協助促進都市化與就業成長，也非常重要。因此，幾十年來，東亞和東南亞新興市場國家普遍支持若干出口產業，其實是相當自然的事情。

這是大約過去十年以來，中國政府投資和淨出口逐漸推動中國經濟成長的原因，但是為什麼消費者的需求沒有像應有的情況一樣增加，甚至反而徘徊不前呢？

圖7-3　中國不同部門占GDP的比率，1995至2000年與2005至2012年的比較

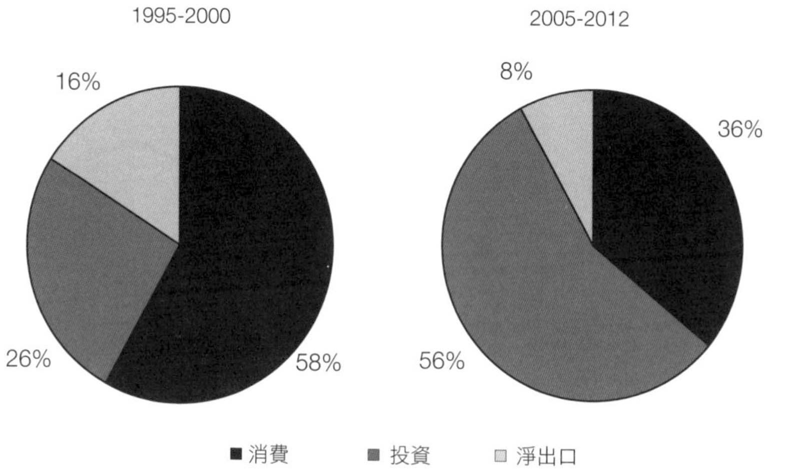

資料來源：經濟合作暨發展組織，2013年

噢……這是由上而下管制的共黨政府（我喜歡稱之為「黑手黨」政府）貪腐的長尾巴。但是我們討論這件事前，應該先看看圖7-4。

在這張圖裡，你可以看出中國政府推動的投資熱潮比較誇張，延續期間遠比日本、南韓和德國出口導向的擴張時期長多了。圖7-5的顯示很清楚，中國的投資熱潮成長強度大約是舊有新興市場國家的兩倍，延續時間也是兩倍。東南亞國家和南韓最後一波的投資激增，在一九九七至一九九八年的重大金融危機和貨幣貶值期間劃下句點，危機卻斷斷續續持續到二〇〇二年下半年才結束。

有一件事我再三強調也不為過……就是到了某一個時點，任何泡沫或重大擴張都會升到巔峰，然後開始萎縮，這樣會刺激新的創新，會再度推動成長，在下一代進入支出循環時，更是如此。

圖7-5最能以對照的方式，摘要說明中國政府和鄰國推動的擴張模式有什麼不同。這張圖沒有顯示中國比較大的規模，只顯示中國政府投資和整體經濟的相對規

圖7-4　中國資本投資熱潮和其他出口導向製造國比較圖

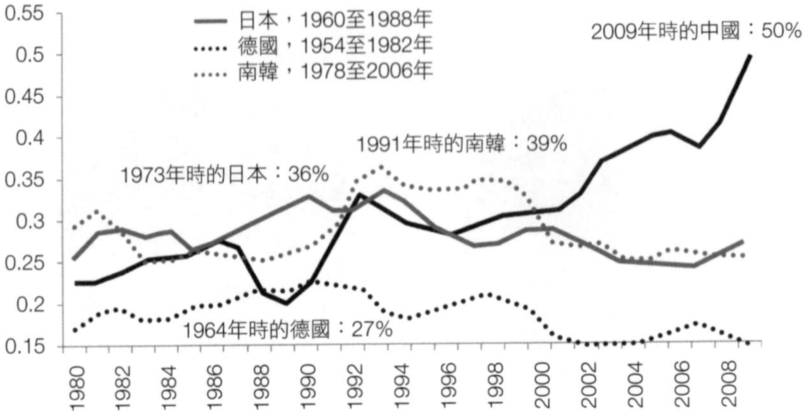

資料來源：國際貨幣基金（IMF）；中樞資本管理公司

圖7-5　中國資本投資熱潮和其他亞洲新興市場製造國比較圖

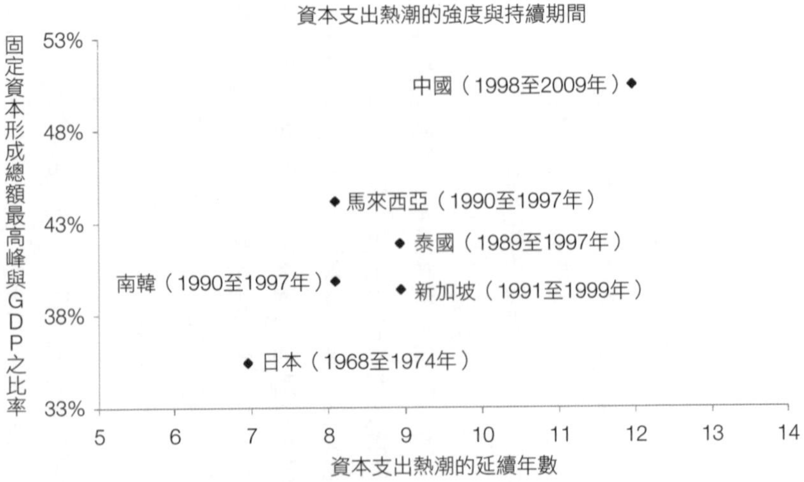

資料來源：國際貨幣基金；中樞資本管理公司

圖7-6　中國勞動力成長走勢圖

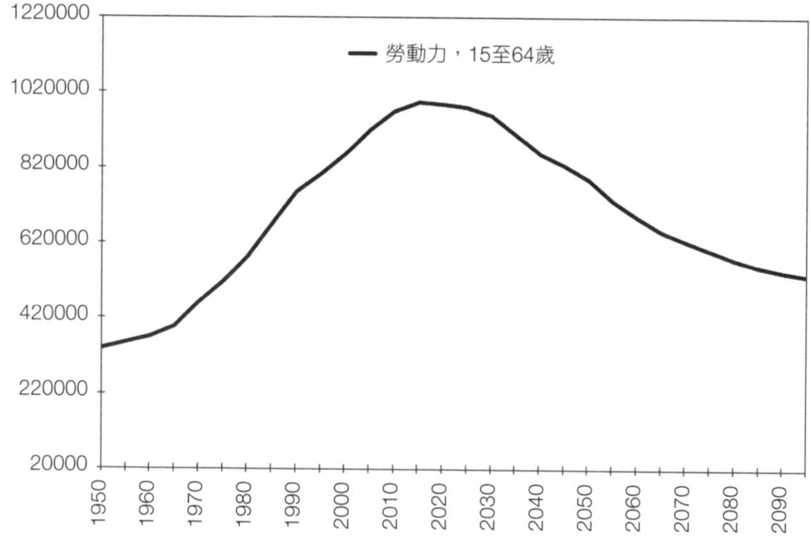

資料來源：聯合國人口司（單位：千人）

模，以及政府投資占主導地位的時間多久。這種作法不好，因為幾乎每一個國家的政府，尤其是非民選政府，都會過度擴張，以便創造就業，取悅人民。

重點是中國像歷史上的大部分新興市場國家一樣，投入了最嚴重的過度投資，像一九九七年下半年到二〇〇二年下半年的東南亞國家一樣，預示了未來的危機，但是中國的過度投資卻是現代史上最大規模的泡沫，因此泡沫破滅時，也會形成最大的潰敗。而且這種泡沫一定會破滅，所有投資泡沫都會破滅，尤其是債務與資產泡沫膨脹到極大程度，到了難以為繼的時候，更是如此。這樣就像把砂粒放在小丘上，到其中一粒砂子終於造成砂丘崩塌一樣！

因此在進一步探討之前，我們應該檢討中國勞動力成長和人口循環的關係。中國是新興市場國家當中，未來幾十年內勞動力或人口消費趨勢成長會升到最高峰的唯一國家。圖7-6顯示，中國頂多在二

○二五年就會到達高原期，隨後老化的速度會比包括美國在內的大多數已開發國家快，同時，其他新興市場國家會繼續成長。拉丁美洲和東南亞國家應該在二○四○年前後升到最高峰，印度和南亞會在二○五五至二○六五年間升到最高峰，中東和北非大約在二○七○年升到最高峰，漠南非洲國家比較可能在二一○○年升到最高峰，為什麼會有這種重大差別？

噢，差別在於中國從一九六○年代中期開始推動的非正式一胎化政策，現在才開始衝擊巔峰期間的支出。中國每一千位婦女的生育率從一九六○年代中期的六個子女，下降到二○○○年的一．八個上下，遠低於人口替代率，而且到今天仍然如此。這種情形應該是事前可以預測的……不錯，一切都像所有其他國家的人口趨勢一樣。

為什麼今天中國為勞動力所做的投資會進入高原期？為什麼未來會放慢下來？祕密在於都市化，都市化是最快創造GDP成長率的方法，因為把未受教育的人口從農村地區遷移到都市地區，會促使所得和支出增加兩、三倍，因此重點在於：

只要有可以讓人民存活的就業機會存在，加強都市化通常會促使所得和支出增加將近三倍，但是中國卻本末倒置——先行遷移人口。

比較符合自由市場精神的模式，應該是先創造經濟與出口成長，再吸引鄉村人口進入都市地區，填補新創造的就業機會。由政府推動的中國模式卻是先建設都市地區，再把人口從農村地區遷移出去，然後在新定居的人口逐漸變成消費者後，才希望創造就業。換句話說，這些新增消費者理當利用增加消費的方式，自行創造就業機會。創投資本家願意在這種模式中投資嗎？如果就業機會的流動不夠快、不能配合人口的流動時，該怎麼辦？何況其中大部分人口根本就沒有找工作所需要的技術。

圖7-7 中國都市化與人均GDP對照圖

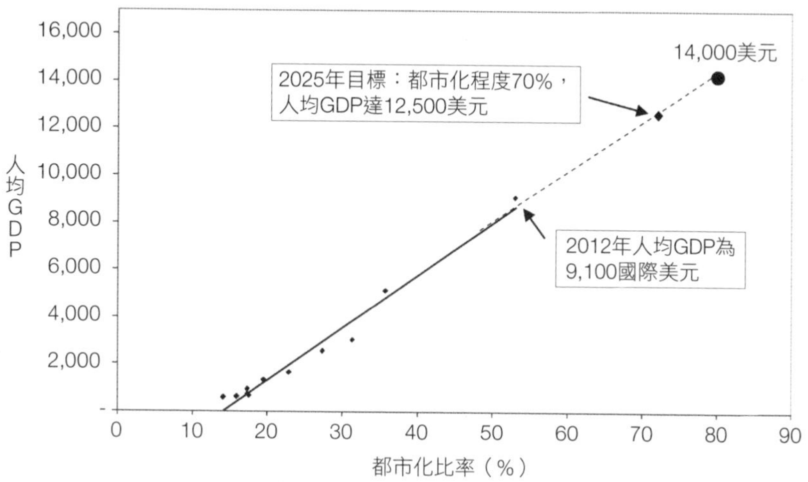

資料來源：安格斯．麥迪遜與世界銀行

因此你會投資或相信那一種模式？稍後我會探討其中的後果。

圖7-7取材自第六章，顯示中國推升都市化模式的速度有多快。你會發現，在大多數新興市場國家裡，人均GDP成長率和都市化速度通常都以相當直線的方式前進。基本上，這點表示大多數新興市場國家從來沒有進步到像已開發國家一樣富有，中國也不例外。

但是這張圖中有一個關鍵重點，就是二〇〇〇到二〇一二年之間，中國的都市化出現大躍進，都市化比率從三八％竄升到五三％。天啊！這樣代表短短十二年內，有二億多的人口移居都市。你能夠想像就在十年多一點的時間裡，要把美國三分之二人口從鄉村遷到都市的景象嗎？

這些人現在何去何從……下文會探討，但是我想你猜得出答案。

同時，各國雖然持續不斷、拚命的推行刺激政策，全球經濟卻繼續減緩，因此更大的危機已經迫在眉睫。

中國空前的不動產泡沫

你覺得日本、美國、愛爾蘭或西班牙的不動產泡沫很糟糕嗎？這些泡沫都已經破滅，或至少已經開始破滅。你覺得英國、法國、加拿大、北歐國家、澳洲和大多數東亞國家現有的泡沫很糟糕嗎？

噢，老兄，看看中國吧！

現代史上，主要國家從來沒有出現過這麼大的泡沫，為什麼？起因是不負責任的中國政府空前的過度投資，以及中國人民——尤其是比較富裕的人民——非常高的儲蓄率。中國人喜歡房地產，不喜歡股票和債券。

雖然空屋率提高和過度建設，但不斷加強的都市化、不斷成長的GDP、不斷增加的儲蓄和持續成長的房地產投資結合在一起，就形成了龐大的泡沫。除了政府由上而下推動經濟發展的杜拜和中國之外，你在什麼地方可以看到這種情形？

二〇〇六年下半年，我在杜拜一場研討會上發表演講時，當地一棟公寓的價格每年上漲三〇%到四〇%，相形之下，邁阿密公寓每年只上漲一五%到二〇%而已。當時世界大部分的營造用起重機都在杜拜，你從這件事情中看到了什麼跡象？我告訴那裡的人：「這是即將破滅的泡沫。」但是他們告訴我：「你不知道，政府正在支持這個泡沫，不會讓泡沫破滅，會在消費者和企業罷手不買時進場買進。」我的回答是：「這樣我才更擔心。」

那裡的泡沫一如預期，就在世界最高建築哈里發塔日漸高聳之際開始破滅。我指出這一點不完全是巧合，在二十世紀興建高樓大廈的都市裡，成長最快地區最高的建築完工之際，都接近長達三、四十年最繁榮長期房地產與經濟熱潮的最高峰。而且我認為，杜拜的泡沫破滅還沒有結束，我預期杜拜的房地產還會進一步下跌，

圖7-8　中國摩天大樓竣工年度，1995至2016年

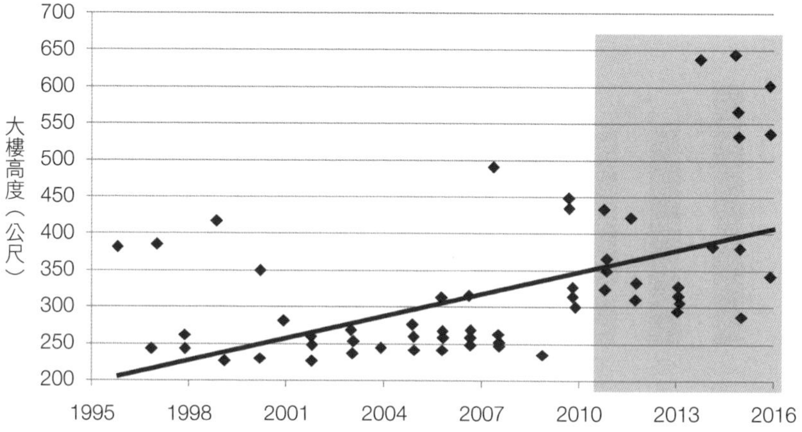

資料來源：Skyscrapernews.com；巴克萊資本公司（Barclays Capital），2013年

如果油價一如我的預測，在未來幾年裡下跌，杜拜房地產的走勢更可能如此。

克萊斯勒大樓、帝國大廈和華爾街四十號大樓竣工之際，大致都吻合一九二九年紐約股市漲到最高峰的時候。同樣的，芝加哥的席爾斯大樓和紐約世貿雙塔落成時，正好是一九七〇年代股市崩盤、經濟衰退開始前不久。吉隆坡的馬來西亞國家石油公司雙子星大樓一九九七年完工時，適逢東南亞爆發金融風暴。

今天世界上的大部分建築用起重機在什麼地方？當然是在中國。

今天世界最高的摩天大樓蓋在什麼地方？答案是中國。不但如此，中國現在變成以最快速度、興建更多世界最高建築的要角，你從圖7-8中就可以看出端倪。二〇〇八年金融危機爆發後的二〇〇九年下半年到二〇一五年間，大部分高樓大廈紛紛旱地拔蔥、危然聳立的情況，你看到了嗎？大家瘋了嗎？

這種情形到底是不是摩天大樓興建泡沫？是不是中國全面興建住宅大樓、商用建築、基礎建設和工業產能等等

圖7-9　2013年世界主要大城市房價所得比

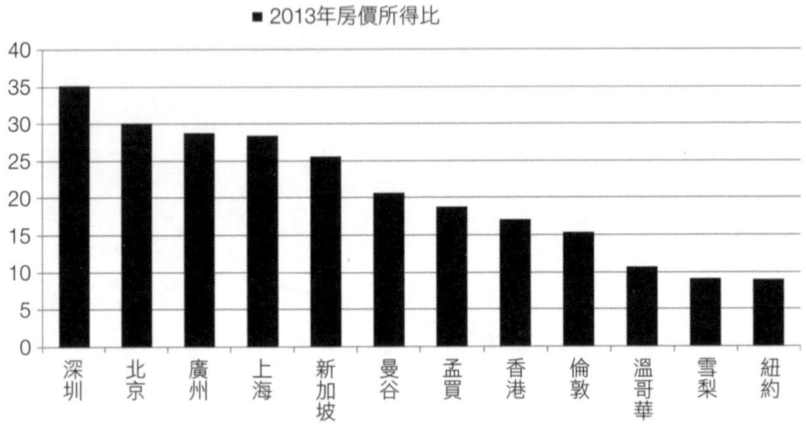

資料來源：Numbeo.com，2013年

過度建築的痕跡？你可以拿你的身家來打賭，賭這種跡象的確是泡沫的病徵。

因此我們要比較一下中國和其他國家的房地產泡沫。圖7-9所示，是全世界已開發國家和新興市場國家主要城市房地產的房價所得比。

請注意，房價所得比最高的四大城市都在中國，深圳的房價所得比是三十五倍，北京是三十二倍，廣州是三十倍，上海是二十八倍。相形之下，新興市場國家中的新加坡為二十六倍，曼谷為二十倍，孟買為十五倍。西方世界房價最高的倫敦，房價所得比為十五倍，溫哥華接近十一倍，雪梨為九倍（我觀察的其他指標顯示雪梨的比率多達十倍），舊金山和洛杉磯目前超過八倍。中國包括比較低廉的農村地區和中小城市的平均房價所得比為十五．七倍，比較起來，仍然比倫敦還高。

我要讓你看一個中國房地產泡沫「確切不疑」的例子。圖7-10所示，是四個出現重大房地產泡沫國家每人水泥消耗量的比較。西班牙是歐洲最極端的國家，房地產泡沫升到最高峰時，每人水泥消耗量高達一千七百噸，二〇〇

圖7-10　特定國家人均水泥消耗量

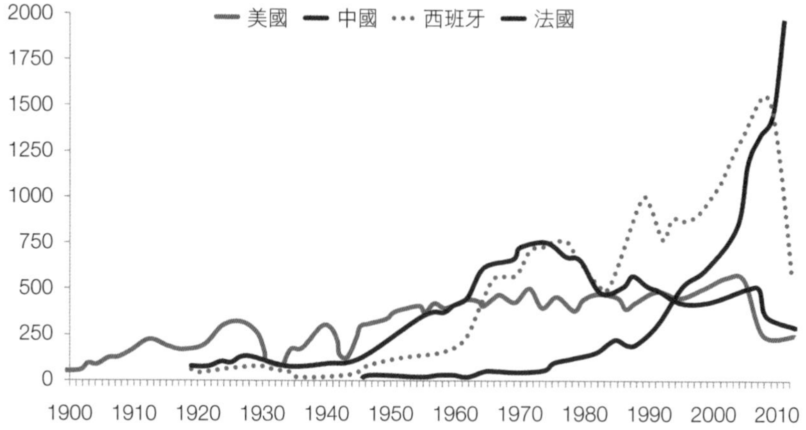

資料來源：SG Cross Asset Research公司；美國地質調查局（USGS）；義大利水泥公司（Italcementi），2013年

五年美國的泡沫達到最高峰後破滅時，每人水泥消耗量只有六百噸，中國的水泥消耗量還在增加，最近才增加到二千噸大關，何況中國的富裕程度遠遠不及美國和西班牙。中國和西班牙的極端狀況反映非常高的住宅自有比率、非常高的外國投資和強勁的商業與住宅建築擴張。

這種情形怎麼能夠持續下去？在中國這些城市裡，熱潮將來要靠最富有的一%到一〇%的買家推動，而且大致上要靠外國買主推動。對脆弱的經濟體而言，外國買主代表死亡之吻，因為他們實際上不住在當地，而且在盛宴結束時，會盡快撤資。調查顯示，中國的百萬富翁中，超過一半考慮移民，以便保護自己的財富、健康和家人，至於世界最富有其他城市頂尖一%到一〇%的人口有什麼打算呢……因為他們擁有大部分價值最高的企業、股票、房地產和其他資產，這種無盡無止的泡沫膨脹到最高點時，他們一定會舉杯慶祝。

還記得泰德．透納（Ted Turner）在科技股崩盤時，為了財產從一百億美元減為十億美元，為了自己改變世界的美夢幾乎完全破滅而痛哭流涕嗎？將來會出現非常多的透納，唯一的差別是，他們是花九千五百萬美元在紐約市購買公寓的傻瓜，不是像透納這樣用自己財富、做一些真正有價值工作的人。

不管你怎麼看，中國的房地產價格都比世界任何地方高估多了……除非中國繼續以一〇%的速度永遠成長下去，政府在未來十二年內，又把另外二億五千萬人口從農村遷移到都市地區。事實真相是：美國人在印鈔票，中國人卻在印公寓！

你猜猜看結果如何？這正是他們的計畫，他們打算加倍推動這種服用類固醇的政策，從現在到二〇二五年間，要把另外二億五千萬人，從農村遷移到都市地區。什麼？你瘋了嗎？此刻中國主要城市裡，多達二四%的公寓和住宅空置不用，何況這還不是最糟糕的狀況，整個中國有很多新建的新市鎮，目前幾乎都完全沒有人入住，其中有些新市鎮居然大到可以容納一百萬人口呢！

長沙正在蓋天空之城，預期天空之城今年稍後竣工時，不但是世界最高的建築（八百三十八公尺高，共有二百零二層），也會是用創紀錄最短時間、大約用九十天就蓋好的摩天大樓！這棟摩天大樓採用預鑄工法興建，設計時的目標就是在摩天大樓內建設一座自給自足的城市，裡面附設從住宅、辦公室、商店以至旅館等等一切應有盡有的設施，有人稱之為「高高堆疊的拖車」。

同時，世界最大的複合購物商城——成都新世紀全球中心幾乎完全空置不用，幾乎沒有人進駐，這個中心屋頂下設有一座娛樂園區和海灘，卻因為找不到任何租戶，現在打算設計為觀光旅遊區，說來真像是過度建設中的迪士尼樂園。

最後還有杭州的天都城，政府興建的這個城市意在模仿巴黎，市中心當然有一百零八公尺高的仿造艾菲爾鐵塔。杭州也仿造了威尼斯和其他著名城市。雖然這座觀念城徹底失敗（已經廢棄不用），共產政府卻已經在這座城市的南邊不遠處，開始興建一座全新的城市「鑾州城」（Luangzhou，音譯）。

總之，中國目前擁有四百七十座高度超過一百五十一公尺的摩天大樓，另外還有三百三十二座正在興建，五百一十六棟正在規劃、還沒有確定興建的摩天大樓。中國採用的是電影《夢幻成真》（*Field of Dreams*）的作法──「只要你蓋起來，大家就會上門」。

如果企業家能夠在政府的支持下，興建自己想蓋的東西，賺取短期利潤，又得到長期不會倒閉的保障，豈不是理想得很嗎？噢，你現在變成黑手黨的一分子了！你要想一想，美國有很多我們認為大到不能倒的大銀行和大企業，其中很多家得到政府金額龐大又肥滋滋的紓困，因此或許我們畢竟沒有這麼大的不同。

最大的問題是，中國的人口趨勢已經走到最高峰，因此現在是第一個感受到人口老化效應的新興市場國家，也是第一個感受到勞動力下降趨勢的新興市場國家。

不同的地方在於中國擁有共產政府，能夠實施由上而下的控制，卻不必負責，又以歷史上最快的速度和最密集的成長率推動都市化。十八到十九世紀時，美國是新興市場國家，但即使是當時，美國的實質GDP成長率也只有五％到六％，不如過去幾十年中國八％到一二％的成長率。

事實上，美國從二十世紀之初開始崛起，中國在過去幾十年間崛起，兩國之間有很多類似的地方，卻也有一些截然不同的地方。

二十世紀之初，美國是正在崛起的新興市場國家，但崛起的原因主要是靠創新和大量移民流入，美國主導了從電力、電話、印表機到T型車之類的根本創新，福特的生產線是上世紀最偉大的發展之一，在隨後的幾十年內，對提升平民百姓進身新中產階級的貢獻，超過所有其他發展。

第一次世界大戰開始，歐洲工業轉變成戰時生產之際，美國變成歐洲所需工業與農業產品的主要供應國，對美國而言，這是關鍵的轉捩點，美國開始累積龐大的貿易順差，到大戰結束、歐洲農工產能恢復生產為止，這種狀況促成了供應過剩，引發一九二〇到一九二一年間的全球經濟崩潰和迷你型蕭條，但大部分經濟學家都不談這件事。

在「咆哮的二〇年代」內，美國在債務泡沫促成的物價與利率下降滋潤下，也在強力新科技（如汽車、電力、電話與收音機）紛紛問世的助長下，創造歷來最快速的成長，這是上次長期經濟循環中秋季泡沫繁榮期間的縮影，類似我們在一九八三到二〇〇七年間所看到的景象。

但是這種秋季泡沫總是會結束，接著總是要忍受由負債過多引發的通貨緊縮和去槓桿化、忍受過度擴張和裙帶主義帶來的寒冬殘酷煎熬。長期而言，這樣是非常好的好事，短期內卻讓人很痛苦。我們對科技、製程和過去的生活型態上癮，如果沒有必要，我們不希望放棄這些東西。冬季的通貨緊縮循環會迫使我們放棄破產程度升高的過去，促使所有階層的消費者、企業和政府認清事實。

從一八七〇年代美國在創新方面超越英國時，美國一直都是蒸蒸日上的新興市場國家。一九二九年特大繁榮和債務泡沫升到最高點時，美國大約只有一半的人口都市化，就像今天的中國一樣；擁有貿易和預算盈餘，就像一九八九年時的日本和今天的中國一樣，只是沒有這麼極端。

但是在一九二九年一切崩潰後，成長最快的新興市場國家美國經歷歷來最嚴重的潰敗，我們在整個歷史上，一再看到泡沫愈大、衰退愈嚴重的類似事例。今天哪一個國家的GDP成長率、股市和房地產的泡沫吹得最大？顯然是中國。

從一九八〇年起，中國一直是成長最快的最大新興市場國家，現在是世界最大的生產國與出口國，也創造了金額驚人的貿易盈餘。中國是世界第二大的經濟體，人口是美國的四倍，購買力（人均GDP）卻大約只有美國的五分之一，實質人均GDP只有五千美元，僅為美國的十分之一，這是中國GDP總值大約仍然只有美國一半的原因。

但是中國有兩大問題，一是中國的負債遠超過一九二九年股市漲到創紀錄高峰時的美國，二是中國的人均GDP增加的速度不夠快，表示中國不會像美國從一九二〇年代到一九六〇年代那樣，進身為已開發國家。而且中國仍然沒有建立足敷需要的民主政府或自由市場制度，無法提升到已開發國家的地位。最重要的是，幾十年來，美國得到大量移民和嬰兒潮的強力協助，推動發展，中國卻幾乎毫無外來移民可言，而且五十年來出生率一直都在下降。

如果中國在下一次全球金融海嘯中，經歷最嚴重的潰敗，到時候會有什麼後果？我認為中國會碰到最嚴重的挫敗，而且在政府極為強大的控制下，中國可能是最後一個潰敗的國家。

政府投資和消費者儲蓄是中國房地產泡沫背後獨一無二的動力

中國的房地產泡沫已經發展到非常極端的程度，以至於政府設法把第二棟住宅的頭期款調到非常高，又實施開徵二〇％資本利得稅之類的措施，希望藉此打壓房地產熱潮。比較精明的富人聞到泡沫的氣息，已經開始逃之夭夭，因此這個泡沫多久以後可能破滅？崩潰的程度會有多嚴重？

你首先必須了解共產主義式資本主義制度的運作方式。中央政府希望創造快速成長，方法是靠著把資金注入地方政府，同時為地方政府的債務提供擔保，好讓地方政府可以借貸極多的貸款，融通本地的基礎建設計畫。地方政府自然有一群自己鍾愛的親信企業和開發商。

圖7-11　中國的信貸泡沫

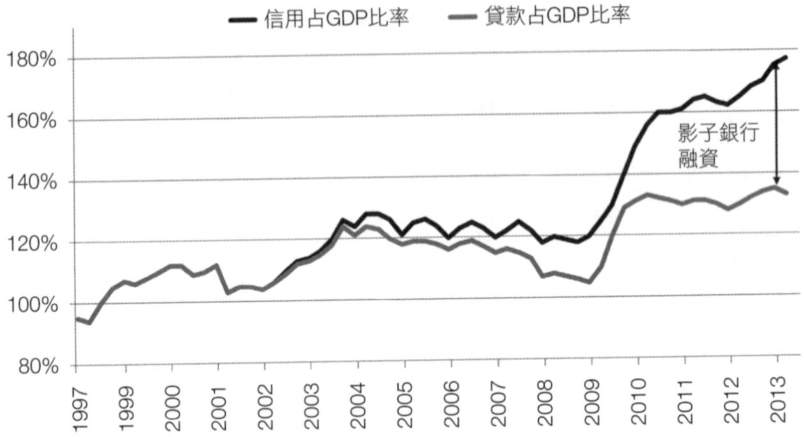

資料來源：瑞士信貸銀行（Credit Suisse），2013年

中國政府也壓低銀行的存放款利率，支持銀行業，鼓勵貸放和營建，但是這樣會造成民間部門產生非常像助長美國次貸危機的影子銀行系統。財富管理業者收取投資人的資金，放在以房地產與基礎建設計畫為擔保的基金中，得到比投資人從銀行所得到殖利率還高的孳息。圖7-11顯示，這種影子銀行體系正在加速成長。

從二〇〇七年起，中國傳統銀行放款占GDP的比率開始下降，而且從二〇一二年起，幾乎就沒有成長，影子銀行的放款卻飛躍增加，在短短兩年內，就提高到占GDP的六〇%。銀行業與影子銀行的放款總額已經高達GDP的一·八倍，而且還在迅速成長。對新興市場國家而言，這種比率極高，也高過所得較高和信用較好的大多數已開發國家。

我估計中國的債務總額至少是GDP的二·七七倍，而且這種比率還在繼續提高。圖7-12就是債務總額的明細。這樣我們就得到最少二·七七倍、最高可能高達四倍的數字，相形之下，巴西的倍數只有一·五二倍，印度只有一·三倍，俄羅斯則低到只有〇·七八倍。新興市場國家的

圖7-12 中國不同部門債務總額占GDP比率

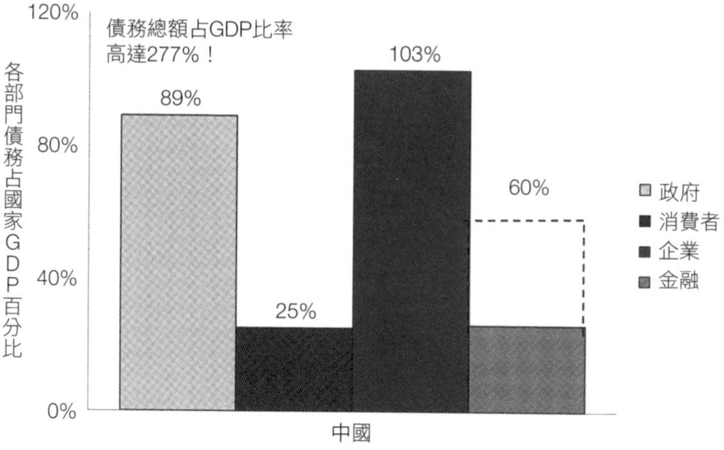

資料來源：《經濟學人》圖表：〈債務人的旋轉木馬〉，2012年9月19日

家庭、企業與金融機構信用沒有已開發國家那麼好，因此凡是超過一．五倍的負債總額應該都相當危險，對新興市場國家而言，是破錶的債務，而且再度顯示中國政府多麼積極地利用過度建設來推動經濟成長。

我認為，更重要的是，最近影子銀行債務升高，代表政府已經失去控制，中國政府可以規範頭期款之類的東西，但是如果放款來自影子銀行體系，中國人會繼續投資和投機。地方政府靠著無休無止的建設計畫欣欣向榮，他們的親信企業也一樣。何況中國投資人只喜歡房地產，在股票和債券上的投資少之又少。

我們先從住宅的過度興建開始談起。圖7-13是二〇〇〇年以來中國興建的住宅戶數和新家計單位形成數字的對照。中國過度營建的歷史已經超過十年，二〇〇五到二〇〇七年間，中國興建的住宅大致上是需求的兩倍，每年大約多興建了二百二十萬戶住宅。

由德州農工大學（Texas A&M University）甘犁教授在二〇一三年出版的〈中國家庭金融調查〉報告顯示，二〇一二年上半年內，中國的新屋開工率為一千九百萬戶，

圖7-13　住宅單位與家計單位形成數目對照，2000至2008年

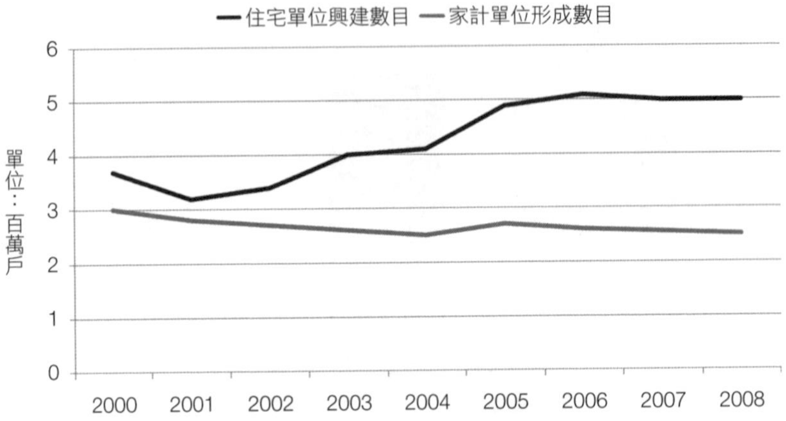

資料來源：中樞資本管理公司，2010年

平均額外增加的年度需求為五百八十萬戶，過度興建的比率高達三・三倍。這份報告也顯示，五三％購屋者購屋的目的是為了投資。在自用住宅擁有比率接近九〇％（世界最高紀錄）的國家裡，還有誰來填滿空屋？尤其是在大多數中國投資人寧願不把房產出租，以便保持原狀，提高將來出售或利用時的吸引力的情況下，更難填滿空屋，投資人現在等待的是根本不可能實現的龐大利潤。

圖7-14所示，是中國領先世界的自用住宅擁有率明細，在房價便宜許多、房子可能自建的農村地區，自用住宅擁有比率為九二・六％，在房價比較貴的都市地區為八五・四％，整體比率為八九・七％。相形之下，美國的自用住宅擁有比率為六五％，而且還在繼續下降，日本的自用住宅擁有比率為六〇％。在房價所得比高居世界第一的中國，怎麼可能出現這種情形？答案是中國人儲蓄極多，又願意住在比較小的地方。自用住宅擁有比率在中國文化中也據有極為重要的地位，一般說來，中國男性除非至少擁有一棟套房或公寓，否則不會有約會或結婚的機會。

中國的儲蓄率是美國人無法相信的事情，一般家庭會把

圖7-14 中國自用住宅擁有比率

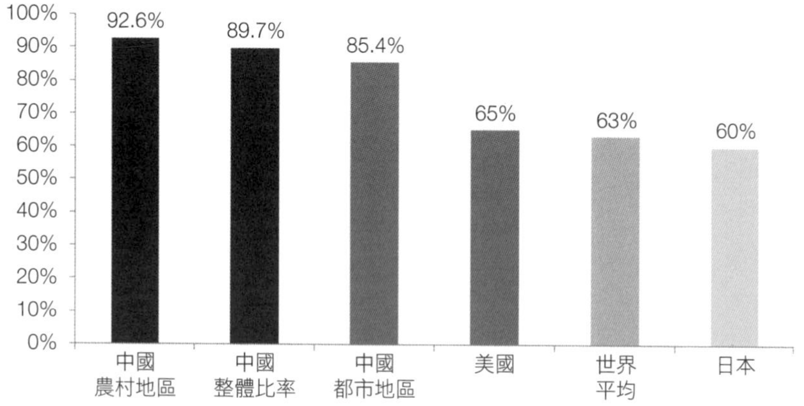

資料來源：〈中國家庭金融調查〉的發現，德州農工大學經濟學教授、中國西南財經大學經濟學院院長甘犁，2013年

超過一半的所得儲蓄起來，據我所知，美國沒有多少家庭能夠做到這一點。圖7-15顯示，中國富人儲蓄得更多，所得最高五%的人儲蓄率高達六九%，所得最高一〇%的人儲蓄率高達六六．五%；所得最高一〇%的人控制中國儲蓄總額的七四．九%。因此中國人顯然沒有支付頭期款的問題。由於政府的政策造成銀行幾乎不付息給存款戶，中國人因而不願意碰股票與債券之類的金融資產，以致能夠用來購買和投機不動產的游資相當龐大！

但是這些統計也顯示，富有的中國人擁有絕大部分的這種房地產，圖7-16清楚說明了這一點。所得最高一〇%的人口，擁有八四．六%大致由個人所持有不動產構成的家計資產，他們也擁有八八．七%包括投資型不動產和企業在內的非金融資產。如果中國的房地產泡沫真的像我所說的一樣，一定會破滅，那麼承受大部分損失的就是這一〇%所得最高的人，他們辛辛苦苦存下來的儲蓄會化為烏有，因此控制六〇%個人所得的人不再消費和投機房地產時，會有什麼結果？**如果所得最高一〇%的人不再從事房地產投機、減少消費，而且離開中國，中國會像紙糊的房**

圖7-15　所得最高5%與10%人口的儲蓄率

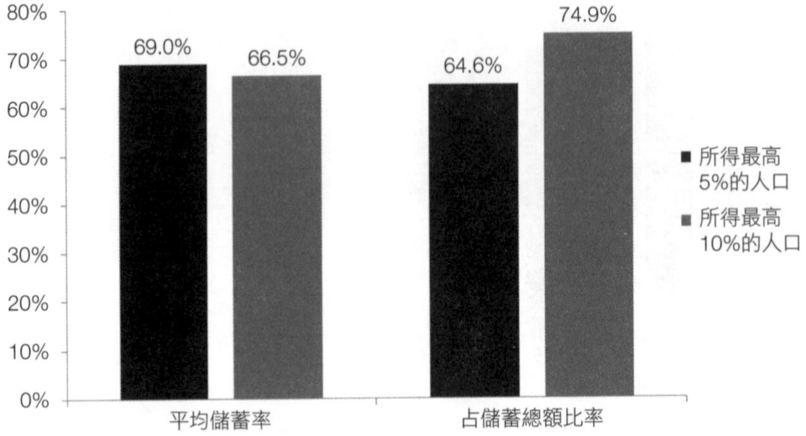

資料來源：〈中國家庭金融調查〉的發現，德州農工大學經濟學教授、中國西南財經大學經濟學院院長甘犁，2013年

圖7-16　中國所得最高10%家計單位資產所占比率

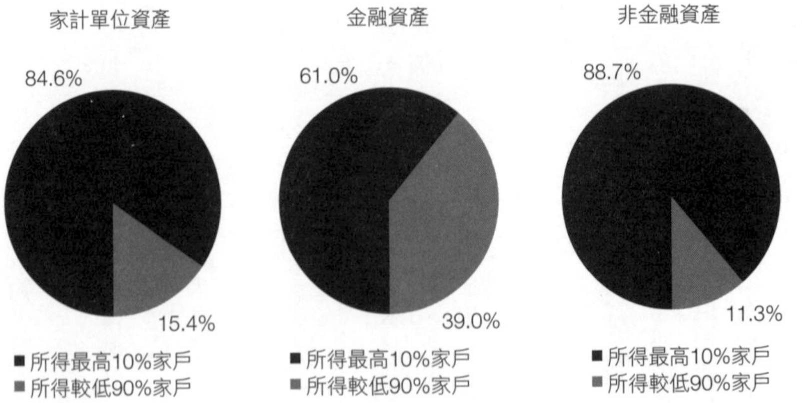

資料來源：〈中國家庭金融調查〉的發現，德州農工大學經濟學教授、中國西南財經大學經濟學院院長甘犁，2013年

圖7-17 中國四等份人口家計單位貸款所得比

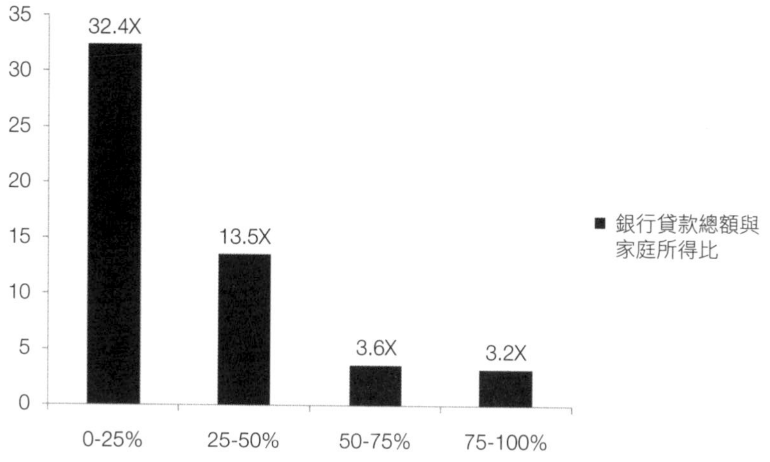

資料來源：〈中國家庭金融調查〉的發現，德州農工大學經濟學教授、中國西南財經大學經濟學院院長甘犁，2013年

子一樣崩潰！中國經濟會出現空前悽慘的反轉，不是軟著陸，而是像大象一樣重重地摔下去！

中國過度興建的嚴重性已經到了未來十年內可以持續把人口遷移到都市的程度，但是如果不動產與政府過度興建的泡沫破滅，導致經濟急遽減緩，會有什麼結果？別管將來會飛快跑到新加坡、溫哥華、舊金山、雪梨或倫敦的富人吧，目前住在城市裡技術水準低落的幾億人民該怎麼辦呢？

雖然富人在中國的不動產泡沫中，大約擁有八五％的房地產，但比較貧窮的家庭，卻承擔購買價格略為高估房地產所造成的最大債務重擔。圖7-17所示，是根據中國經濟四等份分類人口所承擔的債務總額與所得比率。

如果經濟崩潰，富人會失去鉅額財富，但是下層的一半人民會變成赤貧，而且在財務上會溺水（譯注：即所擁有的住宅淨值會低於貸款金額）。所得最低二五％人口目前的貸款所得比已經破錶，高達三二・四倍。第三等份人口（所得較低的二五％到五

圖7-18　中國都市與農村有戶口與無戶口人口數字，2012年

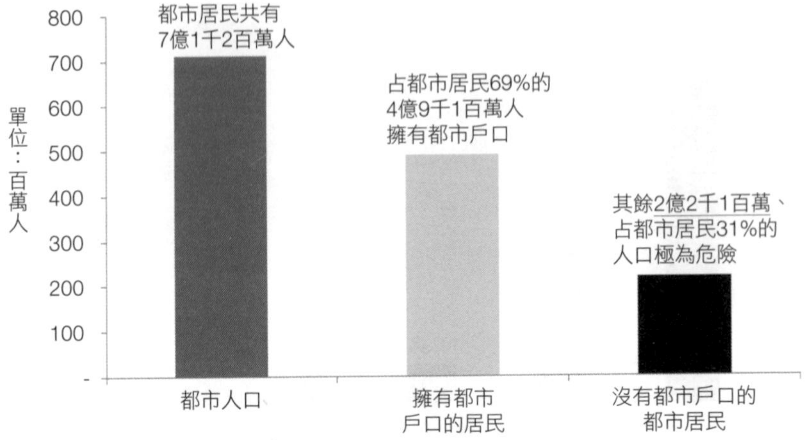

資料來源：〈中國家庭金融調查〉的發現，德州農工大學經濟學教授、中國西南財經大學經濟學院院長甘犁，2013年

○%的人口）目前的貸款所得比為十三・五倍，第二等份人口（所得較高的五○%到七五%的人口）目前貸款所得比比較正常，只有三・六倍，所得最高二五%人口的貸款所得比更低，只有三・二倍。這些人甚至大都並未擁有自己的土地，有些人擁有二、三線城市差勁的高樓大廈，有些人在都市裡租屋而居，還留在農村地區的人至少還可以維持自己的基本溫飽……但流落都市沒有技術的人該怎麼辦？

這些民工怎麼跟別人競爭？他們在世界上房價所得比最高的國家裡，怎麼供得起城市裡的公寓？答案相當簡單，全球經濟萎縮時，政府推動的無數出口、建設和營建就業機會推動的肥缺列車減速時，他們無法跟別人競爭，他們買不起這些公寓或任何服務，甚至買不起食物。這種情形還會惡化嗎？噢，會，可能會惡化，請見圖7-18，是我所謂「中國奇蹟」的罩門。

今天中國有七億一千二百萬人住在都市裡，也就是有五三%的人口住在城市裡，其中只有六九%的人是有都市戶口的居民，另外二億二千一百萬人，也就是三一%的都市居民沒有都市戶口，不能接受教育、健保醫療和其他社會福利，他們基本上是「非法移民」，就像美國境內的「非法移民」一樣，只能於機會存在和經濟繁榮能夠容忍他們時，才能留下來。但是當繁榮變成衰退時，他們該怎麼辦？目前美國很多「非法移民」甚至以比新移民流入美國還快的速度回到墨西哥，中國的「非法移民」也一樣，可能收拾吃飯傢伙，回家耕田，然而，家裡的田地即使還在，大概已經被官員信任的親信開發商鋪成水泥地了。

中國正在搖搖晃晃地衝向百年一遇的慘劇——全世界似乎正在額手稱慶。中國創造了不健全的基礎建設泡沫，又在世界最高儲蓄率和人民對房地產熱愛的激勵下，創造出世界上價格最高估的不動產，不過中國也創造出世界最高的都市空屋率——高達二四%，而且還在繼續上升。如果幾千萬甚至幾億人民逃回自己設有戶口、能夠依賴土地養活自己的農村地區，到時候會有什麼後果？中國的房地產泡沫破滅時——一定會破滅——財富蒸發的速度，會比雨水照到太陽時蒸發的速度還快。別把中國當成資本主義模式的楷模，反而要當成由上而下的政府計畫與無數刺激、只會害死自由市場資本主義金鵝的範例。要遠遠地避開，巨龍即將內爆。

我要再說一遍，中國在短短十二年內，把都市化程度從三八%推升到五三%，政府只是不斷地把農村人口從他們的土地上遷移到都市去。結算起來，這樣表示在短短二十五年裡，要遷移將近五億人口。你怎麼可能把這麼多人連根拔起，卻不出錯，尤其是在一九三〇年代以來情況最糟糕的全球經濟情勢中？

而且這樣不只是牽涉房屋問題而已，也牽涉橋梁、鐵路、道路、購物中心、辦公大樓和工業產能。香港大學教授郎咸平估計，中國的電解電容器產能過剩五〇%，水泥產能過剩四〇%，太陽能電池四〇%，鋼鐵三五%，平面螢幕三〇%，銅一一%，大家認為，鋁產能過剩最嚴重，可能超過五〇%。所有這些過度興建都會造成負債和汙染，中國目前是世界上最大的汙染源，遙遙領先世界各國。圖7-19所示，是三個最大經濟體造成的

圖7-19　主要經濟體二氧化碳排放量

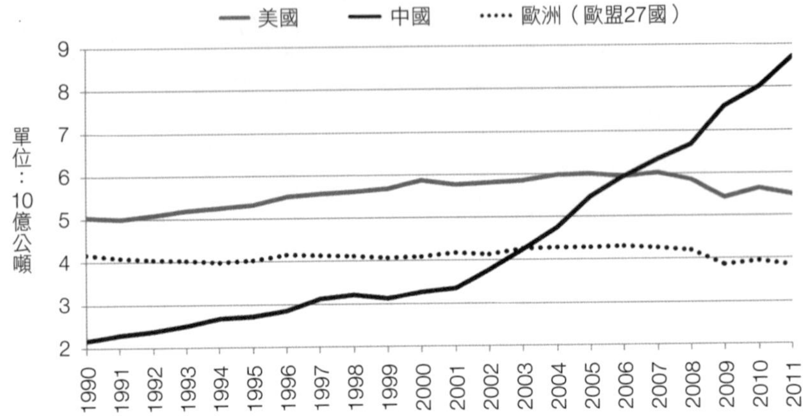

資料來源：美國能源資訊管理局（U.S. Energy Information Administration），2013年

二氧化碳排放影響。

中國造成最嚴重的汙染，其次是美國，第三是歐洲。這三大地區中，歐洲在已開發國家中留下的碳足跡最小，原因之一是能源價格高昂，導致各國採用比較小的汽車、家電、住宅等等。從二〇〇〇年以來，中國所排放的二氧化碳占各國所增加排放總量的三分之二，美國和歐洲每年合計減少排放六千萬噸，中國卻增加排放五億噸，情況就是這樣，中國空前的成長和都市化，嚴重傷害了人民的健康和世界環境。

二〇一三年一月，北京空氣的毒性超過世界衛生組織（World Health Organization）認定安全水準的四十倍，人口一千一百萬的哈爾濱被迫完全關閉，因為空氣的毒性高達可以接受水準的五十倍。中國很多工業城市常年有霾，某些地方霾害嚴重到你幾乎看不到太陽。人口最稠密的中國北部，空氣汙染造成人民平均壽命減少五年半，幾乎跟抽菸的影響一樣嚴重。

中國一半的供水甚至不適於洗濯，更別說飲用了。河流變成棕黃色，河魚翻著肚子漂在河面上，過度抽取水源導致河流消失，五分之四的水源在華南，一半的人口和三分之二的農田卻在華北，因此政府耗用巨資，推動南水北調工程，把水送到有需要的地方。這種工程當然會大規模干擾自然棲息地，愈來愈多人開始抗議。

政府的反應是關押環保人士，針對環保訴訟制定國家壟斷的審判制度。然而，政府根本不能再繼續忽視環保威脅，環保問題已經達到災禍的程度。因此中國未來的當權派光是在處理空氣汙染方面，就計畫在今後五年內動用二千七百五十億美元的經費。中國領先世界各國，創造出太陽能發電和風力發電新工業，但是這樣夠嗎？答案顯然是不夠！當然，在貪腐的共產主義制度下，地方政治領袖繼續爭取例外權利，為他們的親信企業降低環保防汙目標，未來經濟減緩時，這種做法只會有增無減。

中國的策略和西方過去的策略很像，先成長，等以後比較富裕時再來清理。唯一的問題是：今天的世界汙染程度遠比過去嚴重，中國的人口已經接近十四億人，幾乎是歐美兩地總人口的兩倍！我認為，這一切表示，中國是正在形成的最大經濟慘劇。

就像這樣還不夠一樣，中國也支持第三世界——尤其是非洲國家——的獨裁者，以便為自己的製造機器提供原料。在我看來，這樣就像《星際大戰》（*Star Wars*）中的黑武士一樣。畢竟未來數十年，如果世界上會爆發重大的地緣政治慘劇，最可能發生的地方有兩個，就是中東和中國。中東顯然比較可能爆發內戰和政治衝突，但中國仍然是獨裁政權，我認為，中國可能因為在都市裡創造了龐大的下層階級，引發重大內亂。我已經說過，中國以比其他新興市場國家快多了的速度，積欠金額大多了的債務，泡沫破滅時，這樣會造成很多金融問題。

未來十年內，由上而下共黨政府過度投資應該會引爆重大的都市動亂，一勞永逸地證明自由市場民主制度比較好。你要避開依賴中國支持的投資，涉入以商品為基礎的經濟體時要慎重，未來的情勢會很驚險。

中國的都市化模式出現更多裂痕

二〇一三年下半年，《紐約時報》（*New York Times*）針對中國的都市化挑戰，刊出系列報導。

其中一篇報導名為〈新中國城市是醜陋的家園、破碎的承諾〉（New China Cities: Shoddy Homes, Broken Promises），重點放在遷居新都會中心沒有技術家庭的苦難，作者易恩·詹森（Ian Johnson）稱之為「中國新城市貧民區化」。詹森寫道：「我們談的是幾億人遷移到這些地方，但實際上，這些新落戶的人生活水準反而降低，顯現在表面上的是建築物的品質——其中貪腐橫行、偷工減料嚴重。」

誰會想到政府的計畫中含有貪腐問題？

中央和地方（黑手黨）政府的動機是什麼？他們把農地賣給開發商，提供資金，融通為新都會居民建築住宅的計畫，隨著人民找到比較好的工作（這一點是他們還在設法完成的任務），他們會收到稅收，也會為他們的親信企業友人創造新業務。

但是在新市鎮之外，大部分地方都是空蕩蕩的，擬議中的開發無人聞問，農地休耕。在這一切都出自政府規劃，不是出自需求推動的市場自然力量時，令人驚異的現象一再發生……

很多農村家庭不願意搬遷，不願意放棄維持了千百年的生活方式，但是地方政府需要這樣做，以便助長由共黨中央命令主導和獎勵的成長模式，他們會切斷道路和水電，迫使居民搬出去，這是我稱之為「黑手黨」的原因。

我不希望編造一面之詞，中國的快速都市化的確讓很多人脫離貧窮，的確把實質人均生活水準，從幾十年前的二千美元提升到目前的九千美元。中國都市裡有很多人的年所得介於五千到二萬美元之間。

我擔心的是中國以這麼快的速度推動都市化，最後一定會產生後遺症。中國在培養完全不負責任、由黨內政客和親信企業家構成的上層階級之際，同時創造出極大量的下層階級（二億一千一百萬人，而且還在繼續快速增加）。

中國的股市再度說了實話，二〇〇八年上證指數崩跌七〇％後，到二〇一〇年二月出現弱勢反彈，然後就穩定下跌。簡單地說，這是狗屎經濟，如此而已！過度擴張只會導致獲利下降。

這是迫在眉睫的災難，中國的做法是本末倒置，迫使人民遷居都市，希望他們可以賺更多錢、花更多錢，而不是靠自然的都市化和市場力量，讓消費者需求成長。

這種情境是終極的都市慘禍：不但中國積極的都市化會放慢或停頓下來，不但房地產泡沫會開始破滅，而且二億二千一百萬沒有都市戶口的居民中的很多人，會開始搬回農村地區，努力收回至少可以養活自己的土地。

這裡有一個簡單的問題：你相信中國共產黨政府能夠永遠維持這種老鼠會式的都市化計畫嗎？如果你不相信，請你在二〇一四年初保護你的資產，因為這個危機會讓引爆上次全球金融海嘯的次貸危機相形見絀。

中國的房地產會跌到什麼程度？

我在第五章中，談到兩大原則，一是泡沫總是會破滅，二是泡沫通常會回到起漲點，甚至跌得更低一點。圖7-20所示，出現我前面說明的極端價格、出現中國投資的極端成長後，後續發展應該不會讓人覺得這麼震驚。從二〇〇〇年代初期以來，上海的房地產價格大約上漲五六三％，也就是原先的六．六三倍，全部時間只花十

圖7-20　上海房地產價格，1999至2013年

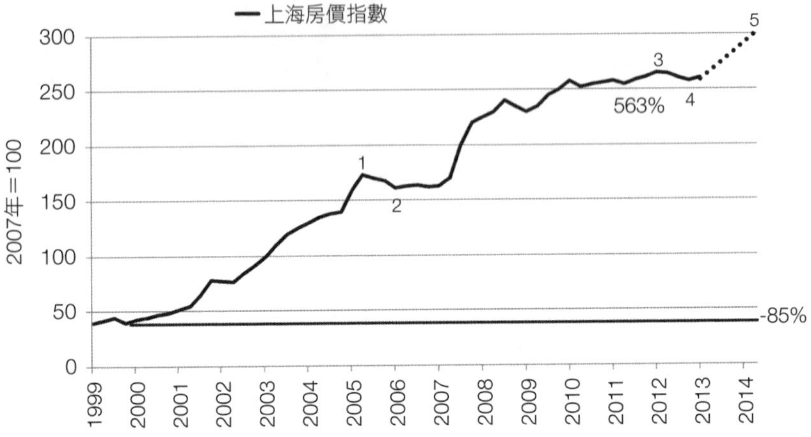

資料來源：全球房地產指南，2013年

三年而已！

日本的房地產價格已經回跌六〇％，杜拜的不動產價格已經崩跌四〇％，但是兩地的不動產泡沫都沒有中國的泡沫那麼大。因此，怎麼才能促使中國的泡沫回落到二〇〇〇年代初期的價位，答案是慘跌八五％。

有一件事情對中國有利，中國人買房子時，通常至少會拿出五〇％的頭期款，因此很多分析師指出，中國可能出現相當大規模的衰退，卻不會出現重大的違約。的確如此，圖7-21顯示，房地產價格要跌到多深，才會造成淨值低於房貸金額的溺水房貸比率提高。房價下跌四〇％，只會造成一〇％的房子淨值低於房貸，房價下跌六〇％，會造成二〇％的房子淨值低於房貸。這樣比較像美國的次貸危機，會引發嚴重的銀行與經濟問題。房價下跌八〇％時，情勢才會真的嚴重起來，有四三％的房子淨值會低於房貸，我認為未來六年左右，我們會看到中國的房貸下跌八〇％到八五％。

但是這樣說錯過了比較重要的重點，如果房地產價格只跌二〇％，就表示營建業和整體經濟會出現嚴重的減緩，還不提財富的嚴重損失，對占所得六〇％、占消費支出至少五

圖7-21　不同房價跌幅下溺水的房貸比率

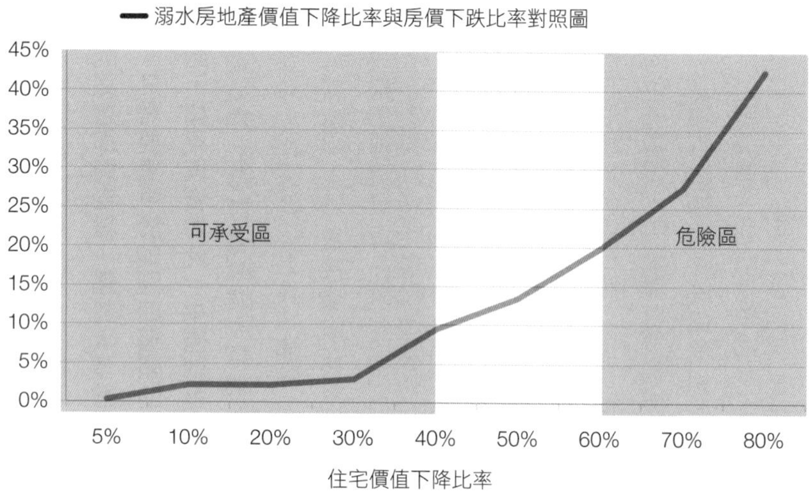

資料來源：〈中國家庭金融調查〉的發現，德州農工大學經濟學教授、中國西南財經大學經濟學院院長甘犁，2013年

〇%的最高所得一〇%的人口尤其如此。然後還有經濟走弱造成房地產價格進一步下跌、更多企業倒閉、貸款違約增加形成的惡性循環。

總之，中國在過去十五年內，已經創造了空前龐大的泡沫，需要政府持續不斷地全面過度投資在基礎建設、高度的出口成長和消費者在房地產上的鉅額投資。全球經濟減緩已經造成中國的出口放慢，政府現在藉著提高過度營建、同時容許負債提高到對新興市場國家危險的水準，彌補出口方面的損失。富人逐漸放眼離開中國，以便保護自己的財富、健康和家人。在這麼微妙的情況下，一家大型開發商或大企業倒閉，就可能輕易地引爆危機。

在中國之外，我們已經看到原物料商品價格下跌，以及新興市場國家（中國最大的市場）成長減緩形成的惡性循環。但是就像我在本章開始說的一樣，雖然北歐經濟出現若干好轉跡象，南歐卻是最容易爆發另一場金融危機的地區，因為南歐的失業率和青年失業率已經升到令人害怕的程度，銀行放款呆帳正在快速增加。我認為，美國的房地產復甦受到利率上升與過度投機再度死灰復燃的威脅。中東政治危機接二連三地爆發，如果油價一如我的預期，在未來幾年內崩盤，中東要怎麼辦？

中國的氣數即將告終，鑑於大多數國家目前的負債水準甚至高於上次危機前，下次全球金融危機可能有很多引爆點。只需要集中於美國四個州的次貸危機，就足以引爆上次的危機。我認為下次危機會從二〇一四年初到年中開始，如果確實如此，中國就是大家最不想當公民、投資人或企業家的地方。

哪些國家的出口對中國曝險最高？南韓為五〇％，智利為三九％，德國為四一％，歐盟為三六％，加拿大為二九％，印尼為二五％，澳洲為二〇％，日本為一二％，美國為一一％。南韓特別危險，因為南韓的GDP中，高達一二％直接曝險在對中國的出口中，如果這種出口暴跌五〇％，可能使南韓的GDP下降六％，造成嚴重經濟衰退；智利的出口曝險居次，有八．七％的GDP直接依賴對中國的出口，接下來是澳洲，有四．三％的GDP直接依賴對中國的出口，美國只有〇．八％的GDP直接依賴對中國的出口，實在是很幸運！

但是中國現在是世界第二大經濟體，又是世界成長最快的經濟體，所能產生的影響大多了，中國一個主要泡沫破滅產生的衝擊會很大，如果中國龐大的房地產和過度興建泡沫像西班牙一樣破滅，會像大象摔倒一樣。

我們也必須承認中國很像二十世紀初期的美國，當時美國是力爭上游的新興市場國家，滿足歐洲因應一次大戰戰火的生產需要，美國擁有貿易與預算盈餘，又協助促進世界貿易。幾十年來，中國像美國這樣做的規模甚至更大，又持有鉅額的外匯準備和公債餘額，一九三〇年代大蕭條來襲時，美國摔得最重，因為美國已經茁壯為最大的經濟體，我認為中國在二〇一四到二〇一九年年間，會碰到這種景象，到時候別說我沒有警告過你！

誠如以上章節所述，可能引爆下一場全球金融危機的因素非常多，人口統計趨勢、債務水準及原物料商品週期等顯示，目前全球經濟非常脆弱，在這個情況下，我們接下來應該要討論的就是：我們該以什麼投資策略來因應眼前的種種困境？我認為接下來這段時間，將是美國史上繼一九三〇至一九三三年後最難熬的一段時間。根據我過去的各種週期研究，金融資產崩跌最嚴重的時間點應該會落在二〇一四年，而整體經濟環境最糟的時期，應該會落在二〇一四至二〇一九年間。既然如此，就讓我們看看要怎麼做才能在未來六年的艱困環境下賺點利潤並進而蓬勃發展吧！

第八章

因應下一場金融危機的投資策略

二〇〇二至二〇〇七年的股票漲幅不像我原本預期的那麼高（如第一章所描述，這個預測來自我對四季經濟週期——八十年輪替一次——的研究，上一個週期也曾發生過科技泡沫，而這就是我提出這個預測的參考基礎），在這種情況下，我當然必須深入探討個中原因。一九〇〇年代初期的汽車產業衍生了兩個科技股泡沫，一個從一九一四年延續至一九一九年，另一個泡沫更大，是從一九二五年延續到一九二九年，這兩個泡沫是因汽車的都市地區採用率（沿著S型曲線）從一〇%進步到九〇%而形成。究竟「咆哮二〇年代」的多頭市場和八十年後的「喧囂二〇〇〇年代」（Roaring 2000s）的多頭市場有何不同？為什麼二〇〇〇年代這個經濟週期的第二顆泡沫，不像上一個週期（即二〇年代）的那麼強？這一番分析讓我又發現了兩個新的強大週期。第一個是三十年一度的原物料商品週期，以這個週期而言，在一九二〇年代時，原物料商品價格是下跌的，但在二〇〇三至二〇〇七年的泡沫期間，它卻是上漲的，這我已在第六章討論過。另外，這兩個經濟週期期間的

圖8-1　股票每39至40年輪替一次的世代週期

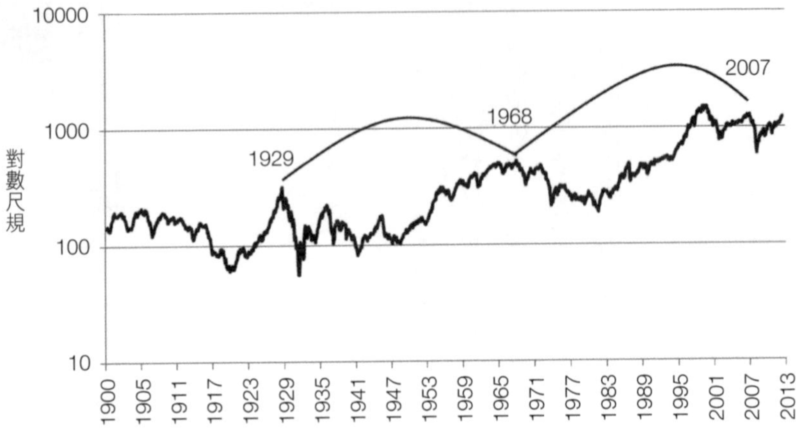

資料來源：彭博資訊，2013年

全球政治環境也非常不同，那個理解讓我歸納出第二個現象，也就是我目前所謂的地緣政治週期。

我無法解釋為何股票和一般經濟環境大約每隔十八年就會反覆出現多頭和空頭趨勢，從有利的環境變成不利的環境。我發現這樣的模式可回溯到大約兩個世紀以前，也就是工業革命開始後。在充滿地緣政治風險的不利週期裡，股票評價（本益比〔P/E ratios〕）傾向於顯著降低大約五〇%。上一個有利的地緣政治週期是介於一九八三至二〇〇〇年，這段期間沒有爆發重大戰爭，也沒有顯著的通貨膨脹衝擊。但進入二〇〇一年後，科技股大幅崩跌，又發生了九一一事件。從那時開始，我們便進入一個負面的地緣政治週期，戰爭一個接一個爆發，獨裁的麻煩製造者一個接一個出現，最後，「阿拉伯之春」爆發後，也發生了一場接一場的人民動亂。另外，在同一段時間，世界各地也爆發銀行危機及斷斷續續的通貨緊縮衝擊。

在二〇〇三至二〇〇七年股市上漲期間，儘管企業盈餘一如我預期地強勁成長，但股價卻幾乎沒有創新高，股票評價也遠低於一九九五至二〇〇〇年泡沫時期的水準。

圖8-2 長期股票趨勢及18年輪替一次的地緣政治週期

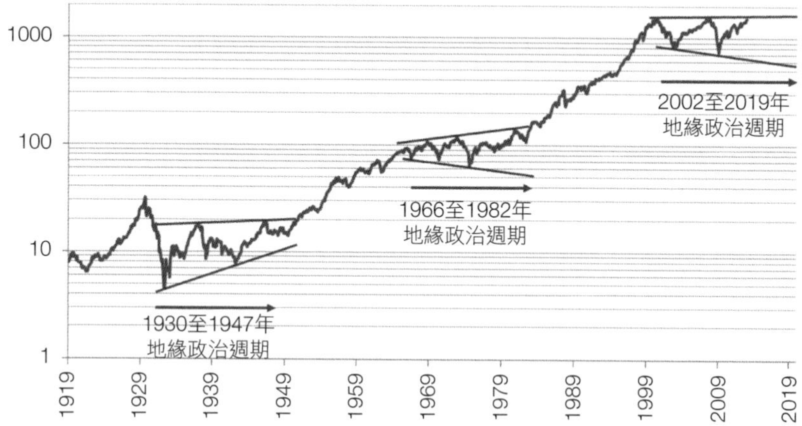

資料來源：彭博資訊，2013年

觀察股票調整通貨膨脹後的實質長期週期趨勢（見圖8-1），便可清楚見到過去一個世紀，每四十年（精確一點來說是每三十九年）都會出現一個世代高峰，那些重要股市高峰的形成，導因於可預測的人口統計週期，其中，一九二九年出現了亨利．福特世代的高峰，而這個高峰一直到一九五三年——也就是二十四年後——才被突破；鮑伯．霍伯世代的高峰出現在一九六八年，它一直到一九九三年——即二十五年後——這個高峰才被突破。而在整體趨勢走下坡且價格波動非常激烈的時期，買進且長期持有策略完全不管用，過去兩個這類空頭市場期間是發生在一九二九年年底至一九四二年年初，以及一九六八年年底至一九八二年年底，延續約十二至十四年。

若觀察不調整通貨膨脹（為了看清市場的實際波動性，故不調整通貨膨脹）的較長期股票趨勢，就能看見什麼時候進入了負面的地緣政治週期：像是一九二九年年底至一九四七年年底、一九六五年年底至一九八二年底，以及二〇〇一年底至二〇一九年年底（見圖8-2）。請注意，第一個負面週期一直延續到一九四二年左右的人口統計趨勢谷底至第二次世界大戰（把第二次世界大戰歸類為負面的地緣政治週期，應該是不為過吧？）結束後。第二個負面地緣政治週期大約是在一九六五年年底人口統計週期開始下降的前幾年展開，接著它又和消費潮週期的下降階段——一九六八年年底至一九八二年年底——重疊，正好一九六五年後，股票也抵達高峰並下跌。最近一次地緣政治週期是在二〇〇一年年底時展開，遠比人口統計週期更早開始下降。由於這兩個週期已經重疊，而且同步向下，所以到二〇〇七年年底為止，整體股票趨勢才會幾乎完全沒有進展。

這些觀察讓我想通一個關鍵點：對股票和經濟來說，最危險的期間是負面的地緣政治週期和消費潮週期的下降階段重疊，也就是兩者同步向下時，如圖8-2所示。這樣的情況曾在一九二九年年底至一九四二年年底和一九六八年至一九八二年年底發生過，二〇〇七年年底開始，我們又進入這兩種週期同步向下的階段，估計這個負面期間可能延續到二〇一九年。

太陽黑子活動

根據各種型態來研判，我認為股票從二〇一三年八月初以後就開始有點泡沫化，可是，我也預期股市還是有可能再上漲一、二波後，才出現類似二〇〇〇年和二〇〇七年那麼清晰的頂點訊號，所以，我預期股票將在二〇一四年年初達到一個重要的頂點。恰好，二〇一三年年初時，《霸榮》（*Barron's*）週刊上的一篇方塊文章引用了基金經理人保羅．麥考利（Paul McCulley）的說法，他說太陽黑子週期顯示股票可能在二〇一三年五月至九月間或稍晚一點出現頂點。麥考利並不是瘋瘋癲癲的占星家，而是曾掌管一百二十億美元基金的太平洋投資管理公司（Pimco）基金經理，他的實戰經驗非常豐富。雖然麥考利表示，他會等到各項股票指標開始出現背離，並足以印證他的觀點後，才會針對這個週期採取實際的投資行動，不過，他還是相信上一次的太陽黑子週期（在二〇〇〇年年初達到高峰）確實成功拯救了他的基金——那一次週期正好是科技泡沫達到高峰並迅速崩潰之際。

我一直在想，他的說法有任何根據嗎？太陽黑子週期怎麼可能和股票有關係？我只知道，當太陽黑子比較多時，我們承受的太陽輻射就會比較高，而那些輻射足以干擾我們的衛星和通訊基礎建設運作。我也知道，太陽的磁極會隨著這個週期而完全倒轉。當然，太陽黑子活動上升可能會影響到人類的活力和情緒，因為所有在急診室或警察部門工作的人都主張，月圓會影響到他們的活動。

我早在多年前就聽過這個週期，不過，我並沒有很重視它，據說它是個十一年的週期，但那是回溯好幾百年的歷史後所算出的平均值。根據我個人的觀察，股票或經濟的表現和那樣的週期並不相關。不過，看過那篇文章後，我再次深究一百年迄今的各種週期，結果，我發現這個週期其實是十．二年。這個發現讓我很感興趣，因為我們公司最重視的中間週期之一，就是奈德．達維斯（Ned Davis）所發現的十年週期（Decennial Cycle），他是非常值得尊敬的週期分析師。這個週期的型態向來非常好預測，因為每十年一定會交替一次，可惜這一次似乎不太準確。

看看這些太陽黑子週期有多麼規律（見圖8-3）。從谷底到谷底，或從高峰到高峰，所有週期時間都介於九至十二年。上升的週期比較短，也比較陡峭，大約介於三至五年；下降週期延續約六至八年，有點類似自然的費波那西（Fibonacci）比率。我從中獲得的第一個獨門見解是：這些循環幾乎傾向於在每個十年剛展開之際達到高峰，但最近這一次還是例外。不過，我們還是要看看這類週期在過去某些關鍵時期的起與落。

一、一九一八年達到頂點後，便下跌至一九二四年：一九二〇年和一九二二年間，股票和原物料商品都重挫，經濟也陷入嚴重的蕭條，但一九二四年後，股票出現泡沫行情，進入下一個上升週期。

二、一九二九至一九三四年：股票與泡沫高峰出現在一九二九年；一九二九年年底至一九三三年年初發生大蕭條。而一九三三年年初，股票、房市和失業情況乃至經濟大蕭條都觸及谷底。

三、一九三九至一九四四年：這時遭逢第二次世界大戰。

四、一九五八至一九六四年：一九五八至一九六二年間，經濟衰退且股票出現較溫和的下跌走勢。這一次是較溫和的下降週期，因為當時地緣政治和消費潮週期非常正面。

五、一九六八至一九七七年：調整通膨後，長期股票高峰出現在一九六八年，而一九七〇年及一九七三至一九七五年間，經濟二度嚴重衰退，股票也大跌，另外，這段期間還爆發石油禁運，通貨膨脹大幅竄

圖8-3　太陽黑子週期，1900至2013年

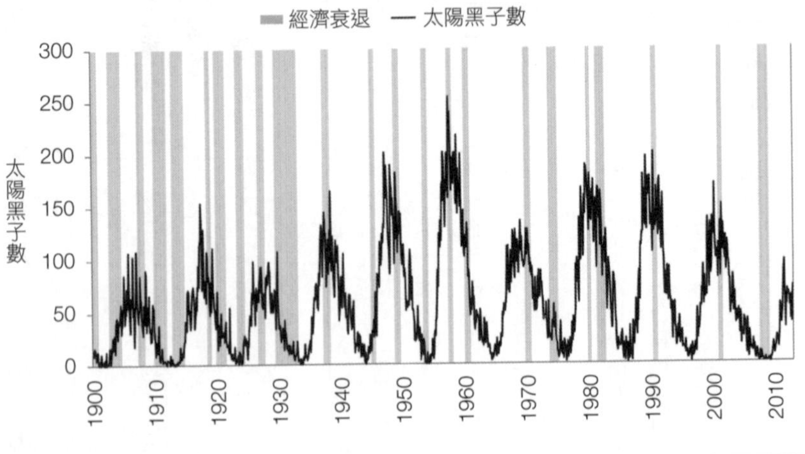

資料來源：美國太空總署網站（NASA.gov），2013年

升。此時消費潮和地緣政治週期正好同步向下，所以衰退情況較為嚴重。

六、一九八〇至一九八七年，股票崩盤三次，先是在一九八二年年底抵達一個重要的長期底部，且一九八〇至一九八六年間，原物料商品價格也重挫，而且，經濟在一九八〇年和一九八一至一九八二年間也出現二度衰退。一九八七年的崩盤正好是在太陽黑子週期的下降週期終點。

七、一九八九至一九九六年：在一九九〇年代初期發生存貸危機（savings and loan crisis）和經濟衰退，而股票也在一九九〇年年底小規模下跌。

八、二〇〇〇年年中至二〇〇九年年初：科技泡沫自二〇〇〇年年初太陽黑子週期的頂點開始崩潰，接著，經濟在二〇〇一至二〇〇二年間陷入衰退，股票和原物料商品價格在二〇〇七年年底至二〇〇九年年初之間崩跌，一直到太陽黑子週期的谷底為止，而且，二〇〇六年起，房地產市場也爆發一九三〇年代以來最嚴重的崩盤走勢。

另外也請注意，一八〇〇年代最嚴重的兩次經濟蕭條，正好也落在一個向下的太陽黑子週期，其中，一八七三至一八七七年間的經濟蕭條，正好是落在一八七一至一八七八年間的下降週期，而一八三五至一八四三年的經濟蕭條，則是落在一八三七至一八四三年的下降週期，如圖8-4所示，這張圖表的時序可回溯到一七〇〇年代中期。

總而言之，這個循環簡直神準到很難不去注意它，而且，目前看起來，我們似乎已經為奈德·達維斯的十年週期找到了解釋——我使用這個週期已經幾十年。他將過去一百年間的股票週期加以平均後，發現股票在每十年展開後的頭兩年半間，傾向於表現最糟糕，較極端的例子有一九三〇至一九三二年、一九八〇至一九八

圖8-4　回溯至1700年代中期的太陽黑子週期

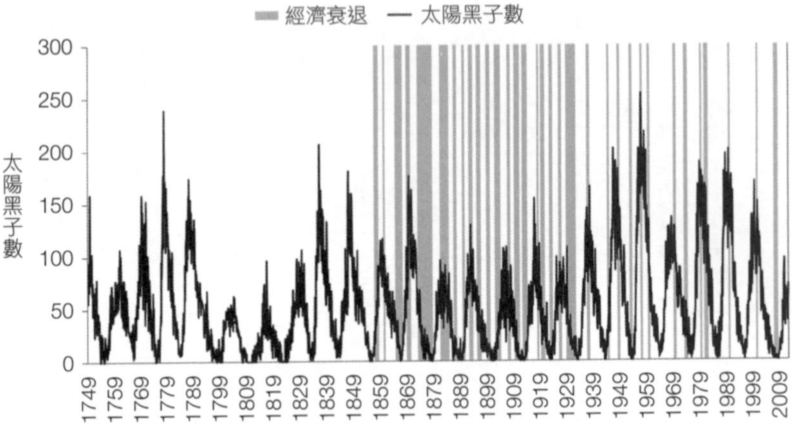

資料來源：美國太空總署網站，2013年

二年，還有二〇〇〇至二〇〇二年，而且在每十年的上半期，股票表現傾向於比平均值弱，例如一九九〇年至一九九四年底間，科技股泡沫展開前那段期間。最大股票漲幅和泡沫都發生在每十年的下半期，也通常是在這段期間達到高峰，如一九二五至一九二九年，一九八三至一九八七年，還有一九九五至二〇〇〇年年初，以及一九八三至一九八九年的日本。二〇〇七年的高峰也是出現在上一個十年期間的下半期。過去一個世紀，在每個十年的上半期，太陽黑子週期都是走下坡的，只有眼前這個十年例外！

另外，奈德．達維斯從很久以前就以正式文本記錄了很多人也認同的總統週期——為期四年。在這樣的週期裡，股票傾向於在中期選舉之際進行修正，如一九九八年、二〇〇二年、二〇〇六年和二〇一〇年（下一次將是二〇一四年）。我發現，股票大崩盤和經濟衰退傾向於發生在十年週期和四年週期重疊之際，如一九六二年、一九七〇年、一九八二年、一九九〇年和二〇〇二年。沒有發生在這些週期裡的「唯二」股票大崩盤，是發生在一九七三至一九七四年間（但一九七四年年底的底部是出現在那十年的上半期）和一九八七年（這正好是在太陽黑子週期的谷底）。

這兩個週期似乎為很多現象找到了很充分的解釋，但二〇一〇至二〇一二年卻例外。在人口統計趨勢高峰於二〇〇七年出現後，我們原本預期股票將在二〇〇八年金融崩潰後，於二〇一〇至二〇一二年間爆發第二次崩盤，尤其是二〇一〇年年底，它和四年週期重疊。沒錯，那時股票的確有開始修正，而且二〇一一年第一季GDP也微幅負成長，不過，聯準會隨即介入實施第二次量化寬鬆，股票因此大漲，所以，二〇一〇年一整年，股票僅修正一〇%。但根據我們的預估，在十年及四年週期重疊且同時向下的年度，股票一年內跌幅至少要達到二〇%，經濟也會陷入衰退，但這一次並沒有。不過，請注意，下一個四年週期預期將在二〇一四年年底和二〇一八年年底展開，所以，我們預期市場將在這幾年間的某兩段期間爆發大崩盤走勢，跌勢甚至可能延續到二〇一九年年底至二〇二〇年年初，因為到那時，我們提到的幾個重要的長期週期才會同時觸底。

形成四年週期的原因之一非常顯而易見：政治人物總是會不惜任何代價，在重要選舉前將經濟維持在亮麗的狀態（在非選舉年，他們才比較可能認真針砭經濟問題）。過去，我並不了解這個力量強大的十年週期型態的根本成因，但我現在終於了解，太陽黑子週期極可能就是造成十年週期的原因。因為太陽黑子週期短則九年，長則十二年，圖8-5是當前這個太陽黑子週期，它正好比較長一點，甚至有點不規律。從二〇〇〇年年中到二〇〇九年年初至年中，這個太陽黑子週期呈現下降趨勢，這是史上最長的一次下降週期，而那就是導致奈德．達維斯所發現的常態十年週期有點失準的主要原因。事實上，如果這個週期真的一如我們的預期在二〇一三年年底到來，那麼從高峰到高峰算起來，這個週期似乎延續了十三年，它將是過去一個世紀以來最長的一個週期。

因為太陽黑子會製造電磁波，而電磁波可能會傷害我們的衛星及其他通訊基礎建設，所以美國太空總署

圖8-5　上一個與當前的太陽黑子週期

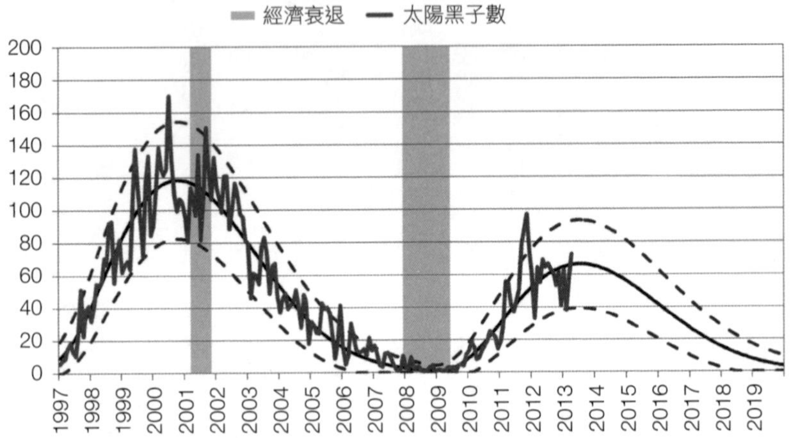

資料來源：美國太空總署網站，2013年

（NASA）向來都會長期追蹤並預估這些週期。在谷底——也就是「太陽活動極小期」（solar minimum）——過後，太陽黑子活動總是會連續幾年上升，所以，接下來的週期演變其實還算容易推估的。美國太空總署預測這個週期將在二〇一三年夏天左右達到高峰。研究太陽黑子週期達到頂點時將發生磁極轉變的專家——如史丹佛大學太陽天文台（Stanford University Solar Observatory）的塔德．霍伊科塞馬（Todd Hoeksema）等——則預測，太陽黑子週期在二〇一三年十一月和十二月間達到高峰的可能性較高。

所以說，我們終於找到了幾十年來股票首度沒有在這十年開始後的頭幾年間進行修正的原因，答案就和這一個太陽黑子週期有關。在上個世紀的那些時段（每十年展開後的頭幾年），所有太陽黑子週期也都正好處於下降週期。有關太陽黑子週期將在二〇一三年底達到高峰並開始下降的預測，正好和我先前根據二〇〇九年年初至二〇一三年的上漲型態所做的預測不謀而合。由於二〇一三年九月初時，本書已接近完成，所以，我認為，股票極有可能在二〇一四年一月中至三月底達到高峰，而且在一月底發生的可能性較高。所以，在本書出版之際，你就應該設法賣出股票。如果大規模修正沒有在二〇一四年四月發生，那麼，更大的崩盤將在二〇一八至二〇一九年爆發。不過，我和保羅．麥考利一樣，都會設法尋找一些典型的背離訊號來判斷頂點是否已出現。

我們預期二〇一三年非常接近年底時至二〇二〇年年初期間，將陸續爆發一系列的崩盤走勢，其中至少一次崩盤會比二〇〇八年那一次更嚴重。根據預估，太陽黑子週期將在二〇一三年年底至二〇一九年年底之間走下坡，因此，我們在《二〇一〇大崩壞》一書裡的預測成真的機率上升了——我們預測道瓊指數將在二〇一五年的某個時間點跌到大約五千八百至六千點，而且在二〇二〇年剛過年後，指數最差可能會跌到三千三百至三千八百點。如果把四年週期也列入評估，股票在二〇一三年年底至二〇一五年年初，以及二〇一七年年底至二〇二〇年年初崩盤的可能性較高。

要重新平衡目前已遭到扭曲的「泡沫」市場和經濟，關鍵在於通貨緊縮是否發生，而我們預期通貨緊縮通常會在寒冬季節出現。因此，未來必須爆發一場大型經濟危機和崩盤走勢，通貨緊縮才可能發生。當然，各國政府和央行都已下定空前最大的決心，要全力防範那樣的情境發生。可是，我還是相信市場的力量絕對比各國政府大。我認為隨著二〇一三年市場逐漸泡沫化，較大的危機將在二〇一四至二〇一五年年初來到，因為二〇一三年的市場看起來已經嚴重泡沫化，而且，儘管政府實施大規模量化寬鬆來購買債券，期許能藉此壓低利率，但利率卻還是持續走高，再者，歐洲經濟已陷入停滯和蕭條很多年，而中國的泡沫看起來也即將失控。

然而，如果政府再次插手干預，實施更多振興措施，把爆發下一個經濟危機——最可能在二〇一四年發生——的機率降到最低，那麼，更大的危機非常可能在二〇一七年年底爆發，並持續在二〇一八年及二〇一九年造成衝擊，因為從這個十年的下半段開始，歐洲及美國的人口統計趨勢將變得比現在更加弱勢。儘管這麼說，

圖8-6　10年期國庫券軌道

資料來源：雅虎財經，2013年

如果到二〇一九年年底都還沒爆發大型危機，那就不可能發生任何危機了。

量化寬鬆已逐漸失去刺激力量

儘管是老生常談，但我還是要強調，所有人為的振興措施到最後都有失去作用的一天。用吸毒者來做隱喻最貼切也不過了：如果持續吸食愈來愈多的毒品，效果一定會愈來愈差，到最後，毒品的副作用或毒性將會要你的命。

觀察振興措施是否失敗的第一個訊號，就是在量化寬鬆持續加碼、利率接近零的情況下，長期利率是否上升。二〇一三年年初，長期利率已開始上升，而我認為這就是終點已近的訊號。如果各國央行無法繼續壓抑長期利率，房貸利率將會上升，企業將放慢或停止買回庫藏股，股票評價也會因長期利率上升而受創。

多年來，我都利用十年期國庫券的軌道（見圖8-6）來衡量長期利率的週期。從一九八九年起，十年期國庫券殖利率的波動一直都隨著通貨膨脹下跌（disinflation）的趨勢，呈現一個可預測的下降軌道。殖利率上一次測試軌道下緣是在二〇〇八年十二月時，當時，殖利率非常接近二%，在這之前，我們發出了購買債券的訊號。後來幾個月內，利率又反轉回升到四%。二〇一二年年底，利率再次接近軌道下緣，但並沒有真正觸及一．二%至一．三%，原因是，型態愈明顯，愈多交易員會提早採取動作。所以，二〇一二年六月時，十年期國庫券殖利率只達到一．三八%的谷底。二〇一三年年初，殖利率又開始上升，儘管二〇一二年年中過後聯準會加碼量化寬鬆的規模，而且日本也在二〇一三年過後實施史上最積極的量化寬鬆措施，但都無濟於事。

我預期十年期國庫券殖利率會在二〇一四年年初至年中這段時間反彈到三．五%至三．八%，一旦成真，經濟將因此再次走下坡，並引爆另一波股票崩盤走勢。這意味投資人應該遠離長期債券，直到殖利率再次接近這個軌道的上緣，也就是三．五%至三．八%間再說。唯有到這個時候，我們才會考慮再次購買債券，這個時間點可能落在二〇一四年年初或年中，因為殖利率終將再次下降，主要原因是，屆時較整體的經濟趨勢又會轉向衰退或蕭條，物價再次緊縮，而不再是溫和的通貨膨脹。而如果十年期國庫券殖利率向上突破這個軌道，達到四%或更高水準，爆發金融危機的訊號就會更加明顯，因為那代表聯準會等中央銀行已經完全無法控制經濟的發展了。

二〇一三年五月初時，我發出「積極賣出」垃圾債券（junk bond，譯注：即高收益債券）的訊號，因為當時垃圾債券（見圖8-7）出現了楔型型態，這意味第二個主要頂點正在形成，價格將重挫，和二〇〇八年過後所發生的情況非常類似。到目前為止，二〇〇八年的價格看起來是垃圾債券的頂點，這個市場有可能像二〇〇七年年底至二〇〇九年年初一樣，下跌五〇%以上。當投資人預期經濟可能陷入衰退，高風險債券的殖利率就會因違約風險（而非通貨膨脹風險）上升。

圖8-7　垃圾債券的作頭型態，2007至2013年

資料來源：雅虎財經，2013年

道瓊指數將在抵達一萬六千點高峰後反轉向下嗎？

根據我的觀察，美國股票一旦出現擴音器型態，就是非常顯而易見的作頭型態——每一次的多頭市場或泡沫都會引領股票創下新高，接著，後續的崩盤則帶領股票創下新低價。這樣的型態曾發生在一九六五至一九七二年間的長期作頭流程。目前道瓊工業指數的走勢（見圖8-8）再次出現非常典型的擴音器型態。

第一個高峰——即A波高點——是出現在二〇〇〇年年初，當時指數達到一萬二千二百八十點，接著便出現B波崩跌，抵達二〇〇二年的七千二百點；後來，指數的C波在二〇〇七年年抵達到更高峰一萬四千二百八十點，接著是D波崩跌，指數在二〇〇九年三月達到更低的六千四百四十二點。目前，市場看起來即將在二〇一三年年底或二〇一四年年初達到E波高峰——估計大約是一萬六千點。道瓊指數二〇一三年一整年的走勢都落在一個上升軌道裡，

圖8-8 道瓊指數的擴音器型態，1995至2015年

資料來源：雅虎財經，2013年

這意味它可能在二〇一四年年初達到一萬六千七百點的頂點。

我相信最可能發生的情境將是：股票出現和二〇〇七年年底類似的頂點，因為二〇一三年年底的經濟成長狀況和股票評價水準都和當時很雷同。股票將先在八月份測試一萬五千六百五十點，接下來到十月或十一月初，或許受債務上限爭議的影響，指數將修正八%至一〇%，不過，最後它又會在二〇一四年年初——例如一月底時——上漲到比前一個頂點稍微高一些的新高價，大約是略高於一萬六千點的水準。但創新高價後，股票就會展開下一波大崩盤，預估將在二〇一五年初至年中觸底（如果這一波走勢和二〇〇八年崩盤類似的話），或是一直到二〇一六年才見底（如果它的走勢比較類似二〇〇〇至二〇〇二年的崩盤）。以後者來說，二〇一五年年初至年中的低點預估將是五千八百至六千點，如果頂點落在一萬六千至一萬六千七百點，那將是六三%至六五%的跌幅！

加拿大TSX股票指數隨原物料商品修正的情況比

圖8-9 加拿大TSX股票指數與原物料商品研究局指數

資料來源：雅虎財經，2013年

美國股票市場更為明顯，因為加拿大有很多大型原物料商品出口企業，而這些企業是左右大型股市場（見圖8-9）表現的關鍵。TSX指數顯然在二〇〇七年年底就已達到高峰，接下來在二〇一一年四月初出現第二個高峰，也就是B波高峰。

由於加拿大目前房地產市場泡沫化（上一個十年並未進行任何價格調整）的程度更嚴重，所以，我預期接下來加拿大的修正幅度很可能和全球平均值相同，甚至更大，而且原物料價格的下跌將讓情況雪上加霜。而當中國的泡沫在下一場全球危機中破滅時，加拿大受到的直接衝擊將比其他國家更大。澳洲的ASX市場也一樣，這一檔指數明顯已在二〇〇七年年抵達到高峰，並在二〇一一年四月觸及第二個高峰，估計它將在二〇一三年年底至二〇一四年年初之間的某個時點再次抵達高峰。澳洲的房地產市場目前也處於極端泡沫的階段，而且，澳洲在原物料商品價格及中國方面的曝險程度甚至高於加拿大，幸好它未來的人口統計趨勢只會些微降低。

新興國家股票和原物料商品價格的相關性應該更加顯而

圖8-10 新興市場與原物料商品研究局指數

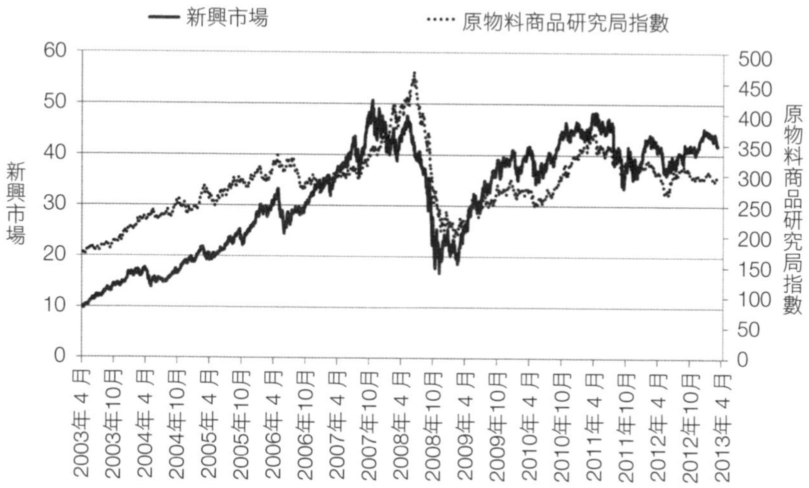

資料來源：雅虎財經，2013年

易見（見圖8-10）。這些國家的股票市場受大型原物料出口商及為這些廠商提供融資的金融機構支配的情況更為明顯。儘管新興國家目前與未來幾十年的人口統計趨勢最好，但其中很多國家都會因三十年原物料商品週期的趨勢轉為負向而遭受打擊（見第六章）。

我建議從二〇二三年前後開始長期投資新興國家，因為此時經濟會跨入下一個春季週期，通貨膨脹及原物料商品價格都將上升。事實上，到時候原物料市場可能會出現史上最大的一波多頭行情，因為屆時全球經濟成長是受新興國家驅動，而新興國家對基礎原物料商品的消費占總消費的比重也最高。不過，在此之前，我們建議在每一次崩盤走勢告一段落後，介入對原物料商品循環較不敏感的新興國家，尤其是印度、墨西哥、東南亞（包括越南、柬埔寨、泰國、印尼和緬甸）與土耳其。

中國的主要股票市場是一個非常明顯的矛盾：既然中國的經濟成長率高達八%至一〇%，為何股票市場的表現那麼糟糕？二〇〇八年年底時，中國股市從一個比美國更大的泡沫向下崩跌了七〇%，跌幅比美國更

圖8-11　上海綜合指數，2002至2013年

資料來源：彭博資訊，2013年

大，但為何到二〇一〇年二月為止，它僅出現短暫的無力反彈，接著股市大致上便一路下跌，甚至在二〇一三年跌到接近二〇〇八年低點水準？（見圖8-11）

原因很簡單：中國利用高舉債的策略從事大量投資活動，但到最後，搞得幾乎每個領域都過度投資，而過度投資會導致固定成本飆升。所有從商的人都知道，固定成本上升會導致利潤降低。這就是中國政府通常無法做出最佳投資配置的原因。我認為中國市場將在未來幾年內至少再度跌到一千點，而且，未來中國可能要花十年來消化住宅、基礎建設和產業的大規模超額產能。

我不僅預期中國經濟將在二〇一四至二〇二三年走向硬著陸，更認為中國執意將數億自給自足的農村居民遷移到城市高樓大廈的做法，極可能會種下人民動亂的禍根。一旦全球經濟走下坡，中國可能會有極大量低技術的人口失業，在這種情況下，除了回鄉下種田，他們不可能會有出路。

讓我們看看圖8-12的歐洲Stoxx 50指數，它就像歐洲的道瓊指數，這個市場顯然早在二〇〇七年年底就已達到高

圖8-12　歐洲Stoxx 50指數，2007至2013年

資料來源：彭博資訊，2013年

峰，從那之後再也沒有見過新高點，儘管德國和英國等國的股市在二〇一三年創下新高，但這些國家卻將在二〇一三年後摔落人口統計斷崖。我預期Stoxx 50指數最終將下跌到一千點至一千四百點。未來幾年歐洲市場的表現將繼續落後。儘管崩盤過後，每個股市都會反彈，但在股票持續崩盤的情況下，幾乎不可能找到理想的再投資標的。

整體來說，在後續每一次崩盤走勢告一段落後，已開發國家的最佳投資標的，應該是類似醫療和醫院、醫療設備、生技、製藥、維他命和減重、休旅車、遊艇、壽險和醫療保險，以及（最後但並非最不重要）療養院、養護中心及殯儀館等型態的企業，尤其是美國的相關產業。在嬰兒潮世代逐漸年老的情況下，這些產業將繼續蓬勃發展，不過，較大型的產業如住宅、汽車、家具、食品和服飾業等則將走下坡。

二〇一五年後的首購屋及度假／退休住宅

住宅的需求將降低，因為就供需情勢來說，擁有房子

圖8-13　凱斯—席勒10大城市房價指數，2000至2013年

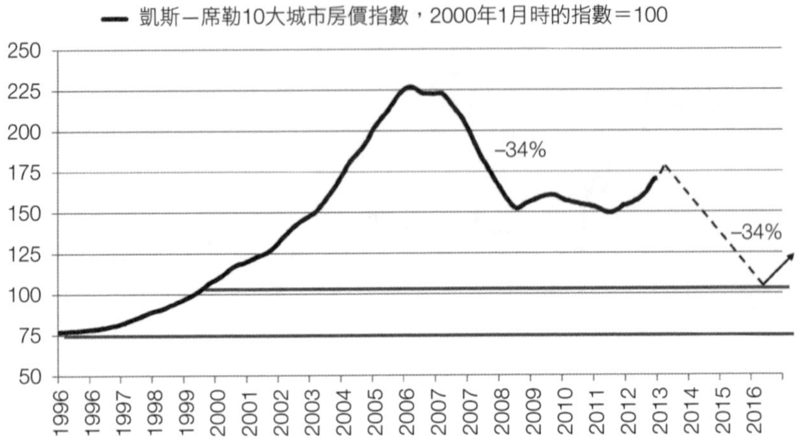

資料來源：標準普爾／凱斯—席勒10大城市房價指數

的老人已漸漸比計畫買房的年輕人多。誠如第三章討論過的，出租型公寓和大家庭式住宅是二〇〇六年房地產市場走下坡以來，表現最好的領域，但這兩個領域將隨著二〇一七至二〇一八年間第一波回聲潮世代接棒後，漸漸達到高峰並反轉向下。此外，避險基金及退休基金等大型機構投資人介入這個戰場後，早已導致法拍屋的購買成本上漲，租金也遭到壓抑。所以，對多數散戶投資人來說，現在介入這個戰場可能已經太晚，何況從二〇一三年下半年開始，連機構投資人都已開始減緩對這個領域的投資了。不過，由於未來一年法拍數量將再次增加，所以在地的投資人可能有機會找到最划算的交易機會，這樣就能更善加規劃修繕成本和租金等事宜，甚至還能稍事短線炒作。

下一波住宅需求將來自回聲潮世代被抑制的需求（pent-up demand），但他們會比較偏好購買優質地段且較負擔得起的首購型住宅。我建議至少等到二〇一五年年中再採取行動，因為誠如我在圖8-13所說明，經過二〇一二至二〇一三年那種受投機風潮及低利率驅動的人為榮景後，房地產及住宅將展開另一波下跌走勢。下一波下跌走勢甚至可能延續更長的時間。我的金科玉律是：**在房價回跌到二〇〇〇年一月泡沫開始形成前或更低價位的地區購屋**。因為唯有價格跌回泡沫前的水準，才代表泡沫破滅的衝擊接近結束。房價必須比二〇〇六年年初的頂點下跌五五%，泡沫才算清除，但到二〇一〇年為止，美國房市只下跌三四%。沒錯，從二〇一四年年初開始，房價有可能再次下跌三四%，而且跌勢可能延續到二〇一五年甚至更久之後！

由於房地產的地域性高，所以，一定要記住這個金科玉律。請回想一下：二〇〇〇年一月——也就是上一個泡沫開始形成之際——你手上的房地產價值多少錢？唯有價格回到那個水準或甚至更低，價格才不會繼續崩跌，此時也才適合進場。儘管這不是完美的判斷機制，但以差異化程度那麼高（房地產市場和股票不同，多數股票的相關性都很高）的一個市場來說，這已是我能提供給的最佳建議。而且，請回想一下第三章討論過的內容：未來幾十年間，房地產市場的成長率可能不會比通貨膨脹高，因為多數已開發國家市場擁有房子的老人都將多過計畫買房的年輕人。二〇一三年以後，美國的這個比率也開始惡化。

另外也請記住一個古老的邏輯：買房地產是為了自住、自用或出租以取得正現金流量，不是為了增值，就算房地產增值，也只能把它當成紅利。

另一個應該值得注意的住宅部門是度假／退休住宅，因為嬰兒潮世代的第二波買盤將可能漸漸浮現。當然，他們的買氣不可能像上一波榮景時期那麼大且廣，但他們將給予較優質住宅較高出價和評價。品質是關鍵，而不是房子的大小。基於炫耀心態而購買的大型度假住宅需求將降低，因為那些老夫婦們身邊的孩子減少了，而且由於泡沫已破滅，一般人將會減少炫耀性消費。誠如我在第三章說明的，那個趨勢應該會在二〇二六年前後達到高峰。訣竅是等到這個部門出現另一波大幅度的價格洗盤（shake-out）後再出手，因為這個領域較屬於裁決性的住宅投資，而且，即將來臨的這一波大衰退可能會讓人冷靜一陣子。

這意味二〇一六年過後才是找機會購買夢想度假屋或退休住宅的好時機。部分最理想的逢低買進機會可能會在此時出現，因為這個部門一旦開始下跌，跌幅通常是最深的。

到二〇一三年為止的這一波房地產復甦行情中，大型公寓尤其熱門，因為這種型態的住宅供給較為短缺。不過，我認為下一波房地產市場復甦時，情況將大不相同。因為當金融泡沫終於再度崩潰後，受創最深的將是金字塔最頂端那〇．一%至一%的人口，而且中央銀行將不再有能力拯救他們。

商用房地產向來對經濟循環最為敏感，我的人口統計趨勢預測也顯示，勞動力成長遲滯的狀態將延續到二〇二三年左右，隨後才會開始反轉。所以，我的整體建議是迴避商用房地產，除非是以法拍屋價格或低於重置成本購買，並一直持有到二〇一五年年中過後，扣除成本的租金收入才有機會轉為正現金流量。在二〇二一年前，旅館還是會延續正向的週期，不過，由於未來十年間經濟將斷斷續續朝更疲弱的方向前進，所以一般人對裁決性支出會比較謹慎一點。

我們要處理的長期問題不是通貨膨脹

一直以來最嚴重誤導投資人的題目之一是：憂心債務問題的人和黃金投資者一直都主張惡性通貨膨脹即將來臨，且美元將貶值到零，黃金將漲到五千美元以上。當然，在危機持續升高的情況下，不斷印鈔票與持續推出振興措施，確實是無濟於事，我個人也同意這一點。不過，我建議暫時放下意識型態，姑且聽聽我的看法，別管黃金、白銀或其他所有實體資產（hard asset）了。

二〇〇八年年底崩盤的教訓告訴我們，美元才是避險天堂。

所有債務和金融資產泡沫過後，接踵而至的都是通貨緊縮，不是通貨膨脹，遑論惡性通膨。有些人認定未來將爆發惡性通膨，他們所抱持的核心理論是，政府無限量的振興措施最後將製造通貨膨脹。他們也認為這將會導致貨幣貶值，讓一般人的財富縮水，購買力及生活水準降低。但其實並非如此，而且如果你不了解通貨膨脹的真正成因，也不了解為何大致上來說通貨膨脹並非洪水猛獸，那你就會做出錯誤的投資決策。讓我們看看個中原因及因應對策。

打從微晶片在一九七一年發明迄今，這項產品便不斷指數成長，並引爆了人類的通訊革命。微晶片的快速革新顯然也是人類進步與生活水準提升的訊號。那為什麼美元的倍數增加不能算是進步的訊號？為何不能將它視為促進都市化革命、技術專業複雜且多元化，以及生活水準改善的功臣？當然，我們現在所說的「美元倍數增加」，並不是指最近的量化寬鬆，而是指過去經濟史上的發展：每個人手上的美元愈多（更精確來說，都市化程度愈高），富裕程度就愈高，當然也就需要更多美元來作為交易的工具。

每個黃金死忠多頭和對財政政策抱持鷹派立場的人，經常會拿一張圖表來證明政府正在摧毀我們的生活和貨幣，這張圖是美元長期以來的價值走勢圖（見圖8-14）。以經濟歷史來說，這張圖堪稱有史以來最具誤導性的圖，因為它所傳達的意義正好和那些人信誓旦旦的說法相反。他們用這張圖來嚇唬一般人，讓世人相信美元將迅速貶值，並讓一般人認定自己的財富將被政府和永無止盡不斷製造通膨的政策消耗殆盡。如果根據這個邏輯，現代人應該比一九〇〇年時更窮才對，**但其實並非如此**！讓我告訴你為何這個觀點幾近妄想，而且比毫無意義更糟糕，我也將說明，為何這是你最不需要擔心的問題！

如果想探究真相，通常需要觀察較長期且較宏觀的歷史。我在一九八〇年代初期頓悟了我最重要的獨門見解之一：當時我研究了三千年的西方歷史，從希臘和羅馬的崛起，一直到西歐的時代來臨，最終是美國取得霸

圖8-14　1美元的價值，1900至2013年

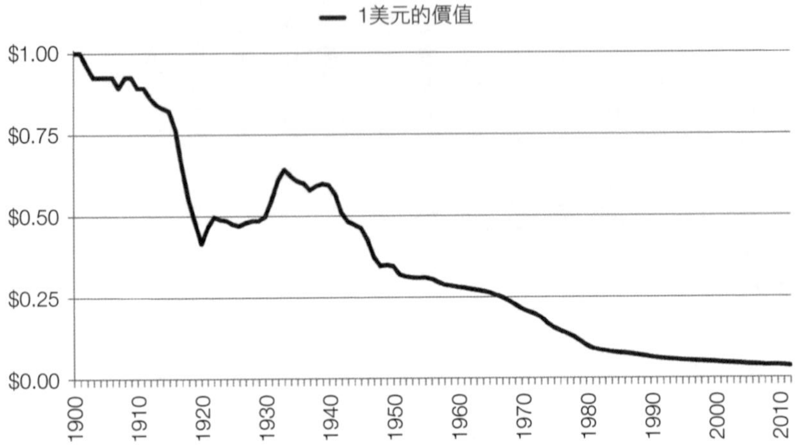

資料來源：明尼亞波利斯聯邦準備銀行；鄧特研究中心，2013年

權。我頓悟的道理是：長期而言，通貨膨脹和生活水準的上升是正相關的，尤其是在人口成長、都市化程度上升、王國建立，以及最強大新技術躍居主流經濟力量的期間，通貨膨脹特別容易上升。回想一下希臘及羅馬帝國、印刷術及火藥發明後那幾個世紀，以及美國大陸的發現等。而電力和汽車變得普及，以及大量生產問世的上個世紀，更是最最完美的例證。至於近代的最佳佐證，則是資訊革命及網際網路的盛行。

我從這些研究中所獲得的最重要見解是：大約每五百年（主要的長期週期之一），諸如印刷術、高桅船及火藥的發明等巨大創新，會使得技術大規模提升，並讓都市化程度大幅提高，勞動力變得更加分工。

舉其中幾個例子：歷史上發生了兩次大成長期，第一次是從西元九〇〇年代末期至一一〇〇年代中期，當時歐洲走出黑暗時代並慢慢崛起，當地的人口又開始移居到各地城市。第二次是發生在西元一四〇〇年代末期至一六〇〇年代中期，也就是新大陸發現後。最近期的一次大成長期是西元一八〇〇年代末期過後的大量生產革命，這場革命催生了蒸汽引擎、電力、鐵路、汽車和電話，還有近年來的噴射機、電腦及網際網路。

想想看，最近這一次的種種創新，在短短一個世紀裡讓人類生命和生活水準出現了多大的變化？這一場革命有可能一直延續到二一〇〇年代中期，原因是，這一場革命已擴散到新興世界，而且，進一步的技術創新又陸續被應用在機器人、生物科技、奈米科技和替代能源上，再者，隨著人類平均壽命大幅延長，人口統計趨勢的影響力得以再次放大，且各個組織也都開始採用新網絡模型（network model）。

第一次參透通貨膨脹和創新之間的關聯性時，我極為震驚。因為我向來認為通貨膨脹是有害的，真的。而且，在某些時期，通貨膨脹的確是「惡性重大」，像一九七〇年代，當時的生產力很低。另外，在幾場重大戰爭期間，通貨膨脹也帶來極大傷害，如第一次世界大戰後的德國，戰爭支出和戰敗後的鉅額賠款導致國家破產，最終更爆發惡性通膨。

但在歷史上，通貨膨脹實際上卻顯然是一個進步指標。所以，此時的問題是：**為什麼長期而言通貨膨脹是良性的**？

答案很簡單：透過勞動力的分工——我稍後將詳細解釋。不過，首先讓我們先來看看人類家庭的簡單演化，從中便可了解為何通貨膨脹傾向於同步隨著人類的進步而上升，而且，從家庭的演化，也可了解較都市化且成功的經濟體通常會創造遠比其他經濟體更高的貨幣需求量，因為唯有如此，經濟體內的每個人才能在一個分工程度較高且較富裕的環境下，善加發揮各自的功能。

實際上，我們的經濟體的確需要通貨膨脹，也會製造通貨膨脹，而且理由非常充分。讓我們回顧大約西元一九〇〇年時，調整過通貨膨脹因素的美元從這時開始走上貶值（見圖8-14）的道路。當時，農業占美國的經濟體系大約高達六〇％，在西元一八〇〇年代末期，農業的經濟體系占比約八〇％。當時多數人都還是農夫、獵人和礦工等。那是一個以原物料商品為基礎的基本型經濟體，和當今已開發國家這種複雜工業或服務業導向的經濟體不同。

進入二十世紀時，一般典型的家庭和《草原小屋》（*Little House on the Prairie*）一書裡所描繪的家庭沒有太大差別，那大約是一八七〇年時的故事。當時的生活單純很多，但富裕度卻和目前差異甚大，當然，生活也更辛苦與危險。儘管惡劣的季節有可能威脅到性命，但在那種情境下的家庭不需要很多金錢，因為他們多半是自給自足：他們自己蓋房子，而且透過打獵、捕魚和種田來取得多數食物；他們自己煮飯、洗衣，自己養育甚至教育自家的孩子。在那樣的經濟與生活型態下，除了基本工具和耕田的用品、鍋碗瓢盆、槍枝彈藥、麵粉和犁等，一般人幾乎不需要和其他人交易，而這些東西多半都能在一般雜貨店買到。很多人會用以物易物的方式來取得必需物品。人民無需為了一大堆城鎮政府服務而付費，而當時的泥土路維修費用也不高。再者，一般人也不需要信用來購買諸如房子或車子等。

讓我們快轉到二〇一三年這個高度都市化、工業化且服務導向的經濟體系。和約略一百年前的家庭比較起來，目前典型家庭的所得遠比以前高，而且把大量的工作「外包」，現在幾乎沒有人會去打獵、種植自己要吃的食物，或教育自己的孩子。當然，也沒有人會自己蓋房子。我個人甚至不會修理家裡的任何東西，因為我真的不懂該怎麼修。取而代之地，我們請水電工、草坪管理員和雜務工來代勞。一般人會聘請傭人、奶媽和鐘點保母，同時使用各式各樣的本地服務，包括乾洗店、雜貨店、藥房、便利商店和加油站等。各式各樣的公用事業和服務更是直接傳送到我們家，而且成本非常低，包括電力、水、下水道、電纜、網際網路，甚至披薩！

我們尋求醫生、稅務會計師、律師、牙醫、財務顧問、房貸仲介、房地產仲介等的協助。想想看，一九〇〇年時的醫療支出是多少？幾乎等於零！他們有在為退休擬訂計畫嗎？沒有！但如今，我們從各種書籍和雜誌累積大量資訊，或者直接從網際網路下載資訊，我們也借錢來買車子和房子，前者貸款期間約四至五年，後者約三十年，目的都是為了讓自己有能力負擔長期的需要，尤其是還在養育孩子的人，更需要這些事物。而以上種種全都得靠貨幣來解決。我真的很希望自己有一台能載得動所有聲稱想「回到美好舊時光」的人的時光機。但等我把他們送回到那個時代，他們一定會求我送他們回來。

科技和更高程度的都市化讓我們得以透過一個簡單的概念來創造人類的進步，這個概念就是勞動力分工。我們愈聚焦在自己最擅長的事，並培養更多該領域的專業技術，就會變得愈有生產力，同時變得愈有能力付錢請其他專業領域的人，幫忙做一些我們不那麼擅長或不那麼有興趣做的事。這代表貿易和美元及可取得信用額度將會以指數型態成長。可是，我們卻將這個享受視為理所當然。

專業分工和一七〇〇年代末期亞當．斯密所描述的「看不見的手」有關（就這點而言，市場是自律的），各國因專業分工並彼此交易而受惠。如今愈來愈多的企業和個人都在應用這個概念。

如果我們能因自己提供的服務而收到更多費用，並進而將某些服務委託給其他人去做，在這種情況下，我們當然需要更多資金和信用。所以，貨幣通貨膨脹是自然且不可避免的。當你必須付錢給很多中間人和專家來製造或運送商品給你，那你所消費的商品的成本就會上升。長期下來，在一個愈來愈都市化、互動程度愈來愈高，且專業水準愈來愈高的經濟體系，由於我們付錢給愈來愈多人來為我們做愈來愈多的事情，所以，因專業化而上升的薪資，將超過生活成本的上升。

接著，我們會需要愈來愈多政府服務，也需要愈來愈多政府機構來監督及統籌這個更複雜且都市化的經濟體，這很像較大型的企業比小型企業需要較多階層的管理人員和官僚體系。曼哈頓需要的政府服務一定比梅布瑞鎮（Mayberry）多。我個人雖然也認為現在的政府已經有點過於龐大，但我也不認為我們能夠走回頭路，把政府和稅收的規模降到一八〇〇年代和一九〇〇年代初期的水準。

儘管我百分之百認同共和黨有關「目前美國債務危機已經失控」的主張，但我也不認為我們能回到他們心目中的璀璨歲月——《湯姆歷險記》（*Tom Sawyer*）裡那種小鎮及農村式的美國。都市化及隨之而來的勞動力分工，是讓我們變得更富裕的最大驅動力量。

讓我們看看過去和現在幾個應立即摒除的迷思。

迷思一：政府蓄意讓我們的貨幣貶值，導致我們的購買力降低，好讓他們能肆無忌憚地亂花錢，並以貶值後的美元償債。

儘管政府的多數消費行為確實肆無忌憚，而且老是承諾支付他們永遠也付不起——這一點無庸置疑——的應得津貼，但我的研究卻也清楚顯示，綜觀所有歷史，都市化、經濟進步和人口統計趨勢（而不是政府蓄意執行的政策）才是引發通貨膨脹及實現多數經濟進步的主要因素。

沒錯，政府有時候確實會讓通貨膨脹失控，但世界上沒有一個中央銀行官員或總統會蓄意將通貨膨脹推高到諸如美國一九七〇年代那種水準。那對所有人都沒好處，包括對政府或民間皆然。唯有國家陷入大戰時，政府帶頭製造通貨膨脹才是情有可原的。而且，政府通常也不可能像上述迷思所主張的，以貶值後的貨幣償債（除非選擇違約），因為通貨膨脹愈高，政府（也就是每個國民）必須支付的債務利率就愈高，畢竟政府遲早要償還本金加利息（有人認為不是嗎？）——而在通貨膨脹的環境下，增加的利息將足以抵銷通貨膨脹及貨幣貶值導致還款價值降低的影響，這些都要感謝市場的力量。換言之，只要政府不干預，市場自能維持合理功能。

圖8-15 製造業實質薪資，1900至2011年

引用：羅倫斯．歐斐瑟（Lawrence H. Officer）與山謬．威廉森（Samuel H. Williamson）〈1774年迄今美國年度薪資〉（Annual Wages in the United States, 1774-Present）；MeasuringWorth公司，2012年；聖路易斯聯邦準備銀行，2013年

你的日子有沒有比你的曾祖父更好過？一定有。儘管通貨膨脹上升，且一般認為美元貶值，但調整過通貨膨脹因素後，目前的薪資仍是1900年時的**7.1倍**。因此，問題不在美元的「價值」高低，而在於長期下來，你以美元計算的所得能買多少東西。

為什麼要以製造業薪資的圖表（見圖8-15）來呈現生活水準的提高？因為這類薪資的歷史紀錄比其他任何所得指標保留得更長久且完整。相對而言，目前的平均薪資甚至更高，因為管理型、專業型及技術型的工作機會增加最多，也是薪資最高的。所得增加代表生活水準提高，以這個標準而言，目前大約是一九〇〇年的八倍多，這應該是人類史上薪資增加速度最快的一段時期。

迷思二：美元貶值導致我們的保值能力及儲蓄能量降低。

即使美元貶值，你的保值能力也沒有降低，除非你到現在還住在草原上的小屋裡，把錢藏在你的床墊下。現在我們會把錢存在金融機構，而且能因這些存款而收到利息，而存款利率多半是根據通貨膨脹率加上一個風險溢酬（premium for risk）而定。從一九〇〇年以來，調整通貨膨脹後的一年期政府利率——也就是一般所謂零風險利率——都不相同，不過大致上相當穩定，平均大約是比通貨膨脹高一．三一%，長期下來，這一項利率的平均值為四．五九%，而通貨膨脹為三．二八%。十年期國庫券利率的波動性比較高一點，但平均還是比通貨膨脹率高一．五二%（也就是四．八%的利率相對三．二八%的通膨率）。

所以說，現代人除了可以保住原本的儲蓄，還能賺到一點點錢，換言之，儲蓄的價值不僅不會喪失，還小有獲利。然而，過去五年是例外，這段期間政府為了拯救銀行與振興經濟，將零風險長期國庫券利率壓抑到低於通貨膨脹。在這個情況下，政府**確實**就剝削了你的儲蓄能量，而且不僅是目前，未來幾年都將如此。不過，這怎麼說都是一個暫時性的例子。沒錯，政府以打擊大型金融危機之名，導致你無法保住儲蓄的價值，實質上來說，政府等於是向你借錢來打一場金融戰爭，但這麼做只會妨害經濟體系的自然再平衡機制。相似的現象也曾在大蕭條及二次世界大戰期間發生，當時也發生過類似的嚴重危機。不過，就長遠的歷史來看，這些都只是個案，不是常態。

迷思三：美元和其他貨幣將貶到毫無價值。

每次聽到這種言論，我都希望自己口袋有一美元。因為真相是，貨幣的交易價格取決於兩種貨幣的相對價值。貨幣和隨盈餘能量及預估通貨膨脹率波動的股票或債券不同，貨幣並無絕對價值可言。貨幣只是人與人、國家與國家之間彼此交易服務和商品的一種工具。由於我們的經濟體系已不再是以原物料商品價格為基礎（這個情況是在上個世紀轉變），所以，黃金已不再是最好的貨幣標準。而且，更重要的是，世界上並沒有足夠黃金可維持正常的國際貿易運作。

此外，黃金價值的成長率比不上很多驅動當前經濟體系的高附加價值及服務（醫療、教育、金融服務，甚至房子和汽車）。到一八〇〇年代末期為止，黃金的確是很好的貨幣標準，因為黃金身為一種原物料商品，它確實和我們當時以原物料商品為基礎的經濟體系最一致。當然，如果沒有充分理由或只是為了振興經濟就亂印大量鈔票——一如美國目前的作法——那貨幣就會貶值。但現在幾乎所有主要國家（最後一次計算，共有三十八個國家）都不斷印新鈔票，而且各國官方幾乎同步引導其貨幣貶值，在這個情況下，美元又會怎麼發展？

聯準會經由量化寬鬆憑空印製了接近三兆美元的鈔票，而且它還決心在美國失業率降到六．五％（簡直是作夢）以前，繼續印製更多鈔票。但在人口總數和美國大致相當的歐元區，歐洲央行也印了超過三兆美元的鈔票，而且未來還可能會印更多。這就是二〇〇八年年初危機爆發後，美元匯價相對歐元反而稍微升值的原因。不過，最近由於美國印的鈔票比歐洲稍微多一點，所以目前美元兌歐元匯價又略微貶值。日本的做法也大致相同，調整過日本經濟規模較小的因素後，長期以來，它也經由量化寬鬆印製了約當四．五兆美元的鈔票。

整體而言，當多數國家都同時在印鈔票，貨幣不僅不會貶到零，還會隨著每一國的相對印鈔速度、貿易失衡、債務和經濟進展而升值或貶值。事實上，圖8-16顯示，從二〇〇八年年初經濟危機爆發後，美元相對美國貿易夥伴的貨幣其實是升值的，只不過，它先前已從一九八五年大榮景期期間的高點貶值了五八％。

問題來了：**那為什麼從一九八〇年代中期以來，美元會相對其他貨幣貶值五八％**？因為到二〇〇八年債務泡沫的高峰為止，我們共創造了四十二兆美元的民間債務和十五兆美元的政府債務（及外債）。不過，創造最多貨幣和債務的其實是民間銀行體系，而非聯準會。

在這場危機裡，儘管聯準會已經由量化寬鬆印了非常多鈔票，但這並非常態，重點在於，民間或政府的借款才是憑空創造一堆貨幣的元兇，也是製造債務泡沫（在二〇〇八年達到最高峰）的元兇。量化寬鬆其實只是

圖8-16　美元指數，1980至2013年

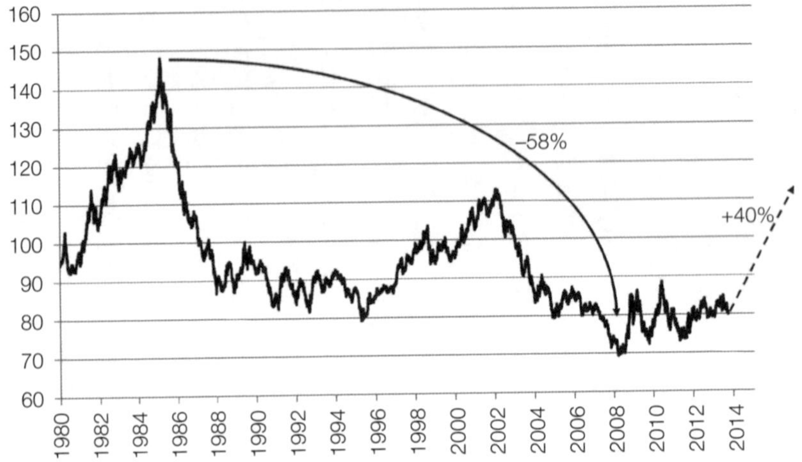

資料來源：彭博資訊，2013年

用來因應債務泡沫破滅及去槓桿風潮等危機的緊急應變措施罷了。

這個世界上並不是只有美國有債務泡沫，只不過美國走在比較尖端的位置。在泡沫榮景期，美元貶值的主要原因是民間製造太多債務，而那是導因於積極的放款政策和政府蓄意引導的低利率及房貸政策。政府確實是民間債務泡沫的始作俑者，它也加速了泡沫的形成，不過，民間銀行業和影子銀行體系才是將債務水準推到天高水準的兇手。

債務去槓桿化是重建美元價值與重新平衡經濟的祕方。債務水準降低後，民間部門的家庭和企業才能卸下沉重的負擔。在一九三〇年代那種自由的自由市場體系，去槓桿化的歷程非常激烈，總負債水準由一九二九年約當GDP的一九〇%高點，遽降到五〇%！但這些日子以來，聯準會積極藉由印鈔票的方式來阻擋那種重新平衡的歷程發生。政府理當更積極強迫銀行打消呆帳，以便為民間部門釋出現金流量的。但取而代之地，政府卻免費對銀行伸出援手，讓銀行無須積極重整或打消呆帳。但唯有重整或打消債務，民間部門的負擔才能大幅減輕，我們的經濟也才有恢復的一天。

美元貶值的真正原因是：我們在那二十五年的榮景時期，創造了約當二．五倍GDP成長率的債務！在經濟走下坡時，債務去槓桿化的歷程理當能摧毀那些債務，從而摧毀一部分貨幣，並讓美元變得更值錢。所以，唯有放手讓民間債務大規模重整，才能恢復美元的價值。但我們的政府非但不促進這個做法，反而還抗拒這麼做。此外，從二〇〇八年以來，美國貿易逆差縮小，這也是促使美元升值的原因。儘管自一九七〇年代以來，美國的進口都高於出口，但在未來更嚴重的衰退期，進口減少的幅度將比出口大。

最後來談談黃金。我從二〇〇八年以來就不斷重申黃金將是最後一個泡沫，當通貨緊縮（而非通貨膨脹）的趨勢愈來愈明顯，黃金就會下跌。二〇一一年九月，由於量化寬鬆持續加碼，各國政府也不斷提出更多經濟振興計畫，黃金遂出現最後一波漲勢。接下來，儘管日本在二〇一三年年初進一步加碼，提出史上最積極的經濟振興計畫，但黃金卻反而脫離了為期兩年的區間震盪軌道，開始下跌。

黃金出現這種走勢的原因有幾個，首先，印度的貨幣從二〇一二年就開始貶值，這導致該國對黃金的需求降低（到當時為止，印度仍是黃金的最大市場）。第二，美國二〇一三年上半年的通貨膨脹率從二%降到一%，這讓惡性通膨的疑慮徹底消除。第三，避險基金和槓桿型操作者為了應付融資追繳而被迫拋售黃金的指數股票型基金，這和二〇〇八年年底石油投機者的狀況如出一轍，他們當時也被迫執行這個策略。

圖8-17的黃金首度跌破近兩年橫盤走勢的重要支撐點——一千五百二十五美元。黃金從二〇〇八年年底大漲到二〇一一年年底，並橫盤非常久的時間，通常，類似這樣的線圖意味接下來價格將向上突破，創下新高後續才會反轉向下。不過，黃金並未出現這樣的走勢。它在二〇一三年六月先向下跌破一千一百七十九點，到二〇一三年下半年才開始反彈。

圖8-17　黃金，2008至2013年

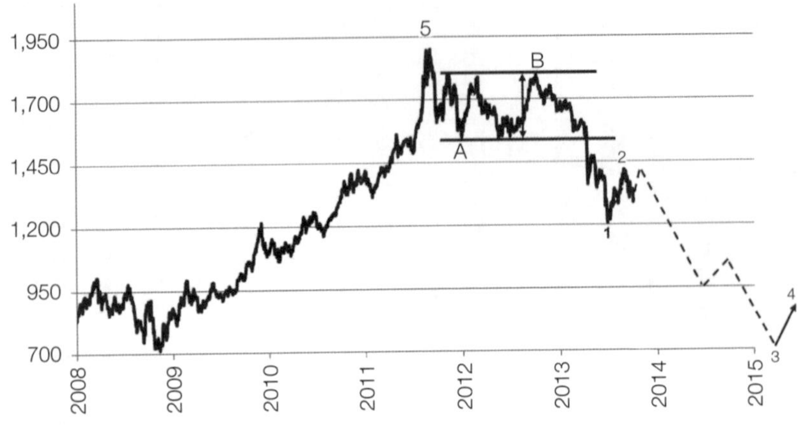

資料來源：彭博資訊，2013年

黃金是一種通貨膨脹交易概念商品，而非通貨緊縮。黃金似乎已在二〇一一年九月形成了一個主要頂點，接下來，只要價格反彈到一千四百二十至一千五百美元都應該站在賣方。下一個支撐大約是介於七百至七百四十美元，而且可能在二〇一五年年初至年中見到這個低點。我認為，二〇二〇至二〇二三年間，黃金最終將跌回二百五十美元左右，也就是一九九八至二〇〇〇年泡沫剛開始形成的價位。

讀者最應該牢記的重要見解應該是：我們尚未避開下一場大蕭條。未來幾年，充斥世界各地的大規模債務失衡，勢必得靠一場大危機才解決得了，而且，我們還得應付未來幾十年愈來愈嚴重的人口統計趨勢失衡問題。當年用來應付一九七〇年代冬季及夏季週期危機的策略已不適用，你必須用不同的策略來因應眼前的新挑戰。黃金死忠多頭和債務危機的先知們聲稱我們將再次陷入以前那種通貨膨脹危機，但他們對通貨膨脹的核心觀點卻是嚴重錯誤。

我知道，回應意識型態比較簡單，要坦然面對本書提及的各種週期的真相和擺在眼前的事實，則不是那麼容易（華特·克朗凱〔Walter Cronkite〕早就察覺這種偏狹思想，所以他曾評論：「事實會改變，但意見卻不會！」）。不過，此時若堅持依照自己的情緒和意識型態行事，將會非常危險。我們老是打早已打過的仗，但卻不面對下一場戰爭，這實在很怪異。以我們目前的例子而言，下一場戰爭是通貨緊縮和所有金融資產——現金和美元例外——泡沫的破滅。

我當然非常尊重黃金死忠多頭對債務危機的觀點，但在二〇〇八年年底上一場金融崩潰爆發時，他們也錯估情勢，因為當時所有實體資產——包括原物料商品、黃金到房地產——全都隨著世界各地的股票下跌。所以，如果你現在還聽他們的意見，後果將不堪設想。

我要鄭重警告，最可能爆發另一場全面性金融崩潰的時間點，大約是在二〇一四年年初至二〇一五年年初，還有二〇一七年年底至二〇二〇年剛過年時。不過，也不要因此而覺得未來了無希望，在這段期間，你應該先持盈保泰，尤其是二〇一四年上半年，接下來，當道瓊指數真的在二〇一五年年初至年中跌到我們預估的重要目標區五千八百至六千點，以及二〇二〇年年初的三千三百至三千八百點時，你才會有餘力重新投入，從事一點短期投資，但只能投資我們在這一章建議且最偏好的產業。如果到二〇一四年八月都沒有爆發大崩盤走勢，那我可能會建議提早重新投入股票。

（請注意，我有一份免費的每日投資分析報告《劫後餘生與蓬勃發展》，你可以利用這份報告來追蹤我對當前各種事件的觀點、我的預測是否改變，以及新的研究心得等。只要上www.harrydent.com註冊即可取得。）

我們將在第九章討論適用於即將到來的寒冬季節的企業策略。在這段期間，能在產業淘汰戰中劫後餘生的企業將獲得最大利益。而若你能在這段期間維持成長，未來當然將更前途無量！

第九章

經濟寒冬的企業策略

對企業而言，了解經濟循環的季節很重要，因為企業需要不同的策略，因應不同的季節，就像個人需要不同的投資理財方法一樣。我在本章裡，會說明個別產品、科技和產業生命週期的四個季節，或是分成四個階段、跟廣泛的經濟循環相比，經常以不同時間架構運行的循環。我也會提出一些策略工具，讓你更善於預測最艱巨寒冬季節的變化與機會，我會提供建議，讓你知道如何重新利用觀念，強化和設計你的企業、追求最大競爭優勢。

這個長遠的八十年經濟循環有兩種動力：第一是兩個世代之間出現的科技創新，第二是比較特定的世代生產力與創新循環（見圖9-1）。目前科技創新循環的最根本基礎是電腦，電腦是在上次冬季到初春之間發明出來的，一九四六年製造的第一台電腦安尼雅克（ENIAC，全名為電子數字積分計算機）是第一台大型電腦。

圖9-1　80年間的四季經濟循環

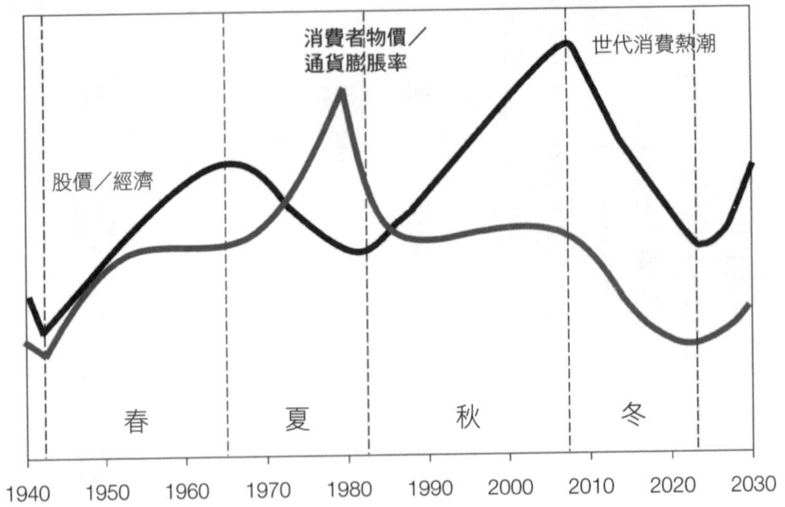

資料來源：鄧特研究中心

在上次春季期間，電腦發展成大型電腦（mainframe），成為大學、研究機構和大企業採用的利器，接著迷你電腦在延伸到一九七〇年代的夏季發展出來，個人電腦和行動電話在夏末發明（一九七六年第一台蘋果個人電腦才出現），而且在秋季泡沫榮景季節期間，以S型曲線加速的方式，匯入主流。網際網路和寬頻是加速器，最近發展出來的社交媒體是重要動力，實際情形如圖9-2所示，在上次的秋季繁榮季節中，汽車、電力、電話和收音機以S型曲線的方式匯入主流。圖9-3是行動電話和網際網路在正好八十年後的這次經濟循環中出現，圖9-4是汽車的S型曲線。

這種新科技提高了我們的生產力和生活水準，為未來數十年創造了全新的成長產業，在新科技迅速匯入主流的秋季繁榮期間尤其如此。通貨膨脹式的夏季是舊科技應用與生產力減退、創造大規模創新冬季的跡象與動機，在我們的例子裡，大規模創新指的是個人電腦、行動電話和作業軟體。

圖9-2 電腦的發展，1946至2026年

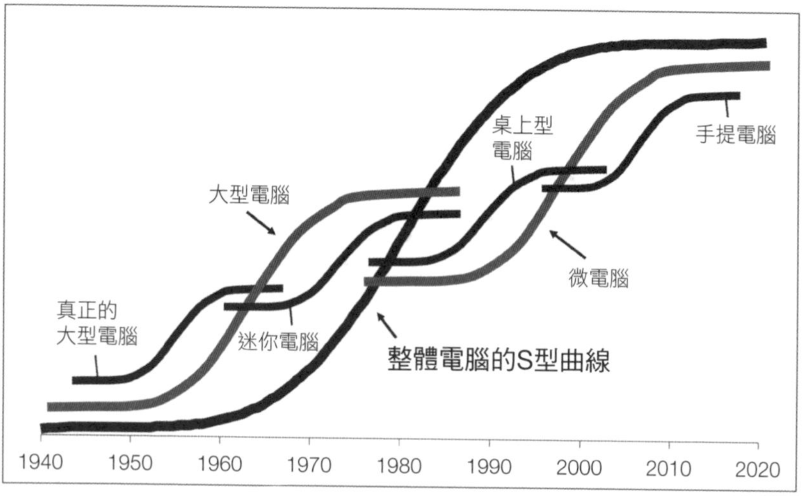

資料來源：鄧特研究中心

圖9-3 行動電話的S型曲線，1994至2008年

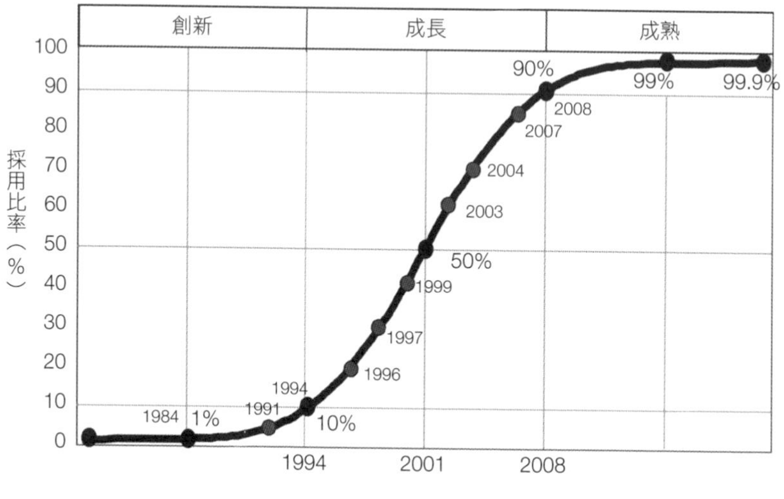

資料來源：Masterlink公司

圖9-4　汽車的S型曲線，1914至1928年

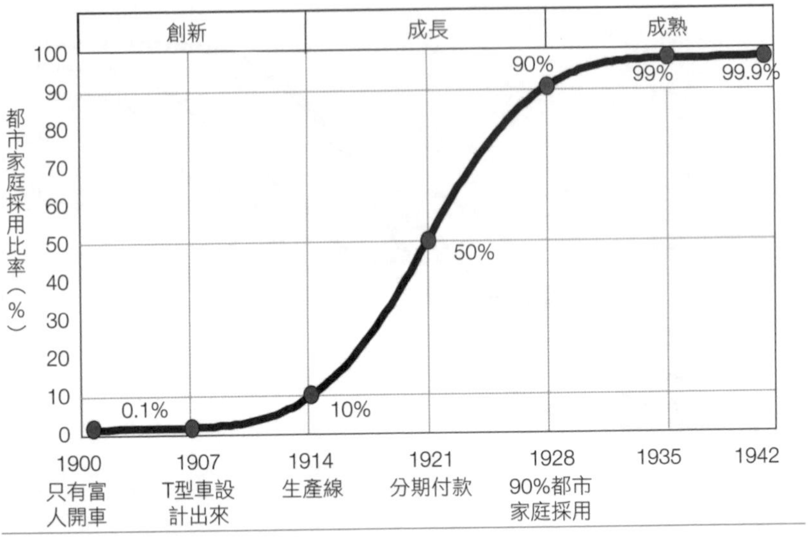

資料來源：鄧特研究中心

第二種動力是我在第一章中談過的所得、支出與生產力成長的世代循環。鮑伯．霍伯世代推動的一九四二至一九六八年榮景，正好落後出生指數四十四年，原因是他們比嬰兒潮世代略為早婚。生產力在大家活到四十多歲前會跟著提高，隨後會開始下降，一九六九到一九八二年間，鮑伯．霍伯世代放慢活動，經濟衰退隨之出現。龐大的嬰兒潮世代帶來現代史上最高的通貨膨脹率，原因在於為他們提供教育、把他們納入勞動力的成本高昂。但是他們最後進入職場後，我們就看到一九八三至二〇〇七年間有史以來最昌盛的繁榮，時間正好落後（經過移民調整後的）出生指數四十六年。目前美國聯準會正在對抗從二〇〇八年到大約二〇二三年間的自然減緩。

重大創新會在經濟面對挑戰而走下坡時出現。最根本的創新或長期經濟學家所說「像電腦和噴射引擎之類的」（基本創新），通常會在經濟狀況最差的冬季出現。最實用的額外創新與應用，或類似個人電腦與行動電話的殺手級應用，通常會在夏季出現，背後的動力是通貨膨脹與成本上升。未來十年內，我們會看到替代能源、生物科技、機器人科技和奈米科技的「基本創新」與突破，這些創新會為未來幾十年創造全新的產業與生產力趨勢。

四季循環中的兩次榮景並不相同，兩次衰退也一樣。冬季通貨緊縮式的衰退過後，春季成長繁榮期間會出現溫和提高的通貨膨脹，原因在於經濟成長會拉抬通貨膨脹，但是新世代的生產力提高會減緩通貨膨脹，使通膨在春季後期趨於平緩。接著進入夏季後，通貨膨脹會劇增，代價高昂的戰爭很常見（例如一九七〇年代的越戰與冷戰，以及前一次循環中的一次世界大戰與美國南北戰爭），下一個年輕世代進入職場的成本通常會比較高，也會因為移民趨勢上升而惡化。接著進入秋季泡沫繁榮期間，殺手級應用匯入主流，促使新世代的生產力和新科技的生產力升到最高階段，兩大因素結合起來發揮影響，通貨膨脹率會因此下降。

通貨膨脹會為八十年的經濟循環帶來季節性特質。我們要再度把通貨膨脹當成氣溫一樣：氣溫在春季會上升，但是也會有溫和的通貨膨脹；到夏季會上升到最高點；到秋季會下降；到了冬季，會有物價緊縮或實際下跌的現象。我們在二〇一四年又進入緊縮季節，會像八十年前的一九三〇年代一樣，出現債務去槓桿和金融資產下跌的現象。

對成長與經濟發展而言，每個季節都確有必要。四季有不同的趨勢，對經濟與企業會有不同的影響，因此需要不同的企業與投資策略。冬季會促使秋季泡沫榮景累積的債務和金融泡沫減少，促使市場占有率流向最堅強、最專注的企業，讓這種企業提高市場占有率與規模，把秋季的創新進一步匯入主流，進入春季和以後的季節中。最重要的是，冬季會促使大家加速採用根據新科技而建構的基本新商業模式，對熬出頭的比較老舊成熟產業和新興產業的企業來說，冬季是最有利的季節。

事實證明，冬季對等待、專注、通過適者生存挑戰的企業來說，是最有利的季節。冬季會為企業創造比較高的市占率和規模與成本優勢，讓企業可以在未來春夏秋三季的數十年內，大有收穫。對於看出寒冬來臨——而且熬過寒冬，甚至更為繁榮的企業而言，冬季是挑戰性最高、報酬也最大的季節。

冬季期間的生存與繁榮策略

目前的冬季大約會延續到二〇二三年，其中有三個期間是爆發股市崩盤、經濟衰退／蕭條的最危險期間，一是二〇一三年底到二〇一五年初，二是二〇一七年底到二〇二〇年初，二〇二一到二〇二二年間也可能如此。在這三段期間的間隔中，經濟情勢應該會變得比較有利，下一個長期繁榮期間會從二〇二三年底或二〇二四年初開始。

鑑於冬季會把市占率移轉到最專注、最有優勢、最有效能的公司手中，你的首要目標一定是從競爭者手中奪取市占率。冬季會為企業帶來未來數十年的優勢，而不止是未來幾年的優勢而已。下面以比較廣泛的方式，列出在未來歲月中力求生存、爭取優勢的九項最重要原則：

一、現金與現金流量至為重要，可以協助你熬過淘汰期，同時擁有財力，從未來幾年、尤其是二〇一五與二〇二〇年前後空前低價的金融資產中得到好處，廉價大拍賣會在世界各地出現！「時機艱困時，堅強的人會出來大買特買。」

二、看出你顯然占有明顯優勢或需要更加強專注的領域，出售或關閉其他部門。如果你不這樣做，經濟體系會以讓你痛苦增加、利潤減少的方式，為你代勞。你現在應該賣掉不具優勢的產品線或業務，創造現金準備，以便利用將來金融資產有史以來最大規模的大拍賣。如果你無法出售這些事業，就要裁減這些事業，消除目前和未來情勢更為艱困時的固定成本或現金流出。

三、針對你的顧客和顧客的最終成果，發展出明確的定義，以便為你的公司指點方向、目的與重點。對顧客有意義的東西，不是你想像中為他們所做的事情，而是顧客從你身上得到的東西。對顧客有意義的東西，不是你生產的產品或服務，而是你是否能夠為他們節省時間或成本、是否能夠為他們的品牌增加品質；是否能夠為他們處理非策略性的功能，讓他們的焦點更為集中；是否能夠用你的彈性，讓他們適應不斷變化的市場狀況？這時你要盡一切力量，建立顧客的忠誠度，爭取一位新顧客的成本，遠比保住一位現有顧客高多了。

四、要力求精簡，在二〇一四年和二〇一八至二〇一九年這種危險期間尤其如此。在正確配置固定成本後，要降低固定成本、間接成本與變動成本。要配置固定成本，你首先必須問固定成本從何而來，以會計部門為例，成本可能來自交易，因此要根據這個標準，為不同的產品配置成本，而不是像正常情況一樣、像大多數會計師那樣，根據銷售金額配置成本（後面會詳加討論）。然後你要界定額外銷售生產與出貨的直接或變動成本，把這種成本從銷售收入中減掉，這樣會得到邊際貢獻（contribution margin），邊際貢獻較高的產品利潤比較高，又會成長，因此會在衰退時期提高你的現金流量。把固定成本徹底降低、消除最差勁的產品後，你就知道涵蓋固定成本後的損益兩平水準，低於這個水準後，你的公司會出問題，會開始瓦解，你必須盡一切力量，避免淪落到這種處境。

五、延後重大的資本支出，包括延後購置工廠、倉庫、商店、大型電腦系統、不動產或辦公處所，到下一次大崩盤與經濟衰退時為止，到時候，你的競爭對手會陷入困境，你可以用低很多的成本，購買這些資產。下一次金融危機中，仍然會有更多違約的貸款，如果你有現金和現金流量，銀行會樂於用原價兩成多的價格，把這些資產拋售給你們這樣的公司。

六、重點要放在能夠提高高邊際貢獻的銷售，或是能夠降低短期成本的短期投資上。這點可能表示要投資在能夠協助你降低行銷或生產成本的應用軟體上，也可能表示要把直接行銷支出投入在你所屬的Google關鍵字類別、把你的排名推升到最高地位的用途中，這種廣告只有在有人點擊時，你才需要支付廣告費，而且你知道，這些點擊可以增加你的現金流量。我要再說一遍，增加現金與現金流量極為重要，因為這樣你才能夠繼續生存，將來才有錢以極低的價格購買資產。

七、出售非策略性不動產，改為租用，因為未來幾年，甚至未來數十年內，不動產都可能出現虧損，幾乎毫無利潤可言。換句話說，只有在不動產對你的明確顧客最終成果、你的形象、顧客服務、交貨或其他系統極為重要時，才擁有不動產。在情勢還好時，出售不動產，實現利潤，可以讓你的財力大為增加，以便在未來最悽慘的衰退歲月裡，購買更多有價值的策略性資產。回想一下二〇〇八至二〇〇九年這段期間裡，要出售這種不動產或擺脫這種成本有多難。租賃比較有彈性，可以讓你把重點放在對你的業務和顧客更具策略意義的地方。

八、事先看出你所知道最脆弱的競爭對手，看出要是他們倒閉、破產或陷入困境時，你希望從他們手中買進的資產（如顧客、員工、業務資產、不動產、產品線與科技系統）。要估計你這樣做所需要的現金，在危機爆發時快速、果決的行動。

圖9-5　輻射層輪胎的S型曲線

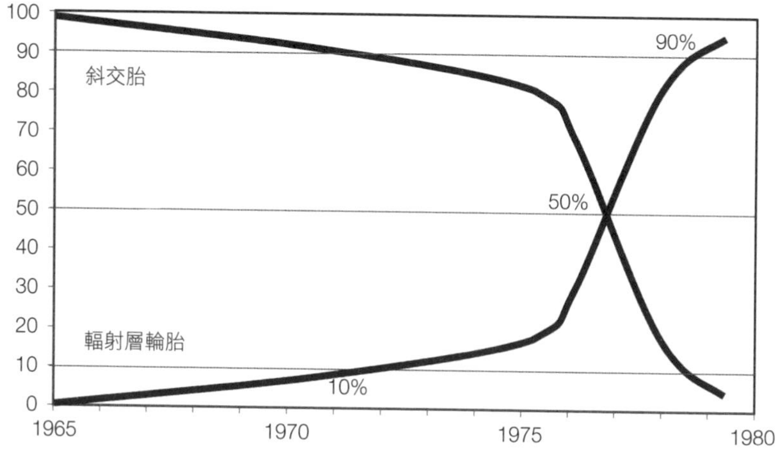

資料來源：鄧特研究中心

九、注意你的員工，看出誰軟弱無力、很有問題，現在就開除他們，這樣不但可以降低成本，也能表達好意，希望他們在經濟衰退前，更有機會找到另一個工作。只聘用確實能夠創造成果、也注重追求客戶最終成果的員工，如果他們在未來的衰退中能夠創造成果，即使你的公司整體獲利下降，也要獎勵他們。

S型曲線與產品生命週期：微季節與策略

一九七九至一九八〇年間，我剛剛到貝恩策略顧問公司（Bain & Company）擔任管理顧問時，觀察到的第一個戲劇性S型曲線是輻射層輪胎，輻射層輪胎的市占率在七年裡，從零提高到一〇%，然後在另外七年裡，從一〇%提高到九〇%（見圖9-5）。泛世通輪胎公司（Firestone）完全錯過了這個機會，美國大多數大型輪胎公司也一樣。

S型曲線說明了企業界的八〇／二〇法則，也就是說，八〇%的進步在二〇%的時間內出現，S型曲線會分

圖9-6　S型曲線與四階段

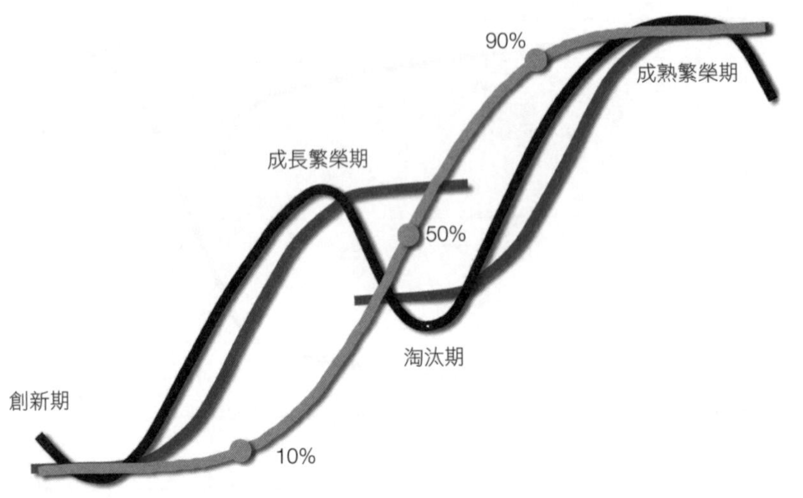

資料來源：鄧特研究中心

成創新、成長、淘汰、成熟、衰退五個階段出現。創新與衰退會在新舊事物之間重疊，產生四階段或四季的整體循環。

景氣循環則略有不同：創新階段（實用的創新，而非基本創新或發明）等於夏季；成長期的榮景等於秋季；淘汰階段等於冬季；成熟期的繁榮等於春季，這時下一批新科技會出現（見圖9-6）。

創新階段會在新發明的商業化採用比率從〇．一%升到一〇%之間出現。產品先打入利基市場，首先吸引最先採用這種產品（第一個一%）的「意見領袖」，再吸引剩下九%所得比較高或比較精明的用戶。在這個階段裡，產品由這些具有分辨能力的顧客需要與需求決定，產品創新是這個階段最重要的特性。事實證明產品能夠打進主流，而且以極快的速度匯入主流時，成長繁榮期會出現，同時，採用比率從一〇%升到九〇%，所需要的時間跟從〇．一%升到一〇%的時間相同，簡單地說，就是在同樣的時間裡，出現九倍的進步。你可以看出，為什麼不錯過這個階段極為重要。

圖9-7　貝恩策略顧問公司的策略矩陣

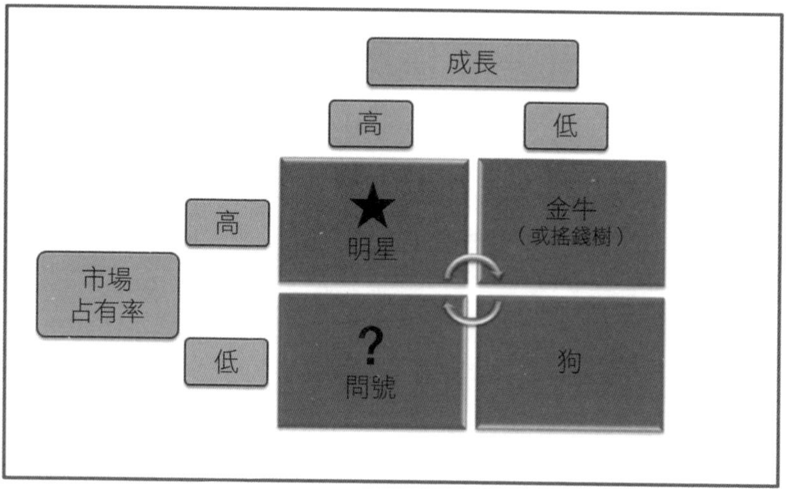

資料來源：鄧特研究中心

成長繁榮期是S型曲線進步的重大階段，S型曲線首先開始進展，到很多競爭者加入戰場、競爭變得極為激烈、過剩產能出現、指數成長開始減緩為止。S型曲線的四〇%到六〇%之間是淘汰階段。企業必須降價，引發適者生存的淘汰，在這段期間裡，很多公司倒閉，市占率最高、成本最低的公司通常是贏家。接著S型曲線走到從六〇%到九〇%的成熟繁榮階段，少數生存下來的公司互相競爭，然後成長會放慢，產品會開始成熟。這是因為市占率較高、成本低落、為未來成長所需要的投資減少，現金流量會增加。

在我做第一個工作的貝恩策略顧問公司裡，有一種四階段的企業策略模型，我要根據自己的經驗，把這些模型改成S型曲線進步模型（見圖9-7）。第一階段叫做「問號產品階段」（這個階段位在左下象限，屬於創新階段一%到一〇%的地方）。如果這種創新成功，打進S型曲線的主流，進入從一〇%到四〇%的地方，就會變成新的「明星」，創造高成長率與領先的市占率。接著熬過從四〇%到六〇%淘汰階段生存下來的創新，會變成從六〇％到九〇％階段的「金牛（或搖錢樹）」。然後隨著市場成熟，成長減緩（在九〇％以上的衰退階段中），「狗」會出現。這時的策略應該是利用規模經濟與有效的管理，保住市占率與降低成本，但是不再投資這種成熟市場，而是改為投資新明星，以便再度創造成長。這個階段會出現第二次淘汰，戰場會因此縮小，沒落產業的領導廠商甚至會減少，少數幾家領導廠商仍然可以賺錢，但是其他廠商會開始虧損。

這種情況最重大的前例是汽車工業中福特與通用兩大汽車公司之間的競爭。（S型曲線開始前的）發明階段涵蓋一八八六至一九〇〇年間；創新階段涵蓋一九〇〇至一九一四年間，這段期間裡，T型車與福特的生產線創新出現。成長繁榮階段涵蓋一九一四至一九二八年間，生產線生產的汽車在都會區普遍供應，而且在S型曲線的主流中，出現第一次加速成長。艾佛烈．史隆（Alfred Sloan）推動起死回生策略，從一九二一年後，建立優異的行銷與企業組織模式後，通用汽車開始提高市占率。到一九二八至一九二九年的成長繁榮期間最高峰時，通用已經趕上福特。一九二八至一九四二年間是淘汰階段，這時通用靠著優異的行銷、財務管理和組織效能，提高市占率，超越福特。接著通用主導市場，變成一九四二年至一九六〇年代的成熟繁榮階段中，美國有史以來最偉大的公司。通用最高明的競爭利器其實就是史隆在一九二〇年代初期創新的新穎、分權企業模式。到了最後，歷史證明：（通用的）優異組織創新打敗了（福特的）科技或產品創新。

目前的淘汰階段或冬季會決定未來數十年新舊產業的領導廠商，這點表示，能夠生存下來、主導市場的廠商會有極大的機會。就像通用公司在大蕭條期間所證明的一樣：優異的組織設計、財務管理與行銷，是在危險的淘汰階段繼續生存、主導市場與爭取市占率的關鍵。在不同的產業中，這種S型曲線會在不同的時間出現，但是所有企業在推動經濟進展的關鍵科技與世代循環中，都會感受到這種比較廣泛的八十年經濟循環的影響。

下面要指出因應每一個階段的策略：

一、在創新階段中，投資問號階段產品或利基市場的新產品，尋找普及率升到一〇%、又能主導市場的產品，因為到了這個階段之後不久，大部分新的「問號產品」會失敗。在這個階段裡，產品品質與創新最為重要。早期的顧客比較有眼光、比較挑剔，突然出現的產品創新可能造成偏好的改變，這就是這個階段風險極高、是「問號階段」的原因。你最好的假設是：**我不知道哪種產品或改善會有用，我只能繼續測試和創新，到我看出哪種東西最有用、能夠推進到一〇%的水準時為止。**接著要大量投資在未來S型曲線中能夠創造主流加速成長的產品。

二、在成長繁榮階段，要在第一個一〇%到四〇%的主流加速階段，建立「明星產品」的成長與擴大流通體系。現在的挑戰是成長與漸進創新的快速規模，不再是根本的創新，產品最重要的特點在創新階段已經確定，現在產品只需要持續不斷地漸進創新與改善，需要持續不斷地降低成本，以便進一步滲透市場。貝恩策略顧問公司習於建議企業客戶，在這個一〇%到四〇%的階段中，定價要低於成本，以便加速爭奪市占率、降低成本，在淘汰階段來臨時，能夠繼續生存。天生是根本改革者的企業家必須退後一步，引進生性是漸進創新者與系統人士的執行長或管理長，但是企業家仍然繼續參與願景的推動或研發。你也必須有一位超級巨星，推動行銷與流通，因為這些功能會變得比產品創新重要。

三、在淘汰階段中，要力求精簡，繼續奪取搖搖欲墜的競爭者的市場占有率。競爭者會搖搖欲墜，是因為產品進入四〇%到六〇%的階段時，有太多的競爭者加入競爭，過度投資，造成指數成長減緩。只有少數廠商能夠走到下一階段，你的目標必須是不計成本、成為其中一員！就像通用公司的例子一樣，至為重要的任務包括集中重點、財務效率、低成本、更高明的行銷、顧客忠誠度、以及——最重要的是——能夠提高上述所有能力的組織創新。就長期成功與市占率的控制而言，這是最重要的階段，而且到了最後，這個階段會帶來最低的成本和最高的現金流量。

四、到了成熟繁榮期，要從六〇%到九〇%以上階段中所占有的主導地位或「金牛」中，開始收穫現金，因為這時追求成長的投資會放慢，從擁有較高市占率的主導地位得來的利潤率會提高、成本會降低。要尋找各種新產品發明與創新初期階段的跡象，要注意監看這些跡象，尋找將來會出現的下一個創新階段新利基市場的投資機會。這樣經常等於表示：要再度把能夠專注比較基本創新與利基市場、卻也能夠利用你所屬比較成熟部門旗下流通與行銷系統的新事業單位，分拆出去。

五、在下一個創新時期即將出現的衰退階段裡，要努力變成成本低、產銷數量龐大的領導廠商，而且要像比較早期的淘汰階段一樣，搶奪競爭對手的市占率。但是不要過度投資，因為最後的衰退一定無法避免。如果你認為自己無法熬過第二次的淘汰，無法成為最後生存者中的一員，要把企業賣給能夠熬下去的廠商，換取現金退場。這是投資新問號產品、創新利基產品與市場會得到回報的時候。如果你真的把公司賣掉，身為企業家，你可以期望自己，會在所屬產業或相關事業即將出現的下一個S型曲線中，創立新事業。

總之，你必須擬定不同的策略，因應你所屬產業與個別產品生命週期中的每一個階段。產品出現變化、進入下一階段時，很多公司開始搖搖欲墜，原因完全是他們繼續做自己在上一階段做得非常好的事情。例如，在一九一四至一九二八年間的成長繁榮期間，福特汽車公司繼續以較低的成本大量生產T型車，通用汽車公司卻在比較廣泛經濟循環的秋季繁榮階段，針對年齡與財富與日俱增的消費者，開發具有不斷升級意味的車系（雪佛蘭、龐帝克、別克與凱迪拉克）。你也必須了解，老化和新世代消費者的來臨會影響你的產品週期，即使你不對消費者直接銷售，你的下游顧客還是會這樣做。如果你可以預測每個週期中顧客會有什麼變化，你就可以欣欣向榮、繼續生存，不會因為可以預測的變化而驚慌失措。

消費者生命週期與微型人口機會

各個世代年華老去時，連續性的產品週期會起起伏伏，起伏的波浪跟整體經濟的波浪不同，原因在於比較廣泛的家庭循環會創造微型的人口循環。但是不要錯過了有史以來內容最豐富的消費者資訊，這種資訊從一九八〇年開始，才以年度調查的方式出現。

經濟學家認為，世界不斷變化、愈變愈複雜，因此愈來愈不容易預測。我卻認為，由於過去四十年的重大資訊革命提供更好的資訊，經濟已經變得比過去容易預測。

美國勞工統計局從一九八〇年開始，每年發布〈消費者支出調查〉，因此我們擁有消費者從搖籃到墳墓整個生命週期的資訊。和過去沒有中產階級消費者極度主導美國經濟的歲月相比，這些統計數字的重要性大多了。如果你了解消費者從搖籃到墳墓之間的消費生命週期，你們公司就可以預測未來數十年的消費者支出變化，了解將來推動你們這一行或產品多年趨勢的這種消費者支出，就像我能夠預測未來數十年的總體經濟趨勢一樣。

請注意，你必須根據個別產品的趨勢、比較廣泛的經濟趨勢，質疑你的預測，也必須看你的產品對經濟趨勢敏感度的大小程度，根據影響經濟趨勢的通貨膨脹率與利率變化，調整你的預測。

第一章說過，在回聲潮世代消費者生命週期的第一階段裡，大家是在（高中畢業後的）十八歲到（大學畢業後的）二十二歲之間，加入勞動力——平均年齡大約為二十歲（見圖9-8a），而且逐漸提高到二十一歲。嬰兒

圖9-8a 年輕消費者的支出循環

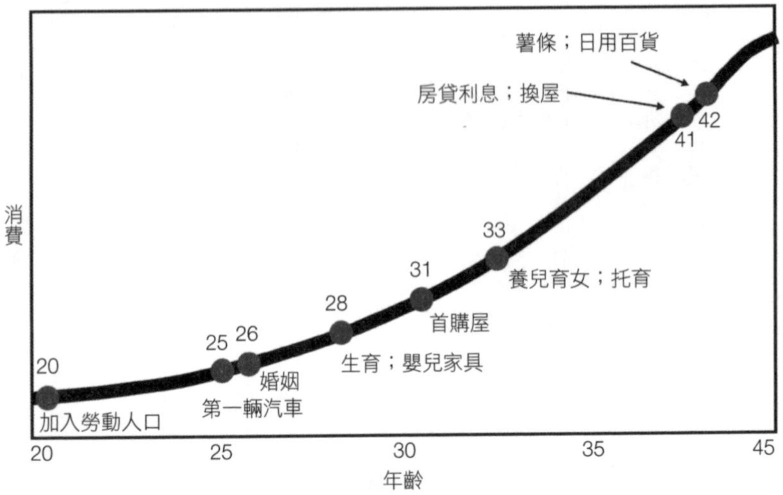

資料來源：美國人口普查局；鄧特研究中心

潮世代平均大約在二十六歲時結婚，回聲潮世代目前比較可能在二十七歲時結婚。接著嬰兒潮世代平均大約在二十八歲前後生小孩，回聲潮世代在二十九歲生小孩，在大約三十一歲前後，買第一棟房子。從這時開始，我們所引用回聲潮世代的每一項統計，大約都要加上一年多一點。

照顧小孩的行為大約在三十三歲時到達巔峰，這時小孩都已經開始上小學。換屋在三十七到四十一歲之間升到最高峰。孩子攝取的食物與營養在四十二歲時到達高峰。

接著是中年階段（見圖9-8b），我們繼續用家具裝修自宅，這種行為大約在四十六歲時達到高峰，跟一般家庭支出到達整體高峰的時間相同。機車、跑車與遊艇的支出在近五十或五十歲出頭時到達高峰。購買度假屋的第一波熱潮大約在四十八歲時出現，度假與國外旅遊支出會在五十四到六十歲之間增加到最高峰（見圖9-8c）。醫院與醫療支出大約也在五十八至六十歲之間到達高峰，人壽保險與財務規劃行為也是如

圖9-8b　中年消費者的支出循環

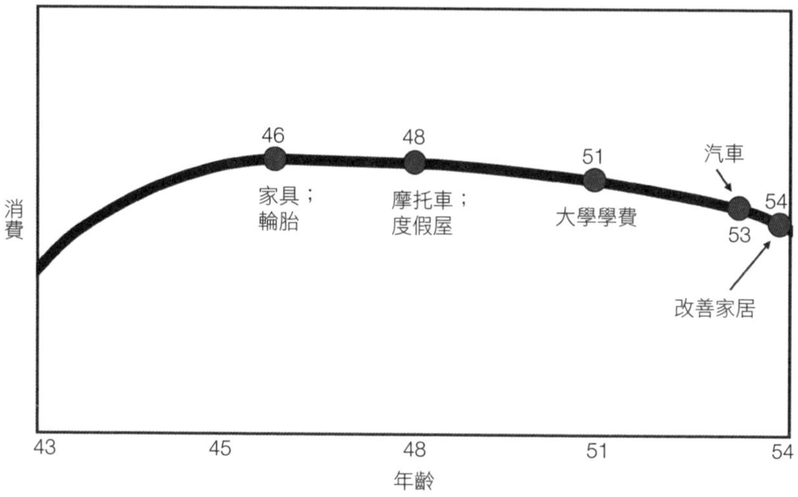

資料來源：美國人口普查局；鄧特研究中心

圖9-8c　退休消費者的支出循環

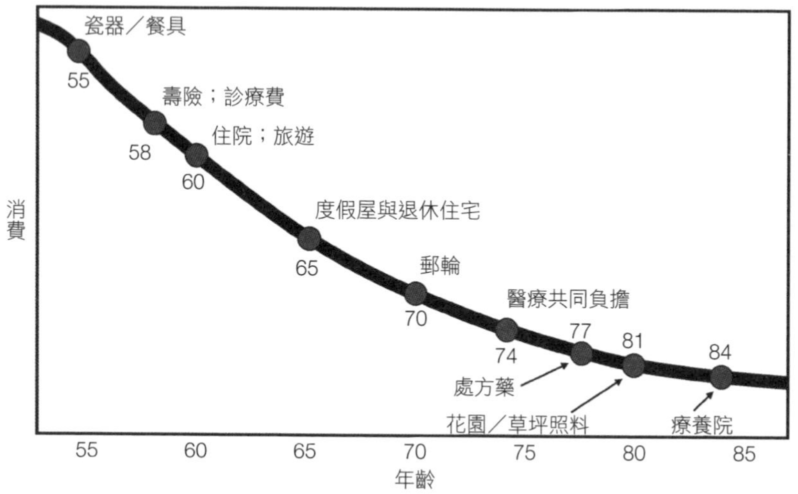

資料來源：美國人口普查局；鄧特研究中心

此。大家的體重和花在減肥產品上的支出，在五十五到六十歲之間到達最高峰。

退休階段從六十三歲以後開始，儲蓄與財產淨值大約在六十四歲時升到最高峰。健康保險支出大約在六十八歲升到最高峰。大家在厭煩噴射機時差與國際旅遊後，在六十到七十歲之間，比較可能從事郵輪度假。醫療保險支出大約在七十四歲時到達最高峰，葬禮支出在（平均死亡年齡）七十八至七十九歲時到達最高峰，男性尤其如此。處方藥支出在七十七至七十八歲時到達最高峰，養老院（女性居多）支出在八十四歲時到達最高峰。

不論整體經濟情勢如何，總是會有若干部門欣欣向榮，但是比較廣泛的經濟趨勢會對不同的部門產生不同程度的影響。進行人口研究最好的方法，是針對你自己的顧客進行調查並搜集資料，因為依據所得與生活型態分類的不同類別支出水準，到達最高峰的年齡可能不同。換句話說，你的顧客跟我們從〈消費者支出調查〉中取用的平均統計數字，可能有點不同。

房地產是規模最大、融資最多的產業，但是因為不動產大致能夠永遠存在，而且在未來的供需關係上（見第三章），面臨死亡的世代人口數會超越人數較少的購屋世代，未來的房地產情勢絕對會跟過去不同。房地產的主要部門也跟年齡有關，例如公寓／購物中心跟二十六至二十七歲有關，首購屋跟三十一至三十二歲有關，換屋跟四十一至四十二歲有關，度假村跟五十四至六十歲有關，醫院跟六十歲有關，度假屋與退休住宅跟六十三至六十五歲有關，養老院跟八十四歲有關。未來數十年內，出租公寓與實惠的首購屋會變成不動產中狀況最好的部門，經過精選的度假屋與退休社區也一樣。未來十年內，最先出現的最好機會是醫院與健保設施，再往後則是養老院和介助式生活照護機構。

（請注意，我寫了一篇名叫〈消費潮〉的特別研究報告，報告從〈消費者支出調查〉中，擷取十年的資料，說明超過一百種根據年齡分類的重要消費者支出類別。你可以在www.harrydent.com/spendingwaves網頁中，找到更多跟這篇報告有關的資訊。）

下面列出年老龐大嬰兒潮世代十大消費市場：

一、裁決性健保與健康市場
二、養老院與介助式生活照護機構市場
三、健康與人壽保險市場
四、退休與財務規劃
五、住宅維修服務市場
六、便利商店與藥局市場
七、藥品與維他命市場
八、市區連棟透天住宅／集合公寓市場
九、活躍退休社區市場
十、休旅車市場

大約從二〇二三年開始，冬季會變成春季繁榮階段，這時要注意配合所得的不平等和財富逆轉形式，在主流實惠供應市場上，推出高檔產品與服務。我投資的每日儲蓄公司（SaveDaily）已經透過完全自動化的金融交易、公開說明書與報告，針對小客戶推出自我導向式的財務規劃與實惠的投資選項。還以連金融公司都不能

圖9-9 前1%與10%人口占所得與財富的比率

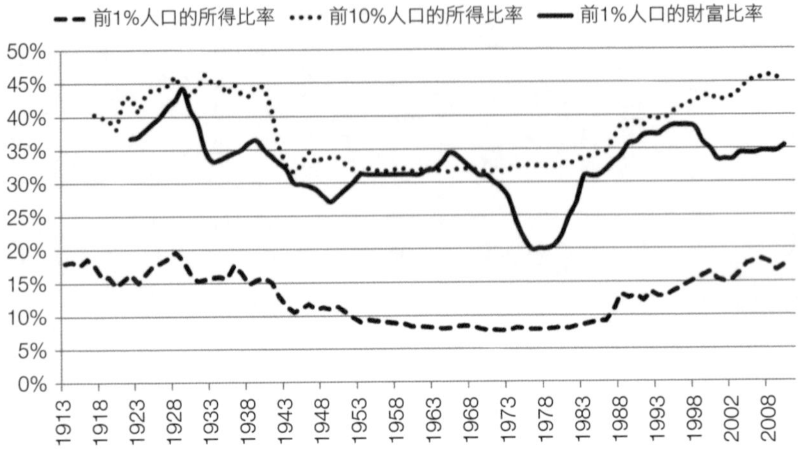

資料來源：艾瓦雷都、亞金森、皮凱帝與沙耶茲的「世界最高收入資料庫」（The World Top Incomes Database）：http://g-mond.parisschoolofeconomics.eu/topincomes，2013年；紐約大學沃爾夫教授在《財富與民主》一書中所提供的數據，2010年

相信的成本，提供彈性系統，以便每一位擁有金額較小四〇一（k）退休金計畫的人或投資客戶，有能力針對信用合作社、社區銀行與小企業的四〇一（k）退休金帳戶計畫，進行投資與理財規劃。學習投資網站（LearnVest）是另一家得到大型創投基金投資支持、針對大眾推出價格實惠的個人理財規劃服務業者，該公司的理財規劃還有真正的顧問協助，也提供詳細的理財計畫。

圖9-9所示的八十年經濟循環中，所得最高一％與一〇％人口占所得與財富的比率會變化，在秋季泡沫繁榮季節的巔峰，比率最高，在進入類似一九七〇年代中期的夏季時，比率會降到最低。未來數十年裡，中產階級應該會再度增加，最高所得一％到一〇％與二〇％所占比率的成長速度，應該不會像一九九〇年代與二十一世紀頭十年那麼快。

能夠把高階產品與服務價格實惠化，再向上層中產階級與普通中產階級家庭行銷的企業，會創造成長速度最高的市場。這些家庭的富裕程度，絕對

圖9-10　移居外州人口數目的年齡分布

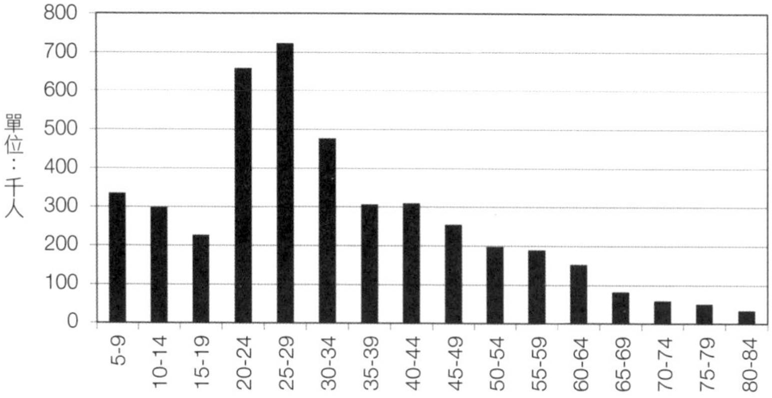

資料來源：美國人口普查局，2012年

不會像在一九九〇年代與二〇〇〇年代時期、極力主導泡沫繁榮期間的所得最高一%至一〇%家庭，但是他們的所得與財富成長速度會高於所得最高階級。

人口移入、遷移與地方人口趨勢

遷移的人都是比較年輕的家庭，年齡二十到三十四歲，尤其是二十五到二十九歲的家庭（見圖9-10）。這些新家庭要尋找職業生涯的機會，也要尋找最適於撫養家庭的地方，他們的流動性會影響地方與地區市場的成長。

幾十年來，比較年輕的家庭一直從美國東北部與中西部，移居美國東南部與德州，也從加州搬到美國西南部與洛磯山脈各州。動機大致是追求比較低的生活成本、比較好的氣候、比較適於養育子女的地方與工作成長性。這些型態會繼續出現，但是速度會放慢，因為回聲潮世代的年輕人口比較少。愈來愈多的人也發現，要把房子賣掉和搬家，已經變得比較難，因為很多人的房貸金額超過房子的價值。

圖9-11 遷移人口成長最快的10州，2000至2010年

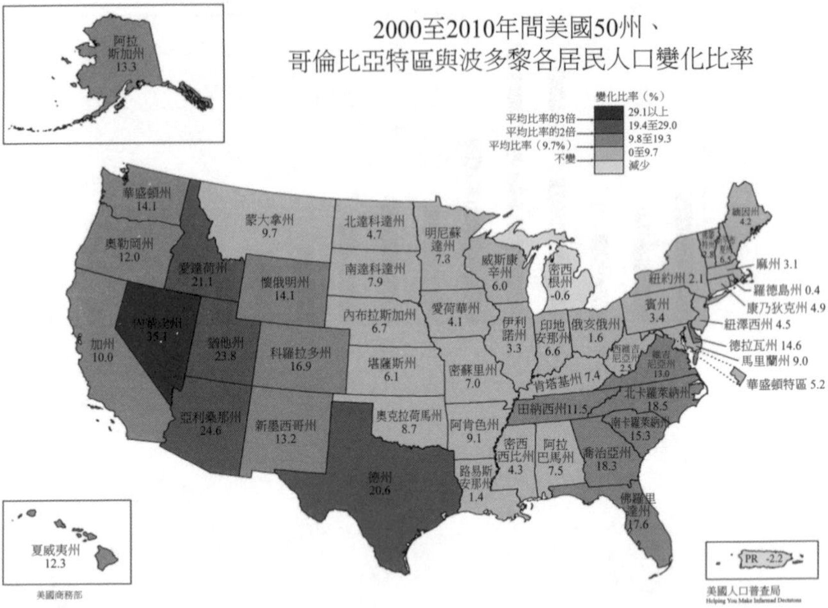

資料來源：美國人口普查局

如圖9-11所示，二〇〇〇至二〇一〇年間，成長率最快的十個州當中，內華達州以三五．一%的成長率，高居第一。在美國西南部各州當中，成長最快的州是亞利桑那州、猶他州與德州；在洛磯山脈各州中，成長最快的是愛達荷州，其次是科羅拉多州。美國東南部各州的成長居次，成長率最快的是北卡羅萊納州、喬治亞州、佛羅里達州與南卡羅萊納州。鄧特研究中心發現，要追蹤遷移人口移進、移出的資料，最好的資訊來源是聯合搬運公司（United Van Lines）。

過去十年內，五大人口遷入與遷出統計中，最大的趨勢變化是人口遷出佛羅里達州（見表9-1）。佛羅里達州房地產泡沫出現後，很多人發現，遷到美國南部其他各州很有吸引力，有些佛羅里達州居民開始遷往喬治亞州、北卡與南卡州。這些人通常叫做「半回遷人口」，因為他們先從美國北部遷

表9-1 5大人口遷出、遷入地區與變化趨勢

州名	移入比率（%，2008至2012年間平均值）	州名	移出比率（%，2008至2012年間平均值）
華盛頓	64.1%	密西根州	62.6%
奧勒岡州	59.2%	紐澤西州	60.4%
內華達州	57.2%	伊利諾州	58.7%
北卡羅萊納州	56.8%	北達科達州	57.5%
南卡羅萊納州	55.4%	賓州	56.0%

資料來源：聯合搬運公司

到佛羅里達州，然後又往北回遷一半。

移民是美國人口成長的主因（加拿大、澳洲、紐西蘭也一樣）。移民年齡通常集中在二十三至三十歲之間。移民潮在一九九一年到達最高峰，而且就像我們幾十年前所預測的一樣，在二〇〇七年美國經濟升到最高峰後直線下墜。從墨西哥移民美國的淨人口現在趨近零，就像二〇〇八年後，回聲潮世代的生育率也到達高峰、開始下降一樣。

經濟學家與聯合國等國際組織預測：到二〇六〇年時，美國人口會從二〇一三年的三億一千一百萬人，增加為四億二千萬人。這種預測假設的生育率與移民比率，遠比我們在將來冬季以後期間所看到的情況高多了（在一九三〇年代的上次冬季期間，生育與移民比率暴跌）。因此，我們估計到二〇六〇年時，美國人口比較可能增加為三億六千萬人，年成長率低於〇・二七%。移民通常遷入德州、佛羅里達州、亞利桑那州、加州與紐約州等大州，但是從墨西哥遷入的移民已經停頓，將來從拉丁美洲與亞洲等地區遷入的移民會進一步放慢，原因是未來十年內，美國經濟會進一步減緩，同時會爆發債務危機。

圖9-12　遷移地圖

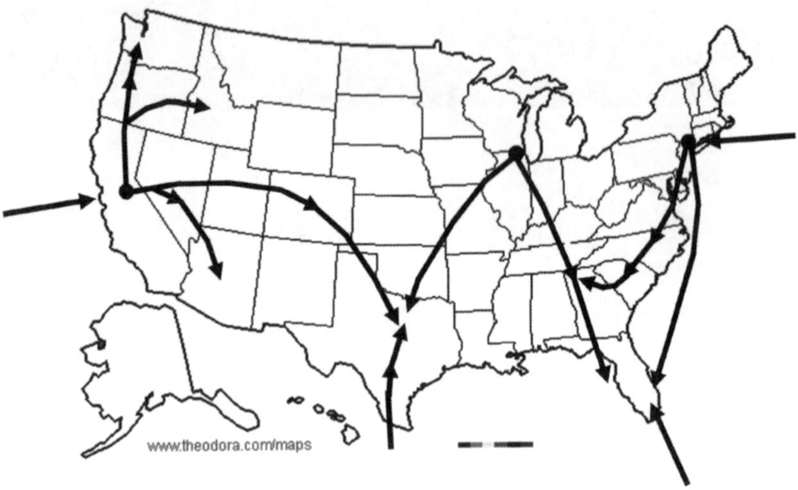

資料來源：鄧特研究中心；theodora.com/maps

如圖9-12所示，主要大州的人口遷移會受到最大的影響，包括從美國東北部與中西部遷入美國東南部與德州的人口；以及從加州與美國西岸遷入美國西南部與洛磯山脈各州的人口，尤其是遷入科羅拉多州與愛達荷州的人口。德州會兩面受益。加拿大會出現類似的變化，也就是從加拿大東部遷入亞伯達省與卑詩省，從亞洲移民到卑詩省的人數也會出現類似的變化。

國際趨勢：新興國家會主導經濟成長

我現在要再度摘要說明人口統計斷崖，說明富國會接二連三墜入懸崖的情況（請參閱第一章的詳細探討。）

表9-2顯示，這種趨勢始於一九八九年的日本，到二〇二五年前後，會在西班牙與中國結束。這是歷史上大多數先進國家在擁有大量人口後，首次出現人口減少的局面，原因在於都市化與財富造成世界各地生育率急劇下降，最富裕的國家尤其如此。

表9-2 世界各國的人口統計斷崖

國家	消費高峰期
日本	1989-1996
美國	2003-2007
德國	2010-2013
英國	2010-2013
法國	2010-2020
義大利	2013-2018
南韓	2010-2018
西班牙	2025
中國	2015-2025

資料來源：美國人口普查局；聯合國人口司

整個歐洲的情況最糟糕。在二〇一三至二〇一四年後會直線下墜；接著日本在二〇二〇年（經過兩個失落的十年與短暫反彈）後會進一步下墜，新加坡會在二〇一〇年後下墜，南韓則在二〇一八年後下墜。

未來數十年內，富國頂多只會橫向波動，只有澳洲之類的幾個國家是小小的例外，而且澳洲會出現十年的橫向波動，然後才跟大多數北歐國家一樣微幅成長（但是北歐國家會像澳洲一樣，是整個大局中的一小部分）。在二〇二三至二〇三六年間的下一個全球榮景期間，先進國家大致會以下列次序，迎接最好的局面：澳洲、挪威、瑞典、芬蘭、丹麥、美國、加拿大、紐西蘭、英國、法國。落在後面苦苦追趕的國家包括日本（二〇二〇年後）、南韓（二〇一八年後）、新加坡、希臘、義大利、葡萄牙、西班牙、德國、瑞士、奧地利、俄羅斯與大部分東歐國家。中國承受有史以來最大泡沫將近十年之久的後遺症後，仍然可以從持續進行的都市化中得到好處，但是從現在到二〇二五年間，中國人口成長會停滯，然後開始和一九八〇年以來的極端成長反向運作。

都市化對新興國家的幫助最大，和農村勞工相比，都市化會為都市人口的人均所得與GDP帶來三倍的成長。投資人與企業在經歷一系列這方面的全球危機與崩盤後，應該最重視新興市場。按照大致的次序排列，最好的國家是印度、東南亞國家（包括越南、柬埔寨、泰國、印尼與緬甸）、墨西哥、哥倫比亞與土耳其。

拉丁美洲的都市化程度已經超過八〇%，因此將來利用融資創造的成長會減少。東南亞國家的都市化程度略高於五〇%；中國為五三%；印度為三二%。大型經濟體中，最有潛力的國家是印度，背後的原因在於中國的人口開始老化，結果造成勞動力成長與人口遷居都市的速度趨緩。在下一個全球繁榮期間（春季）和從二〇二三年前後開始的下一個商品上漲循環中，南美、中東、亞洲與非洲的新興國家會再度變得很有吸引力。

如果你經營中小企業，又不打算開拓海外市場，要注意針對在這些地區表現最優異的公司行銷，或是跟這些國家裡的企業結盟，或是致力推出具有較高附加價值的產品與服務。

新客製化經濟

客製化、即時、個人化的服務在未來數十年的新經濟中，會變成企業的大趨勢，會貫徹推展到下一個長期四季循環中（大約在二〇六五至二〇七〇年升到下一個最高峰）。這種趨勢大致起源於富裕的先進國家，將來會走出今天比較少數的富裕國家，傳播到新興國家（如圖9-13所示）。

我在一九八〇年代末期推出這張圖，希望顯示新資訊科技如何在過去的標準化經濟之外，創造新穎的客製化經濟。從古到今，這種現象經常出現，但是這種現象要花很長的時間，才會根據我在本章前文談到的S型曲

圖9-13 標準化與客製化經濟的進程

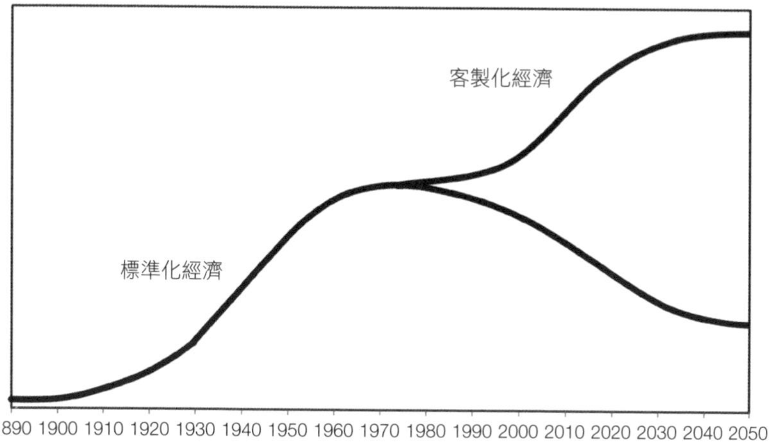

資料來源：鄧特研究中心

線原則加速成長——先慢後快——然後在下一個指數成長科技或趨勢出現時，進入成熟期。

在轉型為新客製化經濟的初期階段，利用新科技提升已經成熟標準化部門的折扣模式會出現。然而，最後比較高價、比較客製化的新模式會變成比較主流的模式，最後會勝過比較舊的模式。打入主流的新高價部門會逐漸出現最大的成長，就像汽車一樣——一九〇〇年代初期，汽車是奢侈品，但是從一九二〇年代以後，汽車變得愈來愈普及。在這種新經濟中，客製化產品與服務價格變得比較實惠後，誰還想要標準化的東西呢？

利用這種新科技提高比較老舊產業效能、降低成本的折扣模式例子，包括沃爾瑪（Wal-mart）和其他大型連鎖百貨商店，以及證券經紀業與財務規劃業中的嘉信理財公司（Charles Schwab，見圖9-14）。但是在面對亞馬遜（Amazon）利用網路、以比較便宜的成本，又經常提供更好資訊的方式提供這種產品的競爭下，很多以較低成本銷售老舊標準化產品的領導廠商，尤其是大型連鎖百貨公司（例如出版業中的博德斯集團〔Borders〕、家電業中的電

圖9-14 高價、標準化與折扣策略

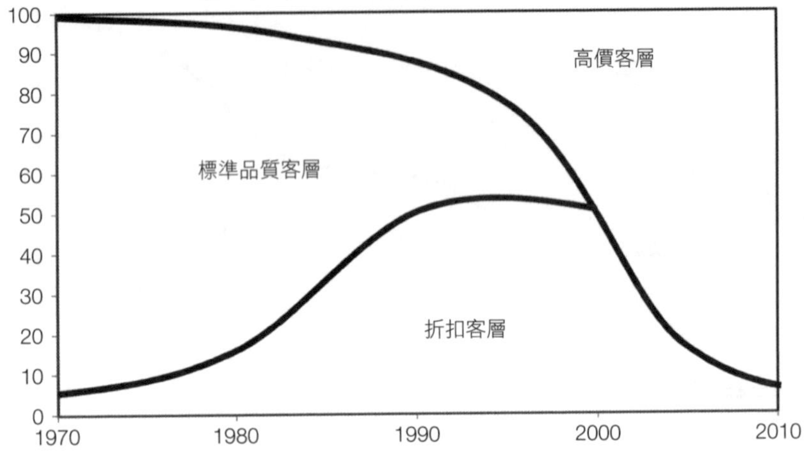

資料來源：鄧特研究中心

路城公司（Circuit City））現在都岌岌可危，無線電音響城公司（Radio Shack）會是下一個倒閉的業者嗎？亞馬遜代表捨棄搖搖欲墜的折扣模式、快速打入主流的新優質策略。邦諾書店（Barnes & Noble）可能繼續生存下去，電子業與家電業的百思買公司（Best Buy）也會繼續生存——但也可能只是活著而已。

這種情勢會繼續發展，亞馬遜正在實驗透過網路供應農產品與日用百貨的服務，而且在西雅圖與紐約市提供配送到家的服務，可能在一九九〇年代末期送貨網公司（Web Van）失敗的地方站定腳跟，而且目前生鮮快遞做得也相當成功。更高解析度的電腦螢幕與更好的退貨和服務能力，讓這些新興的網際網路服務業者在更多產品與服務方面，得到愈來愈多的優勢。我知道我向網路零售商訂購的產品愈來愈多，其中很多是我認為自己根本不會訂購的東西——但是既然我可以在網路上瀏覽評論，不喜歡的東西又可以免費退回……這種模式還有什麼能夠讓我不喜歡的地方嗎？

表9-3 新經濟的四種直接策略

策略	例子
生產廠商直接對顧客	戴爾電腦
倉庫直接對顧客	亞馬遜
點對點	電子灣、特百惠公司
前線客製化模式	獨立財務規劃專家

資料來源：鄧特研究中心

直接反應行銷是最新做法

把比較舊式、比較標準化的產品變得比較便宜的第一步，加上客製化新產品或高價產品的做法，已經大幅降低了行銷與流通過程中多種主要層次的成本，而且讓廠商可以更直接地跟顧客打交道。流通層次減少，表示成本降低，因為廠商愈來愈了解顧客，提供更好服務的能力提升，現在流通網路已經變得愈來愈貼近終端顧客。

表9-3顯示，過去幾十年裡，廠商已經發展出下列四種直接行銷模式：

一、**生產廠商直接對顧客**。這種模式適用比較不複雜、可以輕易直接出貨或用電子模式出貨的較高階產品或服務，這種做法會消除流通過程中的躉售或倉儲層次，也會消除零售層次。廠商跟顧客直接打交道也會變得比較了解顧客、比較善於追蹤顧客。戴爾公司（Dell）是個人電腦業中第一個這樣做的業者，但是很多郵購和網際網路公司也直接跟顧客交易、直接出貨。我們鄧特研究中心也不透過中間人，對顧客行銷與寄送經濟研究報告與電子報。這是最能降低行銷與流通成本、建立最直接、最親密關係的終極模式。

二、倉庫直接對顧客。這種模式最適於負擔不起現行直接或個別輸送成本等行銷成本的小東西。這種模式需要設置一個倉庫層級，但是在這種模式中，你可以像亞馬遜一樣消除零售層次，把網站變成店面。如果當地的零售確有必要，當地的商店會變成比較大型的倉庫，可以選擇的範圍通常會大多了，店面設計等等的繁文縟節也會比較少。好市多（Costco）、沃爾瑪、百思買和邦諾書店都是這種策略的例子。

三、點對點。這種模式適用於需要個人化銷售與應用的低價到中價產品（有時候也適用於比較高價的東西）。網路直銷機構已經這樣做了幾十年，只是產品高度集中於保健、健康與減肥產品。使用和相信這種產品的人會變成優秀的推銷員，又可以配合大家的需要，協助量身訂做所需要的產品。大家可以利用認識的朋友和同事，節省很多行銷成本。特百惠（Tupperware）是這種模式的典範——普通人會利用舉辦特百惠聚會或地區性產品說明會的場合，對當地居民銷售。電子灣（eBay）顯然是網路上這種模式的例子，電子灣創造了一個促進網路車庫大拍賣的網站，讓大家可以在家裡對別人銷售產品。空中客棧（Airbnb）是我最近最愛的網站，世界各地的人可以利用這個網站所提供的資訊分享，建立高度信任，彼此直接租用房間、公寓或住宅，這個網站快速成長，規模已經大到類似一家大型連鎖旅館。

四、前線客製化模式（Frontline Customization）。這種模式最適於比較高階的複雜產品或服務，例如獨立財務規劃師和電腦系統綜合業者提供的產品或服務。對於新興的客製化經濟與正在打進主流的高價部門來說，這是另一個最終極的模式，顧客經常可以在自己有需要、又具有最大價值的地方，得到最客製化的應用。醫生已經朝這個方向演變，因為醫生必須擁有非常專業化的設備與員工，滿足大不相同病患的重要醫療需求。

專業化（或「策略焦點」）是推出更好服務與降低成本的第一步，因為這樣可以避免跟非常類似的客戶打交道的複雜問題。盡量把你的專業技能自動化、納入軟體中，是讓這些昂貴的服務變得更實惠的第二種方法。在這方面，醫療業又提供了一個典範，醫療業已經出現轉向「特約醫師」（concierge doctor）的新趨勢，醫生減少看診人數，收取更高的費用，卻在醫病關係中花上更多的時間。貝恩公司等管理顧問公司是這種模式的另一個例子，受過高深教育的管理顧問組成小規模的團隊，收取高昂的費用，專注於一家企業，協助企業做出影響非常大的決策。電腦系統整合業者採用範圍廣泛的各種科技系統，滿足企業或消費者客戶的需要。在消費者層次上，建築師與室內設計師是這種模式的例子。

了解與衡量顧客的一切

直銷策略早已出現，卻不足以在新經濟和將來的冬季裡，確保你的競爭優勢。現在有很多公司採用具有競爭優勢、名叫「直接反應行銷」（direct response marketing）的模式，這種模式像上述生產廠商直接對消費者的模式一樣，可以讓你節省最多的成本，跟顧客建立最親密的關係，又能夠以日漸實惠的成本，供應個人化的即時服務。

直接反應行銷起源於名叫「關係行銷」（relationship marketing）的理念，第一條規則是**絕對不要欺騙或困擾你的顧客**。過去大部分人為了促進銷售或供應生產線製程，顯然都有這樣做的傾向，但是如果顧客不信任你，你和顧客之間怎麼可能增進親密關係？要讓顧客認識你，首先要提供免費的資訊和沒有附加條件的試用，這就是行銷和公關部門的新功能，亦即首先要根據你的策略重點、優異的客製化產品／個人化的服務或超低成本價值，建立信任。這種理念最先大致上是由賽斯・高汀（Seth Godin）在一九九七年出版的大作《願者上鉤》（*Permission Marketing*）中提出的。

你跟顧客打交道的模式愈直接，愈能了解顧客，愈能建立個人化與客製化的關係。你要設法掌握潛在顧客的興趣，免費提供顧客一些東西，讓顧客了解你的產品或服務。你要不斷提供更多的東西，到客戶愛上你或是不愛你為止。客戶信任你之後，業務人員就可以協助客戶選擇最好的產品，或是像在很多情況中一樣，利用對用戶友善的軟體，讓客戶得到更好的資訊，選擇他們想要的東西，直接向你的軟體和供應系統訂購。他們對你信任有加，你又繼續供應時，他們會變成「瘋狂的粉絲」和終身顧客，這是每一家企業最後都希望得到的東西。

我要分享我從自己的公司，以及從我們的行銷夥伴、領導這個領域的業者主權公司（Sovereign）學到的一些經驗（該公司是負責為很多書籍與雜誌刊物作家行銷的廣場公司〔Agora〕旗下的出版部門），這些經驗主要來自長期事業夥伴灌輸軟體公司（Infusionsoft）員工艾倫・哈德曼（Aaron Halderman）身上學到的經驗——該公司是中小企業直接反應行銷軟體的絕佳供應來源，以及我從直接反應行銷大師丹・甘迺迪（Dan Kennedy）身上學到的經驗。

要跟顧客直接打交道，你首先必須讓顧客在沒有成本、沒有風險的情況下，對你做出直接反應。因此「反應」顯然是重點中的重點——你必須促使潛在顧客採取行動。其中的關鍵是能夠有效「呼籲顧客採取行動」的優異文案，例如「立刻來電……寄回這張回應表格，換取免費報告……在這裡輸入你的電子郵件地址，換取免費樣品」等等。因為目前這樣做的公司愈來愈多。你必須殫精竭慮，研擬出非常有吸引力的免費建議方案。

二〇〇八年前，我在做行銷時完全不知道這一點。拙作《未來十年好光景》（*The Roaring 2000s*）一九九八年出版後，在世界各地賣出超過八十萬本，我原本可以輕鬆地從讀者群中，建立一份超過十五萬名讀者的名單，但是我沒有想到要提供什麼免費的東西給讀者，以便取得他們的名字、建立這種名單。一位直銷專家兼訂戶和我在佛羅倫斯見面時，點醒了我，因此我在出版《二〇一〇大崩壞》時，提供「免費的」定期更新資訊給讀者，就像他預測的一樣，我大約掌握了二〇%的讀者。現在我可以直接跟這些讀者持續溝通，用新觀念和我們所提供的服務教導他們。

你顯然可以利用一大堆媒體跟潛在顧客直接溝通，引導他們做出直接反應，這些媒體包括電視、收音機、雜誌、報紙、郵件、電子郵件寄送名單、網路廣告、橫幅廣告、搜尋引擎、社交媒體等等，甚至包括零售店。這些媒體總是不斷地改變、不斷地進化，中小企業必須更有創意，必須走在趨勢的前方，因為大企業可以在競價中擊敗中小企業，從過去的大眾媒體取得較低費率，在行銷戰爭中輕而易舉地擊敗規模較小的競爭對手。

比較善於創新的企業早早就打入電子郵件名單行銷領域中，但是這種做法已經變得愈來愈成熟，垃圾郵件過濾器的功能又日新月異。在Google網站名單中推升到比較高名次的策略是另一個重點，方法是製作影像、在網路上提供資訊、把重點放在關鍵字上（最後這種做法叫做**搜尋引擎最佳化**〔search engine optimization, SEO〕）。這樣做不必花錢，但是你必須創製會被搜尋引擎選中的內容，這就是需要花成本的地方。Google也有一些廣告方案，可以讓你在廣告中增加自己的特色，然後依據你所得到的每一次訪客點擊，繳納廣告費。亞馬遜在自己的網站上也這樣做。但是這種做法已經變得愈來愈難，因為有愈來愈多公司採用這種方法，從LinkedIn、推特（Twitter）到臉書（Facebook）等社交媒體是最新採用這種做法的公司。

一旦你用具有吸引力的免費優惠方案爭取到顧客的注意力，任何策略最重要的一步是指引顧客點進網頁，用有效的標題與文案招呼顧客，吸引他們的注意，而且在十五秒內，誘使顧客做出線上反應。如果顧客做決定時可能需要略為多一點的資訊或協助，這個網頁就必須能夠促使顧客撥打免付費電話向真正的服務人員反映。

你要測試、開發與應用多媒體，這樣做不但表示你可以接觸更多顧客、建立規模，降低成本與價格，也表示因為今天的任何一種媒體雖然可能很有效，但是情勢卻經常可能在一夜之間發生變化（例如電子郵件的垃圾郵件過濾功能），可能使你陷入無法行銷或成長的困境。你要從最有潛力的媒體開始做起，但是要不斷測試其他媒體，以便找出多元運用媒體的方法。

直接反應的重要優勢，就是你可以在投入大筆資金**之前**，先在不同的市場區隔中測試不同的廣告文案。你也可以評量顧客反應的每一個步驟，包括比較有多少人打開這個建議方案、有多少人打開另一個建議方案的電子郵件，有多少人做出反應、採取下一步行動與後續行為。有多少顧客在最初的三十天、六十天、九十天或第一年內購買？如果是訂購或購買產品升級優惠方案，有多少比率的客戶續約購買這種產品（這種情形叫做**轉換率**〔conversion rate〕）？長期而言，最重要的評估標準是判定新顧客的平均終身價值，也就是判定顧客會跟你維持多久的關係，以及扣除服務顧客的直接成本後，他們會購買多少金額（你的邊際貢獻金額）——然後再權衡這種價值和你的行銷成本。當然，這樣做時，應該把顧客細分成不同的區隔。

不要根據你最初的銷售業績來計算行銷成本與做法的獲利程度。你根據顧客的平均生命計算利潤時，就會知道你在獲利或創造長期投資報酬率時，可以把你的行銷預算提升到多高的金額。大部分公司在這方面的支出不夠，也沒有盡力接觸最多的顧客。如果你知道顧客平均會跟你維持三年的關係，而且在扣除你為他們服務的直接成本後，會向你購買三千美元的東西，為什麼你還會說「我不希望在前期付出超過二百五十美元的費用」？不錯，愈便宜愈好，但是如果你花更多錢，你知道你在創造更多更高品質的顧客方面，可以發揮多大的力量嗎？

大部分公司的行銷做法太膽小，他們認為「我不希望太常寄信給顧客」，哈德曼用「重擊顧客到他們反對或離開為止」的說法，表示不同意這種看法。你希望擁有愛你、想從你手中得到更多資訊、向你購買更多東西的顧客（因此你也希望提高顧客的質量，而非只是得到數量而已）。敦促我開始採用這種行銷形式的直銷顧問，從一開始就告訴我同樣的事情：一般顧客如果喜歡你，就會希望每隔三星期就獲得你的資訊。我以前認為應該是每隔三到六個月。

不要只是建立人數比較多的顧客名單，要建立含有豐富內容的名單，建立更優質、更忠誠顧客的名單。要衡量人口統計資料、生活型態或心理特性、個人喜好、購買行為，以及顧客喜好的產品、價格範圍和購買頻率。這樣你就可以將顧客分類，用更量身訂做的方式跟他們打交道。要用非侵入式的方法訪調顧客，促使顧客提供更多個人資料，透露他們真正需要與重視的東西。

一旦你掌握了姓名、電子郵件信箱或地址，你就可以去找資料庫與服務公司，強化你的名單，添加電話號碼、人口與生活型態資料。如果你還不知道，郵遞區號會告訴你顧客可能的生活型態與所得。反之，顧客的生活型態與所得會告訴你該注意哪些郵遞區號。有很多公司在看了你的名單後，會告訴你可以購買哪些最能配合你的顧客的其他名單。

要跟產品或服務不會跟你競爭、卻能跟你互補的其他公司結盟，你要跟他們交換名單，付出費用，以便發函給他們名單上的顧客，或是在發函給他們名單上的顧客後，跟他們分享利潤。這種做法是我們公司的主要策略，因為對以投資人為導向的很多企業來說，我們擁有深具吸引力的訊息，可以在網路研討會上送出去，為他們的客戶提高價值。這樣做之後，如果他們訂閱我們的電子報或其他服務，我們就可以分享從中而來的營收。

要研究規模比你大很多、或是在所屬領域中最善於行銷的公司，看看他們哪些做法有效，模仿他們最好的做法，要研究甘迺迪等直接反應行銷大師的策略。在郵件或網路上，詳細檢查直接反應行銷公司發給你的文案，看看有什麼內容似乎很有效？有什麼建議方案和要求顧客採取行動的說法最有吸引力？

你跟顧客互動的每一個層面，都需要優異的系統，管理、追蹤和送出產品與服務，在你跟顧客打交道的每一階段，都要評估其中的質量與執行情況，包括行銷、訂購、訂單狀態、交貨、退貨與保證（warranty）。但是你的事業必須保持專注，大部分功能可以外包給一系列公司，他們執行個別功能時會比你做得更好，或是成本比你低。公司內部要注重的最重要功能是內容與文案撰寫，如果你的規模不足以這樣做，要尋找外界最好的公司代勞。

轉型為直接反應行銷是今天的競爭優勢所在，但是因為競爭加劇、新經濟強力推進，這樣做並不夠。客製化與即時個人化的服務也需要組織變革，變成像網絡一樣運作，以顧客為中心建立組織，而且要由下往上（bottom-up），而非由上往下（top down）運作。這一點會變成未來十年以上的核心工作，也是企業最有力的競爭優勢與產業進入門檻。

企業的新網絡模式

過去幾十年來，企業為了精簡組織、降低成本、更貼近顧客、消除行銷與流通層次，在新科技的運用上，有不少根本的創新。但是唯一沒有改變的事情是：我們的組織仍然以從上到下的方式運作，而非由下往上。只是這一點現在也跟著新網絡模式同時改變。我要從今天真實企業的網絡模式談起：我每天都在觀察的證券交易所。

證券交易所的經營階層在哪裡？有些可憐的傢伙會在早上一定的時間跑上台，敲響開盤鐘，然後就消失不見。各式各樣的混亂與交易都是即時發生，立刻可以知道結果，沒有半點官僚氣息。每個人都知道自己的交易價格，知道盈虧多少。報表即時更新，不計其數的股票、債券、原物料商品與選擇權的價格是溫和波動還是劇烈震盪。接著在交易結束時，鈴聲會響起，混亂平息，到隔天早上才重新開始。

這就是網絡型組織，以即時的方式運作，沒有明顯的管理或官僚層級。管理、交易與官僚層級都藏在軟體裡，軟體的運作幾乎毫無成本，速度接近光速，整個系統完全由用戶推動，用戶要買要賣、何時買賣，全都以即時的方式呈現。

為什麼我們所有的組織不能以這種方式運作？第一個原因是證券交易所跟汽車、電視與書籍製造廠商不同，沒有真正的實體產品需要生產、儲存與運輸。但是當你把書籍轉變成電子版時，會發生什麼事情？你可以用即時的低成本客製化方式處理這件事。我想像，將來我的書大致可以用電子方式下載，我可以用即時的方式大幅更新內容，再傳送給新舊讀者。久而久之，所有產品都會對資訊更敏感，更可能以愈來愈符合網路邏輯的方式管理。

舊模式會繼續生存，另一個原因是企業界根本不以網路邏輯的方式思考，因為我們習於由上而下的階級制度不知道多少年了——大部分經理人與主管喜歡對部屬頤指氣使，干預他們的工作，喜歡高高在上、掌控一切的感覺。不錯，但是員工喜歡這種樣子嗎？大自然就像這樣嗎？獅子真的是叢林之王，或者只是最成功的掠食者呢？經營管理的本質是看不見的，是無形的，我們通常稱之為上帝，亞當・斯密在經濟學中稱之為「看不見的手」，禪宗則說「小草自生自長」。

因此，無可避免的是，新的企業與組織模式油然而生，類似一九〇〇年代初期生產線模式的創新，卻又大不相同，甚至具有更大的潛力。這種新模式是根據網路與資訊科技的架構而設計，就像工廠系統是遵照蒸汽機的架構而設計一樣。這種模式又是以顧客為中心而建構，運作方式是由下而上，而非由上而下。誰比較了解你的顧客？是第一線員工，還是最高經營階層與後方官僚？如果大家在反應時只掌握了資訊與結構，誰能夠以較快、較正確、較有效的方式回應？

新模式是根據需求而非存貨的多少而生產，以即時的方式交貨，提供我所謂新「客製化經濟」性質的個人化服務。新模式對環境的影響比較少，存貨、能源與流通成本比較低。數十年來，這種型態的經濟在比較高階的市場中慢慢出現，現在卻開始提升到比較主流的地位，未來數十年還會繼續如此。在未來的冬季與春季繁榮期間，這裡會是出現最高成長的地方。

新網絡模式的祕密就是把比較高階、比較客製化的產品與服務，推上主流地位，跟過去標準化的大量生產模型正好相反。新模式提供有效客製化的時機，正好符合資訊科技助成客製化，而且比較富裕的顧客對客製化需求增加之際。新客製化經濟在夏季創新，在秋季出現於較高階的利基市場中，然後從冬季到隨後的春、夏、秋三季，逐漸蔚為主流。

下面說明設計網絡型組織，以愈來愈低的成本提供即時、個人化服務的五大原則。

原則一：策略焦點放在只做你最擅長的事情上

冬季是淘汰的季節，會迫使企業強調自己最擅長、又能取得主導權的事情。只有堅強而專注的企業能夠生存，因此新模式是從策略焦點出發。要把重點放在自己的強項上，把所有其他事情都委外給策略夥伴，只投資在你能夠主導的產品和市場上。

要分析你們公司的每一種產品線、部門與功能，決定你所做的事情是跟別人一樣好，還是比所有的人都好。這點表示看待你的直接與間接競爭對手時，要認真而誠實。如果有人能夠做得比你還好，客製化的程度比較高、成本又比較低，那麼如果你繼續照你的方式做事，你就是欺騙顧客，顧客最後會拋棄你，追求更好的解決之道。

鄧特研究中心一向不擅長行銷，我們試過很多新方法，找過很多外界的顧問公司，但是我們最後終於跟行銷專家主權／廣場公司合併，以便把焦點完全放在經濟研究與預測上，而且久而久之，我們才知道這點正是我們最強的項目。我們現在的專注程度是以前的兩倍，我們讓主權公司做他們最擅長的事情，也就是行銷新秀作家和我們這樣的研究公司，因此，我的合夥人都期望在未來幾年內，業務會成長四倍。

原則二：判定你最擅於服務什麼顧客，再把顧客分成不同的區隔

任何企業首先都應該釐清自己的理想顧客：**你最擅長或可能最擅於服務什麼顧客？你在什麼地方、可以用什麼方法，以最低的成本，為這種顧客增加最大的價值，以至於你幾乎沒有競爭對手？**釐清你的產品或服務時，不要照你的意思去做，要照顧客感受到又最重視的實際最終成果來做。

以我們公司為例，我們發送即時的經濟研究報告，協助投資人與企業在經濟趨勢改變時，看出他們原本看不出的機會，以便避掉成本或避免虧損。換句話說，我們靠著協助投資人與企業預期經濟與趨勢的變化，增加他們的利潤，如果我們不這樣做，不論我們的研究報告有多好，都會變得無關緊要。

如果業者經營的是鋪設地毯的業務，他們的優先目標應該是在商業客戶的零售環境中，提供更美的感覺，協助客戶吸引更優質的顧客。請注意，在這個例子裡，這位鋪設地毯的業者並非跟每一個人打交道，他們把重點放在零售商的需要上，不是放在可能有大不相同優先需求的辦公室或住宅中。

現在請看看一個有啟發性的例子：我看到一篇報導，說明一家地毯公司重新設計自己在顧客群中所擔負角色的過程。這家公司不再在一次性的交易中，銷售與鋪設地毯，而是改成收取年費，他們目前收取的年費包括鋪設、維護、修補與長期更換，他們的角色是確保客戶的地毯看來很好，加上完全接管這種功能，以便客戶永遠不必想到這件事情，可以把焦點放在其他功能上，為自己的客戶增加更多價值。

你要問自己下列重要問題：**你能夠為顧客節省時間或成本嗎？你能夠從他們手中，接管非策略性功能，以便他們更注重自己最擅長的事情嗎？你能夠用自己的產品或服務，為他們的品牌提高品質嗎？你能夠在他們有需要時，不必動用沒有必要的間接費用，就提供他們一些東西，為他們帶來方便嗎？**你要尋找具體的方法，根據顧客的行為、互動和非侵入性的調查，衡量這些最終成果。

下一步是要把不同的顧客（包括新鎖定的顧客）劃分開來，變成擁有類似需要與優先目標、卻互不相同的獨立區隔。有些顧客想要品質與客製化程度較高的解決之道；有些人有比較偶發性的需要；有些人會有持續不斷的需要；有些人想要最低的成本，不需要高水準的服務；有些人需要快速交貨；有些人會利用一些優質的資訊，自行做出決定；有些人需要很多支援。不同的情況很多，但是你要學會在顧客覺得你跟別人不同的地方，辨認和區分不同的情況。

首先要把顧客盡量細分為擁有獨特特性與不同需求的眾多客層，接著要高明地為顧客重新分類，讓顧客變成層次比較少的不同區隔，以便你可以更務實地根據顧客規模、負擔能力和你們公司實際的人力，為他們提供服務。並非每一位顧客都可以擁有自己的「管家」（不過在若干非常高階的服務中，情形的確就是這樣）。當顧客基礎擴大，你的科技系統變得更精進，你將來就可以更精細地為顧客分類——而且在這過程中，你已經想到這件事，知道下一次可以怎麼更精細地分類。

一旦你把顧客區分為最具有相關性的獨特區隔，實際上你就需要根據每一個客層獨特的需要組織起來。不錯，這樣表示每一個區隔都會擁有自己專屬的團隊，為他們服務，都會擁有自己專屬的管家或我所謂的第一線瀏覽者（frontline browsers）。

原則三：把每一個獨特的區隔組織起來，變成第一線瀏覽者與後勤服務人員

電腦讓網際網路之類的網絡，能夠以瀏覽器與伺服器為中心，發展出來。瀏覽器是入口閘道，用戶藉著入口閘道，可以即時發現並連接關鍵資訊、產品或即時需要的伺服器。使這種情況得以實現的原則，是網絡密不可分的一環，也是我上面所說證券交易所例子密不可分的一環。如果你純粹從網絡的角度去**思考**組織——亦即最終極的原則是以顧客為中心建構組織，而且從顧客端往回或由下往上運作，而不是由上往下——你會發現管理、監督與小小官僚作風的需要會減少。這樣會解放你的員工、取悅顧客。如果可能，決策要盡量即時在第一線做成。

我的座右銘是：**管理是問題，不是解決之道**。即時溝通與個人化服務根本不能配合官僚體系或由上而下的系統。

網絡型組織的第一個要素是經營管理與官僚體系的自動化，第二個要素是供應第一線與顧客資訊的即時系統，這種資訊是推動由下而上決策過程，甚至是推動可能由顧客直接做成決策過程時所需要的資訊。

圖9-15　網絡型組織

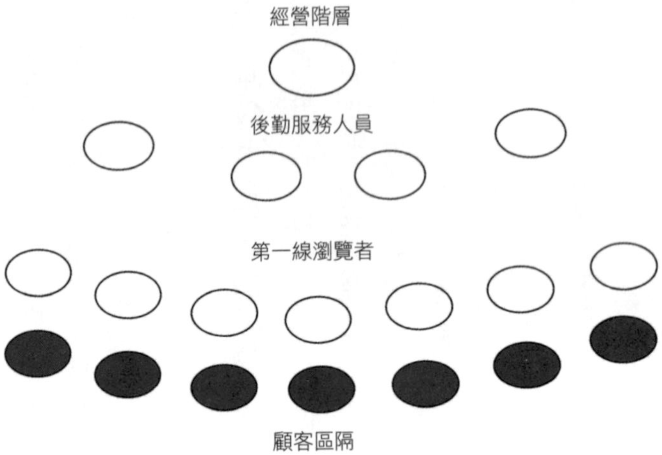

資料來源：鄧特研究中心

電腦、軟體與網際網路不就是瀏覽器與伺服器嗎？

在設計網絡型組織時，首先應該以第一線瀏覽者——也就是要以聚焦在有獨特需要、少數區隔的個人或小組——為中心，同時也利用後勤服務人員（back-line server）協調與因應顧客需要，而能以低成本提供客製化產品與服務（見圖9-15）。

為了提供立即的個人化服務，所有資訊與決策可能都應該放在第一線，但還是有一些規模較大、成本較高、需要特殊專業的功能，還無法這麼做。這點表示，至少今天還有一些功能仍然必須放在後勤，客製化與提供全系列產品或服務所需要的所有組件、產品和服務，要整合進後端。但是這裡最重要的原則是：由負責真正終端顧客及其最終成果的第一線瀏覽者的需要，來引導後勤服務人員。組織運作時，總是要從顧客端由下而上運作，而不是由上往下！

要在利用最少人力，了解與滿足一個小範圍顧客群組的需要的情況下，判定在第一線做出最多決策會需要哪些資訊。你應該總是根據下列思路問問題：**為什麼我們要在**

後端做這件事？為什麼這個決定必須由上級批准？或為什麼這種資訊、批准、監督功能或專業，不能寫進軟體，即時供第一線使用？因為科技、軟體的功能與應用都呈指數成長，今天不能在第一線做的事情，將來可能可以。第一線小組的員工為了要能滿足顧客的需求，顯然必須是具有多才多藝、善於經營關係的員工。

只有太複雜、無法利用簡單規則與核准寫成程式的專業技能，或需要太大的規模才能執行的功能，才應該交給後勤小組，或是委託外界的服務公司代為處理。後勤小組也應該像真正的管理顧問一樣，把前線的小組當成自己的顧客，盡可能即時提供服務，並使用對顧客友善的語言，還要表現出客氣與尊敬的態度，而非官僚作風與傲慢態度。後勤員工天性通常比較偏向技術性，擁有比較專業的技巧，而且相當可能比較不善於經營關係。

理想的狀況是，顧客根本不必直接跟你們公司的後勤員工打交道。第一線流覽者應該把後勤員工當成管家一樣，進行協調，本身卻是對目標顧客的真正需求最為敏感又十分了解顧客的人。

原則四：前後方每個單位都要像企業一樣，為盈虧負責

授權第一線決策有兩個重大的層面。第一個層面是，如果只有授權，卻沒有管控、回饋和責任，你可能做出很多差勁的決策，創造驚人的損失。第二個層面是，要讓一般員工變得比較像在地乾洗店的老闆——擅於反應與負責的生意人，而不只是員工而已。

在地乾洗店老闆不見得一定很有學問，不見得擁有企管碩士學位，卻必須十分了解顧客，也必須知道自己的成本，知道自己每週要賺多少錢才能回收間接成本，知道自己每多做一筆生意，可以賺到多少錢。他們必須妥善因應顧客的怨言或特殊要求，必須處理業績與成本的波動。他們的生意要看他們是否消息靈通、擅於反應

而定，如果他們經營得不好，生意和收入會減少，甚至會關門。任何薪資福利都要靠自己創造。

負責任的人會變得比較有決斷力、比較有創意，有時候，把這種人叫做小創業家還比較恰當。但是我稱之為「根本創新者」的創業人士，跟日常可見、我稱之為「漸進式創新者」的人大不相同。根本創新者在思考時，通常會跳脫框架，創造過去不存在的新科技、新產品或服務——就像蘋果公司的創辦人賈伯斯一樣！他們要冒很大的風險，失敗的下場很悽慘，有些人會把在一個城市或一個國家成功的策略，擴展到其他重要的地區。這些人創造新的就業機會，創造出原本不存在的產品，他們就像吉爾德幾十年來所強調的一樣，正是推動我們生活水準提高、推動我們經濟進步的人。這些人最可能帶來創新，就像我現在所說的網絡型組織，這種結構代表真正的創新，不只是改善舊有的東西或是進一步簡化組織而已。美國在這方面領先群雄，以色列是重要的後起之秀，各國政府都必須鼓勵和支持這種人。

大部分人都不是根本創新者，不是這種少見的怪胎，大部分人不希望過高風險的生活，不希望當孤獨的荒野一匹狼——大部分人比孤獨奇俠喜歡社交。如果太多人像孤獨奇俠，我們應該會碰到持續不斷的動亂與變化，有形而長久的好處會減少。相形之下，在地乾洗店和多數小企業所提供的，都是已經存在或應該會存在的東西。

如果你家附近的乾洗店老闆過世，乾洗店關門，可能就會出現另一位老闆，滿足你所住地方的需求。但是小創業家和大部分企業員工不同，小創業家比較擅於反應，比較會創新，總是會為顧客好好改善、降低成本，總是會追蹤顧客的反應。

網絡型組織的重大好處是會使一般的員工變得像小企業主一樣善於反應、願意負責。大部分人寧願經營自己的事業，不願意為老闆工作，但是大部分人沒有必要的技術、資本或財力。資訊科技讓他們擁有這種附有融資、相關資訊與責任的網絡，可以在風險比較低的環境中做他們真正想做的事情，對大部分人來說，這是雙贏的局面。

授權第一線做決定並負起責任的關鍵是：在每一個層級都要有即時的目標與績效評估標準。授權而不要求負責，遲早會造成災禍。在我的事業生涯初期，我當過很多新企業和中小企業的顧問，這些企業為了強化對顧客的反應，經常設法授權。但是如果只有授權，卻不交給下屬做良好決定所需要的資訊**並且**要求下屬為績效與利潤負責，那麼這種授權就可能造成慘劇。

第一線員工會自然而然地做出能夠取悅顧客的事情，但這樣做卻也可能造成公司虧損。事實上，一顆老鼠屎可能以差勁的決定，甚至以長期不為人知的偷竊，就讓一家公司倒閉。這就是資訊科技可能可以創造最大附加價值影響的地方。

資訊與網路科技逐漸讓你可以把最好的資訊放在第一線，至於必須放在後勤單位的決定與服務——例如資訊與評估——可以放在後端，查核第一線與經營階層所負責任的功能也一樣。要訂出評估生產力的指標，用來評估為顧客創造最終成果有關的每一個前線或後勤小組，例如評估每天的訂單數量、每週的顧客來函等等。每一個前線和後勤單位都應該是真正的事業單位，擁有自己的目標和受過評估的成果。不負責盈虧，就不是真正的事業單位。

你必須為每一個前線與後勤單位，重新建構整體與個別的損益表，以便反映你們公司的真正性質，也就是說，在利潤開始累積前，必須付出固定成本。你也必須監督變動成本，因為變動成本會決定每一筆銷售將產生多少現金流量。會計師製作財務報表和報稅時並非這樣做，但是你的會計報表必須精確反映到經營階層和事業單位中，你才會知道自己的公司實際上是如何運作。

貝恩公司要求客戶這樣做，我也要求自己的中小企業客戶這樣做。分辨固定成本與變動成本、正確配置固定成本、判定銷售的變動成本後，你就可以看出哪些產品、小組或事業處在賺錢，你就可以了解公司的營運動態，知道不同銷售層級的盈虧是多少。

大部分企業通常都根據「我們的平均銷售利潤為一〇％」的方式思考。這種思維方法不對，事實上，如果你的銷售額高出很多或少很多，你的獲利能力會有很大的變化，因為不管銷售額多寡，你的一大部分成本都是固定的——因此，在你回收固定成本後，每多賣出一單位就可能得到多達九〇％的現金流量利潤。如果你不了解這種現實狀況，你和前線員工就會做出差勁的決定、會錯過有利可圖的銷售機會。

這方面我最喜歡的例子來自旅行。有時候，我會很晚才到達旅館，詢問房價，櫃檯人員會報出標準房價，如果他說的房價太高，我會離開去試另一家旅館。如果時間很晚，旅館又有空房間，那位員工不應該讓我離開。事實上，房間的清潔和服務成本只有（假設是）十五美元，如果我嫌一百美元的房價太高而離開旅館，你為什麼不報出七十五或五十美元的房價？即使把房價降到五十美元，旅館還是可以賺到原本賺不到的三十五美元——這些錢會直接成為利潤。重點是這位第一線員工可能錯過機會，不能為公司增加利潤、創造新顧客，或提高顧客銷售額與滿意度。

用下面這種方式想像你的事業：你有一個裝固定成本的桶子，裡面容納的是租金、會計、管理、行政、水電瓦斯、營業執照、研發成本，不論你是否創造任何銷售，都必須付出這些成本。你必須用銷售的直接利潤來填滿這個桶子，直到你收回固定成本為止。然後，每一次銷售在扣除直接成本後，才會對利潤有所貢獻。你做成一筆銷售時，在固定成本之外，還要支出變動成本，才能完成這筆銷售（例如支付銷售佣金、產品生產與包裝成本、送貨成本、信用卡費用等等），這些成本所占的比率可能相當高或相當低。

低直接成本的公司是最賺錢的企業，因為他們一旦回收固定成本後，利潤率（profit margin）會快速加速上升。軟體公司是典型的例子，要發展一種應用軟體，要耗費很多的研發費用（固定成本）。但是要做出軟體光碟，或是用電子方式傳送這種軟體，所花費的成本卻非常少，如果軟體公司能夠達到經濟規模，就會賺到非常高的利潤，因為每一筆銷售金額大部分都會成為利潤。我的公司是另一個例子，我們進行經濟與人口趨勢研究，需要持續不斷地為很多人支出金額相當龐大的間接費用，但是我們銷售電子報時，大部分都是用電子方式傳送，變動成本幾乎等於零，實際上，扣掉固定成本後的金額全都是利潤。

從銷售額中減去變動成本後，會創造一個重要的新指標，叫做**邊際貢獻**，表示你每多銷售價值一美元的產品時，你對現金流量以及對最終獲利的貢獻金額。這是每一個人——從經營階層到第一線銷售與服務人員——都必須知道的最重要的會計數字，也是對每一種產品或服務都最重要的會計數字。

舉個例來說：如果你的邊際貢獻為七〇％，每個月的固定成本為一萬美元，那麼你要創造一萬四千二百八十六美元的銷售額，才足以回收固定成本，達到損益兩平。如果新企業或事業單位不能很快進步到這種程度，不是會關門倒閉，就是需要以高昂的權益資金成本承擔高出很多的風險，接受大量的資本挹注。事實上，在經營事業初期維持低廉的固定成本，經常是能否繼續生存的關鍵。然而，過了損益平衡點後，每一美元會對你的邊際貢獻〇．七美元。如果銷售額為二萬美元，你每個月的獲利應該是四千美元，利潤率為二五％；如果銷售額為三萬美元，你每個月的獲利應該是一萬一千美元，利潤率為三六．七％；如果銷售額為四萬美元，你的獲利應該是一萬八千美元，利潤率為四五％。在這種情況下，銷售額增加五〇％，會讓獲利增加一七五％；銷售額增加一〇〇％，獲利會增加三五〇％——因為每一種銷售水準的利潤率都大不相同，邊際貢獻很高時，銷售金額稍微增加，就可能促使獲利大幅躍升。

所有階層的小組和員工了解自己的邊際貢獻、固定成本和獲利動態後，會做出更能夠賺錢的決定，也可以用對顧客和公司雙贏的方式，回應顧客的需求、需要與價格變化。關鍵在於讓第一線客服小組具備能力，因此可以在不必上級批准每一個有創意的決定、突然增加成本、拖延服務的情況下，即時做出能夠獲利的決策。

對擁有多種產品線或事業單位的企業來說，把實際固定成本配置到產品線和事業單位上很重要。如果你不用占銷售額比率的方式強制分配成本，你或許可以用每個事業單位或產品線的交易次數為基準，分配會計成本；或是根據所使用的樓地板面積，分配辦公室成本；或是根據重要員工花在不同產品的時間多寡，分配研發費用。其他可能的方法包括追蹤電話、網際網路、電腦服務的實際用量，進行直接分配；或是根據重要管理人員花在不同計畫、產品或事業處的時間，分配他們的薪資與辦公室間接費用。

正確分配成本後，你很可能會發現有些產品、事業處或單位，沒有想像的那麼賺錢，有些部門賺的錢卻多多了。在網絡型組織中，要努力把固定與變動成本分配到所有第一線與後勤單位中，製作損益表。要根據類似外界服務公司收取的市場行情費率，算出會計或人力資源等內勤單位的成本。

後勤服務人員應該以市場行情或接近市場行情的費率，為自己所耗用的時間向第一線瀏覽者收費。如果第一線單位覺得自己可以從外界顧問公司或企業得到更好的服務，應該允許他們這樣做，或是向經營階層爭取更好的條件。這樣做會有助於你持續不斷地磨練原則一當中的策略焦點，第一線單位會為他們利用後勤服務所產生的成本負責，後勤單位會更對顧客負責，而且會像外界公司一樣，為自己收取的價格負責。

如果你能夠詳細到為個別單位評估獲利能力，表示你可以為每一個小組訂定負責任的分紅計畫，讓他們分享自己所創造的利潤，分紅金額的大小，要看經營階層和公司在他們的系統和能力上投資多少價值而定，也要看他們增加多少價值而定。

把每一個個人或小組變得像真正的企業，有一個終極的好處，就是你會吸引最高明的員工，會更長期地留用他們。誰不希望擁有自己的事業、看到自己的直接成果、從經過評估的成果中分一杯羹，卻不必冒比較大的自行創業風險呢？競爭對手的員工會投靠過來，甚至帶來他們的顧客！

原則五：經營階層成為網絡的願景、建築師與法定仲裁者

我們首先從愈來愈多的人——尤其是最有才華和最有創意的人——不喜歡經營階層、監督和官僚體系的現實狀況開始說起，這樣會讓他們覺得自己像是次等公民，像這個時代的農奴。

如果你照著第一條到第四條原則去做，你可以為公司創造出明確的願景和焦點，你設計出的組織幾乎不會有什麼官僚層級，卻可以明確地聚焦在終端顧客，以及顧客從你公司所獲得的確切利益上。顧客的需要變成最高優先，第一線單位負責顧客及其需要，後勤單位為第一線服務，你會成為建構網絡、促成這一切實現，卻幾乎不用什麼管理的人，但是卻能夠提供愈來愈即時、更客製化與個人化的服務。

網絡一旦建構完成，你必須不斷努力維護和改善，使網絡的即時化程度與反應能力繼續加強。最後，你也要成為政治與司法系統，人類任何系統或網絡中都會有紛爭，顧客會抱怨，但是第一線單位可能覺得這位顧客不理性或不好，經營階層必須決定誰對誰錯，有時候你必須拒絕跟侮辱第一線員工的顧客往來。

第一線小組可能覺得後勤單位的收費太高，或是反應能力不足，經營階層必須介入仲裁，決定第一線小組是否可以尋求外援，或是決定後勤單位是否應該因此進一步自動化或委外作業。

後勤單位可能覺得夥伴公司的表現沒有預期好，建議接管這種功能，經營階層必須決定什麼做法最好。第一線員工可能看出新商機，希望設立新單位來開拓這種商機，也可能希望如果他能夠開拓這個新市場，或許能

夠得到經營階層提供的資源或額外獎勵，這些都是經營階層必須做的決定。

從比較高的政治層面來說，經營階層應該懷抱著願景，保持策略焦點，直到組織裡若干聰明創業者發現能夠發揮的新領域，並且努力擴大這個領域為止。經營階層必須有智慧，能夠用有限的資本支持這個人去自由發揮，驗證這個新方向。總之，經營階層在設計網絡與組織時，目標應該是讓網絡與組織的自我管理能力不斷提高，直到不需要經營階層為止。你的責任是讓自己過去的功能自動化，從而促成經營管理自動化。經營階層在營運層面要變成司法系統，仲裁各個單位和外界夥伴之間的糾紛，表現出公平性，維持願景與整個結構。但是，經營階層成就高低的真正衡量標準，不僅止於銷售、利潤成長率、投資報酬率與顧客滿意度等所有其他關鍵衡量標準的總和。最後的衡量標準是大家是否把經營階層看成高瞻遠矚的領袖，而不只是老闆和官僚而已。

要評估經營管理的素質有兩個質性標準，一是員工對經營自己的事業滿意度如何，二是員工的離職率。員工就像顧客一樣，要找到新員工比留住好員工還難。在你的員工為顧客做決定、雙方關係變得更親密的情況下，留住最好的員工變得愈發重要（不只是因為如果員工離職可能會帶走顧客而已）。最後，公司經營良好的最佳線索是沒有官僚氣息與組織政治。如果你以實惠的價格提供絕佳的服務，顧客就會自己找上門來；同樣地，素質優異的人才也會成群結隊跑來為你服務。總而言之，這一切表示行銷與人力資源的成本會降低。

如果你紆尊降貴，遵循這裡所主張的原則，你在很多企業搖搖欲墜時會欣欣向榮，競爭對手的盲目與弱點會變成你的強項與勝利。你會提供自然經濟循環所需要的東西，因把經濟推進到未來而獲得報酬。

熬過冬季淘汰期的最成功企業會為大部分消費者帶來更重大的創新與更低的成本。如此一來，提高的生產力會促使經濟向前，也表示消費者會賺更多錢、花更多錢。未來的網絡型組織會促成更多的利潤分享，會培養更有靈感、更有企圖心、更有生產力的員工——不是過去那種令人厭煩的生產線工人。

我們再次看到「看不見的手」的力量推動長期進步與成長。美國和很多先進國家可能因為人口統計趨勢放慢的關係，成長速度沒有過去數十年或過去幾個世紀那麼快，但是如果我們率先採用新科技和網絡模式，我們不見得會喪失競爭力，不見得會失去比較高的生活水準，即使南歐很多國家和日本已經出現這種現象。

結語

每二百五十年醞釀一次的重大革命

政府必須和自由市場資本主義「看不見的手」合作，容許進步與進化的自然過程自然發展。民主制度的奇蹟讓對立的原則在成長與變化的動態互動情況下共同存在，為廣大的人民帶來福祉，而不只是造福自然創新與創造大部分財富的菁英。事實很簡單，如果大部分人參與經濟成長與創新，整個體系和大多數人都會受惠。

我和任何人一樣擁護自由市場資本主義，但是每一種遊戲都需要規則和簡單的法規，確保競爭與平衡，確保創新與成長的福祉普及更多人，而不是只有黑手黨、獨占企業和希望確保未來繼續成功的既定特殊利益團體能享受，無論他們是否值得獲得這樣的成就。但是規則必須盡量簡單、盡量減少，不能扼殺創新體系。

我們的制度並不符合這種標準。

今天華盛頓和華爾街代表美國權力與操縱的縮影，而且兩者顯然同流合汙！只有他們無法控制的重大金融危機能夠結束這種失衡，這就是我歡迎經濟危機和轉型的原因。因為只有靠這個方法，我們才能跳出累積了數十年的亂局、無窮無盡的債務，以及寫入我們稅法和企業制度中的特殊利益併發症，尤其是健保與教育領域。各國先後墜入的漸進式人口統計斷崖幾乎確保這種危機會發生，因此你應該做好準備。

我為未來危機所訂出的第一條規則是：**消除說客和特殊利益團體！**

古往今來，有無數例子證明少數有權有勢的人奪走大部分的利益，讓人民窮困潦倒。想一想海珊控制下的伊拉克和今天的肯亞，甚至早在羅馬帝國時代，大部分人民都還是奴隸，而且在農業經濟時期的十八世紀「啟蒙時代」，情勢也不是這麼公平和平等。黑手黨總是靠著恐懼與脅迫壓制大多數人，謀取自己的福祉。已開發國家政府控制經濟，把原本不是機器的經濟，變成機械式的經濟，扭曲和妨礙創新與進步這隻「看不見的手」時，做法其實沒有什麼不同。

我明確支持比較保守的政治派系反對過高的債務、過多的管制，幾世紀以來為美國創造重大成就的自由市場原則遭到貶抑時，他們起而對抗，也得到我的明確支持。二〇一三年內我最喜愛的書是吉爾德的《知識與力量》（*Knowledge and Power*），原因就在這裡。吉爾德認為：激進的企業家、新科技和自由市場資本主義，是我們生活水準得以提高的關鍵原因。另一方面，我不同意若干供應面學派（supply-side economics，譯注：認為可由降低生產產品和服務的障礙來創造經濟成長）的主張，因為最後會促進所有層面進步的每一種社會與政治創新，都遭到他們的反對。試問如果我們沒有為非裔美國人和女性建立平等地位，如果我們沒有吸引移民，讓他們獲得公平的機會，追求美國夢，請問美國的經濟能有多強？

美國南北戰爭期間，連北方聯邦的保守派都抗拒新出現的工業經濟（新科技）和廢除黑奴。保守派也反對十九世紀末和二十世紀初的婦女解放與投票權，反對一九六〇年代的民權運動。他們認為，支持自由市場與民主制度的人，回頭反對促進進步的大部分新科技和社會改革之間，本質上沒有矛盾。今天保守派在對抗全球暖化方面，抱著類似的抗拒態度，在科學家幾乎一致承認氣候變化及其惡果存在之際，仍然主張全球暖化是騙局。他們對債務激增的看法和自由派一樣，抱著極力否認的態度，這種反對類似天主教抗拒伽利略（Galileo）的地球繞日說。

我們當然不應該因為經濟減緩會傷害若干銀行、企業與家庭，就扼殺創新的金鵝。但是反對「保存」天然資源的人，怎麼能夠自稱為「保守派」呢？另一方面，我們必須冀望新科技解決其中一部分問題，而不是像若干自由派所希望的那樣，退回比較簡單的生活型態，這種事情不會發生！

我認為有一個重要的解決之道，就是乾脆把汙染成本計入我們所產銷的產品中，我們知道，以碳為基礎的能源會造成代價高昂的後果。我們需要找出這種成本，加在定價的計算中，然後讓自由市場制度找到最好的解決方法，而不是由政府負責尋找，這點是政府可以對自由市場制度做出貢獻的地方，也就是為自由市場無法控制的成本負責。你不能期望企業會為了保護環境而讓自己的成本高於競爭對手。開徵碳稅，然後照案實施，就會形成讓所有企業公平競爭和創新的環境。

二〇一三年八月十八日，羅伯特．席勒在《紐約時報》上發表一篇文章，名為〈為什麼創新仍然是資本主義的明星〉（Why Innovation Is Still Capitalism's Star），主張冒險的企業家由下而上的創新，仍然是成長與成功的祕密。他引述麥肯錫公司的報告，說明每一萬個真正的商業構想中，有一千個會成為創業的基礎，有一百個會得到創投資金的資助，有二十個會公開上市，有兩個會變成市場領袖。根本創新是非常困難、無法預測的過程，十年前，我聽一位創投專家說過，他們每十件投資中，只有一件賺錢，而且他們根本不知道會是哪一個案子。

政府不應該決定哪些科技是最好的科技，只有企業家在經過多次嘗試與試驗後才能決定。吉爾德認為，未來的能源解決之道不可能靠太陽能板或風力發電科技，因為這兩種科技都沒有數位化（不過在無法取得高科技和基礎建設、比較近似農村的地區，太陽能和風能很可能是寶貴的能源來源）。這些科技不像半導體和其他高科技，成本一直沒有巨幅下降。另一方面，如果我們恢復住在森林裡、焚燒木柴的生活，我們造成的汙染應該會比現在更嚴重。

同樣地，凡是主張債務失控是為了今天的繁榮而欺騙未來的人，也必須承認失控的汙染等於類似的長期危險，而且可能對地球的未來形成更大的威脅。如果我們大部分的海岸城市在本世紀後期，因為海洋上升而淹沒，會發生什麼樣的情形？即使全球暖化沒有造成大家所預測的所有可怕後果，汙染還是像超過自然成長率的債務一樣，像把垃圾倒在自家後院裡一樣，絕對不是好事，遲早會以某種方式反撲，垃圾是自然的東西，但是沒有正確回收處理時，卻會變成害人的有毒物質。

民主模式主張為全體而合作比較好，從十六世紀初期開始的新教徒革命，到十八世紀末的美國與法國革命證明了這一點。人類社會從很多小小的獵人與採集者團體，變成聚居在城鎮裡的公民社區，這點也表示，當不同的部落同時住在都市裡時，多少必須推翻自己的個人利益，以便造福比較廣大的群體，否則就會爆發永無休止的暴力行為。我們需要共同擁有由政府主動發起的法律、秩序、規則與基礎建設。不錯，這點表示我們也需要更多的政治體制，並徵稅作為財源！吉爾德說，這一切是政府所採用比較健全、比較有秩序的容器，能夠助長具有改變與創新特性的動態民間部門，資本主義在自由主義社會或在混亂狀態中，不會有傑出的表現。

我總是強調，美國經濟不像機器，而是以對立因素互動，也就是以民主制度／政府，以及資本主義／創新互動為基礎的動態系統。政府帶來穩定、基礎建設、法律與秩序，政府應該盡可能簡單、可預測。最後，由創業家推動的民間部門會帶來突破與創新，創造指數式的S型曲線成長，同時會碰到循環性的挫折，民間部門應該盡量複雜、有活力，這是我對自由派經濟學家和政治人物批評最嚴厲的地方。

他們希望把民間部門和自由市場資本主義變成比較像機器一樣的政府，希望直線式的成長、更公平地所得分配、沒有經濟衰退，卻有複雜而無盡無止的管制，保護大家對抗一切。但是這種方式等於把金鵝關在門裡，最後殺死。他們不了解資本主義制度賜給我們廣大的空間，設法協助比較不幸的人並發展出社會安全網。在某種程度上，提供健保、社會安全與失業救濟的計畫是優異的制度，因為大家不必過度儲蓄，預防可以用最低成本和得到最大範圍保障的事情。

另一方面，保守派必須放棄主張我們仍然可以擁抱大草原上小木屋模式的意識型態。請醒一醒吧，我們開朗的開疆拓土先鋒在邊境上，不需要什麼政府和基礎建設，他們以打獵為生，自己種食物，自己教小孩，自己做衣服，也自己洗衣服，甚至自己蓋房子，不過蓋房子是可能需要朋友的一些協助。他們不需要很多錢，因為他們以物易物，換來他們所需要的少數東西。即時在比較晚近的二十世紀初期到中期，在梅布瑞這樣的小鎮，要管理也只需要靠類似連續劇中安迪與巴尼（Andy and Barney）的兩位搞笑警察，再配合每個月巡迴來一次、解決法律問題的法官，何況他們還擁有很多槍！

但是現代大部分公民都不住在小鎮裡，也不住在農村地區，不能靠著比較少的基礎建設、小政府和少少的管制，就能好好活著。順便要說的是，這種人通常都住在已開發國家和新興國家最窮困的地區裡。不論是好是壞，隨著世界繼續都市化，我們必須放棄舊有的小城鎮價值觀，我們已經接受規模比較大的政府和基礎建設——我們現在應該聚焦在把政府和基礎建設變得更簡單、更有效率、更能負起責任，而不是想推卸責任。

然而，我們可以盡量把這些服務發包給民間部門，在政府服務方面，我們必須找出我所謂的「最適當的最低水準」，因為我們不希望過度侵蝕民間部門更重要的創新。

治理紐約市不能像治理梅布瑞鎮那樣，花用相同比率的收入。比較大的城市比較複雜、比較有生產力，需要比較高程度的合作和整合，也需要比較高的人均GDP或人均經費，促成所有的專業化與交易。進步當中，有一部分是比較年輕的人離開農村，來到都市，提高自己的就業機會與生活型態，即使他們起初必須住在貧民窟裡也一樣（我在第六章裡，探討過都市化在推動經濟成長與進步方面的重要性）。然而，同樣正確的是，即使在這個高度都市化的時代，政府仍然可能以很多方式變得太大、太複雜。畢竟在民主社會裡，投票贊成愈來愈多的福利與管制，卻承擔愈來愈少的責任，是很自然的事情。因此，政府在這個經濟寒冬裡，必須跟企業和家庭一樣，加強責任感和效率。

在比較大、比較集中的都市經濟體系裡，大家可以專注在自己最擅長的事情，把不擅長的事情交給別人去做。這表示我們可以賺更多錢，但是也會為很多事情花更多錢，這會造成比較高的通貨膨脹，因為要推動這種專業化要花更多的錢，彼此之間要從事更多對整體有利的交易。這樣也就需要更大的政府、共同的基礎建設和管制，結果是產品、服務、教育、健保和娛樂方面都有更多的選擇。

我從自己的長期研究中，可以看出科技持續不斷地指數式創新。目前孕育中的科技會再度改變典範，使今天能源、都市壅塞、汙染和放慢的人口結構限制變成過去式。我可以看出比較年輕的人會推動經濟上的創新，剛剛從大學畢業的人尤其如此。世界各國比較年輕的勞動力數目上升（指二十到二十四歲的族群，見圖E-1）顯示從一九六〇年代到二〇四〇年代之間，會出現一波重大的創新潮。接著因為年輕人加入勞動力和通貨膨脹之間的關係，我們可能看到這種創新循環和通貨膨脹趨勢放慢下來。就像庫茲威爾在二〇〇五年出版的大作《奇點迫近》（*Singularity Is Near*）中所說的一樣，未來三十年內可能出現很多新科技。

我在超大科技創新中看出的五百年循環現象（見圖E-2），顯示我們現在所處的階段，仍然可能是從十五世

圖E-1 全球創新與通貨膨脹潮，1955至2070年

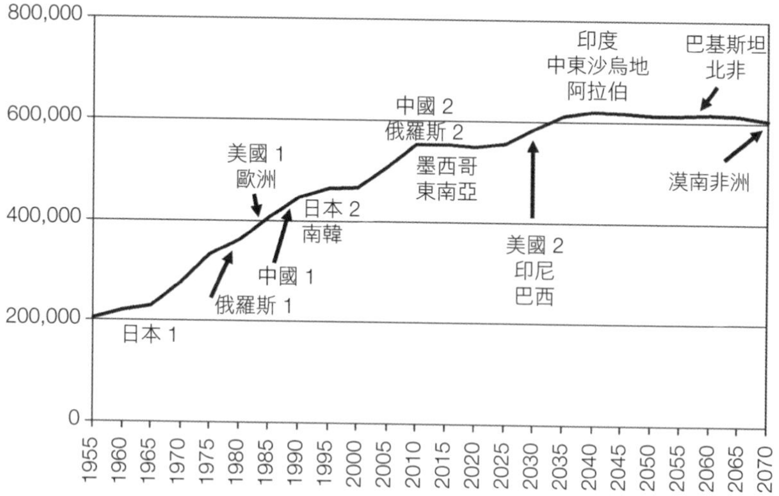

資料來源：聯合國人口司

圖E-2 500年的超大創新循環

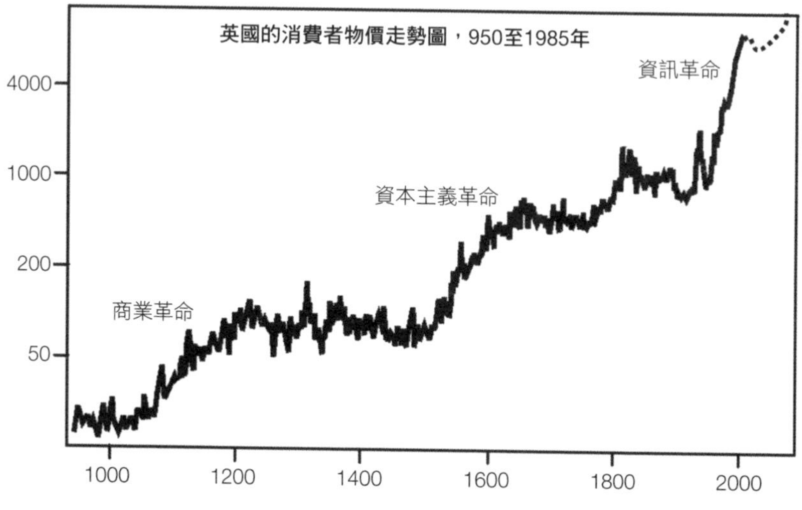

資料來源：菲爾普斯·布朗（E. H. Phelps Brown）與雪拉·霍普金斯（ Sheila V. Hopkins）

紀末期到一六五〇年代中期開始的通貨膨脹與創新期間的早期階段，這個循環後來延長到十九世紀最末期到二一五〇年之間。在前一次的創新時期，印刷機、高大的船舶和火藥等等的超級重大發明，開啟了最大規模的指數式人口成長與科技進步。在我們這個時代，我們看到資訊革命、電視機、電腦和噴射機旅行。未來會有第二次資訊革命，生物科技、機器人工藝、奈米科技和潔淨能源等領域中，會有很多創新。

如果未來數十年內，生物科技、機器人工藝和奈米科技一如預期，不但能夠對抗汙染與全球暖化，而且把人類壽命延長到一百二十歲以上，會有什麼結果？像平常一樣，進步最先會在最富裕的國家出現（這些國家的人民負擔得起這種進步），但是最後會逐漸擴散到新興國家的中產階級。例如，即使我們接受期間比較長的教育，在二十五到三十歲之間加入勞動力，然後工作到一百到一百一十歲，工作期間會延長到七十五到八十五年，而不是今天的四十到四十五年，這樣會有什麼樣的結果？一輩子的創新、所得、借貸、消費、儲蓄和投資會增加多少？

平均壽命大大延長，會延長人口統計趨勢，形成的衝擊會像上世紀美國平均壽命從四十七歲延長到七十九歲一樣重大。西北大學（Northwestern University）經濟學教授羅伯·戈頓（Robert J. Gordon）最近提出一個有趣的問題：**如果美國的成長已經結束，我們該怎麼辦？**他認為，從十八世紀末開始的兩大工業科技革命不可能再度出現，我們的都市化程度已經很高，得到其中最大的好處，而且回聲潮世代是所受教育水準不超過父母親的第一個世代。他舉出英國的例子，說明英國的生活水準從一四〇〇年到一七五〇年之間，花了三百五十年的時間提升一倍！一七五〇到二〇〇七年難道只是歷史上一段異常的時間嗎？

從所有正在減緩的趨勢來看，我認為戈頓提出了非常精明的問題，其中最基本的趨勢很可能是人口統計斷崖——也就是規模比較小的世代在規模比較大的世代後面出現，這種現象最先從一九九〇年代到二〇二〇年代以後，在已開發國家中出現。但是我要用很多科學家，以及包括吉爾德、庫茲威爾和我這種現代企業與科技作家所觀察到的指數成長式歷史趨勢，反駁他的說法。單細胞生物花了十億年的時間，才進化為多細胞生物；原始人花了二百萬年的時間，從第一件石器進步到會利用火。大約八萬年前，第一位真正的人類離開非洲後，只發現了世界的一小部分。然後這種趨勢呈現指數成長，到五萬年前至一萬年前之間，全世界才第一次有人類定居。總而言之，我們可以說，我們的生活水準在上一個世紀進步的幅度，超過過去五千年的進步幅度。

歷史上的所有進步都呈現指數成長，但是舊科技或進步成熟、人口激增速度放慢下來時，會碰到循環性的挫折。我認為，就是這些挫折形成了挑戰，造成比較根本的創新，也促使比較長期的指數成長趨勢加速成長。不論你是從聖經時代開始衡量，或是根據科學標準一直回溯到生命早期開始衡量，都無關緊要，趨勢總是呈現指數成長和循環性質。

我也會建議戈頓，考慮我們剛剛從資訊革命中開始看到的政治、社會與企業組織的二百五十年革命，這種革命促成以顧客和公民為中心、由下而上、幾乎沒有什麼官僚氣息和管理的組織出現（見第九章）。這種現象會為未來數十年提高多少生產力和生活水準？未來的人口統計斷崖會創造一次加速這種創新的危機。

把以資訊或網絡為基礎的生產力躍升，跟不斷提高的平均壽命結合起來，你就會得到另一個未來的經濟成長新模式。但是要看到下一次資訊革命的初步成果，至少還要花十年時間，我們必須看出新興國家年輕人口潮流所顯示的未來科技重大突破。

我們看看圖E-3中，社會、企業與政治革命的二百五十年循環。我們在圖中可以看到新教徒革命從十六世紀初期開始，馬丁·路德（Martin Luther）和約翰·喀爾文（John Calvin）起而革命時，天主教會是最重要的勢力，新印刷機助長了他們開啟的革命。不錯，社會與政治革命是以通訊、旅行與生產科技的革命為基礎。

圖E-3　250年的政治革命

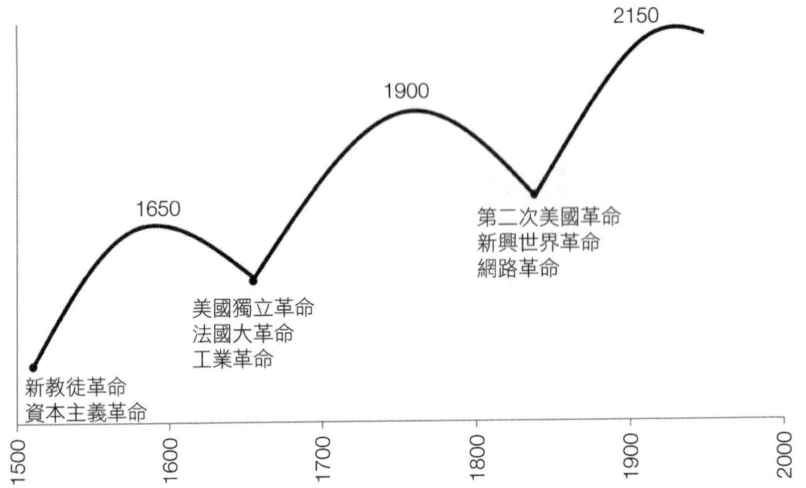

資料來源：鄧特研究中心

十六世紀初期的這些變化因素，助長了脫離群眾救贖、開啟個人決定的革命，鼓勵勤奮工作，甚至鼓勵儲蓄與再投資。新教徒工作倫理和新科技就在這時誕生，兩者配合十五世紀初期的第一次資本主義革命，改變了全世界，隨後在十六世紀初期，新的二百五十年革命循環出現，配合超大創新循環，創造了西歐強而有力的經濟進步。

宗教改革也開啟了美洲時代，因為群眾設法逃離英國國教會（Church of England，譯注：即聖公會）的宰制，創立了普利茅斯（Plymouth）和詹姆斯鎮兩個殖民地。在此之前，英王亨利八世以創立英國國教會，把英國改變為新教教會、逃脫天主教會的控制聞名（這樣做也讓他可以不斷地跟更漂亮的女性結婚，達成他生下男性繼承人的希望）。基督教的新教派經過多年的演進，發展出自力更生、勤奮工作、不附和當道或盲目信仰宗教的新倫理道德，預示了二百五十年後更大規模的民主制度革命。

在十六世紀初葉新教改革運動之後的下一個二百

圖E-4 1700年迄今股價走勢

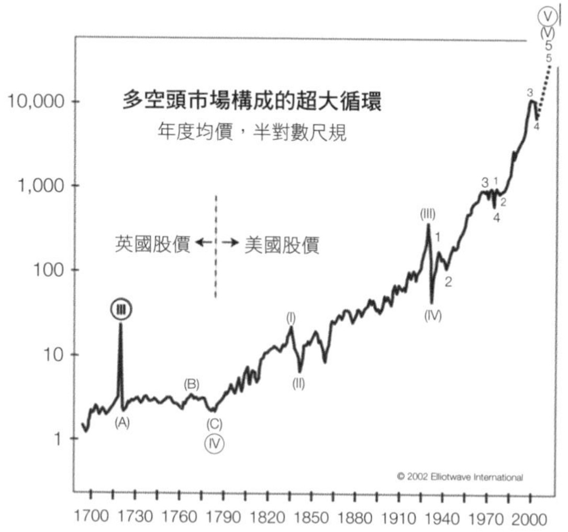

資料來源：羅伯．普來克特的《征服崩盤》一書，預測部分是由哈利．鄧特二世提供

五十年循環中，工業革命和十八世紀末葉的民主革命交會，形成了有史以來最大規模的爆炸。不必多說，大家也會知道歷史性變化和經濟進步結合在一起時有多重要——隨之而來的是經濟的指數成長，股市自然會為自己說話（見圖E-4）。

長期間的成長不只是指數成長，也是循環性的成長。股票經歷了大約從一五〇〇年開始的長期繁榮後，陷入一七二〇至一七八七年間六十七年的空頭市場，然後出現一七八八至二〇一三年間指數成長的多頭市場。已開發國家的這種趨勢（可能從二〇〇八到大約二〇八〇年間）可能盤整幾十年，新興國家的股市卻會繼續上漲。但是到了某一個時點，我們會看到科技創新和平均壽命延長所造成的另一次全球股價暴漲，這種暴漲可能至少延續到二一五〇年，也就是還有很長的路要走。

未來二百五十年的政治、社會與企業創新循環，會從這個十年間開始。我們顯然已經進入利用新電腦、網際網路和社交網路的進步，開啟通訊革命。這次革命可能比我們所想像的——吉爾德和庫茲威爾等遠見人士所預測的——還更具革命性。

我們應該已經看出企業和政府所能採用的網絡模式已經出現，世界各國的獨裁者會垮台，促使新興國家追求進步，促使已開發國家政府加強透明度，也促進突破性的科技出現。毫無疑問的是，未來潔淨能源、替代能源和工業製程會進步，平均壽命也會延長，旅行科技也一樣，已經有人預測，長程噴射客機飛行的時間在二〇三〇年前可能減半，二〇五〇年前可能降得更低。

然而，目前我們已經陷入僵局。已開發世界因為老化趨勢而減緩，新興世界因為人口統計而成長，但是在這個世紀內，卻不可能成長到像已開發世界那麼富裕，何況還要面臨會延續到二〇二〇年代初期的原物料下坡循環。這次危機後十年的成長，顯然比較可能來自新興世界，但是和過去的已開發世界相比，這些國家能夠成長多少並不清楚，畢竟新興國家最好的出口市場是歐美等富國。雖然如此，新興國家將來一定會發展出比較強而有力、以消費者為導向的國內經濟，就像今天的中國認清出口成長和基礎建設投資有其限制一樣。

請記住，大部分新興國家都沒有足以在比較高階的產業和資訊領域競爭所需要的技術或基礎建設，而且無論如何，能夠競爭的國家只有這麼幾國。換句話說，除非他們比較年輕、比較有創意的人——這些人經常在最傑出已開發國家受過教育——推動科技創新，否則無法參與競爭。如果美國和其他已開發國家繼續老化，開始喪失科技主導力量，會有什麼後果？現在有很多科技變化，可能改變已開發國家和新興國家之間的均衡，機會的確有利於向新興國家傾斜，這些國家成長比較快，正在取得科技力量（雖然比較慢）。

未來數十年內，比較富裕、正在老化的已開發國家有一個重大機會，就是投資在能夠促進新興國家科技、基礎建設和中產階級家庭成長，同時對環境造成較少衝擊的基礎建設和科技上。即使新興國家不能變得跟已開發國家一樣富裕，對已開發國家來說，投資和出口更多商品到新興國家，還是會變成雙贏的局面。

圖E-5 全球人口成長

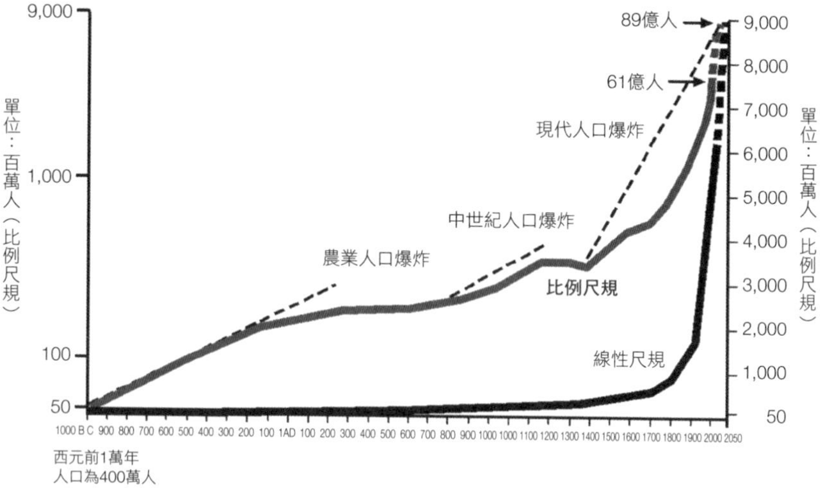

資料來源：《富比世》（*Forbes*），1999年1月25日；美國印第安納波利斯（Indianapolis）哈德遜研究所（Hudson Institute）研究主管艾德溫．魯賓斯坦（Edwin S. Rubenstein）。數據來源：柯林．麥克威第（Colin McEvedy）、理察．瓊斯（Richard Jones）合著《世界人口歷史輿圖》（*Atlas of World Population History*）；聯合國祕書處（U.N. Secretariat）出版品《世界人口展望》（*World Population Prospects*）1998年修訂版；美國人口普查局

比例尺規顯示的成長率會形成持續向右上方斜斜上升的直線，線性尺規則會形成相同的絕對值成長、極為穩定的百分比向上曲線

年老的父母不就是這樣幫忙小孩嗎？這種投資也可以使這些國家的汙染減少，以至於他們在成長之餘，不會像中國今天讓人難以接受的高汙染水準那樣，隱然有拖累全世界的危險。如果很多新興國家在未來數十年內，人均GDP從大約五千美元倍增為一萬美元，就會產生極多的全球性成長，不過在人口急速上升之際（見圖E-5），還是有全球性汙染的可怕陰影。如果我們不能推出更好的科技來對抗汙染和氣候變化，全面人口成長可能因為某些生態慘劇而減緩下來，過去曾經發生這種事情，未來如果發生這種事情，一定不會很好看。

哪一樣是雞、哪一樣是蛋？指數成長的科技是否會帶來指數成長的人口，或是反其道而行？其中一樣成長是否會帶來過度擴張、泡沫和下跌？答案是，這種過程是各種相反因素的動態展示，兩種成長都是基本要素。

我雖然自認是人口統計方面的專家與分析師，卻不得不更佩服通常以科技作為試金石的吉爾德。新科技是人口得以繼續指數成長的原因（順便要說的是，新科技通常也出自規模比較大的年輕新世代）。從黑暗時代結束到工業革命期間，人類史上有很長的一段期間陷入「馬爾薩斯陷阱」（Malthusian trap），如果人口因為繁榮程度提高而成長，就會有更多的人靠著有限的土地資源過日子，我們的生活水準就會下降，而不是提高。只有更好的科技讓我們能夠從有限的土地資源中，種出更多東西，餵飽更多人——毫無疑問的是，這種情形的確在工業革命之後出現。

我們需要指數式的科技進步，以便人口在今天有限的資源和汙染的限制下繼續成長——我們也需要指數式的人口成長和都市化，以便為勞工專業化創造更大的機會，也為能夠繼續以指數方式擴展科技的新一代年輕人和創業者，創造更多的機會。

從一開始，人口就一直是以指數方式成長，然而因為冰河時代、火山爆發、瘟疫和其他大事的影響，間歇性地出現人口大減的現象。從十八世紀末開始，我們已經能夠更精確地預測人口成長。我們可以預測人口會在二〇六五到二〇七〇年間，升到大約九十億人以上的最高峰。都市化從十八世紀末的英國和西歐開始，一直配合人口的加速增加而成長，從現在到二〇六〇年間，這種現象還會傳遍整個新興國家世界。

所有泡沫都會升到最高峰，這個泡沫也會在某個時候升到最高峰，即使將來我們的人口經過這種調整後繼續增加——我們幾乎可以確定人口一定會增加，除非我們像恐龍一樣徹底滅絕。看看十四世紀末害歐洲人口減半的黑死病，黑死病的起因是經過新貿易路線、從亞洲引進的病毒感染，但是讓黑死病迅速蔓延的原因是差勁的汙水處理系統，受到感染的老鼠在其中繁殖。羅馬帝國衰亡後，歐洲人重新移居城市，垃圾卻繼續丟在街道上，因為這樣就是比較容易，成本也比較低廉。黑死病狀似憑空而來，其實卻是一場**汙染危機**。造成生命慘重損失的其他事件包括西歐人到達前，前哥倫布時代美洲文化近乎滅絕的悲劇，這些事件比較像是疾病蔓延造成的直接後果。還有其他文化，純粹是因為耗盡天然資源而滅絕（請參閱賈德・戴蒙〔Jared Diamond〕的大作《大崩壞》〔*Collapse*〕，和他先前的突破性巨著《槍炮、病菌與鋼鐵》〔*Guns, Germs and Steel*〕），例子包括復活節島的居民，以及美洲偉大的馬雅與阿納薩奇文明（Anasazi）。

雖然人類看來是最聰明、最有創意的物種，卻也非常愚蠢、短視、自私。在艱苦環境中生存的痛苦歷史教導我們，為了今天的生存，先吃再說，晚一點再擔心明天的事情。在今天互相依賴、人口稠密的全球化經濟中，這種「現在主義」和孤立主義再也行不通了，如果我們不開始用比較共同的方式思考與行動，適當考慮未來的後果，我們可能會極度瀕臨滅絕。

我認為這種事情不可能發生，但是我們的確必須不再認為自己今天可以借錢，以後再擔心怎麼償還，我們根本不能今天先吃東西，以後再擔心體重增加的後果，我們最好慎重考慮今天吃一顆棉花糖和明天吃三顆棉花糖之間的抉擇。如果我們不慎重考慮，我們就會變成傻瓜，準備迎接未來的每一個泡沫，相信減少努力、減少真正的投資和犧牲，就可以輕鬆收穫的承諾。我們根本不能袖手旁觀，看著氣候變化的速度加快，希望後果不至於太嚴重。即使影響緩慢出現，我們的子孫還是會感受到。事實上，過去十年裡，這種趨勢雖然略為停滯不前，卻可能在未來數十年裡，像所有其他事情一樣指數成長，加速發展。但是科技也會以指數方式繼續擴展，我們會從中找到新的解決方法，克服人口和汙染的重大挑戰。

未來數十年裡，我們要面對可以清楚預測的四大挑戰：

一、空前的民間與公共債務。未來十年裡，我們必須對抗銀行與政府的堅決努力，減少債務，否則未來數十年裡，債務會壓垮我們。誠如湯馬斯・佛里曼（Thomas Friedman）所說：「如果我們不遭遇艱難的十年，我們會面臨深具挑戰的一個世紀。」像一九三〇年代這樣艱困的十年會讓債務大量減少，促使企業與政府提高效率，帶來未來生產力提高與科技進步的好處，即使人口像現在預測的一樣繼續減緩，情形還是一樣。

二、健保與退休津貼。在我們迅速老化又變得更長壽的社會裡，這些計畫根本沒有永續經營的希望。要大幅減少已經承諾幾十年的福利，在政治上根本不可行，因此我們需要一場經濟危機，促使公民和政府回歸現實，接受更能配合我們平均壽命和支付能力的福利。這樣會讓比較年輕的世代實現美國夢（和整體的人類美夢），可以繼續成長和欣欣向榮。

三、威權統治。世界各地有很多獨裁者、部落領袖、軍閥和黑手黨為了本身的權勢與財富，繼續打壓很多新興國家的進步。這些人必須離開，如果有必要，必須動用武力。他們離開後，會有更多的人變成中產階級，至少會變成最低階層的中產階級，對世界成長和創新做出更多貢獻。

四、環境汙染。從十九世紀末以來，汙染危機就層出不窮，原因在於我們延後付出清潔成本，對環境造成重大傷害。未來一百年內，這件事可能是全球經濟所碰到的最大威脅，需要新的科技模式對抗環境汙染，創造沒有環境衝擊的新成長。恢復略為減少用電或其他資源，通常會減緩人類的成長和創新。如果我們不創新，不考慮以碳為基礎的科技和其他科技的衝擊，以便自由市場可以更有效率地創新，汙染和全球暖化可能打斷我們的人口泡沫幾十年，迫使人口降到比較能夠永續維持的水準，然後才可能恢復成長，這種景象並不美妙。

雖然從過去的任何時間來看，整個人類歷史都是以指數的方式成長，其中卻有過很多很長的期間裡，會出現經濟發展放慢腳步，以便更重大創新出現的現象——不錯，這就是我們需要睡眠或放慢腳步期間的原因！一九九〇年代內，人口統計斷崖開始在日本出現，隨後從二〇一四到二〇一九年，會繼續侵襲幾乎所有的已開發國家，這種時候的確可能是已開發世界睡覺和放慢腳步的時候，在這個困難的十年裡（甚至可能是幾十年裡），新興國家會搶盡鋒頭。但是因為科技會以指數方式出現，我認為我們不會碰到長達五個世紀以上的黑暗時代，尤其是因為目前這個五百年循環顯示要到二一五〇年才結束。重大的科技突破可能在未來的歲月中出現，我會早早開始尋找這種突破。

但是現在我們應該武裝自己。如果我們沒有面對和處理這些問題的勇氣和遠見，那麼看到我們過去二百年間的空前進步——甚至看到過去兩千年的進步——像羅馬帝國一樣衰亡，也是我們罪有應得。這些問題都有明確的解決之道，但是全都要求我們面對嚴峻的現實，運用遠見和創新、投資與犧牲的能力。我們所需要的林肯、羅斯福或邱吉爾在哪裡？我認為未來十年內，會出現一位以上的偉人——但是只有在重大危機中才會出現。

你必須為這場危機做好準備，危機會在二〇一四至二〇二三年間爆發，最嚴重的危機可能從二〇一四年開始，然後斷斷續續地持續到二〇一九年下半年。我們目前預測的價格下跌和股市崩盤，大部分——如果不是全部的話——可能在二〇一九年下半年前出現。你可以保留自己的金融資產，在危機之後重新投資，協助危機的解決。創立你夢想中的新事業或非營利機構，對未來經濟復甦和客製化的網絡型新經濟最有幫助。

我衷心希望我已經用每一個人都能夠了解的簡單說法，把自己長期學術研究的精華告訴你，也把我實際經營企業三十多年所採用的所有層次的實用策略提供給你。現在要由你來利用這次無法避免的危機，因為將來政府防止危機的策略會失敗，如果你了解狀況，現在就採取行動，整個世界都會是你獲利的機會。

謝辭

感謝我的圖書代理人Susan Golomb；感謝在鄧特研究中心任職的家父、家母；感謝Rodney Johnson和Harry Cornelius，感謝我的研究助理David Okenquist和Stephanie Gerardot；感謝主權社會公司（Sovereign Society）替我發行電子報的Erika Nolan和Shannon Sands；感謝替我編輯《劫後餘生與蓬勃發展》電子報的Teresa van den Barselaar；替我編輯《泡沫與破滅》（*Boom and Bust*）電子報的Mark Smith、鄧特網絡（Dent Network）總監Lance Gaitan以及鄧特網絡董事Mike Robertson、Joe Clark、Don Creech、Daryl LePage與Jim Lunney。

新商業周刊叢書 BW0529

2014-2019經濟大懸崖：

如何面對有生之年最嚴重的衰退、最深的低谷

國家圖書館出版品預行編目（CIP）資料

2014-2019經濟大懸崖：如何面對有生之年最嚴重的衰退、最深的低谷／哈利・鄧特二世（Harry S. Dent, Jr.）著；陳儀、吳孟儒、劉道捷合譯．-- 初版．-- 臺北市：商周出版：家庭傳媒城邦分公司發行，2014.03
面； 公分．--（新商業周刊叢書；BW0529）
譯自：The demographic cliff : how to survive and prosper during the great deflation of 2014-2019
ISBN 978-986-272-530-6（精裝）
1. 經濟預測 2. 經濟蕭條 3. 金融危機 4. 美國
552.52 103000321

原著書名／The Demographic Cliff: How to Survive and Prosper During the Great Deflation of 2014-2019
作　　者／哈利・鄧特二世（Harry S. Dent, Jr.）
譯　　者／陳儀、吳孟儒、劉道捷
企劃選書／陳美靜
責任編輯／簡伯儒、鄭凱達
校　　對／吳淑芳
版　　權／黃淑敏
行銷業務／周佑潔、張倚禎

總 編 輯／陳美靜
總 經 理／彭之琬
發 行 人／何飛鵬
法律顧問／台英國際商務法律事務所　羅明通律師
出　　版／商周出版
臺北市104民生東路二段141號9樓
電話：(02) 2500-7008　傳真：(02) 2500-7759
E-mail: bwp.service @ cite.com.tw
發　　行／英屬蓋曼群島商家庭傳媒股份有限公司　城邦分公司
臺北市104民生東路二段141號2樓
讀者服務專線：0800-020-299　24小時傳真服務：(02) 2517-0999
讀者服務信箱E-mail: cs@cite.com.tw
劃撥帳號：19833503　戶名：英屬蓋曼群島商家庭傳媒股份有限公司城邦分公司
訂購服務／書虫股份有限公司客服專線：(02) 2500-7718；2500-7719
服務時間：週一至週五上午09:30-12:00；下午13:30-17:00
24小時傳真專線：(02) 2500-1990；2500-1991
劃撥帳號：19863813　戶名：書虫股份有限公司
E-mail: service@readingclub.com.tw
香港發行所／城邦（香港）出版集團有限公司
香港灣仔駱克道193號東超商業中心1樓
E-mail: hkcite@biznetvigator.com
電話：(852) 25086231　傳真：(852) 25789337
馬新發行所／城邦（馬新）出版集團
Cite (M) Sdn. Bhd.
41, Jalan Radin Anum, Bandar Baru Sri Petaling, 57000 Kuala Lumpur, Malaysia.
電話：(603) 9057-8822　傳真：(603) 9057-6622　E-mail: cite@cite.com.my

封面設計／黃聖文
印　　刷／鴻霖印刷傳媒股份有限公司
經 銷 商／聯合發行股份有限公司　地址：新北市231新店區寶橋路235巷6弄6號2樓
電話：(02) 2917-8022　傳真：(02) 2911-0053
行政院新聞局北市業字第913號

■2014年3月6日初版1刷
■2016年11月25日初版40刷
Printed in Taiwan

城邦讀書花園
www.cite.com.tw

定價430元

ISBN 978-986-272-530-6